# HISTOIRE

DU

# PROTESTANTISME

ET DE

## LA LIGUE EN BOURGOGNE

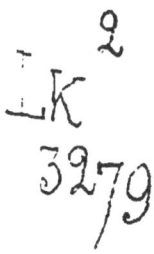

# HISTOIRE

DU

# PROTESTANTISME

ET DE

# LA LIGUE EN BOURGOGNE

Par P. M. BAUDOUIN

TOME II

AUXERRE

IMPRIMERIE CHAMBON, RUE DE PARIS, 127

1884

# CHAPITRE IX

## TROISIÈME GUERRE CIVILE. (1568-1569).

SOMMAIRE. — I. Abrogation des édits de tolérance et préparatifs des protestants réunis à la Rochelle pour une nouvelle prise d'armes. — II. Agitations dans l'Auxerrois et mesures de sûreté. — III. Massacre de protestants à Auxerre. — IV. Premier siège de Noyers et capitulation des habitants. — V. Dispositions préventives à Montréal, Châtel-Gérard, Thisy. — VI. Tentatives des catholiques contre Villiers-les-Hauts, garde d'Avallon. — VII De Trans, repoussé de Mâcon qu'il espérait surprendre, s'empare de Cuisery, Romenay et quelques autres petites places, mais en est chassé par Saulx de Ventoux. — VIII. Vézelay tombe encore une fois par surprise au pouvoir des huguenots. — IX. Première tentative des catholiques pour reprendre Vézelay. — X. Déprédations des protestants Vézeliens dans toute la contrée. — XI. Tavannes, dans le Poitou, reprend Mirebeau où commandait le capitaine La Borde. — XII. Participation du lieutenant de Bourgogne à la bataille de Jarnac, où est tué le prince de Condé. — XIII. — Les Allemands pénètrent en France par la Franche-Comté, près de laquelle les ducs d'Aumale et de Nemours les attendent de pied ferme. — XIV. Du Poitou, Tavannes conseille les ducs de Nemours et d'Aumale pour fermer le passage à l'ennemi. — XV. Wolfgang pénètre en Bourgogne. — XVI. Après un engagement vers Thil-Châtel, le duc d'Aumale couvre Dijon de son armée pour protéger la ville. — XVII. Combat de Nuits. — XVIII. L'ennemi devant Beaune. — XIX. L'armée d'invasion change de direction et remonte vers l'Auxois qu'elle traverse pour se rendre à Vézelay. — XX. Marche du duc d'Aumale, après l'affaire de Chagny. — XXI. Mort de Wolfgang. — XXII. Agitations dans l'Auxois. — XXIII. Le château de Régennes pris par les huguenots. — XXIV. Reprise de Régennes sur les protestants. — XXV. Deuxième siège de Noyers. — XXVI. Siège de Vézelay par Sansac. — XXVII. Les assiégés reçoivent des renforts. — XXVIII. Blocus de Vézelay. — XXIX. Retraite des catholiques et incendie de Pontaubert par les protestants. — XXX. Pourparlers de paix.

**I. — Abrogation des édits de tolérance et préparatifs des protestants réunis à la Rochelle pour une nouvelle prise d'armes.**

Deux semaines après que Condé et les Châtillons eurent quitté Noyers et Tanlay, parurent deux nouveaux édits abrogeant celui de Lonjumeau et prohibant, sous peine de mort et de confiscation de biens, l'exercice public de tout culte autre que le culte catholique. Les ministres et prédicants furent expulsés du royaume, et les magistrats hérétiques qui avaient pris part aux troubles, révoqués de leurs fonctions.

Le roi avait enfin ouvert les yeux. Les rebelles, dit-il dans le préambule de ses édits, se sont armés, « sans zèle d'aucune religion, mais par ambition « de gouverner ce royaume. On ne peut plus « douter de leur damnée entreprise d'establir et « constituer en cedit royaume une autre princi- « pauté souveraine, pour défaire celle ordonnée « de Dieu. » (1). Une guerre de répression leur est déclarée.

D'autre part, Condé, installé à la Rochelle, négociait avec la Reine d'Angleterre et le duc des Deux-Ponts pour en obtenir des secours d'hommes et d'argent. D'Andelot faisait, en Bretagne, des levées de soldats et sondait les gués de la Loire. D'Acier et Montbrun s'employaient à soulever le Midi. D'autres, en Bourgogne, préparaient les

(1) Edits et ordonnances des Rois de France.

étapes aux armées étrangères, traçaient la voie à l'ennemi et lui assuraient des lieux de refuge et d'appui, principalement dans les villes qui lui avaient été soumises pendant la campagne précédente.

---

### II. — Agitation dans l'Auxerrois et mesures de sûreté

Auxerre ne fut point oublié ; mais le gouverneur veillait à la sûreté de la ville. « On m'a adverty », écrivait-il au roi le 16 septembre, « qu'il y en a « quelques-ungs qui attendent des forces pour « leur servir de guyde (aux étrangers). Je aurai « l'œil de si près, que si je veoy qu'ils veuillent « faire chose contre vostre service, je les en garde- « ray, si m'est possible. » (1). Il n'avait pu, néanmoins, empêcher que deux chefs de bandes ne s'emparassent de « deux maisons d'Église ». L'une dépendait de l'abbaye de Saint-Germain et appartenait au cardinal de Lorraine. Selon M. Challe, ce serait la ferme alors fortifiée de Gurgy : l'autre, selon le même auteur, serait le prieuré d'Escamps, à deux lieues et demie au sud-ouest d'Auxerre. (2). A Gurgy, ils s'installèrent dans l'église, située sur la rive droite de l'Yonne, et de là, mettaient à contribution tous les bateaux qui

---

(1) Mss Saint-Germain Harlay, cité par M. Challe, t. 1er, p. 423.
(2) M. Challe. Le calvinisme et la ligue dans le département de l'Yonne, t. I, p. 209.

passaient sur la rivière. (1). De Prie envoya le capitaine Noyon avec 200 arquebusiers pour chasser les envahisseurs. Le chef de ces derniers, un nommé Lachau, répondit « qu'il estoit en lieu seur « pour sa personne et qu'il n'estoit pas délibéré « d'en déloger. » La place fut alors attaquée et reprise par Noyon qui fit subir aux rebelles un châtiment exemplaire. Il en fut de même envers ceux qui s'étaient saisis d'Escamps. (2).

Bien que de Prie annonçât au roi que le nombre des rebelles diminuait dans l'Auxerrois, que « beaucoup de gentilzhommes de ce pays, qui « d'abord estoient partiz avec mondit s$^r$ le prince « et mondit s$^r$ l'amiral, » étaient retournés en leurs maisons, disant ne plus vouloir porter les armes contre sa Majesté, il ne put dissimuler son inquiétude en apprenant l'ordre donné aux garnisons de de se rendre à Orléans.

« Si ainsy estoit, dit-il, ce seroit grandement « affaiblir cedit pays qui a beaucoup plus grand « besoing, en la saison présente d'estre gardé, que « n'a eu pour le passé, ayant esgard que voicy le « temps des vendanges, pendant lesquelles affluera « grande multitude de peuple en ceste ville : les « habitans de laquelle ayant eu advertissement de « ce, m'ont prié vous en escripre, à ce qu'il plaise « à vostre dicte majesté ne leur oster lesdites gar- « nisons ; autrement, pour le doubte de leurs per- « sonnes, ilz seroient contraintz habandonner la « ville. Il plaira à vostre majesté, ordonner ce qui

---

(1) L'abbé Lebeuf, *Prise d'Auxerre*, 274.
(2) Mss Saint-Germain, loco cit.

« vous plaist qu'il en soit faict; et si ainsy est
« qu'il fault qui s'en aillent, commander quelles
« forces demeureront en cedit pays. » (1).

Quelques jours plus tard, le 23, il revient avec une nouvelle insistance à sa demande de conserver dans les villes et châteaux des environs, les forces qu'il y a mises. Il craint, « si on n'y mect gens
« pour les garder, que bien-tost seront reprins;
« et ne les pourra-(t)-on avoir sans canon. »

### III. — Massacre de protestants à Auxerre.

Les terreurs n'étaient donc point encore calmées; ce qui expliquerait, si le récit est exact, les tristes évènements qui ensanglantèrent la ville au mois d'octobre suivant, pendant qu'une partie de la garnison d'Auxerre était occupée, sous la direction de Barbezieux, au siège de Noyers.

Lebeuf, après avoir fait le récit que nous allons lire, deux fois se montre très-hésitant pour l'affirmer. Une première fois dans une feuille supplémentaire à son histoire de la prise d'Auxerre, intitulée : *Corrections des principales fautes survenues dans ce livre, avec quelques additions importantes*; une seconde fois dans ses mémoires, publiés vingt ans plus tard, sur l'histoire civile d'Auxerre

Voici ce que raconte Lebeuf, sous la foi de Dom George Viole :

---

(1) Mss. Saint-Germain, *loco cit.*

## CHAPITRE IX. — (1568).

« Le dix-septième d'octobre, jour de dimanche, on fit une procession générale de la cathédrale à Saint-Germain, tant pour remercier Dieu de ses bienfaits que pour la prospérité du roi. Comme on y porta le corps de Notre Seigneur, les huguenots ne purent voir tranquillement cette pieuse cérémonie. On s'aperçut du secret dépit qui les possédait... Soit que le peuple se crût autorisé par le nouvel édit, soit que les huguenots eussent fait quelque nouvelle insulte aux catholiques, ceux-ci se jetèrent en foule, le 18 octobre, dans les maisons des plus suspects, ils en tuèrent jusqu'à cent cinquante, trainèrent leurs corps nuds partie dans la rivière, partie sur les fumiers et dans les cloaques ou dans les voiries. Le sort du lieutenant-général ne fut guère plus heureux. pour sauver sa vie, il voulut sortir secrètement de la ville. Il emprunta pour cela un baril chez un couvreur de ses voisins nommé David, qui demeurait près de l'Orme Villon. Le matin, il s'habilla en vigneron, et muni du baril comme d'un passeport, il sortit par la porte d'Aigleni où l'on faisait la garde ; mais une demi-heure après, le couvreur étant allé à cette porte, fit connaitre aux gardes qu'ils avaient laissé passer sans le sçavoir, le lieutenant-général. Ils coururent donc aussitôt après lui, le ramenèrent dans la ville, et la tradition porte qu'il fut tué sur un fumier, derrière l'hôtel des Consuls. » (1).

Dans ses *Corrections*, Lebeuf exprima plus tard, comme il suit, ses doutes sur ce qu'on vient de lire :

(1) Lebeuf. — *Histoire de la prise d'Auxerre*, p. 175.

« L'irruption faite dans les maisons des hugue-
« nots d'Auxerre par les catholiques et dont je
« parle page 177, n'est rapportée que fort en géné-
« ral par M. de Thou... L'auteur se contente de
« marquer qu'il périt 150 huguenots, sans dire le
« jour. Il fallait qu'il y eut déjà eu une autre irrup-
« tion depuis l'édit de paix, puisque dès le 23 août,
« le prince de Condé s'en plaignit au Roy. Je rap-
« porterai ses propres termes, tant pour apprendre
« au lecteur plusieurs faits que je n'ai connus qu'à
« la lecture de la remontrance que fit ce prince,
« que pour mettre en état de juger si l'irruption
« du 18 octobre, dont je ne trouve rien que dans
« le P. Viole est bien réelle et véritable. » (1).

Vingt ans après l'impression de la *Prise d'Auxerre*, Lebeuf revient encore sur cet évènement et manifeste de nouveau ses doutes, dans ses *Mémoires sur l'histoire civile d'Auxerre*.

« Comme un historien, dit-il, ne doit pas dissi-
« muler les excès des deux partis, je n'ai pas voulu
« non plus cacher les justes plaintes que le prince
« de Condé crut devoir exposer au Roi, dès l'année
« suivante (23 août 1568), de ce qu'à Auxerre,
« depuis la paix publiée au mois d'avril, les catho-
« liques avoient tué six ou sept-vingt personnes, et
« de ce qu'ils avoient arrêté les sommes d'argent
« que les huguenots conduisoient pour le paye-
« ment des reitres, emprisonné et mis à rançon
« ceux qui en étoient chargés. Ces choses étoient
« arrivées dans le temps que le sieur de Montpé-

(1) Lebeuf. *Corrections des principales fautes survenues dans ce livre.* (La prise d'Auxerre).

« rou étoit gouverneur pour le Roi dans Auxerre,
« et sans doute immédiatement après que la ville
« eût été rendue, et avant que les huguenots en
« fussent chassés. C'est ce qui fait douter de
« l'époque qu'un auteur a donnée à cette expédi-
« tion, la fixant au 18 octobre. J'avois déjà averti
« le lecteur que cela ne pouvoit être arrivé si tard
« dans l'année 1568, puisque la requête du prince
« de Condé qui en parle est du 23 août : je suis
« obligé de répéter ici cette remarque pour détruire
« de plus en plus les anachronismes de ceux qui
« ont écrit avant moi. » (2).

Bargedé, dont l'autorité est invoquée par M. Challe, ne peut point ici faire foi. Son manuscrit intitulé : *Abrégé de l'histoire de Saint-Germain d'Auxerre*, a été écrit en 1682, sur les mémoires de D. George Viole et ne saurait, en conséquence, être considéré comme un second témoignage. Laissons au lecteur à apprécier.

### IV. — Premier siège de Noyers et capitulation des habitants.

En quittant Noyers, Condé, assure-t-on, avait promis à ses partisans d'être de retour dans un mois, et avait laissé ses ordres pour la garde de la place. Noyers était un poste menaçant pour le pays, un lieu de « retraicte », une étape « pour le

---

(2) Lebeuf. *Mémoires sur l'histoire civile d'Auxerre*, 393.

« passaige de ceulx qui pourroient venir d'Alle-
« maigne. » Les huguenots travaillaient activement aux fortifications de la ville et du château.
Tavannes s'en préoccupa. Dès le commencement
de septembre, il avait appelé l'attention de Missery,
gouverneur de l'Auxois, sur ces travaux et sur les
démarches des huguenots. Il mettait d'autant plus
d'insistance dans cette recommandation, que l'on
avait déjà vu à trois lieues de là, à Précy-le-Sec,
s'assembler trois à quatre cents hommes de
guerre.

Appelé à Orléans pour aider encore une fois de
ses conseils le duc d'Anjou, Tavannes partit avec
son armée, et prit sa route par les environs de
Noyers. A deux lieues de la ville, il écrivit au
maire, un « catholicque », de venir avec « trois
« ou quatre eschevins des deulx religions »,
prendre ses ordres pour le service du roi. Il manda
également le capitaine du château ou « quelcung
« des siens ». Le maire et les échevins se rendirent
à son invitation et le capitaine envoya simplement
« deulx soldatz. »

Tavannes ordonna de licencier les « cent sol-
« datz » qui formaient la garnison du château, à la
réserve d'un capitaine auquel serait adjoint un
officier du roi « pour la garde des droitz et
« meubles » du prince. Il les invita de plus à recevoir
en ville M. de Missery avec cinquante hommes
pendant le temps que se ferait l'évacuation, afin de
prévenir tout trouble et pour « remettre le dit
« chasteau et ville avec les deux religions en
« l'estat qu'elle estoit avant que mondict sieur le

« prince y arrivast. » Les échevins promirent d'obéir. Mais à leur retour, le capitaine de Noyers ayant déclaré qu'il ne pouvait se soumettre aux injonctions du gouverneur sans consulter le prince, ils furent obligés d'envoyer de nouveaux députés à Tavannes pour le prier de suspendre toute hostilité jusqu'au retour des messagers du capitaine. Tavannes répondit assez durement « qu'il failloit « hobéyr au Roy, leur souverain seigneur avant « toute chose »; mais il s'en tint à cette menace et continua sa route. Il se trouvait à Ligny-le-Châtel le 23 septembre, dans une des terres de sa femme, quand le roi, qui le croyait encore à Dijon, lui enjoignit de soumettre en passant la ville de Noyers. Cet ordre embarrassa Tavannes. Devait-il revenir sur ses pas avec ses gens qui le devançaient déjà vers Orléans, ou bien attendre que les troupes qu'il ferait venir de Châlon et de Mâcon fussent arrivées? C'était s'exposer à manquer l'une de ses expéditions et peut-être toutes deux. Il écrivit donc en toute hâte au roi pour lui exposer ses perplexités et, tout en se déclarant prêt à exécuter son commandement, lui fit part des dispositions qu'il avait prises contre la ville rebelle. Il a écrit à Barbezieux qui a de l'artillerie à Troyes, d'avertir Saulx de Ventoux du jour où il pourra venir investir Noyers, afin que ce dernier vienne se joindre à lui. M. de Prie est aussi invité d'y conduire ses « trois enseignes de gens de pied, » et M. de Missery, ce qu'il a de forces en auxois. Il croit donc opportun que sa majesté écrive directement à M. de Barbezieux, que l'on dit être à Châlons-sur-Marne, qu'il le fasse revenir à Troyes et le charge de cette expédition. (1).

Le roi se rendit aux observations de Tavannes et ordonna au lieutenant de Champagne de marcher sur Noyers. Celui-ci obéit sur-le-champ. En arrivant à Tanlay, par où il avait pris sa route, il commença par expulser une quinzaine de soldats que d'Andelot y avait mis ; et, pour ne pas être inquiété de ce côté, les remplaça par une petite garnison catholique. (2).

Noyers était mieux gardé qu'on ne s'attendait. Tavannes avait écrit : « Ils (les nucériens) ont faict « le foussé du chasteau, » il veut sans doute dire réparé (3), et commencé la construction de « deux « petits boulevartz qui ne sont hors de terre, pour « servir de plans. » Il avait ajouté qu'en usant de diligence, ces travaux ne seraient pas un sérieux obstacle. Mais il s'était écoulé déjà plusieurs semaines et Barbezieux se trouva en face d'un ennemi préparé à bien se défendre.

Avant de réduire le château, qui n'était accessible que d'un côté, il fallait prendre la ville,

---

(1) Bibliothèque nationale, Saint-Germain-Harlay, n° 320. f. 70 et 74. — Document produit par M. Challe. — *Le calvinisme et la ligue dans le département de l'Yonne*. T. 1er p. 343.
(2) Id. id. — Lettre de Barbezieux, p. 348.
(3) Le château, dit Courtépée, situé sur la cime de la montagne, était très fort par son assiette, ses tours et ses murailles. Au milieu s'élevait un donjon avec une haute tour carrée... Un pont-levis fermait la cour. Cette forteresse était défendue par un triple fossé et par six forts qu'il fallait emporter avant de parvenir au corps de la place qui n'était accessible que d'un côté. T. v. p. 435.

abritée derrière de bons remparts et défendue par la garnison du fort.

Aussitôt qu'elle fut investie, le prévôt des maréchaux de Sens employé pour cette expédition, eut la commission d'aller avec quelques hommes recruter à Tonnerre des pionniers pour la fouille des tranchées, des voituriers pour le transport des munitions de guerre, et des perriers que le dit prévôt devra dresser et exercer pour le service de l'artillerie. Quelques particuliers s'offraient bien d'eux-mêmes ; mais d'autres ne se prêtaient pas d'aussi bonne grâce à ce qu'on exigeait d'eux. Six soldats de la garnison de Tonnerre furent chargés de se saisir de « ceux qui ne voloient aller de « bonne volonté » au siège de la ville rebelle. Les comptes de la ville de Tonnerre mentionnent diverses fournitures de vivres pendant le mois d'octobre 1568, envoyées au camp de Noyers, lorsque « le chasteau et la ville estoient assiégés « pour estre remis en l'obéissance du roy. » (1).

L'artillerie de Barbezieux ne tarda guère à avoir raison des murailles de la ville et les assiégés voyant les brèches s'ouvrir et s'agrandir sous les efforts du canon, n'attendirent pas l'assaut. Ils se réfugièrent dans la citadelle où déjà les habitants, pour la plupart, avaient transporté leurs meubles les plus précieux.

Maître de la cité, Barbezieux tourna ses batteries contre l'une des principales tours du château et contre le « plus fort portail » qui était dans la

---

(1) M. Lemaistre de Tonnerre dans le *Bulletin de la Société des sciences historiques et naturelles de l'Yonne*. T. 4, p. 443.

ville même, pendant que des mineurs sapaient les murs sur d'autres points. La garnison, forte de deux cents soldats, avait juré de s'ensevelir sous les décombres de la place ; mais lorsqu'elle vit la tour attaquée tomber en ruines ainsi qu'une partie des murailles, elle demanda à capituler. Le 2 novembre, moyennant le serment prêté par les habitants de « vivre désormais catholiquement, « soubz l'obéissance du roi, » et l'observation de ses édits, on leur accorda « leurs vyes sauves. » Une garnison catholique fut mise au château et tout parut, de ce côté, rentrer dans l'ordre. C'est au moins cette confiance que Barbezieux exprime dans son rapport au roi : « Je veois le païs purgé « de cette vermine et croy que ce peu de forces que « j'y laisseray, gardera de la faire renaistre. » (2). En terminant sa lettre, Barbezieux prie le roi de le faire rembourser des frais qu'il a avancés pour cette expédition et pour l'entretien de ses garnisons, ou tout au moins de le mettre en possession des biens de MM. de Saint-Pouange et de Sainton qui, dit-il, « doibvent estre confisquez, aiant esgard « qu'en toutz les troubles passez et présentz, ilz « ont toujours vescu en obstination de rebelles, « portant ordinairement les armes contre vous. » Puis il recommande à la bienveillance du roi, MM. de Vulennes, son guidon, de Missery, Montperrou, de Nuy, de Poilly, de Villards, de Saint-Remy, comme ayant « faict en ceste dicte entre-

---

(2) Lettre de Barbezieux. — *Loco cit.*

« prise... aussi accortement et fidèlement qu'il est
« possible. »

La compagnie de fantassins mise au château de
Noyers, aurait, parait-il, commis de nombreux
excès sur les personnes qui s'y étaient réfugiées et
saccagé le mobilier du prince. Pour prévenir un
plus grand désastre, Barbezieux aurait fait transporter à Troyes tout ce qui restait de précieux.
Condé, répondant au duc de Montpensier qui
s'était plaint d'actes semblables commis par les
protestants, dans son château de Champigny, en
Anjou, accusa le général catholique d'avoir voulu
s'approprier ces objets. Barbezieux se disculpa de
cette accusation auprès du roi, disant que les soins
de son service l'avaient seuls empêché jusqu'alors
d'en faire l'inventaire. « Je pense, ajoutait-il, que
« votre majesté aura cependant telle assurance de
« moy, qu'en rendray bon compte. » (1).

---

### V. — Dispositions préventives à Montréal, Châtel-Gérard, Thisy.

Plus au centre de l'Auxois était Montréal avec
son château-fort, place assez bonne, pouvant
« endurer mille à douze cents coups de canon. »
Le maréchal de Bourdillon, Imbert de la Platière,
seigneur d'Epoisses, mort à Fontainebleau au mois
d'avril 1567, en avait été seigneur engagiste. Sa

---

(1) B. N. Mss Saint-Germain Harlay, n° 320 — Lettre produite
en partie par M. Challe, p. 205.

veuve avait hérité de cette place, ainsi que de celle de Châtel-Gérard. Elle avait nommé ou conservé pour capitaine à Montréal, un bâtard du maréchal, Hochbert de la Platière, qui s'était mis à la suite du prince de Condé et était mort aussi quelque temps après. La maréchale pensait remplacer ce dernier par un homme neutre, « qui s'entretint des « deux religions : » Mais Tavannes, ne voulant point laisser ce poste important exposé, par l'indifférence du chef, à passer au pouvoir des révoltés, y nomma, avant son départ pour Orléans, un gentilhomme catholique du nom de la Vaudelle ou la Vaudelée. (1). Il écrivit au roi pour faire ratifier cette nomination. « Pour aultant, » dit-il, « que « ledict chasteau de Montréal est des plus fortz et « tient un grand passage, il est nécessaire d'y « avoir ung homme entièrement à vostre dévotion ; « car il ne suffit pas seulement de se garder, « puisque l'on est à la guerre ; ains se fault ayder « des places, qui sont nécessaires : et n'ayant pour « ceste cause, peu accorder ce que dessus, à ladicte « dame, je y ai commis un gentilshomme nommé « la Vaudelée, qui est vieux soldatz et homme de « service..... Quant à l'aultre place, nommée « Chasteau-Girard, qui n'est pas de telle consé- « quence ; j'y ai nommé le sieur de Violot qui est « un homme d'armes de ma compagnie : il vous « plaira pareillement luy envoyer son expédi- « tion. »

« Je ne doubte pas qu'il n'y en a qui courent les

---

(1) *Archives d'Avallon.* — Mémoire à Vieilleville.

« cappitaineries comme les bénéfices, mais je vous
« suplie très-humblement n'y nommer que ceulx
« ci-dessus, car ils sont fort hommes de bien. » (2).

A trois kilomètres de Montréal, sur la montagne de l'autre côté du Serein, était le château-fort de Thisy dépendant des domaines de l'abbaye de Moutier-Saint-Jean. Saulx de Ventoux délégua à sa garde Hugues de Vezon, seigneur de Cussy et d'Annoux. Pendant le siège de Vézelay, dont nous parlerons plus loin, Vezon étant allé se joindre aux assiégeants, les religieux prirent un défaut contre lui; mais il en fut relevé en présentant un certificat de Saulx de Ventoux, daté du « camp
« devant Vézelay » et constatant ses services à la cause des catholiques. (3).

### VI. — Tentatives des catholiques contre Villiers-les-Hauts, garde d'Avallon.

Les dispositions qui précèdent n'abritèrent pas complètement toute la contrée. Près de Nuits-sur-Armançon, à trois lieues environ de Noyers et autant de Châtel-Gérard, le château de Villiers-les-Hauts était occupé par les troupes protestantes. La garnison de Noyers vint les y attaquer le jour de Noël 1568 : Elle pénétra jusque dans la basse-

---

(2) Biblio. nat. — Mss Saint Germain, n° 320. — Produit par M. Challe.

(3) Papiers de famille de M. Baudenet de Perrigny.

cour du château. Les habitants, avertis par ceux-là même qui, deux mois auparavant, avaient juré à Barbezieux « de vivre désormais catholiquement, » firent une vigoureuse résistance aux assaillants et les obligèrent à se retirer. (1).

Autour d'Avallon, on signalait une certaine agitation qui fit que Saulx de Ventoux crut prudent de renforcer la garde de la ville, toujours commandée par Etienne Filzjehan. Il y envoya Saladin de Montmorillon, seigneur de Vésigneux, par commission du 29 novembre 1568, avec dix arquebusiers à cheval; (2). mais celui-ci ne paraît pas y être entré avant le mois de janvier suivant. (3).

Plus tard, à l'approche de l'armée allemande, l'effectif de la garnison fut porté à cent arquebusiers à cheval, entretenus, à titre d'avance sur les fonds d'octroi, aux frais des habitants.

---

**VII. — De Trans, repoussé de Mâcon qu'il espérait surprendre, s'empare de Cuisery, Romenay et quelques autres petites places; mais en est chassé par Saulx de Ventoux.**

Les huguenots mâconnais, de même qu'un certain nombre de ceux de l'auxerrois, étaient rentrés dans leurs demeures en disant qu'ils renonçaient à porter les armes contre le roi. Presque en même

(1) M. Challe.
(2) *Archives d'Avallon.*
(3) *Archives d'Avallon.*

temps que Lebeuf imprimait son *Histoire de la prise d'Auxerre*, Agut écrivait celle des révolutions de Mâcon et, comme le premier, exprimait ses doutes sur la sincérité de ces conversions. « En « 1568, écrivait-il, « les mâconnais étaient toujours « au milieu des allarmes. Quoique les calvinistes « eussent eu l'ordre de vuider la ville, cependant « plusieurs y restèrent, feignant d'être catholiques, « et plusieurs se montrant tels qu'ils étoient, vou- « loient jouir de l'édit de pacification qui fut « renouvelé et continuer les exercices de leur reli- « gion ; ils devenaient plus obstinés, plus hardis, « même plus insolens, portant leur impudence « jusqu'à faire des insultes publiques et journa- « lières à la plupart des ecclésiastiques, les regar- « dant alors avec un souverain mépris, ou plutôt « d'un œil d'envie et de dépit, comme étant le plus « grand obstacle au progrès du calvinisme ; et la « cause principale de ce que la ville n'était pas « totalement protestante...... Le parti des hugue- « nots y dominait. » (1). Les calvinistes avaient un prêche à Crusille-la-Mâconnaise, dans la direction de Tournus (2).

Enfin, pendant que dans l'ouest de la France les révoltés étaient en armes et que dans le nord de la Bourgogne ils s'efforçaient d'assurer des étapes aux troupes qu'ils attendaient d'Allemagne, quelques-uns se disposèrent à surprendre encore une fois Mâcon. Vers la fin de l'année 1568, de Trans

---

(1) Agut. — *Histoire des révolutions de Mâcon*, p. 117.
(2) Courtepée, T. V.

partit de Genève avec trois. ou quatre cents fantassins et deux cents cavaliers et se dirigea sur cette ville où il avait des intelligences parmi les prétendus convertis. Heureusement elle était gardée par Trémond, qui avait su adroitement découvrir les projets de l'officier protestant. Trémond sortit à propos de Mâcon, présenta la bataille à l'ennemi et le fit retourner sur ses pas.

De Trans remonta alors la Saône, s'empara de Romenay, à l'entrée de la province, du côté de la Bresse; de Cuisery, à une lieue et demie à l'est de Tournus, sur la Seille, et de plusieurs autres petites places sur la rive gauche de la Saône. Montconnis, gouverneur de la citadelle de Châlon, en fit aussitôt part à Saulx de Ventoux. En même temps, par une lettre datée du 13 décembre, « il « advertit les maire, eschevins et habitans de « Beaune, de la prinse de la ville de Cussery (Cui- « sery) et des meurtres, volleryes et pilleryes que « ceulx de la nouvelle religion y estant de présent, « y ont faict. » (1).

Ventoux envoya quelques troupes contre les envahisseurs, reprit les bourgs et repoussa les huguenots sur la route de Genève. Quelques-uns d'entre eux cependant, après avoir « vescu à dis- « crétion sur le plat pays, desbandéz ça et là, » se dirigèrent sur Strasbourg pour se joindre aux Allemands. (2).

---

(1) *Archives de Beaune*, reg. côte 4. p. 77.
(2) Le frère de Laval.

**VIII. — Vézelay tombe encore une fois, par surprise, au pouvoir des huguenots.**

En dehors, mais aux portes mêmes de la Bourgogne, du côté du Nivernais, les huguenots avaient fini par reprendre une bonne position qu'ils avaient déjà occupée l'année précédente. Je veux parler de la ville de Vézelay que sa situation sur une montagne escarpée, sa ceinture de murailles bien bâties et ses fortes tours, faisaient alors considérer comme une place militaire importante. Les protestants y avaient conservé des partisans et un matin du mois de février 1569, (1) « sur « la Diane, » c'est-à-dire au point du jour, au moment où l'on changeait les gardes, du Tarot, aidé de quelques gentilshommes du voisinage, la surprit par escalade. Il y fit entrer trois compagnies de fantassins et deux cornettes de cavalerie qu'il installa dans la vaste église de la Madeleine. Deux de ces compagnies avaient été envoyées par Marafin de Guerchy, gouverneur de La Charité pour les huguenots. (2).

---

**IX. — Première tentative des catholiques pour reprendre Vézelay.**

Il importait de ne pas laisser les protestants se fortifier sur ce point qui allait devenir un lieu de

---

(1) *Archives d'Avallon.*
(2) Le frère de Laval, *la vraye et entière histoire des troubles.* — L'abbé Martin, *Chronique de Vézelay.*

ravitaillement pour l'armée étrangère appelée par Condé. Aussi, de toutes parts, depuis Châlon et Autun jusqu'à Auxerre, et de toutes les villes engagées dans l'union, s'empressa-t-on d'envoyer des hommes et de l'argent pour reconquérir la place. Missery, gouverneur de l'Auxois, fut mis à la tête de l'expédition. Auxerre lui envoya cinq à six cents hommes commandés par Jacques Creux, surnommé le capitaine Brusquet. (1).

Les premières tranchées étaient déjà ouvertes lorsque de nouveaux évènements vinrent interrompre les opérations du siège.

La confrérie de Sainte-Croix d'Autun avait envoyé cent à cent vingt arquebusiers : le chapitre de la même ville avait ajouté quelques-uns de ses soldats, et contribué pour une somme de cent livres. Les hommes se mirent en marche pour aller grossir les compagnies de Missery ; mais en route ils apprirent par des dépêches de Saulx de Ven. toux que l'armée allemande, commandée par Wolfgang et le prince d'Orange, se disposait à envahir la Bourgogne. Le prince d'Orange s'était déjà fait voir dans les environs de Bar-sur-Seine, mais on ignorait encore quelle direction il allait prendre. Quand on vit qu'il cherchait à unir ses forces à celles du duc des Deux-Ponts, dans la Franche-Comté, où était leur rendez-vous, chacun craignit pour ses foyers. Les Autunois rappelèrent leurs hommes qui n'étaient pas encore entrés dans l'Auxois, et le siège de Vézelay fut abandonné pour

(1) Lebeuf. — *Prise d'Auxerre.*

aller les uns au-devant de l'ennemi et lui barrer le passage, les autres défendre leurs propres villes. (1).

## X. — Déprédations des protestants Vézeliens dans toute la contrée.

De Vézelay, les huguenots faisaient souvent des excursions fort avant dans la province, mettaient les villageois à rançon et en tiraient des vivres et de l'argent qu'ils les contraignaient encore de porter à leur quartier général sous peine de voir incendier leurs chaumières.

Presque aux portes de Vézelay, les Avallonnais, comme on pense bien, ne furent pas sans souffrir beaucoup de ce voisinage de l'ennemi, bien que la ville n'eut rien à craindre pour elle-même. Toute la campagne était dans la terreur; le commerce anéanti et les champs laissés sans culture. Un mémoire adressé à M. de Vielleville pour obtenir une réduction d'impôts, dépeint ainsi la situation :

Les habitants « furent contraints laisser toutes
« leurs affaires, fermer bouticques; et les plus
« experts aux armées se mirent avec lesdicts gens
« d'armes pour empescher les incursions, pilleries,
« volleries, brusleries, saccagements et autres
« actes inhumains que commettoient ceux dudict
« Vézelay. Les aultres habitans de la ville jusques

(1) M. Abord. — *La réforme et la ligue dans la ville d'Autun.*

« aux femmes et enfans, estoient employés jour-
« nellement et continuellement à réparer et forti-
« fier ladicte ville ès endroicts les plus faibles; de
« façon qu'ils en ont supporté une despense et fraiz
« inestimables, ayans été réduictz en telle nécessité
« et paouvreté, que les plus riches et aisés ont
« perdu plus des deux tiers de leurs biens. Les
« méthairies qu'ilz avoient aux champs ont esté
« bruslées pour la plus grande partie et tout le
« bétail et meubles que lesdits de Vézelay savoient
« appartenir aux habitans d'Avallon aux champs,
« a esté par eulx prins et emmené; une grande
« partie des habitans tués et occis. Les aultres qui
« se mettoient au hazard, hors ladicte ville, prins
« et rançonnés.....

« Ceulx qui estoient dedans ledict Vézelay, les
« venoient jour et nuict continuellement invahir et
« esmouvoir, ayans à trois diverses fois bruslé la
« plus grande partie des faulxbourgs dudict Aval-
« lon, appelés Cosain, nuictament; et une foys, en
« plain jour, emmenèrent tout le bestail qu'ils fai-
« soient garder et nourrir aux champs près de
« ladicte ville; tellement que iceux habitans étoient
« contrainctz chacun jour, faire des sorties pour
« empescher les incursions, non sans perte, de
« leurs biens, mais de perte de soldatz et aulcungs
« d'iceulx habitans qui ont esté tués et occis : et
« reste à présent bien peu de munitions à ladicte
« ville. » (1).

Un deuxième mémoire confirme celui-ci; et un

(1) *Archives d'Avallon.*

troisième y ajoute de nouveaux détails. Au mois d'avril, un marchand d'Avallon, nommé Jean Seguenot est emmené à Vézelay et ne se rachette qu'à forte rançon. Au mois de juin, un laboureur, appelé Nicolas Trouceau, est pris et mis à mort par les huguenots, et enterré dans une fosse qu'ils lui firent d'abord creuser. Le curé de Précy subit le même sort en présence d'un nommé Gagneau auquel il en coûta une grosse somme avant d'être mis en liberté. Le notaire royal, François Darin, aussi fait prisonnier pendant qu'il vaquait à ses affaires, se racheta moyennant huit cents livres. (1).

Au nombre des victimes sacrifiées par les protestants de Vézelay, il faut encore ajouter Guillaume Clausse, chanoine d'Auxerre, Vincent Goguery, curé de Basarnes qui furent réduits à la misère pour les rançons auxquelles ils furent taxés, et un nommé Jean Bardot, de la paroisse Notre-Dame-la-d'Hors, qui fut tué pour n'avoir pu se racheter. (2).

« Bref, dit Claude Haton, ledict Vézelay estoit le
« retraict de tous les voleurs, larrons et brigands,
« moyennant qu'ils fussent huguenotz. »

---

### XI. — Tavannes, dans le Poitou, reprend Mirebeau, où commandait le capitaine la Borde.

Tavannes, comme nous l'avons dit plus haut, avait été appelé auprès du jeune duc d'Anjou pour

(1) *Archives d'Avallon.*
(2) Lebeuf. — *Prise d'Auxerre*, 179-180.

## CHAPITRE IX — (1569).

le diriger dans ses opérations militaires. Il partageait cet honneur avec Sansac, mais n'était pas toujours en bonne intelligence avec celui-ci. Quoique rien ne s'entreprit que sur l'avis des principaux officiers de l'armée, le lieutenant de Bourgogne imposait particulièrement ses plans, et l'on peut dire qu'il était en quelque sorte le général en chef de l'expédition, sous la désignation nominale du duc d'Anjou. « C'était, dit Castelnau, l'un des « plus expérimentés capitaines de notre armée. » Le suivre un instant n'est pas abandonner notre histoire locale de la Bourgogne pour une autre plus générale, d'autant plus qu'avec lui se trouve une partie de la noblesse du pays.

L'armée royale, dirigée par Tavannes, avait atteint dans le Poitou l'armée protestante commandée par Condé.

L'une des places occupées par les rebelles était la petite ville de Mirebeau, avec son château-fort, à six lieues de Poitiers. Le capitaine auxerrois, Jean de la Borde, en était gouverneur pour les huguenots. (1).

La position de Mirebeau était importante pour le ravitaillement de l'armée. Tavannes fut d'avis de s'en assurer avant de s'arrêter à reconquérir d'autres places ou de marcher en avant. Il y fit avancer l'artillerie toute la nuit. Au point du jour, il établit ses batteries sans même prendre le temps de s'entourer des précautions usuelles, et dans la journée l'emporta d'assaut. Ceux qui voulurent

(1) Lebeuf. — *Prise d'Auxerre.*

résister subirent le sort des armes : La Borde fut de ce nombre. Il s'était réfugié dans le château en conseillant au gouverneur de mourir sur la brèche plutôt que de se rendre ; mais celui-ci entra en composition et en sortit avec quelques soldats la vie sauve. La Borde qui s'était entêté à rester dans le fort, fut tué le lendemain à coups de pistolet ainsi qu'un de ses parents ; et leurs corps furent jetés à la voirie. (1).

Tavannes avait été blessé à l'assaut. Il reçut, le jour suivant, la visite du duc d'Anjou qui, plein d'estime pour son courage, voulut prendre par lui-même de ses nouvelles et s'inspirer de ses conseils. C'était sur la fin de décembre 1568, par un hiver des plus rigoureux.

### XII. — Participation du lieutenant de Bourgogne à la bataille de Jarnac où est tué le prince de Condé.

Au mois de mars suivant eut lieu la bataille de Jarnac où la plus grande part d'honneur de la victoire revient encore au lieutenant de Bourgogne, dont le fils, Guillaume de Saulx Tavannes, faisait alors ses premières armes sous son père et devait s'illustrer plus tard durant la ligue.

L'intention des huguenots était d'aller au plus tôt faire leur jonction avec le prince d'Orange et le duc des Deux-Ponts. Ils espéraient retenir les

(1) Guillaume de Saulx. — *Mémoires des choses advenues en France ès guerres civiles.* — Sismondi, T. XIX. — Lebeuf. — *Prise d'Auxerre,*

catholiques par des escarmouches, tandis que le gros de l'armée gagnerait le Languedoc en rompant les ponts derrière elle.

Dans la Saintonge et l'Angoumois, les huguenots ne sont séparés du duc d'Anjou que par la Charente, et sont maitres de tous les passages depuis Saintes jusqu'à Angoulême. Il importait à l'armée catholique de rétablir la communication entre les deux rives. Tavannes jette les yeux sur Châteauneuf où est un pont en pierres : mais, lorsque tout est prêt pour aller s'emparer de cette position, il rencontre une vive opposition dans le conseil des généraux qui, donnant dans un piège de l'ennemi et trompés par de fausses nouvelles répandues à dessein, veulent aller à la défense de l'un des leurs déjà prisonnier au château de Jarnac. Tavannes insiste sur l'importance, sur l'urgence même d'atteindre l'armée de Condé qui ne cherche qu'à retarder les catholiques pour gagner les devants et marcher à la rencontre de ses alliés. Il menace de se retirer de l'armée si son projet n'est pas suivi et ses ordres exécutés. Enfin on se rend aux judicieuses observations du lieutenant de Bourgogne et on se met en marche. Dans la journée même, Châteauneuf tombe au pouvoir des catholiques, et sur le soir, les bataillons sont disposés sur la rive gauche de la Charente de manière à la pouvoir traverser au premier commandement.

Avant de quitter le bourg, l'ennemi avait eu le temps de rompre une des arches du pont : en deux heures elle est rétablie, et des ordres sont donnés pour construire en même temps des pontons, afin de traverser la rivière sur plusieurs points à la fois. Les pêcheurs de la ville et des environs sont mis en réquisition pour retirer les bateaux coulés par les huguenots, tandis que d'un autre côté, loin de la rive et des yeux de l'ennemi, on travaille activement à tout l'appareil des ponts de bateaux. Tavannes, continuellement à cheval, choisit lui-même, accompagné d'un seul officier, le lieu le plus propre à établir les pontons, dispose ses batteries de manière à protéger ce point; puis, lorsque tout est prêt, y conduit de nuit les bateaux et leurs tabliers, et le lendemain, deux heures avant le jour, fait défiler la cavalerie sur le pont de pierres de Châteauneuf et l'infanterie sur le pont de bateaux.

Enfin, le 13 mars, vers onze heures du matin, la bataille est engagée. Le vicomte de Martigue, assisté de Malicorne, de Pompadour, de Lansac, de Fervaques, de Fontaines et d'autres, fond sur le régiment ennemi de Puyvault, en taille une partie en pièce et met l'autre en déroute. D'Andelot, La Noue et La Loue avancent pour soutenir le choc, mais sont eux-mêmes repoussés. L'amiral de Coligny, qui avait voulu éviter la bataille, se voit contraint de l'accepter. Il fait dire à Condé, qui était à Jarnac, de venir à son aide et s'élance contre les catholiques. Il est reçu par le duc de Montpensier, Montsallais, Clermont-Tallard, le bourguignon Beaufremont de Sennecey, Praslin, qui le repoussent et lui passent sur le ventre.

D'Andelot et La Noue rallient les fuyards et reviennent à la charge ; Condé accourt avec Montgommery, les comtes de La Rochefoucault et de Choisy, Chandenier, Montaude, Rosny, Renty, Montjau, Chastelier, Portaut. Soit habileté de tactique, soit effet de ce dernier choc, les catholiques se replient sur eux-mêmes et Condé pousse toujours en avant sans considérer qu'il présente le flanc à des bataillons de réserve commandés par le duc d'Anjou et par Tavannes. Ceux-ci saisissent avec habileté ce moment pour se jeter dans la mêlée, et bientôt les huguenots, enfoncés, culbutés, mis en déroute, sont repoussés de trois lieues. Condé et plus de cent gentilshommes avec lui restent sur le champ de bataille. Condé, une jambe fracassée et pris sous son cheval abattu, allait rendre son épée à d'Argence et Saint-Jean, lorsque quelques soldats qui poursuivaient les fuyards « le recongneurent et tuèrent, en détesta-
« tion des combustions et maux indicibles dont ce
« prince avoit comblé sa patrie. » Parmi les catholiques, Beaufremont de Sennecey fut au nombre des blessés. (1).

Avant de livrer la bataille, le duc d'Anjou avait recommandé à Dieu le succès de ses armes et reçu

---

(1) Guillaume de Saulx : *Mémoires.*

Jean de Saulx : *Mémoires.*

Castelnau.

Le Frère de Laval.

M. le duc d'Aumale. — *Histoire des princes de Condé.*

la communion ainsi qu'un grand nombre de ses généraux. (2).

### XIII. — Les Allemands pénètrent en France par la Franche-Comté, près de laquelle les ducs d'Aumale et de Nemours les attendent de pied ferme.

Pendant que l'on se battait dans la Saintonge, l'Angoumois, le Poitou, les bandes allemandes appelées par les révoltés s'avançaient en deux colonnes vers la Franche-Comté. L'une sous la conduite de Guillaume de Nassau, prince d'Orange, de Maurice, son fils, et de ses deux frères Ludovic et Henri de Nassau, campait aux environs de Strasbourg, où elle parait avoir stationné depuis le 23 janvier jusque vers la fin de février, attendant le moment favorable pour pénétrer dans le comté de Bourgogne. (1).

A Strasbourg, le prince d'Orange reçut dans les rangs de son armée un certain nombre de révoltés français. Quelques-unes de ces bandes s'étaient montrées dans le courant de janvier, autour de Bar-sur-Seine : elles s'étaient grossies de celles qui, chassées du Mâconnais par Saulx de Ventoux, avaient remonté la Saône après leur défaite à Cuisery et à Romenay.

L'autre colonne, dirigée par Wolfgang, duc des Deux-Ponts, se joignit à la première dès le com-

---

(1) Castelnau, livre VII, chapitre IV.
(2) D. Grappin : *Mémoires historiques.*

mencement de mars et leur premier exploit commun, fut un échec sanglant infligé au duc d'Aumale, entre Pont-à-Mousson et Nancy. (1).

Cette armée, qui reconnait Wolfgang pour son principal chef, se compose de vingt-huit cornettes présentant un effectif de sept mille cinq cents reitres et de six mille lansquenets, dont les bandes se grossissent encore des compagnies françaises de Jean Hangest de Genlis, de Vienne, de Morvilliers, du marquis de Renel, de Feuquières, de Mouy, d'Esternay, de Briquemaut et de plusieurs autres. (2). Six à sept cents hommes de pied venus de Vézelay sous la conduite d'Avertigny et de du Breuil ne tardent pas à la joindre. Outre douze cents chevaux, elle compte sept ou huit couleuvrines pour la protéger. (3).

Avant d'entrer dans la Franche-Comté, Wolfgang avait essayé d'y obtenir un libre passage en faisant valoir le traité de neutralité qui existait entre le Comté et le Duché de Bourgogne. Il écrivit en même temps pour protester de ses intentions pacifiques, multipliait les promesses et déclarait qu'il paierait de gré à gré aux habitants les vivres qu'ils fourniraient à son armée; mais les Espa-

---

(1) Lettre du 10 mars, écrite par Saint-Erémyne à l'amiral, et lettre du 11 mars, de l'amiral au prince de Condé. L'une et l'autre produites par M. le duc d'Aumale dans son *Histoire des princes de Condé*, t. II, pages 384 et 385.

(2) Le Frère de Laval. — Castelnau. — Sismondi.

(3) Lettre des princes de Béarn et de Condé et des Chatillons, produite par M. le duc d'Aumale, dans l'*Histoire des princes de Condé*, t. II, page 406.

gnols qui occupaient alors cette province, refusèrent tout, le passage et les vivres, et ce ne fut que par la force et la trahison que les Allemands pénétrèrent dans le pays, où, selon leur coutume, ils se signalèrent par les ravages et les excès de tous genres. Vers le 21 mars, Wolfgang passait la frontière. (1). Il était campé le 24 à Conflans-sur-Saône, et du 8 au 12 avril, on le voit successivement à Jussy, à Fleurey et à Membray (2), près desquels se trouvent plusieurs enclaves de la Bourgogne comme Fays-Billot, Tournay, Fouvans-la-Ville, Fresne-Saint-Mamert.

Les ducs d'Aumale et de Nemours gardaient la frontière l'arme au pied, ne devant pas livrer bataille hors de France.

A Fouvans-la-Ville un corps d'armée maintenait le duc des Deux-Ponts sur la réserve et observait tous ses mouvements. Plus bas, vers Fontaine-Française, neuf à dix mille hommes, commandés par Beauvoir et Montfort, étaient échelonnés le long de la Vingeanne. (3).

### XIV. — Du Poitou, Tavannes conseille les ducs de Nemours et d'Aumale pour fermer le passage à l'ennemi.

Du Poitou, Tavannes qui a l'œil sur les deux corps d'armée, trace aux ducs d'Aumale et de

---

(1) Lettre du conseiller Belin au cardinal de Granvelle, dans D. Grappin.
(2) Dom Grappin.
(3) D. Grappin : *Mémoires historiques*.

Nemours leur ligne de conduite en leur donnant connaissance du terrain. Il les informe qu'ils ont devant eux « une plaine de vingt-cinq lieues de « long sur quatre de large, bordée par la Saône et « les montagnes. » C'est, dit-il, la route naturelle que doit suivre l'ennemi. Cette plaine est traversée par la Tille et l'Ouche, vers Tréchâteau et Nuits et offre un lieu commode pour combattre les reitres et les empêcher de passer. (1).

Le général bourguignon connaissait son terrain, et l'on sent que s'il eut été en Bourgogne les Allemands eussent été culbutés ou refoulés sur le Rhin : mais il était à l'autre extrémité de la ligne, chargé d'arrêter la marche des protestants français et ne pouvait donner que des conseils pour les opérations militaires de l'est. Il savait la rivalité jalouse qui existait entre les ducs d'Aumale et de Nemours et l'inexpérience de ces deux chefs d'armée. Après la bataille de Jarnac il avait écrit au roi par Lignerolles, demandant la permission de se faire remplacer dans les provinces de l'ouest par M. de Montpensier, et l'autorisation d'aller rejoindre avec deux mille chevaux l'armée des deux ducs. Il promettait « qu'infailliblement il « contraindrait le duc des Deux-Ponts... de venir « à la bataille en certains lieux dudict païs, où il « estoit contraint de passer ; et espéroit en obtenir « la victoire, tant pour l'augmentation des forces « à l'armée, que pour l'obéyssance qui y seroit « mieux rendue sous un seul chef que sous lesdits

(1) Jean de Saulx. — Mémoires de Gaspard de Saulx, son père.

« sieurs d'Aumale et de Nemours, auxquels le
« pouvoir estant égal, la jalousie entr'eux estoit
« inévitable. » (1).

Malheureusement la cour mit six semaines pour répondre et lorsqu'elle donna son approbation, l'ennemi était déjà sur les rives de la Loire.

---

### XV. — Wolfgang pénètre en Bourgogne.

Interdit d'abord en apprenant la défaite de l'armée protestante, sur les bords de la Charente et la mort de Condé, Wolfgang s'était arrêté dans la Franche-Comté, mais à la nouvelle que Coligny continuait la campagne, il reprit de l'assurance. Après un séjour de six semaines dans la province espagnole, il la quitta par le bailliage d'Amont, et pénétra en France par la Champagne, sans attendre un renfort que Grandvilliers devait lui amener du côté de Montbéliard. (2).

Le duc d'Aumale l'épiait à la frontière. Le voyant s'avancer, il embusqua des arquebusiers dans un bois en vue des allemands; et, pour y attirer l'ennemi, lança en avant quarante ou cinquante lanciers qui avaient ordre de se replier vers le bois dès la première charge qui serait faite contre eux.

---

(1) Guillaume de Saulx. — *Mémoires des choses advenues en France.* Edition Buchon, 1874, p. 454.

Jean de Saulx. — *Mémoires de Gaspard de Saulx.* Edit. Buchon, 1856, p. 356.

(2) D. Grappin. — *Mémoires historiques.*

Le piège réussit à moitié. Schomberg envoya contre les lanciers du duc d'Aumale soixante ou quatre-vingts reitres suivis d'un autre corps de cavalerie. Les lanciers se retirèrent comme cédant devant le nombre : quelques coups d'arquebuses furent échangés ; quelques reitres tombèrent ; mais la ruse découverte, les allemands battirent en retraite, « cause qu'ils se sauvèrent à moins de « perte. » (1).

Le gouverneur de Bourgogne, d'Aumale, ne put faire, cependant, que le château de Montsaugeon ne tombât au pouvoir de l'ennemi. Cette place, bien approvisionnée de vivres paraissait assez bonne, mais manquait de munitions de guerre.

---

**XVI.** — **Après un engagement vers Thil-Châtel, le duc d'Aumale couvre Dijon de son armée pour protéger la ville.**

Wolfgang paraissait se diriger à la rencontre de Coligny, par le Châtillonnais et l'Auxois au-delà desquels il avait à Vézelay une étape assurée : mais l'armée royale, toujours à sa droite, lui fermait le passage. Il descendit alors à Tréchateau (2). où il trouva encore l'entrée des vallées de la Tille et de Lignon barrée par l'armée des ducs d'Aumale et de Nemours.

Le 26 avril, il eut vers ce bourg un petit engagement désavantageux, et néanmoins se lança

(1) Le Frère de Laval.
(2) Tréchâteau. — Thil-Châtel.

dans la vaste plaine où Tavannes aurait si bien voulu lui livrer bataille. Le soir même il campait à Varoy, à deux lieues de Dijon.

Le duc d'Aumale crut prudent alors de se tenir entre l'armée protestante et la capitale de Bourgogne pour empêcher celle-ci d'être plus gravement inquiétée. C'était habile pour la protéger et en éloigner le théâtre de la guerre ; mais d'un autre côté, en agissant ainsi, il laissait la facilité aux allemands de poursuivre leur route, et perdait un avantage précieux sur eux. Aussi, deux jours après, au lieu de le trouver sur les devants de l'ennemi, cherchant à entraver sa marche, ne le voit-on plus qu'à sa poursuite, chargeant inutilement l'arrière-garde. Pour le retarder, il offre en vain le combat au passage de l'Ouche. Les allemands aiment mieux avancer toujours. Ils marchent sur Saulon, Noiron-les-Citeaux, Gilly, enlevant blés et troupeaux brûlant les villages, et arrivent sur les bords du Muzin.

Cependant Castelnau vient d'amener à l'armée royale un renfort de deux mille fantassins et de deux mille cinq cents reîtres fournis par le duc d'Alve, sous la charge du comte de Mansfeld, gouverneur du Luxembourg.

### XVII. — Combat de Nuits.

Le duc des Deux-Ponts avait établi son quartier général dans l'abbaye de Citeaux (1) et disposé ses

(1) Castelnau. Edit. Buchon, 1854, p. 234.

batteries sur les collines du côté de Gilly et de Nuits. Dans la plaine à gauche du Muzin, était son armée, et sur la droite celle du duc d'Aumale; couverte en arrière par des bois. (1). D'Aumale commença l'attaque avec une ardeur telle qu'il fit plier en arrière les lignes protestantes. A la vue du mouvement rétrograde de ses troupes, Wolfgang fit avancer le régiment du colonel Schomberg : mais ce dernier avait à peine mis le pied sur la rive opposée de la petite rivière, qu'il fut repoussé avec une perte de quarante à cinquante chevaux, par le comte de Charny, le marquis de Pont, et par les compagnies du duc de Lorraine. (2). Quoique soutenus par le feu de l'artillerie, de nouveaux escadrons envoyés à l'aide de Schomberg ne furent pas plus heureux. Cependant Mouy s'élançant à son tour avec trois ou quatre cornettes de protestants français, leur fit reprendre pied. Le capitaine Bua franchit même la rivière; mais au même instant, il perdit sa compagnie, fut fait prisonnier et laissa prendre sa cornette sur laquelle était peinte « une chaudière la gueule en bas », avec cette devise : « la marmite du pape renversée. » Mouy fut obligé de rétrograder après avoir éprouvé des pertes assez sérieuses : cepen-

---

(1) Le Frère de Laval.

« — Le duc d'Aumale... s'approcha à la portée du canon. Là, « après s'estre flanqué d'un et d'autre costé, et du devant favorisé « d'une rivière, ayant le derrière couvert de bois, se met en « bataille et fait attaquer l'escarmouche à ses harquebusiers qu'il « lance contre les lansquenets .. »

(2) Castelnau. Edit. Buchon, 1854, p. 234.

dant le canon allemand empêcha les catholiques de le mettre en déroute.

Dans cette journée qui se termina à l'avantage du duc d'Aumale, quatre cents hommes restèrent sur le champ de bataille. (1). Mais la ville de Nuits paya cher l'échec des Allemands qui la pillèrent et la saccagèrent en passant. Les faubourgs furent complètement brûlés « et les grains semez au « finaige et territoire d'icelle, furent gastéz et foul· « droyés. » (2).

### XVIII. — L'ennemi devant Beaune.

Le lendemain de cette affaire, Wolfgang continua sa marche sur Beaune, en brûlant sur sa route le château de Savigny, puis au sud de la ville, le couvent des Chartreux. Il séjourna deux jours autour de Beaune sans oser l'attaquer, « attendant ses charriots et ses bagages. » (3).

Dès la prise de Cuisery par de Trans, les confédérés catholiques de Beaune avaient formé une

---

(1) Le Frère de Laval.

(2) *Archives de la ville de Nuits*. — Dans une requête pour dégrèvement de charges, du 12 février 1571, les échevins exposent : « que en l'année 1569, au moys d'apvril, ladicte ville fut pillée et « destruicte par l'armée que conduisoit lors le duc des Deux-« Ponts, contre l'estat et majesté du roy, et que les faubourgs de « ladicte ville furent bruslez, et les grains semez au finaige et « territoire d'icelle gastéz et fouldroyéz. Que, incontinent *après* « *l'armée passée et despuis, jusqu'à ce jourd'huy*, sont décédéz « soixante ou quatre-vingtz habitans. »

(3) Castelnau.

compagnie de cent à cent-vingt hommes « pour marcher où il serait ordonné. » (1). Deux mois plus tard, sur l'avis qu'ils reçurent que « les ennemys « se vantaient fort d'avoir quelque intelligence » dans la place (2), puis enfin, à la vue de Wolfgang s'approchant des murs, les hommes valides s'étaient armés spontanément pour la défense de leurs foyers. Ils montaient la garde autour de la ville, pendant que le reste de la population se tenait en prière pour le salut commun au pied de la *Belle-Croix*. Prions, s'écriait un clerc au milieu de la foule, « prions pour l'incommodité des « temps, troubles, fascheries, saccagements, pille- « ries, voleries régnantes exercés par les reitres « huguenots estans sous la charge du duc des « Deux-Ponts, du prince d'Orange et d'autres « allemands, plus furieux que chiens enraigés, « malfaisants, rançonnant, pillant, bruslant chas- « teaux, villages, bourgs, églises.... Ils ont tout « gasté, les bleds et les orges à dix lieues la « ronde, ce sera une famine, si Dieu n'y estend sa « grâce. » Et tout le peuple répondait par le chant de la passion, « *ô crux ave, Spes unica !* » (3).

Wolfgang, surveillé par l'armée royale, n'osa entreprendre le siège de Beaune.

Après deux jours de pillage, d'incendie, de meurtres dans les alentours, l'ennemi leva son camp pour aller plus loin, laissant derrière lui cer-

(1) *Archives de Beaune.* — Cote 4 Reg. p. 77.
(2) Id. Lettre du duc d'Aumale à Ventoux.
(3) M. Rossignol dans les *mémoires de l'académie de Dijon* 1852, p. 147 et 149.

tains villages tellement infectés par « l'odeur des « cadavres qu'ils en *étaient* abhorrés. » A son départ, le greffier du chapitre écrivit sur son registre : « Aujourd'hui, mis en layette de la « chambre des comptes l'extrait des ruines et brus-« lements faits par les huguenots ennemis de Dieu « et du Roy, ayant passé le dimanche premier « may 1569 par ce pays et duché. Le grand dyable « leur maistre et auteur les puisse exterminer ! »

Cependant, à ce jour, l'ennemi n'avait pas encore dépassé Chagny.

### XIX. — L'armée d'invasion change de direction et remonte vers l'Auxois qu'elle traverse, pour se rendre à Vézelay.

L'approche du duc des Deux-Ponts qui n'était plus qu'à trois lieues de Châlon jeta les habitants de cette ville dans une vive inquiétude (1). Il semblait avoir l'intention de suivre en partie le cours de la Saône puis de gagner la Loire par le Charollais ; d'où, traversant ensuite le Bourbonnais et la Marche, il arriverait dans la Saintonge, où étaient les Châtillons et les deux jeunes princes de Béarn et de Condé. Les Châlonnais se croyaient en conséquence sérieusement menacés. Mais tout à coup, soit qu'il y fût forcé par la position de l'armée catholique, soit qu'il eût réussi à détourner l'attention des généraux français d'une autre voie qui le ramenait à Vézelay, il changea de direction,

(1) Pierre Juenin. — *Histoire de Tournus, 1733.*

et revint presque sur ses pas. Ce fut après un combat livré le 3 mai vers Chagny, sur les bords de la Dheune.

Les manœuvres habiles de Wolfgang le laissa passer entre les côtes célèbres de Chassagne et de Puligny. Ce chemin, qui est aujourd'hui la route de Châlon à Auxerre, présentait des gorges dangereuses et difficiles à franchir si elles eussent été gardées. Wolfgang, maitre des hauteurs qui gardaient la voie, s'y engagea et ne fut point inquiété. Il passa par la Rochepot, les chaumes d'Auvenay, Ivry, et put arriver sans obstacle à Arnay-le-Duc, où il donna cinq jours de repos à son armée. De là, il se dirigea sur Avallon. Quelques-uns disent qu'il en incendia les faubourgs : c'est une erreur qu'il importe peu de relever, car si ce grief n'est pas le sien, il est celui de ses coréligionnaires de Vézelay, qui vinrent en effet, comme nous l'avons vu déjà « à trois diverses foys brusler la « plus grande partie des faulbourgs dudit Avalon, « nommés Cosain, nuictamment. » Quant au duc des Deux-Ponts, il est simplement dit qu'il « passa « près les faulxbourgs dudit Avalon : » (1) il ne semble même pas avoir eu le projet d'une tentative contre la ville. Courtépée s'est trompé en écrivant qu'il l'avait assiégée. Wolfgang ne fit que passer et alla se jeter dans Vézelay.

---

(1) *Archives d'Avallon.* — Mémoires adressé au maréchal de Vielleville, en mars 1571.

## XX. — Marche du duc d'Aumale après l'affaire de Chagny.

Le duc de Nemours, depuis quelque temps malade, avait quitté l'armée : d'Aumale continuait seul la campagne. Après l'affaire de Chagny, il parait s'être dirigé par Beaune et Bligny-sur-Ouche, sur Vitteaux et Semur. Le 9 mai, il était à Braux dans l'Auxois, d'où il adressait une réquisition de 9,000 pains aux Avallonnais (1), et le 10 à Epoisses.

L'armée royale ne se tenait plus qu'en observation « à deux lieues » de l'ennemi, prête à porter secours aux villes qui seraient attaquées. Le temps était pluvieux et les chemins mauvais : hommes et chevaux étaient harassés et chacun aspirait à un peu de repos. Wolfgang se hâtait d'arriver à Vézelay, et d'Aumale à Avallon, d'autant que les maladies et les désertions faisaient de nombreux vides dans les rangs des combattants (2). Le 11 ou le 12, les uns et les autres prenaient leurs logements. Le duc d'Aumale introduisit dans la ville d'Avallon, le capitaine Béquin avec 54 hommes et 16 chevaux, et fit camper le reste de ses troupes en dehors des murs (3). Quelques jours après, pendant que le duc des Deux-Ponts s'avançait sur la Charité, le duc d'Aumale allait à Gien traverser la Loire. Avant

---

(1) *Archives d'Avallon.*

(2) Bibliothèque nationale, fonds Fr. — 3226, ancien Mss Bethune, 8735, folio 81.

(3) *Archives d'Avallon.*

son départ, il avait encore mis dans les murs d'Avallon 150 hommes qui, avec la garnison qu'il y avait déjà et la milice bourgeoise, gardèrent la ville pendant six semaines.

### XXI. — Mort de Wolfgang.

Le duc des Deux-Ponts avait quitté la Bourgogne à Vézelay, laissant derrière lui les ruines fumantes de « plus de quatre cens villages », incendiés par lui pendant les seuls mois d'avril et de mai (1). Nous ne le suivrons en dehors de la province que pour dire qu'il mourut en Limousin, quatre jours avant la jonction de son armée avec Coligny, le 11 juin 1569, des suites d'abondantes libations faites dit-on avec du vin emporté d'Avallon. Il espérait avec ce vin, se guérir d'une fièvre quarte dont il était malade. On fit, au sujet de sa mort, le distique suivant :
*Pons superavit aquas, superârunt pocula Pontem*
*Febre tremens periit, qui tremor orbis erat* (2).

Le pont a franchi les rivières; mais le vin a renversé le pont, et celui qui faisait trembler nos contrées, fut emporté par un frisson de fièvre.

Le bruit avait couru, selon Tavannes, que le vin

---

(1) *Archives de la Côte-d'Or et de l'ancienne Bourgogne.* — Il y eut « plus de quatre cens villages brusléz, passant en avril et « may dernier, l'armée des allemans par ce païs... » — Discours de l'abbé de la Ferté à l'ouverture des états de 1570.

(2) Courtepée, T. IV.

avait été empoisonné, et après la paix, Coligny obtint des ordres pour informer contre un médecin d'Avallon, soupçonné d'être l'auteur de ce prétendu empoisonnement : mais l'enquête ne fit rien découvrir.

Quelque temps avant lui, d'Andelot était aussi mort à Saintes d'une fièvre pestilentielle. Le commandement de l'armée protestante, ainsi que la direction du parti restaient donc à l'amiral, bien que les principaux officiers réunis à Tonnay-Charente se fussent donnés pour chefs les princes Henri de Béarn, âgé seulement de quinze ans et demi et Heuri de Condé, âgé de seize ans et demi (1). Coligny, en quelque sorte leur tuteur, fut le chef effectif.

---

### XXII. — Agitation dans l'Auxois.

Pendant qu'au loin l'armée catholique était aux prises avec l'armée protestante, des agitateurs entretenaient le trouble et la rébellion dans la province. Les villes étaient forcées d'avoir à grands frais des garnisons dans leurs murs, pour repousser les agressions d'une foule de maraudeurs.

Dès le mois de janvier 1589, Saladin de Montmorillon, seigneur de Vésigneux, nommé depuis trois mois gouverneur d'Avallon par Ventoux,

---

(1) Henri de Bourbon était né le 23 décembre 1553. Henri de Condé le 27 décembre 1552.

était entré en ville avec dix arquebusiers à cheval de sa suite : au mois d'avril il avait ajouté cent arquebusiers à pied ; et enfin le duc d'Aumale, à son passage, avait encore laissé, comme on vient de le voir, cent cinquante hommes (1). Semur avait aussi trois cents hommes pour sa défense. Malgré cela, ces deux villes étaient sans cesse inquiétées.

La garnison d'Avallon était en partie licenciée au mois de juin, et la garde de la ville reprise par la milice bourgeoise : mais le temps de la moisson obligea de rappeler de nouveaux hommes pour protéger « la récolte des bleds par les habitans, « proche de la ville d'Avallon, à raison des incur- « sions de ceulx de la nouvelle relligion, qui « détiennent et occupent par force la ville de Véze- « lay, contre l'autorité du roy. » Ventoux envoya à Avallon cinquante soldats, sous le commandement du capitaine Marey, qui eut pour lieutenant Claude de Longueville, écuyer, seigneur de Domecy-sur-le-Vault avec son fils François de Longueville, aussi écuyer. (2).

---

(1) *Archives d'Avallon.* — « Ils out heu (les avallonnais) cent « soldatz, ung mois ; 50 soldatz depuis le moys de febvrier « jusques au mois d'aost dernier ; la compagnie dudict sieur de « Vantou environ six mois ; le capitaine Nara avec 50 arquebu- « siers à cheval, pendant deux mois ; le capitaine Bequin, envi- « rons trois semaines avec 150 soldats envoyés du camp conduict « par monseigneur le duc d'Aumalle : 50 soldatz soubz la charge « du capitaine Marey, troys moys ; vivant tous lesdicts gens « d'armes et soldats à discrétion, et sans rien payer, aux grands « fraiz, despens et intérêts des paovres habitans d'icelle ville... »
(2) *Archives d'Avallon.*

### XXIII. — Le château de Régennes pris par les huguenots

Les huguenots avaient pour tactique de s'assurer des places qui commandaient les ponts et les gués des fleuves et des rivières. Sur la Loire, ils avaient la Charité; sur l'Yonne, ils convoitaient Auxerre. Avant de s'engager dans une entreprise contre la ville, il leur était opportun d'occuper au moins quelques-unes des petites places d'alentour. Le 3 août, ils s'étaient emparés du château de Régennes situé dans une sorte de presqu'ile formée par les sinuosités de l'Yonne à moins de deux lieues en aval d'Auxerre. Une quarantaine de « brigandeaux bien montéz, débandéz de « l'armée protestante après la bataille de Roche-« Abeille », s'y étaient présentés sous la conduite de Blosset et du chevalier du Boulay (1). Les portes leur avaient été ouvertes par un traître du nom de Roboam, qui s'enfuit après cette action à Saint-Fargeau, pour y jouir du fruit de sa trahison. Les auxerrois firent aussitôt appel aux villes de Tonnerre, Joigny, Chablis, Toucy, Cravant, Avallon et autres, pour reconquérir cette place importante qui protégeait la navigation de l'Yonne, et, entre les mains de l'ennemi devenait menaçante pour toute la contrée. Mais la plupart d'entre elles avaient à se garder aussi, ou à se défendre elles-mêmes. Cependant Malain, seigneur de Seignelay, offrit l'artillerie qu'il avait à sa disposition.

---

(1) Le frère de Laval.

Le duc d'Alençon qui avait déjà chargé le capitaine du Lys de commander à Auxerre, dès que les habitants le réclameraient, lui écrivit de nouveau, de travailler à la reprise de Régennes, car, dit-il dans une lettre du 8 août, qu'il écrivit aux auxerrois, « fault mettre peine à recouvrer tous « ces forts, mesme les petites villes que les rebelles « occupent. Il y a ung canon et deux coulevrines à « Sens qui serviront pour cet effet. » (1). Le baron de Barbezieux envoya de Troyes une compagnie de gens de pied sous la conduite du Bailly et écrivit à M. de la Grange-aux-Rois, qui demeurait dans la Puisaie de s'y rendre également : mais une nouvelle surprise du château de Noyers, arrivée dans le même temps, changea les dispositions de Barbezieux. Les auxerrois en furent réduits à leurs seules forces, grossies cependant de quelques compagnies conduites par le marquis de Nesle, gouverneur de Joigny, et par le capitaine du Lys, gouverneur de Villeneuve-le-Roi. Sur la fin elles s'accrurent de cent arquebusiers à cheval, à la solde et sous le commandement du Seigneur de la Grange-aux-Rois. L'urgence était d'autant plus grande de réduire Régennes, que ce n'était pas la seule place qui menaçait la cité Auxerroise. Coulanges-sur-Yonne, Vézelay et, depuis quelques jours, Noyers recélaient des garnisons protestantes qui déjà, dès le commencement du mois, s'étaient présentées sous les murs de la ville. On savait que

---

(1) L'abbé Lebeuf. — *Prise d'Auxerre et supplément aux pièces justificatives.*

des échelles se fabriquaient à Coulanges pour escalader les remparts pendant la nuit. (1).

### XXIV. — Reprise de Régennes sur les protestants.

Le fougueux Jacques Creux, surnommé le capitaine Brusquet, l'un de ceux qui avaient chassé les huguenots de la ville, l'année précédente, ne put, dans sa patriotique impatience, attendre tous les secours promis : il partit avec quelques compagnies de volontaires ; et le 9 ou le 10 août commença l'investissement et l'attaque de la place.

Les huguenots se défendirent avec énergie, et quelques catholiques en voyant tomber plusieurs des leurs se débandèrent : mais il arriva de divers côtés un si grand nombre de nouveaux assaillants, que Remigny-Roux, l'un des chefs, écrivit le 22 août aux échevins d'Auxerre de lui envoyer M. de la Grange-aux-Rois et quelques autres officiers pour les commander. De Ventoux et de Prie reçurent aussi du roi l'invitation de s'y rendre. Ces ordres furent superflus. Le 24 août, avant l'arrivée de ces renforts, et aussi, du côté des assiégés, avant l'arrivée d'un secours de 300 chevaux que leur envoyaient les protestants de Vézelay et de la Charité, la place était rentrée au pouvoir du roi par un heureux stratagème qui mérite d'être raconté. Le château était battu par l'artillerie

---

(1) L'abbé Lebeuf. — *Prise d'Auxerre*.

catholique, du côté de la terre ferme dont il n'était isolé qu'au moyen d'un fossé joignant des deux bouts la rivière. Lorsqu'une partie des murailles furent à terre, les catholiques poussèrent devant les brèches des trains de bois qui descendaient à Paris et qu'ils tenaient peut-être à cet effet, amarrés quelque part en amont. Ils s'en servirent comme de pontons à l'aide desquels ils pénétrèrent dans les cours où le combat s'engagea corps à corps. Après une lutte des plus meurtrières, un grand nombre des protestants furent faits prisonniers; d'autres, parmi lesquels fut le capitaine Blosset, se frayèrent un passage et parvinrent à se retirer, après avoir mis le feu au château. (1).

Un nommé Cœur-de-Roi, mesureur de grains à Auxerre, qui, l'année précédente, avait contribué pour beaucoup au sac de la ville, était du nombre des prisonniers. Emmené à Auxerre, il fut mis à mort et déchiré par quartiers par un peuple furieux; « chacun emportant sa pièce. Voire
« qu'aucung lui arrachèrent le cœur du ventre,
« pour voir quelque nouveauté, n'estimant pas
« qu'un tel procuste l'eust tel que le commun des
« hommes. » (2).

(1) « Messieurs, écrivit à ce sujet le duc d'Alençon aux Auxer-
« rois, j'ay entendu, tant par votre lettre que celle du sieur de
« Joux, la reprise de Regennes, avec perte de quelques hommes
« et grand dommage à la place, par le feu qui y a esté mis par
« les rebelles qui l'occupaient, ainsi que m'escrivez. » (Lebeuf. —
*Prise d'Auxerre et supplément aux pièces justificatives*).

(2) Le Frère de Laval. — De Thou et de la Noue ajoutent même
que son cœur fut coupé en « petits morceaux, exposés en vente,
« et qu'il y eut des gens assez féroces pour le mettre sur des
« charbons et le manger à demi grillé. » (Lebeuf. — *Prise d'Auxerre.*)

4

Selon Mézeray, historien consciencieux, Cœur-de-Roi se serait montré un digne émule de Briquemaut et des protestants de Mâcon en 1567 ; « il « coupait le nez aux uns, aux autres les oreilles « ou le bout des doigts, à quelques-uns pis « encore. » (1). On ne saurait excuser, mais on comprend l'indignation la fureur même que de pareilles monstruosités provoquaient parmi les populations ?

### XXV. — Deuxième siège de Noyers.

Noyers était passé de nouveau au pouvoir des révoltés. Damas de Saint-Riran, qui y commandait, appelé à un autre service, en était sorti le 2 août, laisant la garde de la place à vingt-cinq soldats sous les ordres du capitaine Lebreton, sieur de Donjon et du maire. Mais une peste qui s'était déclarée dans la ville, avait chassé les gardiens et les huguenots avaient profité de la terreur générale pour reprendre possession des lieux. Lebreton fut arrêté à Cravant et conduit dans les prisons d'Auxerre. Le 23 août, le roi écrivit de Tours pour faire instruire sur sa désertion et châtier sévèrement les coupables. Selon l'abbé Lebeuf, il y a lieu de croire que Lebreton se tira à son honneur de cette affaire : Quant aux Nucériens, ils eurent à subir encore une fois les horreurs d'un siège.

(1) M. Challe.

Charles IX avait donné charge à Sansac, « lieu-
« tenant général en l'armée, » de reprendre sur
les rebelles « les villes et chasteaulx » qu'ils occupaient « ès pays de l'Aucerroys, Champagne,
« Bourgongne et Nyvernoys. » (1).

Sansac commença ses expéditions en Bourgogne
par la délivrance de Noyers. Barbezieux qui avait
déjà soumis la ville et le château l'année précédente, lui fut adjoint. Nous n'avons que très peu
de détails sur ce second siège. On sait seulement
que Tonnerre fournit encore des voituriers, des
perriers et des munitions de guerre et Montréal
quelques vivres. La place se rendit par composition ; mais la garnison, au lieu d'en sortir avec
armes et bagages comme la première fois, fut
emmenée prisonnière à Troyes, où, dit-on, le
peuple massacra une soixantaine de soldats.

### XXVI. — Siège de Vézelay par Sansac.

Après cette expédition, Sansac alla mettre le
siège devant Vézelay : mais déjà Guerchy qui
commandait à la Charité y avait fait entrer un
renfort composé de deux cornettes de cavalerie et
deux compagnies d'infanterie. Les capitaines
Blosset, Bezançon, Sarrasin, Ribompierre et
autres occupaient la ville avec de forts détache-
ments.

(1) Lebeuf. — *Prise d'Auxerre et supplément aux pièces justificatives.*

Sansac lança, le 6 octobre, de la cavalerie pour reconnaître la place, et deux jours après, trois compagnies de pionniers étaient chargées de tracer les parallèles et d'ouvrir les tranchées du côté de la tour du Barle, autrement dite de Saint-Etienne, vis-à-vis l'abreuvoir. Les huguenots remarquant qu'on avait négligé de soutenir ces hommes, comme il convient en pareil cas, et ne les voyant pas en force, firent une sortie, tuèrent les officiers et une quarantaine de soldats et obligèrent le reste des combattants à se retirer dans les vignes. Ceux-ci s'y défendirent avec avantage, mais auraient fini par succomber si d'autres troupes n'étaient venues les dégager. Ils ne purent néanmoins rentrer qu'à la nuit, au camp établi vers Asquins. (1).

Sansac fit protéger alors ses travaux de siège par une batterie qui ouvrit son feu contre cette même tour du Barle, le 10 octobre au matin. Elle tira deux jours sans discontinuer, jusqu'à ce qu'elle eût éteint le feu de l'artillerie et démoli la tour en partie.

Le 12, une autre batterie de quatre canons, établie sur les hauteurs de Saint-Père, accompagnée de huit enseignes postées quelque peu en arrière pour la défendre, attaqua la porte du Guichet, vers l'hôpital. Mais cette poterne était protégée par la Tour des Colombs. Lorsque Sansac reconnut que le moment approchait où l'on pour-

---

(1) Sansac date ses lettres de réquisition aux avallonnais, « du camp d'Asquins, devant Vézelay. »

rait se présenter à la brêche faite au Guichet, il fit pointer une troisième batterie sur la tour.

Le 15, des brèches étaient faites sur les trois points attaqués. Les assiégeants s'y présentèrent avec ardeur et en faisant grand bruit pour attirer l'attention de ce côté, tandis qu'au nord-est, vers les Cordeliers, on dressait en silence les échelles pour tenter l'escalade. Mais l'éveil fut donné par les sentinelles placées sur les remparts, et les huguenots accoururent sur tous les points à la fois.

Partout l'action fut chaude. A la Tour des Colombs, une trentaine de huguenots parmi lesquels le capitaine Sarrasin, furent tués. Du côté des assiégeants, les catholiques tombaient entassés les uns sur les autres.

L'ennemi, abrité derrière des pans de murs qui n'étaient écroulés qu'en partie, ajustait à coup sûr. Après des pertes assez considérables, (300 hommes avaient été tués, selon de Serres), on dut se retirer. Il faut connaître la situation de Vézelay pour comprendre d'ailleurs les difficultés d'un assaut au Guichet, à la Tour des Colombs et même du côté des Cordeliers. Sur tous ces points, c'est une pente très rapide et d'un accès si difficile, pour nous servir des expressions d'un auteur contemporain, que plusieurs haleinées sont « requises pour monter depuis « le bas jusques au pied des murailles. » Les pierres tombées des murs roulaient sous les pieds des assiégeants jusques au bas de la côte, et durent plus d'une fois entraîner ceux-ci avec elles.

Sansac jugeant la ville plus forte du côté de Saint-Père qu'il ne l'avait cru d'abord et qu'elle ne l'était en effet, fit venir de nouvelles pièces d'artillerie qui avaient fait séjour à Avallon les 13, 14 et 15 octobre, avec cent vingt chevaux (1), et pointa de nouvelles batteries du côté opposé, vers les Cordeliers.

Plusieurs de ces canons ayant été démontés, Avallon eut à envoyer à Asquins, jusqu'au 26 octobre, le bois propre à les rétablir sur leurs affuts. (2).

---

### XXVII. — Les assiégés reçoivent des renforts.

Sans être interrompu, comme l'ont dit La Popelinière et Le Frère de Laval, le siège languit quelque temps, mais sans que les troupes abandonnassent le camp d'Asquins. Sansac appela à son aide Saulx de Ventoux dont les troupes passèrent à Avallon pour se rendre à Vézelay les 26 et 27 octobre. Depuis le commencement d'octobre jusqu'à la fin de février 1570, les réquisitions de vivres se succèdent, pour ainsi dire sans interruption, à Avallon, à Semur, à Montréal, à Tonnerre, à Auxerre même. (3).

Pendant ce temps d'arrêt, de Traves ou de

(1) *Archives d'Avallon.*
(2) *Archives d'Avallon.*
(3) Archives des villes d'Avallon et de Semur et du département de l'Yonne.

## CHAPITRE IX — (1569).

Trans et la plupart des gentilshommes huguenots qui se trouvaient à Vézelay, après avoir pris toutes les mesures nécessaires pour maintenir la ville au pouvoir de leur parti, se retirèrent avec quelques soldats pour aller guerroyer ailleurs. Le motif de leur départ fut aussi sans doute, de ménager les vivres de la ville et de ne pas exposer les assiégés à la famine, si la présence de Sansac dans les environs se prolongeait. Celui-ci avait conservé des intelligences dans la place.

Albert de la Châsse, bourgeois catholique de Vézelay, et un maitre d'école nommé Montigny, correspondaient avec lui en attachant leurs lettres à des flèches qu'ils lançaient dans un champ où le général catholique les faisait prendre. Sansac fut informé par ce moyen, du départ des gentilshommes et de la diminution des forces de la ville. Il se hâta alors de faire jouer ses batteries contre la porte du Barle et du côté des Cordeliers. Les catholiques de l'intérieur lui voyant faire cette manœuvre, voulurent l'avertir qu'elle n'aboutirait pas, et que son premier plan d'attaque était le meilleur. Ils se hasardèrent à lui envoyer le plan des parties faibles de la place, lui disant que l'entrée de la ville n'était possible que par la poterne, c'est-à-dire le Guichet, où il avait fait brèche dans le commencement du siège. La Châsse ajoutait que lorsqu'on le verrait paraitre sur la Tour des Colombs, ce serait le signal pour donner l'assaut; que lui-même plongerait son épée dans la poitrine de Blosset, tandis que de leur côté ses amis favoriseraient l'escalade.

La Châsse fut surpris comme il allait lancer sa lettre. Convaincu d'intelligence avec les assiégeants ainsi que Montigny, ils furent l'un et l'autre conduits au gibet.

Vers le 17 décembre, Sansac, ou plutôt Barbezieux (car le premier était tombé malade dans les premiers jours du mois et s'était retiré à Avallon où il faillit mourir), Barbezieux, après avoir agrandi les brèches des Cordeliers et du Barle, envoya ses hommes à l'assaut. Ce fut encore une tentatives infructueuse qui n'aboutit qu'à décimer l'élite de l'armée.

### XXVIII. — Blocus de Vézelay.

Après ces deux échecs qui lui coûtèrent, dit La Popelinière, près de quinze cents hommes du nombre desquels était le capitaine Foissy, le général catholique changea de système. Il investit la ville ; et par un blocus serré essaya d'interrompre ses voies d'approvisionnement et de secours. Les assiégés parvinrent néanmoins à donner de leurs nouvelles à Briquemaut et à Guerchy qui partirent de la Charité avec douze ou quinze cents chevaux et cinq ou six enseignes de gens de pied, pour venir à leurs secours. Mais Barbezieux marcha à leur rencontre avec toute sa cavalerie et les força de « se retirer plus vite que le pas », jusqu'au bourg de Pouilly-sur-Loire où ils eussent été taillés en pièces, sans de fortes brumes qui s'élevèrent fort à propos pour eux. L'ennemi n'en perdit pas moins cent ou cent vingt hommes dans les faubourgs de Pouilly, sans compter ceux qui se noyèrent dans la Loire, « de hâte de passer l'eau sur leurs « bateaux. » (1).

Bien que l'on fit garder les passages sur la Loire, les huguenots parvinrent encore à deux différentes reprises à s'approcher de Vézelay et à forcer les lignes du blocus. Une première fois, ils portèrent des vivres et de la poudre jusque dans les fossés de la ville où les assiégés vinrent les prendre; une seconde fois même, tout en ravitaillant, ils purent pénétrer dans la place et renforcer ainsi la garnison que les privations de vivres avaient fort affaiblie.

La famine, en effet, se faisait durement sentir et des épidémies qui en sont assez ordinairement la suite, s'étaient déclarées parmi les assiégés.

Au 24 décembre, Sansac espérait cependant en avoir fini avant un mois. « Ils (les assiégés) « mengent du bled pilé, » disait-il dans son rapport au roi, « ont peu de vin; et, si le temps con-« tinue, ils auront extrême nécessité d'eau. Con-« clusion, sire, ils ne sçauroient avoir vivres pour « trois semaines à tout rompre, estant bridéz « comme ils sont, tant à cause de la cavallerye « que à cause de sept à huit cents soldatz que j'ay « encore dedans les bourgs de Saint-Père et « Asquyen, et en attens encore d'autres, en « manière que dedans peu de jours, j'espère avoir

(1) Rapport de Sansac, du 24 décembre, au roi; produit par M. Challe en pièce justificative.

« ensemble plus de douze cents hommes et de
« l'argent pour les payer encore ung mois. »

---

#### XXIX. — Retraite des catholiques et incendie de Pontaubert par les protestants.

Le blocus dura néanmoins tout l'hiver, sans résultat satisfaisant. A la fin, découragé, épuisé par les fatigues et la maladie, et voyant l'épidémie passer du camp des huguenots dans celui des catholiques, Sansac ne voulut pas prolonger plus longtemps la lutte. Le 25 février 1570, il fit sonner la retraite. Son armée prit la route d'Avallon où elle vint se reposer et se rafraichir quelque temps : mais elle apporta aussi avec elle le germe de l'épidémie qui sévissait au camp, et durant cette nouvelle année les habitants eurent fort à en souffrir.

Les huguenots voyant de leurs remparts Sansac plier ses tentes, se mirent à sa poursuite. Ils poussèrent jusqu'à Pontaubert, à une lieue d'Avallon. Là, des habitants s'étaient vus « contraints d'aban-
« donner leurs maisons pour éviter les incursions
« et ravissements de la gendarmerie tant de Véze-
« lay que de celle du roi » (1) : mais d'autres étaient restés et avaient tenté d'organiser la défense en murant l'entrée principale du village, et en établis-

---

(1) *Archives de l'Yonne*. — Procès-verbal de visite à la commanderie de Pontaubert. Note communiquée par M. Max. Quantin.

sant des barbacanes et des meurtrières que l'on voit encore sur le bas-côté nord de l'église. Cela n'empêcha pas les protestants de brûler « sept « festes de maisons » (2), et le « pressoir banal » appartenant à la commanderie. (3).

L'ennemi n'osa pas s'engager plus loin dans les gorges des Iles-la-Baume, où passait la route d'Avallon avant de monter sur la Morlande. De Pontaubert, il rebroussa chemin pour rentrer à Vézelay. (4).

## XXX. — Pourparlers de paix.

A ce moment, on aurait pu croire que l'ardeur des deux partis faiblissait. Le prince d'Orange laissant ses deux frères Ludovic et Henri de Nassau, dans l'armée de Coligny, était parti, dès le 15 septembre 1569, pour recruter de nouveaux soldats en Allemagne. Il avait passé par Vézelay et était sorti du royaume sans être reconnu et sans avoir rencontré d'obstacles.

Après la victoire de Montcontour (3 octobre 1569) et la prise de Saint-Jean-d'Angely (2 décembre) Charles IX donna congé à une partie de ses troupes, et l'on parla d'accommodement. Il y eut comme une suspension d'armes qui s'imposa d'elle-

---

(2) *Archives d'Avallon.* — Mémoire à Vielleville.
(3) *Archives de l'Yonne.* — *Loco citato.*
(4) Le Frère de Laval. — De Serres.

même, sans accord ni contrat, entre les combattants.

L'épuisement du trésor faisait de la paix une impérieuse nécessité : cependant les populations tenaient à en finir avec les auteurs des troubles qui, sous le faux prétexte de religion et de liberté de conscience, ne s'étaient point fait scrupule d'appeler et d'introduire dans leur patrie des bandes de pillards étrangers qui ruinèrent les villes, ravagèrent les récoltes dans les campagnes, incendièrent les chaumières aussi bien que les châteaux et les églises. Pour les réduire, il faut au gouvernement des hommes et de l'argent : quelle va être l'attitude des Bourguignons, lorsque le roi leur en exposera la nécessité ?

# CHAPITRE X

## SUITE DE LA TROISIÈME GUERRE CIVILE (1570).

SOMMAIRE. — I. Budget de la guerre. — II. Les villes prennent des garnisons à leurs frais. Mailly-le-Château, Mailly-la-Ville, Accolay tombent au pouvoir des huguenots. — III. Dispositions de Coligny pour reprendre la campagne. — IV. Marche de Coligny. — V. Marche du maréchal de Cossé. — VI. Combat d'Arnay-le-Duc. — VII. Conseil de guerre tenu par l'amiral de Coligny. — VIII. Retraite de l'amiral. — IX. Cossé va prendre de nouvelles positions dans la vallée de l'Yonne, puis vers le confluent du Loing et de la Seine. — X. Trêve de dix jours pour traiter de la paix. — XI. Edit de paix de Saint-Germain.

### I. — Budget de la guerre.

Les états triennaux de Bourgogne dont l'assemblée avait été ajournée par la raison que la noblesse de la province était en grande partie sous les armes au service du roi, purent enfin ouvrir leur session le 1ᵉʳ février 1570. Ils avaient à voter ce que l'on appelle aujourd'hui le budget de la guerre. Les officiers du roi requéraient un octroi de 120,000 livres et le gouverneur du pays un crédit pour la levée et l'entretien de sept cents hommes destinés à renforcer les places fortes du territoire.

Les députés se montrèrent parcimonieux pour l'octroi : ils étaient sans doute las de contribuer à des guerres sans résultat ou qui se terminaient le plus souvent par des édits contraires aux intérêts qu'ils prétendaient défendre. Ils n'accordèrent que *l'octroi* habituel de 50,000 livres, stipulant même qu'il fallait en déduire les avances faites à l'armée royale pendant la dernière campagne et s'élevant à 34,000 livres. Quant au crédit pour l'augmentation des garnisons, il fut accordé pour trois mois à titres d'avance sur ce qui incombait à la province pour la solde de 50,000 hommes. Au delà de ce terme, l'entretien devait être couvert par la contribution du *ban et arrière ban* et surtout par la vente des biens, meubles et immeubles des protestants, promoteurs des troubles. Les trois corps tenaient surtout à en exempter les campagnes. (1).

A peine la session close, les élus furent invités à faire la répartition de cet impôt, sans doute con-

---

(1) « Et s'il est besoing entretenir plus longuement lesdicts sol-
« dats, que leur paiement sera prins sur les contributions des
« roturiers au ban-et-arrière-ban, quand ledicts ban-et-arrière-
« ban sera convocqué. Aussy sur les meubles et revenus des biens
« immeubles de ceulx de la nouvelle opinion, portant les armes
« et qui se sont absentéz dudit païs ; y comprenant la vente de
« leurs bois où il s'en trouvera, et immeubles si besoing faict. En
« outre ce, des deniers dont on pourra faire impost sur ceulx
« demeurans ès villes, ayans esté de ladite nouvelle opinion, au
« lieu des guet et garde desdites villes où ils ne sont employéz.

sidérablement augmenté par le roi, puisqu'il ne s'agissait de rien moins que de 10,000 livres par mois. Ils firent d'abord des difficultés en demandant à connaitre l'effectif de chacune des garnisons et quel fond devait être affecté à leur entretien.

Pour toute réponse, Tavannes opposa la volonté du roi et le péril où allait se trouver le pays si ces ordres n'étaient pas exécutés : Et pour en finir, fit demander par Ventoux les cahiers contenant le dénombrement des feux afin d'asseoir l'impôt d'office. L'affaire traîna jusque vers le milieu d'avril, le lieutenant de Bourgogne insistant au nom du roi, sur l'urgence de la mesure, les élus se retranchant derrière l'impossibilité où se trouve le pays d'y satisfaire, vu la misère des peuples. « Il est à craindre, » exposaient-ils, « que le peuple
« esmeu de tant de misères et persécutions, ne se
« mette en ung désespoir..... Il n'est encore
« advenu, Dieu grâces, que aucunes villes aient
« esté surprinses par la négligence des habitans
« d'icelles; lesqueulx offrent faire doubles gardes
« et guetz et s'employer à garder lesdites villes et
« leurs gens entre eulx...., n'estant, à ce
« moien, besoing lever et imposer lesdits 10,000
« livres par mois. » Mais Tavannes et Ventoux restaient inflexibles : « Sans lesdites garnisons, »

---

« N'estans icoulx estats d'advis que les villages soient quottysez
« pour lesdits soldats, parce qu'ilz sont d'ailleurs contribuables en
« leurs chefs, au guet et garde des maisons et places fortes, et
« vexéz infiniement du tennement des champs des gens de
« guerre. »
(*Archives de la Côte d'Or*. — Registres des Etats).

disaient-ils, « tout le païs est en péril de beau-
« coup plus grande conséquence. »

Enfin, après bien des débats, les élus finirent par emprunter 8,000 livres, dont 6,000 fournies sans intérêt pour cinq mois et demi par un bourgeois de Dijon, nommé Jean Petit. Ils versèrent cette somme à titre d'avance sur l'octroi de 50,000 livres voté au mois de février. Mais qu'était-ce que cela pour reprendre les armes ?

Dès 1568, le gouvernement avait demandé à la cour de Rome l'autorisation de faire vendre quelques-uns des biens de l'Église, en faisant valoir l'intérêt que les catholiques avaient à la guerre contre les hérétiques. Par une bulle du 24 novembre 1568, enregistrée au parlement de Paris le 20 décembre suivant, le pape avait consenti à l'aliénation jusqu'à concurrence de « cinquante « mil escus d'or de rente, au denier vingt quatre : » mais le moment était peu favorable pour cette opération. Le gouvernement recourut alors à un emprunt forcé remboursable sur le produit de la vente, dont les délais furent prorogés.

Les lettres de commission pour la levée de l'emprunt fixait à 40,000 livres la quote-part de la Bourgogne. Expédiées le 17 juillet au gouverneur de la province et au parlement, elles étaient communiquées aux élus des états le 4 août. Malgré les observations et les remontrances que firent ces derniers, la somme à percevoir fut répartie d'office entre « les villes et gros bourgs « aisés » des bailliages.

Bien que cet emprunt constituât une sorte

d'hypothèque sur le produit « de la vente des « biens ecclésiastiques », et qu'il y eût « promesse « de rendre et restituer..... sur les premiers et « plus clairs deniers qui proviendraient de l'alié-« nation du domaine », les fonds n'arrivèrent qu'avec une extrême lenteur. Il paraît même qu'au mois d'août 1570, l'emprunt n'était pas encore couvert (1). Il en était de même d'un impôt de 25,000 livres également établi d'office sur les protestants « portant les armes et s'estant absentéz du « païs. » (2).

Enfin sur tous les articles du chapitre des recettes c'était un mécompte désespérant; et c'est dans cette situation financière que l'on était contraint de reprendre la campagne. Pourra-t-on après cela s'étonner des déprédations que commettront par les champs, des troupes affamées et mal payées?

---

**II. — Les villes prennent des garnisons à leurs frais. — Mailly-le-Château, Mailly-la-Ville, Accolay tombent au pouvoir des huguenots.**

Quant aux villes et aux bourgs fermés, ils s'imposèrent de lourds sacrifices pour se garder euxmêmes. Depuis le mois de février jusqu'à la paix, qui fut signée le 8 août, la ville d'Avallon eut à sa charge une garnison de cinquante soldats et fit de

(1) *Archives de la Côte d'Or.* — Registres des états.
(2) *Archives de la Côte d'Or.*

grands frais pour l'entretien de ses fortifications (1). Entre autres dépenses nous mentionnerons la fonte de quatre pièces d'artillerie en cuivre, de dix et de huit pieds de longueur, au prix de 28 livres le cent pesant. (2).

Autun reçut les compagnies de Guillaume et de Jean de Tavannes. Le 21 avril, Saulx de Ventoux écrivait aux Autunois de les recevoir et de « les « faire loger le plus commodément possible ès « maisons de ceux de la prétendue religion, tant « qu'il y en aura, avant d'en loger en icelles des « catholiques. » (3).

Dès le dimanche 5 mars, les Beaunois avertis que des troupes ennemies s'étaient montrées à Château-Chinon, se mirent aussi à monter la garde. (4).

Ces mesures, dit Guillaume de Saulx dans ses mémoires, empêchèrent les huguenots de s'emparer de la moindre ville dans la province. Cependant, le 3 mars ils avaient pris déjà Mailly-le-Château, et le 15 mai, les Auxerrois étaient informés qu'un détachement sorti de Vézelay, s'était encore emparé de Mailly-la-Ville, à trois kilomètres plus bas, puis d'Accolay. Le 16 mai, ce détachement poussa jusqu'à Vermenton où eut lieu un engagement assez sérieux. Les catholiques Vermentonnais étant sortis pour repousser les assaillants, quinze ou seize d'entre eux furent

---

(1) *Archives d'Avallon.* — Mémoire au maréchal de Vielleville.
(2) Id. Registres des délibérations.
(3) M. Abord. T. I., p. 429.
(4) *Archives de Beaune*, reg. côte 5.

tués; mais il ne paraît pas que l'ennemi pût pénétrer dans la ville.

C'était une nouvelle démonstration menaçante contre Auxerre. (1).

### III. — Dispositions de Coligny pour reprendre la campagne.

Coligny ralliait les débris de son armée vaincue à Moncontour et s'efforçait de faire de nouvelles recrues dans le Languedoc et les pays limitrophes, tandis que le prince d'Orange cherchait à enrôler de nouvelles bandes de reitres et de lansquenets toujours prêts à se vendre à qui les payait le mieux.

Le Dauphiné répondit peu ou mal aux démarches de l'amiral (2). Coligny appela alors à lui Briquemaut et Guerchy qui commandaient à la Charité et leur recommanda de lui amener le plus de chevaux et d'arquebusiers qu'ils pourraient, les garnisons, toutefois, étant d'abord pourvues. (3).

Briquemaut partit de la Charité vers le commencement d'avril avec quinze ou seize compagnies tant de pied que de cheval, commandées par « Clermont d'Amboise, Guitery, Brosse, Mosso-« nière, Tremblay, des Essars et deux ou trois

---

(1) Lebeuf. — *Prise d'Auxerre.* — Id. *Mémoires.* T. II, p. 395. — M. Challe. T. I, p 251.

(2) F. de la Noue, 334, édit. Buchon.

( ) Le Frère, folio 471.

« autres. » Sa cavalerie se composait de douze à quinze cents chevaux. Au lieu de remonter la Loire pour rejoindre l'amiral dans le Forez il se dirigea sur Corbigny, où il séjourna près de trois semaines. Remontant ensuite le cours de l'Yonne, il entra dans le Morvand et pénétra en Bourgogne par le Charolais, ravageant sur sa route le village de *Tisi* (1). Enfin, après avoir traversé le Beaujolais, il arriva sans obstacles à Saint-Etienne-en-Forez, où il était attendu par l'amiral depuis le 28 mai. (2).

L'armée de Coligny comptait alors huit à neuf mille hommes divisés en six régiments de cavalerie et dix-huit ou vingt cornettes d'infanterie (3)· Elle avait pour chefs le capitaine Saint-Jean (4), abbé bénéficier de Cormery, frère puiné du comte de Montgommery; Genlis; Jacques de Jaucourt, seigneur de Rouvray; le comte Wolfrath de Mansfeld qui avait pris le commandement de l'armée allemande depuis la mort de Wolfgang, Ludovic de Nassau et plusieurs autres.

### IV. — Marche de Coligny.

Toutes ces forces étant réunies, Coligny jugea qu'il était temps d'entrer en campagne.

Briquemaut partit en avant-garde en revenant

---

(1) Probablement Tilly.
(2) Le Frère, folio 472.
(3) 3,000 chevaux et cinq à six mille fantassins.
(4) Lorges de Saint-Jean.

presque sur ses pas. Au moment de rentrer en Bourgogne, ayant avec lui un gentilhomme du pays, La Fin de La Nocle, qui commandait la compagnie de son frère, La Fin de Beauvoir (1), il essaya sans succès de s'emparer de la ville de Charlieu, située à la limite des deux provinces.

Ces bandes d'étrangers et de Français rebelles pénétrèrent en Bourgogne par Marcigny et traversant le Brionnais, débutèrent par d'affreux ravages. Deux mille hommes conduits par Clermont-d'Amboise et Briquemaut, détruisirent entièrement, sur la route de Paray-le-Monial à la Clayette, l'église et le monastère de Dio, près de Saint-Germain-des-Bois. Bois-Sainte-Marie, la Clayette et plusieurs autres lieux circonvoisins subirent à peu près le même sort. (2).

Ayant ensuite franchi les monts entre les bassins de la Saône et de la Loire, ils descendirent le cours de la Grône qui, après un parcours de 18 lieues, va verser ses eaux dans la Saône, à deux lieues au-dessous de Châlon.

Le dimanche 18 juin, selon M. Lorain, Coligny arrivé devant Cluny, envoya Guitinière sommer la ville de lui ouvrir les portes; mais un détachement de la garnison de Mâcon arriva à temps pour protéger les habitants. A une lieue au nord de Cluny, le château de Lourdon, dépendant de l'abbaye, était occupé par une garnison protestante qui favorisait singulièrement la marche des

---

(1) Le Frère, folio 472.
(2) Agut. — *Histoire des révolutions de Mâcon*, p. 121.

rebelles ; aussi ceux-ci parvinrent-ils sans difficulté dans le Châlonnais.

Le 20 juin, ils brûlaient l'église et le presbytère de Champlieu (1), et l'abbaye de la Ferté-sur-Grône. Ils massacrèrent les religieux de cette abbaye et portèrent la désolation dans tous les villages environnants : A Saint-Ambreuil ils ruinèrent l'église et à Saint-Côme, selon Courtépée, ils ne laissèrent debout que six maisons. Intimidés sans doute par la contenance des habitants de Châlon qui faisaient bonne garde, ils n'osèrent rien tenter contre la ville et continuèrent leur marche vers Chagny, ruinant au passage l'église et le presbytère de Chassey. (2).

Le 23, les huguenots sont répandus dans les vignobles au-dessous de Beaune, « bruslant et « saccageant les villaiges circonvoisins, comme « Muressault, Pomard, Montaigny, Volenay, Beli-« gny (Bligny-sous-Beaune), Curtil, Tailly et « autres. » Vers deux heure, après midi, ils font une tentative contre le faubourg Bretonnière de Beaune et s'y installent pour y passer la nuit (3). D'autres sont signalés au nord-est de la ville, sur la route de Dijon.

Dès le 19 juin, la cour de parlement avertie depuis plusieurs jours que l'amiral gagnait le Dijonnais, avait suspendu ses audiences par la raison « que la plupart des advocats procureurs et « habitans *étaient* contraints de vaquer à la garde

---

(1) Courtepée, T. V., p. 91.
(2) Courtepée, T. V., p. 96.
(3) *Archives de Beaune.* — Registre. Cote 5.

« des portes et à préparer des munitions de
« guerre, pour la sûreté d'icelle (ville de Dijon) à
« l'encontre de l'armée des princes, commençant
« à entrer dans ce ressort, du côté du Cha-
« rollais. » (1).

### V. — Marche du maréchal de Cossé.

L'amiral avançait toujours sans rencontrer de sérieux obstacles. Cependant, dès le temps qu'il faisait un nouvel appel à ses partisans, dans le Languedoc et le Dauphiné, le gouvernement, inquiet de ses dispositions et de son intention bien avérée de marcher sur Paris, avait donné charge au maréchal de Cossé-Gonnor d'aller lui fermer les voies et lui livrer bataille.

Cossé partit en conséquence de l'Orléanais avec une armée de quatre mille Suisses, cinq à six mille arquebusiers français, trois à quatre mille chevaux et douze pièces d'artillerie. Il traversa le Berry et le Nivernais, et, vers le 17 juin, franchit la Loire à Decise.

Alors que Coligny marquait son passage dans le Mâconnais, le Châlonnais et l'Autunois par les incendies des villages et des communautés qui se trouvaient sur sa route, Cossé suivait dans le Nivernais, à plus de quinze lieues de distance, une ligne presque parallèle à la sienne, pour aller, par le chemin le plus court, se présenter à lui. Dans

(1) M. La Virotte. — *Annales d'Arnay-le-Duc.*

sa course précipitée, il ne négligeait pas de lancer du côté de l'ennemi des colonnes d'observation afin de s'assurer de sa marche. L'une de ces colonnes dirigée sur Autun, commit dans cette ville de telles déprédations, que les Autunois se virent dans la nécessité de la repousser et de refuser le concours qu'elle leur offrait pour les protéger. D'ailleurs Tavannes y avait déjà expédié plusieurs compagnies commandées par les capitaines Montperroux, Lagarde, Charnay, Cuzy, Burat et autres (1). La ville était donc à l'abri d'un coup de main.

Le 21 juin, Coligny étant encore au-dessous de Châlon, le maréchal de Cossé se trouvait à Châtillon-en-Bazois, d'où il adressait aux Avallonnais des réquisitions signés de sa main, pour douze mille pains à rendre à Mont-Saint-Jean (2). Quelques jours après, il prenait ses étapes à Saulieu, y laissait ses commissaires des vivres et le 25, établissait son camp sur les hauteurs de Mont-Saint-Jean, formant le point de partage des bassins de la Loire et de la Seine, et où Coligny semblait se diriger (3).

De là, il envoya des éclaireurs dans diverses directions. Ceux qui étaient allés à Arnay-le-Duc,

---

(1) M. Abord. T. I, p. 433.
(2) *Archives d'Avallon.* E. E. 43.
(3) Le 26 juin, les commissaires datèrent de Saulieu de nouvelles réquisitions aux Avallonnais ; mais les vivres que ceux-ci envoyèrent « furent perduz et gastéz, à cause que le camp estoit
« à Mont-Saint-Jean chemynant sans cesse pour rencontrer l'en-
« nemy. »
*(Archives d'Avallon).*

sous la conduite du capitaine Dumey, et y avaient passé la nuit du 25 au 26, vinrent lui rapporter, à la pointe du jour, que l'avant-garde de Coligny commençait à y arriver et que lui-même n'était plus qu'à une faible distance. Cossé prit aussitôt ses dispositions pour le recevoir.

### VI. — Combat d'Arnax-le-Duc.

A plus de cent mètres en contre-bas des sommets de Mont-Saint-Jean, se trouvent au sud deux plateaux de collines où les protestants étaient contraints de passer pour gagner le bassin de la Seine. L'un, sur le versant duquel est assis le village de Clomot, borde la rive droite des ruisseaux qui donnent naissance à l'Arroux. Il commande à l'ouest la route de Saulieu et à l'est la vieille voie conduisant à Alise. L'autre moins étendu et plus accidenté, est sur la rive gauche des mêmes cours d'eau.

Le maréchal de Cossé appréciant du premier coup d'œil l'avantage de la position, vint occuper la première colline. L'amiral de Coligny, dès son arrivée, prit possession de la seconde et se rangea en bataille le long de la voie romaine d'Alise.

On pourrait se demander comment le faible obstacle qui séparait les deux camps pouvait entraver le choc des armées : mais si l'on jette les yeux sur les anciennes cartes de Bourgogne, on y remarquera que sur une distance de moins de trois lieues, les ruisseaux formant la barrière entre ces deux camps étaient alimentés par les sources d'eau vive de quinze étangs échelonnés le long de leurs cours. Et si l'on se figure les digues des étangs supérieurs rompues pour favoriser l'une ou l'autre des armées, on comprendra que les gorges déjà marécageuses entre les deux montagnes devaient être converties en lacs dangereux, sinon même impraticables. Il restait à peine la chaussée de quelques étangs inférieurs sur lesquelles on ne pouvait passer que « file à file. »

Pour être prêt sans doute à se porter en avant si Coligny persistait à pousser plus loin dans la direction du nord, Cossé établit son avant-garde entre le « Mont-Saint-Jean et le château de « Clomot. » Ils pourrait alors, en cas d'insuccès sur les coteaux de Mimeure et de Clomot, aller, en tournant les étangs et les marécages au-dessus d'Essey, lui offrir de nouveau la bataille avant qu'il n'eut atteint les sources de l'Armançon, descendant dans les vallées de l'Yonne et de la Seine.

L'avant-garde de Cossé se composait « d'un
« bataillon de Suisses... flanqué à sa gauche d'une
« haye de lanciers, » et plus loin, « d'un régiment
« d'arquebusiers. Derrière ce bataillon et en flanc
« droit, les bataillons de la cavalerie, tant Fran-
« çois qu'Allemans et Italiens, chacun à part, se
« monstroient aux protestans. »

Le reste de l'armée catholique s'étendait sur la partie sud du plateau, en face du camp protestant, depuis Promenois jusqu'à la pointe de terre qui domine Jouey, où un poste avancé gardait la route de Saulieu.

L'amiral avait développé ses bataillons depuis le moulin de l'Eau-de-Beaune qui se déverse dans le ruisseau de Clomot, jusque sur le plateau le plus rapproché d'Arnay-le-Duc, appelé depuis le Paquier du roi, en souvenir que Henri de Navarre, qui devint plus tard le roi Henri IV, y avait fait ses premières armes.

Le principal corps de bataille, commandé par le capitaine Saint-Jean, le comte de Montgommery, Hangert de Genlis, Tauvenay de Briquemaut, Rouvray, le marquis de Rénel était établi sur la partie du plateau la plus rapprochée de l'avant-garde du maréchal. Vers le milieu, se tenait Coligny avec un régiment de six enseignes. Sur la pointe au sud, Ludovic de Nassau avait sous sa charge un corps de réserve dont les princes faisaient partie. Le prince de Béarn était à la tête du premier échelon de cavalerie, le prince de Condé dirigeait le second (1), Henri de Nassau commandait les Suisses.

Toute la journée du 26 se passa à s'observer mutuellement et à prendre chacun ses positions. L'engagement ne commença que le lendemain matin 27.

Entre les deux ruisseaux sortant de l'Eau-de-Beaune et de Clomot, et s'approchant de leur confluent vers l'étang de Solonge, est une troisième colline boisée presque aussi élevée que les deux

(1) M. le duc d'Aumale. — *Les Condé.*

premières. Cossé jugea le poste favorable pour attaquer les protestants retranchés au moulin de l'Eau-de-Beaune. Il y envoya quelques compagnies d'arquebusiers qui pendant « six à sept heures » escarmouchèrent avec les avant-gardes protestantes. Les catholiques y perdirent un certain nombre des leurs, sans cependant laisser l'avantage à l'ennemi.

Vers midi, le maréchal envoya de nouvelles troupes d'infanterie qu'il fit soutenir par un détachement de cavalerie et une cornette d'arquebusiers à cheval commandés par La Valette. Elles pénétrèrent jusqu'aux retranchements du capitaine Saint-Jean, débusquèrent l'ennemi de « quelques « buissons et tranchées dont il se paroyt : » mais de nouveaux combattants sortis à propos du moulin, soutenus par un ou deux escadrons du capitaine Saint-Jean leur firent perdre pied. Ils furent repoussés jusqu'au moulin de Clomot où le capitaine La Touche alla même planter son drapeau. Le drapeau fut pris par les hommes de Cossé, La Touche et un grand nombre des siens y périrent.

Sur l'ordre de l'amiral, le capitaine Piles, avec soixante ou quatre-vingts salades envoyé en reconnaissance par une autre voie, du côté du Rousset, fut entouré et allait être pris, si le comte de Montgommery n'était arrivé à temps pour le dégager.

Il y eut là mêlée effroyable. Les catholiques furent repoussés jusque dans leur campement. Montgommery et Briquemaut avaient enlevé le village de Clomot et brûlé l'église, dit M. Lavirotte. Ils poussaient toujours en avant et les lignes au pied du Mont-Saint-Jean eussent été forcées et les catholiques complètement défaits, sans l'arrivée du maréchal qui releva leur fortune avec ses compagnies de reitres et de Suisses. A son tour, il chassa les huguenots, enfonça leurs troupes, s'empara des drapeaux de Briquemaut et de ses compagnons, les fit eux-mêmes prisonniers et infligea un sanglant échec aux « rebelles » qui laissèrent sur le champ de bataille « un grand nombre de morts et « une infinité de blesséz » (1). On compta parmi ces derniers Clermont d'Amboise dont le frère était dans l'armée catholique, commandant la compagnie d'hommes d'armes de son père, « soubz monsieur de La Vallette ; » Pontaut, cornette de Guitery ; les capitaines Des Champs, porte enseigne de Colombières ; James et Brunet.

Du côté des catholiques, les capitaines Bellegarde et La Bastide furent tués et plusieurs autres mis hors de combat.

Pendant ce temps-là, du côté de l'étang de Solonge, un autre corps était descendu jusqu'au bord du ruisseau, et les protestants s'engageaient « file à file » sur la chausssée de l'étang. Cossé qui s'aperçut de ce mouvement, se porta rapidement avec un détachement d'arquebusiers à leur rencontre, fit placer ses hommes derrière les arbres de la rive et ceux-ci, bien abrités, « tiroyent sans « perdre un seul coup ; car la masse estoit si « grosse qu'ils ne l'eussent seu faillir.. » Voyant la difficulté de franchir le passage, Coligny fit

(1) Le Frère de Laval, p. 478.

retirer à la hâte ce corps dont la situation était trop compromise, et, pour en favoriser la retraite, laissa à la garde de la chaussée une compagnie du capitaine Saint-Jean et les régiments de Montgommery et de Briquemaut dont les colonels étaient prisonniers des catholiques. Ce fut sans grand effet que les catholiques escarmouchèrent encore contre eux jusqu'à la nuit. D'ailleurs l'attention de Coligny était attirée sur un autre point. Au-dessous de ses positions Strozzi et La Chastre cherchaient à tourner l'armée protestante et même à lui fermer la retraite en s'emparant d'Arnay, situé de l'autre côté de la vallée, s'ils parvenaient à éloigner son corps de réserve gardé, à la pointe du camp, par Ludovic de Nassau et les trois jeunes princes de Bourbon, de Condé et Henri de Nassau. L'amiral résolut de défendre à tout prix ce poste important et détacha de son armée le marquis de Renel à la tête d'un renfort considérable pour le mettre à l'abri d'un coup de main. Les catholiques se voyant prévenus, n'osèrent exécuter leur projet et se replièrent sur leur plateau, laissant néanmoins un détachement d'arquebusiers chargé d'entretenir le feu de ce côté, afin de distraire l'ennemi et l'empêcher de se porter sur les points où la bataille paraissait sérieusement engagée. Mais il était déjà tard, et la nuit s'approchant, chacune des deux armées rentra dans ses cantonnements de la veille, sans que la victoire se fut décidée ni pour l'une, ni pour l'autre.

La journée du mercredi 28 fut moins chaude. Il n'y eut que quelques coups de canon tirés contre le corps de garde du capitaine Saint-Jean et des escarmouches le long des ruisseaux. On eut pu croire que Cossé voulait se borner à arrêter la marche de l'amiral sur Paris, sans tenter le sort de nouvelles batailles.

### VII. — Conseil de guerre tenu par l'amiral de Coligny.

Coligny, voyant sa route toujours barrée par une armée plus forte que la sienne, convoqua ses officiers en conseil de guerre pour délibérer sur la conduite à tenir dans la circonstance. Quelques-uns décidés à poursuivre le projet de l'amiral dans la marche suivie jusqu'alors, arrivèrent avec un nouveau plan de bataille. Ils étaient d'avis « de
« prendre de tous les régiments jusqu'à cinquante
« des plus résolus et à l'esgal des fantassins. Le
« tiers de tout cela, sousteñu de bon nombre
« d'arquebusiers, donneroit sur le soir, teste
« baissée, sur la bataille (vers l'étang de Solonge
« sans doute); lesquels en cas qu'ils trouvassent
« grande résistance, seroyent secondez par les
« autres cavaliers qui auroyent en queue le reste
« de l'infanterie esleue avec laquelle ils feroient le
« plus d'exécution qu'ils pourroient. Cependant,
« l'autre troupe passeroit l'eau au lieu du jour
« précédent (étang de Clomot) afin de charger en
« teste ou soustenir les premiers assaillans, selon
« que le hazard y voudroit caresser leur entre-
« prinse. »

Ils insistaient sur une attaque par l'étang de Solonge qu'ils regardaient comme le point le plus faible et le moins bien gardé.

Quoique combattu par certains officiers qui « donnoient un autre avis et estoient d'opinion « contraire, » ce plan répondait mieux à la bouillante ardeur d'un grand nombre de capitaines qui étaient d'avis de « charger » sans délais, disant que vu le mouvement du maréchal qui concentrait ses troupes sur le haut du plateau, « jamais l'occa- « sion ne se présenteroit telle. » Mais la majorité adopta l'opinion qu'avant d'arrêter aucun plan, il fallait être assuré des mouvements du maréchal, et attendre. (1).

On se sépara sur cette conclusion.

Cependant dans la nuit même cette décision fut changée. Les rangs des protestants s'étaient un peu éclaircis pendant les deux jours précédents : les munitions de guerre commençaient à manquer (2), et de plus le défaut d'artillerie faisait sentir aux huguenots qu'il y aurait imprudence à s'engager plus loin, en supposant même qu'ils parvinssent à renverser les premiers obstacles que le maréchal de Cossé leur opposait. La retraite fut donc résolue malgré les murmures de quelques chefs plus opiniâtres, et l'on prit le parti d'aller à la Charité pour prendre quelques « coulevrines que « les reistres y avaient laissées, et se fortifier de « nouvelles troupes demeurées en garnison » dans la ville et ses environs. (3).

(1) Le Frère, folio 479
(2) F. de la Noue, p. 335 édit. Buchon.
(3) Castelnau. — La Noue. — Le Frère.

## VIII. — Retraite de l'amiral.

Cette résolution formée, les huguenots retournant presque sur leurs pas, se mirent en marche dans la direction d'Autun. Ce fut peut-être pour dissimuler ce mouvement qu'une colonne prit le chemin de Châlon et poussa jusque vers les chaumes d'Auvenay. Après avoir pillé le village de Mimeure dont Coligny avait occupé le territoire, elle ravagea sur sa route ceux de Maligny (1) et d'Aubigny (2). (Aubigny-la-Ronce).

De son camp, le maréchal voyant l'ennemi s'éloigner envoya La Valette avec cinq cents hommes « pour entreprendre sur les plus pares- « seux et ne les laisser tous dormir à la Fran- « çoise. » (3).

L'avant-garde de Coligny était, dès sept heures du matin du même jour, devant l'abbaye de Saint-Martin d'Autun. Elle n'avait pas l'intention d'y pénétrer, dit M. Bulliot; mais un traitre réfugié dans le monastère, en livra l'entrée par une poterne écartée, Les huguenots se dirigèrent vers l'église, renversèrent les autels, dévastèrent le sanctuaire, mutilèrent les images et les statues. Un crucifix de bois du X$^e$ siècle, objet d'une vénération particulière depuis le miracle où on avait vu le Christ se détacher de la croix pour s'incliner sur

---

(1) « Les soldats de l'amiral de Coligny, après la bataille d'Ar-
« nay, le 25 juin 1570, pillèrent l'église de Maligny, brisèrent les
« croix et laissèrent en ce village de tristes marques de leur pas-
« sage. » (Courtépée. T. VI., p. 157).

(2) M. Abord, T. I., p. 436.

(3) Le Frère, folio 479.

saint Odon, excitait surtout leur fureur. Ils lui coupèrent les pieds, les mains, le nez et les oreilles. De plus « Ils brûlèrent dans la chapelle Saint-« Ladre les armoires qui renfermaient les titres, » et essayèrent « d'incendier l'édifice en amoncelant « aux portes des fascines enflammées. Ils s'atta-« quèrent ensuite au palais abbatial et aux lieux « réguliers, démolirent le dortoir, s'emparèrent « du trésor, et vidèrent le grenier et la cave. » (1).

Les religieux et tous ceux, qui, à l'approche de l'ennemi, s'étaient mis sous la protection de l'abbaye, avaient pris la fuite et étaient allés s'abriter dans les murs d'Autun. Un ancien prieur de Saint-Martin, Guillaume de Tintry, âgé de quatre-vingt-dix ans et plus, n'ayant pu fuir aussi vite que les autres, à cause du poids des années, fut atteint et mis à mort sans respect pour son âge. (2). Quatre autres fugitifs furent pris et emmenés prisonniers pour en tirer rançon; mais deux d'entre eux parvinrent à s'échapper, étant déjà, l'un à Verrières-sous-Glaine, l'autre à Saint-Honoré, qui nous semble cependant assez loin de la route suivie par Coligny.

Non contents de ces faciles prouesses, les huguenots s'en prirent encore au prieuré de Saint-Symphorien, voisin de l'abbaye. Ils y fouillèrent le tombeau du premier martyr d'Autun, s'emparèrent d'une chasse en argent renfermant les reliques du saint, mirent le feu à l'église, puis aux faubourgs

---

(1) M. Gabriel Bulliot. — *Essai historique sur l'abbaye de Saint-Martin d'Autun*. T. I., p. 343.

(2) Courtépée, T. III, p. 462. — M. Abord, T. I., 436.

de la ville ; après quoi Coligny continua sa marche par la voie romaine d'Autun à Entrains. Son infanterie, montée sur des chevaux volés aux habitants des villages qu'il avait traversés depuis son entrée en campagne, faisait des traites de « dix « et quelquefois de douze grandes lieues par « jour. (1).

L'amiral gagna ainsi les montagnes du Morvand ; passa sur le mont Beuvray où il brûla un couvent de Cordeliers, traversa Moulins-Engilbert sans y causer de dommages, mais à une lieue plus loin, fondit sur l'abbaye de Bellevaux, égorgea les religieux et mit le feu au monastère (2). Il poursuivit ensuite par « Dampierre » (doit être Dompierre-sur-Nièvre) et Château-Neuf, et enfin, au bout de quatre ou cinq jours de marche forcée, arriva à la Charité. Durant le trajet, un détachement avait été envoyé à Vézelay par l'amiral pour prendre du renfort et des armes et s'y était montré le 2 juillet. (3).

Vézelay était en effet un lieu de ravitaillement pour les huguenots : et jusqu'à la paix, la garnison de cette place incommoda souvent l'armée catholique. Elle coupait les communications des villes restées fidèles, interceptait les convois de munitions envoyés au maréchal (4) et poussait même au loin ses excursions. Le 6 juillet, une centaine de cavaliers conduits par du Boulay, Lescagne et

---

(1) Le Frère, 479.
(2) M. l'abbé Baudiot. — *Le Morvand*, t. I., p. 485 et 536.
(3) M. Abord.
(4) *Archives d'Avallon*. — Réquisitions déjà citées. E. E. 43.

Besancourt, tombèrent de nuit sur Villeneuve-l'Archevêque, dans la Champagne, y tuèrent seize des hommes postés à sa garde et s'emparèrent de la ville dont ils mirent les habitants à « grosse « rançon. » (1).

### IX. — Cossé va prendre de nouvelles positions dans la vallée de l'Yonne, puis vers le confluent du Loing et de la Seine.

Au moment du désemparement de l'amiral ou d'une partie de ses troupes dans la direction du sud-est, le maréchal de Cossé avait opéré le même mouvement à l'est, s'attendant probablement à un retour de l'ennemi par ce côté : mais lorsqu'il sut Coligny engagé au-delà d'Autun dans les montagnes du Morvand et s'approchant des sources de l'Yonne, il alla occuper les vallées par où l'ennemi pouvait encore descendre sur Paris. Il transporta son camp vers le confluent de la Cure et de l'Yonne.

Le 30 juin, il datait de Pouilly-en-Auxois de nouvelles réquisitions aux avallonnais « pour le « camp de Vermenton. » (2). Du 3 au 8 juillet, l'armée catholique occupa les environs de Vermenton, Cravant, Escolives.

C'est alors, sans doute, que Cossé reprit Mailly-la-Ville dont les huguenots s'étaient emparés au

(1) M. Challe. T. 1., p. 253.
(2) *Archives d'Avallon.* E. E. 43.

commencement du mois de mai (1) et Mailly-le-Château, qui était tombé au pouvoir de l'ennemi depuis le 3 mars précédent. (2).

Apprenant que Coligny renforcé de nouvelles troupes et de l'artillerie qu'il était allé prendre à la Charité, s'avançait vers la capitale par la vallée du Loing, où il avait son château et dont il connaissait toutes les routes, Cossé se disposa à lui barrer le chemin au confluent du Loing et de la Seine. Depuis Auxerre, il avait divisé son armée en deux colonnes qu'il fit passer, pour éviter les encombrements, l'une par Appoigny, où elle était le 10 juillet, puis par Joigny et Villeneuve-le-Roi ; l'autre par Pontigny, Saint-Florentin, Arces et Cerisiers. (3).

Son camp était déjà établi à Flagy, à deux lieues et demie de Moret, et l'armée de Coligny arrivait à Châtillon-sur-Loing, lorsque la cour, effrayée du voisinage des armées belligérantes, entra en négociation avec l'amiral. On convint d'une suspension d'armes de dix jours, à partir du 14 juillet, pour discuter les conditions de la paix. (4).

---

### X. — Trêve de dix jours pour traiter de la paix.

Il fut stipulé dans les conditions de l'armistice que, pendant la durée des négociations, l'armée

(1) L'abbé Lebeuf. — *Prise d'Auxerre*. P. 195.
(2) M. Challe, p. 248 et 250.
(3) M. Challe, p. 253. — Ne serait-ce pas plutôt par la voie romaine qui, d'Auxerre, conduit à Sens par Avroles, Arces et Cerisiers ?
(4) Le Frère, folio 479.

protestante se tiendrait dans la vallée d'Aillant, depuis Bassou jusqu'à Villefargeau. Elle pourrait s'approvisionner de vivres à Auxerre, sur les réquisitions qui seraient présentées par de Lisle, l'un de ses commissaires. Ces conditions déplurent aux Auxerrois qui ne purent souffrir patiemment le voisinage de l'ennemi et moins encore l'obligation de le nourrir : ils tirèrent sur les porteurs de réquisitions. Plusieurs soldats furent tués et parmi eux un gentilhomme dont on prit les chevaux et les bagages. Ce fut plus tard l'occasion de plaintes graves adressées au roi par le sieur de Courseulle, qui vint après la paix réclamer les prisonniers faits pendant la trêve. Il se plaignait surtout du lieutenant Chevalier (1). Mais, ajoute Lebeuf, les huguenots violaient encore plus ouvertement les articles du traité. Selon Claude Haton, « les « huguenots n'oubliaient à voler, piller, meurtrir, « tuer et saccager les églises et ecclésiastiques, par « où ils passaient. » Et les soldats catholiques, il faut bien l'avouer, « étaient aussi larrons et vol- « leurs du bien d'autrui que les huguenots..., et « estoit heureux celui qui ne se trovoit devant les « ungs ni les aultres. » (2).

### XI. — Edit de paix de Saint-Germain.

Enfin, le 4 août 1570, Charles IX et son frère le duc d'Anjou informèrent simultanément Saulx de

---

(1) Lebeuf. — *Prise d'Auxerre*. p. 196.
(2) Claude Haton, dans M. Challe, p. 255.

Ventoux que la paix était faite et lui prescrivirent en conséquence de suspendre les hostilités, sans même attendre la promulgation de l'édit de pacification par les parlements (1). Ce dénouement pacifique s'était accompli, selon Castelnau, malgré les remontrances du nonce apostolique et les promesses de roi d'Espagne qui offrait 3,000 chevaux et 6,000 fantassins pour en finir avec les huguenots (2). Bien que particulièrement favorable aux protestants, l'édit de Saint-Germain fut enregistré sans difficulté par les parlements de Paris et de Dijon. On était las de la guerre et chacun voulait tenter d'autres mesures pour rétablir la concorde.

Par cet édit, le roi accorda l'oubli de tout le passé et défendit d'y faire allusion soit par des qualifications injurieuses, soit par des reproches qui pourraient rappeler la part que chacun avait prise aux troubles. Il ordonna « que la religion « catholique et romaine sera remise et restablie en « tous les lieux et endroits de cestuy Royaume et « pays de nostre obéissance; » que tous les biens et revenus ecclésiastiques dont les révoltés s'étaient emparés, fussent restitués à leurs propriétaires légitimes.

Quant à « la religion prétendue réformée, » l'exercice public n'en fut permis qu'aux seigneurs haut-justiciers, dans leurs maisons de haute-justice, avec obligation d'en faire à l'avance la décla-

---

(1) M. J. Garnier. — *Analecta divionensia*, t. II., p. 43 et 45, tiré des Archives de Dijon. B. 208, folio 3.

(2) Castelnau, dans le Panthéon littéraire. Edition de 1854, p. 251.

ration aux baillis et sénéchaux de la contrée. Les seigneurs n'ayant pas pouvoir de haute-justice, furent autorisés, aux mêmes conditions, à exercer le culte protestant dans leurs châteaux, mais en famille seulement ; sauf quelques cas particuliers où dix personnes au plus y seraient admises.

On désigna en outre les lieux où, dans chaque province, les exercices protestants pourraient être faits publiquement. Ce fut « pour le gouvernement « de Bourgogne, les faubourgs d'Arnay-le-Duc et « de Mailly-la-Ville. » La même faveur s'étendit aux villes qui étaient encore occupées par les huguenots le premier août 1570. La ville de Vézelay est nommément indiquée parmi ces dernières.

On conféra aux calvinistes la faculté d'avoir leur sépulture à part ; mais avec défense d'accompagner les convois en nombre de plus de dix personnes.

Un article mal observé entre tous, fut celui par lequel les associations étaient interdites, ainsi que les collectes et enrôlements d'hommes.

Par l'article 34 de cet édit, les calvinistes furent astreints à toutes les lois politiques du royaume : « à sçavoir, que les festes seront gardées, et ne « pourront, ceux de ladite religion, besongner, « vendre ny estaller lesdits jours, bouticques « ouvertes. Et aux jours maigres, esquels l'usage « de chair est défendu par ladite église catholique « et romaine, les boucheries ne s'ouvriront. »

Si les réformés entrent en procès, pour leur garantir que « la justice leur soit rendue, sans

« suspition de haine ou faveur, » on leur accorda le droit de faire un certain nombre de récusations fixé à six présidents ou conseillers, à raison de trois dans chaque chambre pour le parlement de Dijon, et quatre pour le parlement de Paris.

Pour les personnes qui seraient en « crainte, « retournans en leurs maisons, | d'estre privées de « repos, attendans que les rancunes et inimitiés « soient adoucies, quatre places de sûreté leur furent accordées pour deux ans, savoir : La Rochelle, Montauban, Cognac et la Charité.

Conformément à ce traité, les huguenots durent vider les garnisons, mettre bas les armes et licencier leurs armées.

Le 21 août 1570, la noblesse protestante convoquée pour entendre la lecture de l'édit de paix, jura d'en observer les articles. Elle fit reconduire ses reitres, les uns sur la frontière de la Franche-Comté, les autres jusqu'à Pont-à-Mousson, dans la Lorraine.

Quelques jours plus tard, le roi en fit autant, et licencia ses troupes étrangères.

# CHAPITRE XI

## LA SAINT-BARTHÉLEMY : SES PRÉLUDES ET SES EFFETS (1570-1573).

SOMMAIRE — I. Prescriptions et mesures pour faire observer l'édit de paix. — II. Contraventions à l'édit. — III. Commissaires envoyés par le roi dans toute la province pour accorder les partis. — IV. Ordres sévères du roi pour maintenir les insoumis, et provocations des protestants dans la Basse-Bourgogne. — V. Chabot-Charny remplace comme lieutenant-général de Bourgogne, Gaspard de Tavannes, nommé maréchal de France. Mort du maréchal de Vielleville et de Saulx de Ventoux. — VI Préludes de la Saint-Barthélemy, attentat sur l'amiral, conseils et complots de mort contre sa personne et ses principaux adhérents. — VII. Complot de représailles et de vengeance par les protestants. — VIII. Nuit du 24 août. — IX. La Saint-Barthélemy en Bourgogne : Dijon. — X. Chålon. — XI. Auxerre, Sens, Mâcon. — XII. Victimes appartenant à la Bourgogne, dans les massacres de Paris. — XIII Instruction et ordonnances pour calmer les partis et reprimer les chefs de bandes, notamment dans l'Auxerrois. — XIV. Nouvelle prise d'armes en dehors de la Bourgogne qui en est préservée par quelques mesures de prudence. — XV. Mort du duc d'Aumale, gouverneur de Bourgogne, puis de Gaspard de Tavannes. — XVI. Nouvel édit de paix.

---

### I. — Prescriptions et mesures pour faire observer l'édit de paix.

Bien que l'édit de Saint-Germain fût particulièrement défavorable aux catholiques, il avait été enregistré au parlement de Dijon sans de grandes difficultés. Fatigués de la guerre, les catholiques paraissaient déterminés à exécuter loyalement les conditions du traité, et le roi lui-même s'appliquait à les faire observer par les populations. Il est nécessaire de faire cette remarque que les faits vont justifier, parceque nous touchons au moment où, selon quelques historiens, la cour préméditait déjà le grand crime de la Saint-Barthélemy.

Les mesures pacifiques ordonnées dans certaines localités, la correspondance entre les officiers des villes et des gouverneurs de la province pour l'observation rigoureuse du traité de paix, la délégation par le roi de commissaires recommandables et prudents portant dans toutes les provinces des paroles de conciliation, sont autant de témoignages contraires à l'idée d'un guet-apens : et cela sans compter les projets d'alliance de princes français avec la reine d'Angleterre, le mariage contracté quelques mois plus tard entre le prince de Béarn et la sœur de Charles IX et celui du prince de Condé avec Marie de Clèves, sa cousine.

A Auxerre, le 10 septembre 1570, un règlement pour la garde des portes prescrivit aux « capi-
« taines, caporaux et autres, » de se comporter
« le plus modestement qu'ils pourroient, principa-
« lement pour éviter que ceux de la prétendue
« religion nouvelle, ne soient offensez et n'ayent
« occasion de se plaindre. » (1).

Le mois suivant, le lieutenant civil d'Avallon, Etienne Filzjehan, appelé sans doute par le gouverneur de la province, était allé à Dijon pour rendre compte de l'état des esprits et recevoir des

(1) Extrait des registres de la ville par Lebeuf. — *Prise d'Auxerre*, p. 199.

instructions. Nous ignorons celles qui lui furent données verbalement ; mais quelques jours après, Saulx de Ventoux écrivit aux officiers municipaux de la ville : « Messieurs, je suis très-aise d'avoir
« conféré avec Monsieur le lieutenant qui a pris la
« peine de venir en ce lieu, tant pour le service
« du Roy que pour le repos de vous aultres. Je
« vous prye l'obéir comme si je y estois moi-
« mesme, jusqu'à ce que le roy y ait autrement
« pourveu, et faites garde de fasson qu'il n'avienne
« inconvénient de votre place ; ne voullant pour
« celà contrevenir à l'éédict ; le voullant entretenir
« de poinct en poinct : et ferez garde de nuict pour
« contenir l'une et l'autre des religions. Si vous
« avez bien faict du passé, il faut tousjours conti-
« nuer de mieux en mieux.

« Me recommandant à vos bonnes grâces, je
« prye Dieu, messieurs d'Avallon, vous tenir en sa
« saincte garde. De Dijon ce 26ᵉ jour du mois
« d'octobre 1570. Votre bien bon amy,

« Claude de Saulx. » (1).

Les catholiques se soumirent à ces prescriptions ; mais la concorde était encore loin de régner entre les partis.

### II. — Contraventions à l'édit.

Sur des rumeurs plus ou moins fondées que les huguenots avaient comploté de surprendre Avallon

---

(1) *Archives d'Avallon.*

et de s'emparer de l'artillerie des catholiques en dépôt dans la ville depuis le siège de Vézelay, les avallonnais avaient adressé leurs plaintes au lieutenant de Bourgogne, et obtenu l'autorisation de rétablir la garde dans l'intérieur et sur les remparts, tant de nuit que de jour. Il fut fait défense aux suspects de se présenter à l'ouverture et à la fermeture des portes, où l'on avait remarqué avec inquiétude le soin avec lequel ils paraissaient surveiller cette opération (1). Les protestants interprétant l'édit à leur manière, firent appel contre cette ordonnance. « Sur l'éédict de pacification ordonné
« par Sa Majesté, ouverture de portes et passaige
« pour ce faire, et délaissement des armes, gardes
« et guet, requièrent tous les habitans de la ville
« d'Avallon soubzsignés, estre receuz, jointz et
« adhérens à tous aultres qui pour ce faire le
« vouldront; que l'entière observation et entrete-
« nement dudit éédict soit observé, afin que
« l'entier repos du public soyt estably selon les
« vouloir et intentions de sa dite majesté. »

« Faict à Avallon, le 20 janvier 1571,

« H. Caillat, N. Lefoul, E. Pirot, N. Riolez,
« Daniel, T. Roger, Anthoine Cautel, E. Rolley,
« Jehan Quatin, Jehan Bauldrier, P. Seguenot,
« P. Rondeaul, F. Lefoul, P. Lefoul, Anthoine
« Durey, E. Guiot, Estienne Boussio. » (2).

Loin de diminuer, l'irritation montait. Dans leur correspondance avec le lieutenant-général, les

---

(1) *Archives d'Avallon.* — Chap. 52 de l'ancien inventaire n° 14.
(2) *Archives d'Avallon.* — Id.

catholiques dépeignent la situation sous de sombres couleurs. « Aulcungs » (des réformés), disent-ils, « se sont jactés et ventés que avant le
« mois de may passé, on verroyt remuer mes-
« naige… plusieurs étrangiers incogneuz se
« retirent audit Avallon et mesmes ès maisons de
« ceulx de ladite religion qui les y font venir, et
« dient qu'ilz entendent les cautionner corps pour
« corps et avoir pour avoir. » Les plaignants demandaient qu'il fût fait information « des jac-
« tances dessus dictes… et qu'il fût deffendu à
« tous habitans d'icelle ville ne recepvoir aulcungs
« estrangiers, soubz quelques causes que ce soyt,
« sans le consentement des officiers » de la ville. Ventoux les renvoya pardevant les « commissaires
« députés par le roy, » qui venaient d'arriver à Dijon (17 février). (1).

### III. — Commissaires envoyés par le roi dans toute la province, pour accorder les partis.

Le roi avait en effet délégué dans chaque province plusieurs personnages de crédit pour entendre les plaintes des deux partis, et les avait chargés de la mission délicate de les accorder. Le maréchal Scepeaux de Vielleville, deux maitres des requêtes du parlement de Paris, Charles de Lamoignon, seigneur de Bâville et Nicolas Potier de Blancmenil, auxquels étaient encore adjoints deux

---

(1) *Archives d'Avallon.* Loco citato.

ou trois conseillers, avaient été désignés pour les pays et provinces de Champagne, Bourgogne, Auvergne haute et basse, Marche et Bourbonnais. Les Avallonnais ayant présenté leur requête, le 26 février, les commissaires ordonnèrent une enquête judiciaire, tout en faisant sévère défense aux habitants « de ne contrevenir aux édictz et ordon-
« nances du roy. » (1).

Les délégués royaux adressèrent, dans les villes qu'ils avaient à visiter, un questionnaire en 25 ou 30 articles auquel il fut répondu par des mémoires contenant de curieux détails sur les troubles passés. Nous avons eu occasion d'y puiser de précieux renseignements, particulièrement pour l'Auxois et le Mâconnais; nous n'avons pas à y revenir.

Les deux partis catholiques et protestants de l'avallonnais avaient été assignés à comparaître à Auxerre, vers le 1er avril, pardevant les commissaires. Les premiers se firent représenter par Sébastien Filzjehan, avocat; Hubert Filzjehan, marchand; Claude Garnier, contrôleur au magasin à sel, et Me François Darin. Les protestants élurent Arbaleste, Guillaume Gaffey et Sagot. (2).

Chacun ayant exposé ses griefs, Vielleville rendit l'ordonnance suivante :

« De par monseigneur de Vielleville, comte de
« Durctal; mareschal de France, ayant pouvoir

---

(1) *Archives d'Avallon.* — Chapitre 41, n° 16 de l'ancien inventaire.

(2) *Archives d'Avallon.* — Chapitre 52 de l'ancien inventaire, n° 14.

« général de Sa Majesté pour l'exécution et entre-
« tenement de l'édict de pacification, ès pays et
« provinces de Champagne, Bourgogne, Auvergne
« haute et basse, Marche et Bourbonnais : il est
« ordonné aux maires eschevins et bourgeois de la
« ville d'Avalon, de ne faire plus de garde aux
« portes de ladite ville ; ny permettre y en estre
« faict, avec plus grand nombre d'hommes que de
« quatre, sans avoir autres armes que l'espée et la
« dague seullement, et une hallebarde que l'ung
« des dicts quatre hommes pourra porter, durant
« qu'il sera à la garde des dites portes, et ne
« pourront aucuns des habitants de la dite ville
« ny autres estre contrainctz faire ladite garde, si
« bon ne leur semble. Pareillement ne se fera
« aultres guetz soit par la ville ou sur les
« dites murailles d'icelle, si ce n'est qu'il n'y eust
« bresche en quelque endroict des dites murailles ;
« ny guette de jour au clocher, synon en la forme
« et manière qu'ilz faisoient auparavant les
« troubles ; sur peine à ceulx qui contrevien-
« droient à ceste notre présente ordonnance,
« d'estre punis comme rebelles et infracteurs des
« commandements du roy et perturbateurs du
« repos public. »

« Faict en la ville d'Auxerre, le deuxième jour
« d'avril 1571,
« Signé : Vielleville. » (1).

Partout les commissaires prirent les mêmes
mesures, et pendant près d'un mois entier, dans
chaque bailliage, des commissaires publièrent de

(1) *Archives d'Avallon*. E. E. 44.

semblables arrêtés. Le calme néanmoins, ne se rétablit pas encore. (1).

Dans la partie basse de la Bourgogne. En raison peut-être de la proximité de Vézelay occupé par les huguenots, les Avallonnais se croient les plus menacés de toute la province. « Ceux de la « religion, disent-ils, font bruit de lever les « armes. » (2). Vers la fin de mai, ils ont entendu tirer le canon « du costé de Vézelay, dont sont « apouris (épouvantés) iceulx habitans. » (3). Ils sont obligés de mettre des sentinelles aux portes et sur les murailles, avec une consigne d'autant plus sévère, que des épidémies régnant dans la contrée, on devait refuser l'entrée de la ville à toute personne venant des lieux infectés, et pouvant introduire la contagion dans la cité. Les huguenots à l'affût de tout ce qui avait apparence d'infraction à l'édit de paix de la part des catholiques, se hâtèrent de dénoncer le fait au gouverneur et au roi, par l'intermédiaire du trop fameux Briquemaut.

### IV. — Ordres sévères du roi pour maintenir les insoumis, et provocations des protestants dans la Basse-Bourgogne.

Sur la plainte de Briquemaut, pour lors bien en cour, le duc d'Aumale transmit aux Avallonnais

---

(1) *Archives de la Côte d'Or*. B. 264'.
(2) *Archives d'Avallon*. — Requête pour obtenir de monter la garde. E. E 43.
(3) Id. Ancien chapitre, 27. N° 2. E. E 44.

une ordonnance royale obtenue de la veille, en l'accompagnant de la lettre sèche et sévère que voici :

« Messieurs, j'ay entendu par le sieur de Bri-
« quemeau que vous travaillez tellement ceulx de
« votre ville qui sont de la religion, que au lieu de
« les faire joir du bénéfice de l'éedict de pacifica-
« tion, et vous contenir doulcement avec eulx,
« selon les volunté et intention du roy à plain
« contenues en ses éedictz, vous souffrez que l'on
« use envers eulx de telles insolences, que j'ay
« bien voulu vous dire que si vous n'advisez à
« coupper chemin aux plaintes que je reçois d'eulx
« pour ceste occasion, que vous ferez chose qui ne
« sera aggréable à sa majesté, ne pareillement à
« moy, qui désire l'entretenement des éedictz de
« Sa Majesté. Vous priant de vivre doresnavant
« paisiblement les ungs avec les aultres, et faire
« en sorte qu'aucune doléance ne s'adresse plus à
« moy pour cest effect. Pour à quoy pourveoir,
« vous tiendrez très-étroictement la main à l'obser-
« vance des ordonnances de saditte majesté.

« En m'assurant tant de vous, que vous n'ou-
« blierez rien du debvoir que vous devez à vous
« changer, je ne vous en dirai davantage pour
« ceste fois ; mais seullement supplieray le créa-
« teur, messieurs, vous tenir en sa saincte et digne
« garde. »

« Escript à Fontainebleau, le 7 août 1571.

« Votre bien bon amy,

« CLAUDE DE LORRAINE. »

## CHAPITRE XI — (1571).

A cette lettre était jointe l'ordonnance suivante :

« De par le Roy. »

« Nos amés et féaulx, et vous chiers et bien
« amés, nous avons esté advertiz que en notre
« ville d'Avallon, l'on continue les gardes des
« portes, guetz et sentinelles (1), et le peuple à
« porter les armes ainsi qu'il souloit faire durant
« les troubles. Et pour ce que c'est chose directe-
« ment contraire à notre éedict de paciffication que
« nous voulons estre entièrement observé en tous
« ses poinctz : A ceste cause nous voulons et vous
« mandons que vous aiez à faire cesser lesdictz
« guetz et gardes des portes et sentinelles, oster
« les armes d'entre les mains du peuple et remectre
« toutes choses en ladicte ville, en l'estat qu'elles
« ont esté en plain temps de paix et tranquilité par
« tout nostre royaulme.

« Et à ce ne faictes faulte, sur tant que craignez
« nous désobéir et encourir nostre indignation.

« Donné à Fontainebleau, le 6 août 1571. »

Signé : CHARLES (2).

Cependant une information fut ordonnée. Le procureur du roi, Pierre Boursault, déclara n'avoir reçu aucune plainte de contravention à l'édit; l'échevin Pierre Blanche et le sindic Morot affirmèrent que la garde se faisait comme il est d'usage en temps de peste, et l'on n'y portait d'ailleurs que la dague et l'épée ; et tout fut dit

---

(1) Sentinelle est le nom donné parfois aux loges sur les tours et les courtines où l'on mettait des gardes en observation.

(2) *Archives d'Avallon.*

pour le moment. Les catholiques furent confirmés dans leur droit, mais avec la recommandation d'en user avec prudence pour ne point donner prise aux récriminations. (1).

Il y eut encore néanmoins, au mois d'octobre, de nouveaux bruits d'assemblées et de prises d'armes par les huguenots. Les avallonnais sont persuadés qu'on veut s'emparer de leur ville et c'est dans ce but que les protestants font des préparatifs, disant partout « que avant peu de temps « ils auront icelle ville..... Ils ont telle envye sur « ladite paovre ville et populace d'icelle, » qu'ils provoquent sans cesse les habitants à enfreindre les édits et ordonnances, pour avoir contre eux un prétexte de rixe.

Ces dissensions paraissent avoir été entretenues par un certain sieur de Cléry, récemment nommé capitaine de la ville, peut-être pour convaincre les huguenots des intentions pacifiques exprimées par Vielleville. Le 4 octobre, tout en insistant auprès des habitants sur l'observation rigoureuse de l'ordonnance des commissaires, Claude de Saulx crut devoir révoquer le capitaine : « Et affin de « tenir la main à ce que dessus, enjoignons au « sieur de Cléry, capitaine de la dite ville, qui « dernièrement en a reçu l'estat, se retirer et pour- « voir aux occurrences des périls de ladite ville, « de sorte qu'il n'en advienne inconvénient par sa « faulte, à peyne d'en estre responsable sur ses

---

(1) *Archives d'Avallon.* — Ancien chapitre 32, n° 14.

« vie et honneur : ce qui luy sera signifié à la
« dilligence des supplians.

« Faict à Dijon, le 4 octobre 1571.

« Signé : De Saulx. » (1).

Plus loin, ce fut de plus tristes désordres.

Les huguenots d'Auxerre avaient déjà pendu un prêtre du pays en disant avec ironie « que ces « sortes de gens n'étaient point compris dans « l'édit. » (2). Ils avaient noyé dans la rivière d'Yonne un cordelier d'Auxerre, natif de Saint-Fargeau, appelé Etienne Maugis (3). Enfin, au mois d'octobre, les habitans catholiques de Coulanges-sur-Yonne durent s'adresser à Tavannes pour avoir raison des mauvais traitements qu'ils recevaient des calvinistes. (4).

Ainsi s'écoula l'année 1571, toujours dans les transes et dans les menaces, malgré la paix et les ordonnances pour faire observer les édits. Mais cette situation semble particulière à la basse Bourgogne, sans doute, comme nous l'avons déjà fait observer, par la raison que cette partie de la province était dominée par la place forte de Vézelay accordée pour refuge aux huguenots, aux termes du traité de Saint-Germain. Le reste de la province paraît être restée calme, quoique l'on voie le comte de Charny faire à Beaune une recherche d'armes,

---

(1) *Archives d'Avallon.* — Ordonnance au sujet des menaces des protestants.
(2) Lebeuf. — *Prise d'Auxerre* citant une lettre du 24 août, p. 197 et 278.
(3) Id. p. 278.
(4) Id. Lettre du 16 octobre, p. 197 et 278.

le 29 juillet 1572, moins d'un mois avant les massacres de Paris. (1).

---

**V. — Chabot-Charny remplace, comme lieutenant-général de Bourgogne, Gaspard de Tavannes, nommé maréchal de France. — Mort du maréchal de Vieilleville et de Saulx de Ventoux.**

Vers ce temps, l'administration de la province se trouva renouvelée. Depuis le mois de novembre 1570 Gaspard de Tavannes s'était démis de la lieutenance générale de Bourgogne en faveur de Léonor Chabot comte de Charny, grand écuyer de France, dont il fit épouser la fille, Catherine Chabot, comtesse de Busançois, à son fils Guillaume de Saulx Tavannes, alors âgé de dix-huit ans. En quittant le gouvernement de Bourgogne, Tavannes reçut du roi Charles IX la plus haute des récompenses. A cause de ses « grands, notables, dignes et « remarquables services... rendus depuis quatre « ou cinq ans... en plusieurs et importantes affaires « voyages, assauts, défences de villes, rencontres, « batailles, » il le nomma par privilège cinquième maréchal de France, quoiqu'il ne dût y en avoir que quatre ; mais sans que cela pût faire loi pour l'avenir. En effet, le maréchal de Vieilleville, le même qui avait été chargé de veiller dans les provinces à l'exécution de l'édit de pacification, étant mort en novembre 1571, le roi ne voulut nommer

(1) M. Rossignol. — *Histoire de Beaune.*

personne pour le remplacer, et le nombre normal des maréchaux se trouva ainsi rétabli. (1).

Le premier décembre de la même année 1571, mourut aussi Claude de Saulx, seigneur de Ventoux, « accablé de maladies suscitées par le fait « des armes. » (2). Après son décès, Guillaume de Tavannes prit le titre de lieutenant-général de la Bourgogne, en l'absence du duc d'Aumale et du comte de Charny, son beau-père.

Ces mutations ne modifièrent en rien la marche des évènements.

### VI. — Préludes de la Saint-Barthelemy, attentat sur l'amiral, conseil et complots de mort contre sa personne et ses principaux adhérents.

La fermeté déployée par le roi pour faire respecter ses édits témoigne de son désir d'assurer la paix et de concilier entre elles les populations; mais les faveurs accordées dans ce but aux protestants et le rapprochement de Charles IX avec Coligny causèrent des défiances au parti catholique. Le roi, non seulement avait rappelé l'amiral à la cour, il l'avait admis dans son conseil privé et réintégré dans toutes ses dignités. Il l'avait gratifié de cent mille livres pour l'indemniser de ses

(1) Mémoire de Gaspard de Saulx, p. 391, 393, 395 et 402. — Edition du Panthéon littéraire.

(2) C'est par erreur que sa mort est portée dans les mémoires de Gaspard de Saulx, à l'année 1570. On vient de voir plus haut l'ordonnance de révocation qu'il signa le 4 octobre 1571.

pertes pendant la guerre civile dirigée par lui, et du revenu d'un an sur tous les bénéfices que le cardinal de Châtillon, son frère, tenait au jour de son décès, et parmi lesquels était l'abbaye de Vézelay. L'arrogance des huguenots s'en accrut d'autant.

Les populations catholiques déjà froissées du crédit dont les hérétiques jouissaient à la cour, et ne pouvant oublier les maux qu'ils leur avaient fait souffrir, concentraient en elles-mêmes leur colère prête à faire explosion au dehors. Ces sentiments étaient ceux de presque toutes les provinces.

C'est dans cette disposition générale des esprits que le peuple catholique de Paris, particulièrement inquiet sur les intentions du roi, se pressait autour du duc de Guise et se disait « fort heureusement « ligué sous un chef digne de lui. »

L'effervescence populaire effraya les plus clairvoyants. Quelques-uns, comme Louis de Blosset, essayèrent de faire partager leurs craintes à l'amiral. « On ne nous veut point de bien ici, » lui disait Blosset, « c'est pourquoi j'ai envie de m'en « aller : et si vous faisiez comme moi vous feriez « beaucoup pour vous et pour nous. » Mais il ne put convaincre Coligny des malheurs qui l'attendaient. Quant à lui, rien ne put le retenir. Il avait rencontré dans les rues de Paris des regards farouches et menaçants, il se hâta de regagner la Bourgogne et probablement la seigneurie de Précy qui lui appartenait (1). C'était le mercredi d'avant la Saint-Barthélemy.

(1) *Journal de l'Étoile*, t. 1er, p. 25.
2e série. — Collection Michaud et Poujoulat.

On sait comment, deux jours après, le 22 août, Coligny fut blessé d'un coup d'arquebuse tiré sur lui d'une fenêtre de l'hôtel habité par un familier de la maison de Guise et appartenant à M. de Villemur, ancien précepteur du duc d'Aumale : cependant la participation plus ou moins active du lieutenant de Bourgogne aux tragiques événements qui en furent la suite, fait entrer ce triste épisode dans le cadre de notre histoire, et nous entraine à en reproduire les principaux traits.

Pour des motifs certes moins nobles que ceux des catholiques, la reine mère nourrissait dans son cœur une vieille haine contre Coligny. Elle n'avait point oublié les termes arrogants de sa correspondance et était surtout jalouse de l'ascendant pris par lui sur l'esprit de Charles IX, à son grand détriment.

L'amiral, en effet, s'efforçait de soustraire le roi aux influences de sa mère : déjà même il y était à peu près parvenu. Il avait réussi à faire adopter au roi un projet de guerre contre l'Espagne, adversaire acharnée de la réforme, et venait d'être désigné pour commander l'armée (1). Mais il fallait encore l'assentiment du conseil d'Etat. Avertie par Tavannes, Catherine se présenta à la séance où le projet fut mis en délibération, et fit incliner les votes en faveur de la paix. Coligny, furieux de la décision prise, osa menacer le roi d'une nouvelle guerre civile.

« Sire, dit-il, votre majesté, de l'avis de ceux
« qui sont ici, est entrainée à ne pas saisir une

(1) M. de M.., dans le *Contemporain*, t. XXXI, p. 802.

« occasion aussi opportune pour son honneur et
« son service : je ne puis m'opposer à ce qu'elle a
« fait, mais j'ai l'assurance qu'elle aura lieu de
« s'en repentir... Votre majesté ne trouvera pas
« mauvais si, ayant promis au prince d'Orange
« tous secours et toutes faveurs, je m'efforce de
« sauver mon honneur, avec l'aide des amis, des
« parents, des serviteurs que j'ai, et à faire ser-
« vice de ma propre personne s'il en est besoin. »

Puis, s'adressant à la reine-mère, « Madame »,
dit-il, « le roi renonce à entrer dans une guerre....
« Dieu veuille qu'il ne lui en survienne *une autre*
« à laquelle, sans doute, il ne lui sera pas aussi
« facile de renoncer. » (1).

Ces paroles et la perspective d'une quatrième
guerre civile, s'annonçant pire que les précédentes,
le perdirent. De ce moment, sa mort fut résolue
dans l'esprit de Catherine. Elle s'en ouvrit au duc
d'Anjou son fils, à Henri de Guise, le fils de François, assassiné par Poltrot sous les murs d'Orléans
et dit-on aussi, à la veuve de ce dernier, devenue
la duchesse de Nemours par son mariage avec
Jacques de Savoie, duc de Nemours. (2).

---

(1) *Relations des ambassadeurs vénitiens au Sénat*, dans M. J. de Croze. Les Guises, les Valois et Philippe II. T. II., p. 193.

(2) *Relations des ambassadeurs vénitiens* dans M. de Croze, p. 194 et M. de M... dans le *Contemporain*, T. XXXI, p. 803.

Giovanni Michieli, narrateur des faits dont il fut le témoin, s'exprime ainsi dans ses dépêches : « Le roi ignorait toute cette
« méchante affaire, qui fut très-secrètement tramée et brusque-
« ment exécutée par la reine-mère, le duc d'Anjou, le duc de
« Guise, et probablement aussi par madame sa mère, la veuve du
« duc François. »

Ce fut eux qui, de concert, complotèrent le guet-apens ou aurait dû succomber l'amiral. Mais heureusement la maladresse ou l'émotion de l'assassin fit manquer le coup, et l'amiral ne fut que blessé. Le roi voulut le voir et, une heure après, se rendit auprès de lui, accompagné de sa mère, de ses deux frères et d'une partie de sa cour.

L'inquiétude des conjurés fut grande lorsqu'ils virent le roi s'entretenir en secret et à voix basse avec Coligny et lorsqu'ils eurent la révélation de quelques-unes de ses paroles. Ils se crurent découverts, dénoncés, perdus. Pendant la nuit suivante passée sans sommeil, chacun d'eux avait pu méditer à loisir sur le résultat final de l'entreprise. Le lendemain, de grand matin, le duc d'Anjou se rendit auprès de sa mère qu'il trouva déjà levée. Ils se communiquèrent leurs impressions et prirent « la délibération de faire par quelque moyen que « ce fust, despêcher l'amiral. Et ne se pouvant « plus user de ruses et finesses, il falloit que ce « fust par voie descouverte; il falloit pour ce faire, « amener le roy à ceste résolution. » Cette conclusion arrestée, « ils convoquèrent au cabinet du roi, « le sieur de Nevers, les mareschaux de Tavannes « et de Retz et le chancelier de Birague *pour avoir* « *seulement leur advis des moyens à tenir à l'exé-* « *cution.* » (1).

La reine-mère porta elle-même la parole. Elle représenta à Charles IX la résolution hautement manifestée par les huguenots de venger la bles-

---

(1) de Villeroy. — *Mémoires d'estat.* — Relation de Miron, édit. du Panthéon littéraire, p. 708.

sure de l'amiral; parla de dépêches envoyées sur l'ordre de Coligny en Allemagne et dans les cantons Suisses pour obtenir une armée de reitres et de lansquenets; d'émissaires parcourant déjà les provinces à l'effet de provoquer un soulèvement général et porteurs d'un nouveau plan de campagne contre le gouvernement du roi. Elle démontra l'insuffisance des forces royales à opposer à leurs desseins et la pénurie du trésor, si l'on voulait faire venir de nouvelles troupes et se mettre en état de résister. D'autre part, elle fit entrevoir la détermination probable des catholiques fatigués de tant de guerres incessantes et sans résultat. Ils voudront, disait-elle, en finir, et elle les savait disposés à se liguer de nouveau sous un chef de leur choix. En présence de l'inaction ou de l'irrésolution du roi, peut-être méconnaitront-ils même son autorité souveraine. « A un si grand danger
« et péril éminent de luy et de tout son estat, et à
« tant de ruynes et calamités qui se préparent, où
« nous touchons desjà du doigt, et au meurtre de
« tant de milliers d'hommes, un seul coup d'espée
« peut remédier et destourner tous les malheurs ;
« il faut seulement tuer l'admiral, chef et autheur
« de toutes les guerres civiles... Les desseins et
« entreprinses des huguenots mourront avec luy,
« et les catholiques satisfaicts et contents du sacri-
« fice de deux ou trois hommes, demeureront tous-
« jours en son obéyssance. » (1).

Nevers, Birague et Tavannes appuyèrent avec

---

(1) de Villeroy. — *Mémoires d'Estat*. — Edition Buchon, 709.

ardeur les paroles de la reine. Tavannes s'attacha surtout à démontrer l'imminence d'une nouvelle guerre civile et parlant en soldat qui en connaissait les hasards et les calamités, il conclut avec tout le conseil, « qu'il valloit mieux gagner « une bataille dans Paris, où tous les chefs « estoient, que de la mettre en doute en la cam- « pagne et tomber en dangereuse et incertaine « guerre. » (1). Le maréchal de Retz seul avait été d'un avis contraire.

Le roi agité d'une vive impatience, résistait toujours : mais sur le soir, « environ les sept heures « et demie, » les révélations d'un complot apportées à la reine-mère par Marguerite de Valois, de la part du roi de Navarre son mari, triomphèrent de toutes les indécisions. (2).

### VII. — Complot de représailles et de vengeance par les protestants.

Les médecins, à la levée du premier appareil posé sur les blessures de l'amiral, venaient de reconnaitre que la gangrène s'était déclarée, qu'elle montait déjà à l'épaule gauche et au cou et qu'ils ne pourraient en être maîtres.

---

(1) Mémoires de Gaspard de Saulx. Edition Buchon, 434, 1re col.
(2) La relation de ce complot, encore peu connu des historiens, a été tirée des archives des affaires étrangères par M. de M... sur une copie certifiée du document qui existe en original dans les archives de Simancas. (Voir le *Contemporain*, t. XXXI., p. 805 et t. XXXII., p. 902).

Averti qu'il avait encore à peine pour trois ou quatre jours de vie, l'amiral assembla pour la troisième fois son conseil. Après quatre heures de séance, « la résolution fut... d'exécuter promptement ce qu'ils (les huguenots) avoient auparavant
« advisé et arrêté entre eux, à sçavoir : lever le
« roi de Navarre pour roi, et tuer le roy, les reines-
« mère et fille, messieurs d'Anjou et d'Alençon ;
« même le chevalier d'Angoulême, frère bâtard du
« roi, et les principaux de la maison de Guise :
« pour à quoi parvenir, faisoient état de se saisir
« du Louvre par le quartier du prince de Béarn ;
« du Palais par le moyen du président de la Place,
« parceque la maison du roi de Navarre y logeoit.
« Pour ce faire, ils avoient six cents gentils-
« hommes, et dans la ville environ trois mille
« hommes de la religion, lesquels étoient déjà
« fournis d'armes nécessaires ; faisant état,
« qu'étant saisies les trois places, ils pourroient
« attendre les trois ou quatre mille hommes qu'ils
« avoient déjà prêts ès environs de Paris pour le
« 25 au soir ; ou pour le plus tard, le 26 au matin.
« Ceci étant conclu, ils convoquèrent le prince de
« Béarn, et M. l'amiral lui déclara que voyant qu'il
« étoit au terme de ne pouvoir vivre plus long-
« temps, il avoit pensé un bon moyen pour donner
« assurance aux affaires de la religion, et pour la
« vengeance de sa mort. Puis de mot à autre lui
« déclara qu'il convenoit d'exécuter promptement
« ce que dessus, lui disant pour la fin : je mourrai
« content, vous laissant en testament le royaume
« de France. Et ainsi fut ordonné que M. de Beau-

« vais (1), les deux Pardaillan, le capitaine Piles,
« M. de Haucourt et six autres capitaines, couche-
« roient cette nuit au quartier dudit prince, entre-
« roient M. de Briquemaut et son fils avec deux
« cents gentilshommes. Le comte de la Rochefou-
« cault monteroit à cheval, et avec deux cents
« autres gentilhommes se feroit fort du palais, et
« quelques autres de la faction, logés près de
« Saint-Jean-de-Grève, se saisiroient de la place.

« Le prince de Béarn se retira environ les six
« heures au Louvre, et ayant soupé, ne faisoit que
« soupirer. Et s'étant retiré près une fenêtre avec
« la princesse, sa femme, lui déclara ce qui s'étoit
« passé ce jour, lui ajoutant que la cruauté du fait
« ne pouvoit permettre qu'il laissoit exécuter une
« telle entreprise contre les personnes si proches
« de son sang, bien que ce fut avec une si assurée
« espérance de se faire si grand roi ; et que pour-
« tant elle en avertisse la reine-mère, ce qu'elle fit,
« environ les sept heures et demie. » (2).

Presque en même temps que Marguerite de

(1) Beauvais la Nocle, Vidame de Charles par Béraude de Ferrière, sa femme.

(2) M. de M... dans le *Contemporain*, 2ᵉ semestre de 1879, p. 902
et suivantes.

Marguerite de Valois dans ses mémoires, sans parler de la révélation qu'elle fit à sa mère, corrobore la relation espagnole en
disant « que les huguenots estoient entrés en tel désespoir, que ne
« s'en prenant pas seulement à M. de Guyse, mais à la reyne sa
« mère et au roy de Pologne son frère... avoient résolu de recou
« rir aux armes la nuict mesme. » Elle ajoute plus loin qu'elle
fut tenue pour « suspecte » par les huguenots.

*Mémoires de Marguerite de Valois*. Edition du Panthéon littéraire
1854, p. 515, 1ʳᵉ et 2ᵉ col.

Valois, trois des conjurés dont la conscience se révoltait à l'idée du crime, étaient venus aussi, l'un après l'autre et sans communiquer entre eux, « avertir le roy que au logis de l'amiral on avoit « fait une conjuration et conspiration de tuer Sa « Majesté, la royne sa mère, ses frères et tous les « princes du sang et changer l'estat, ou transférer « la couronne ailleurs. » (1).

## VII — Nuit du 24 août.

Le roi qui avait hésité et résisté jusque là, donna alors avec colère son assentiment. « Puisque vous « trouvez bon, » dit-il, « qu'on tue l'amiral, qu'il « le vouloit, mais aussi tous les huguenots de « France, affin qu'il n'en demeure pas un qui luy « peust reprocher après, et que l'on y donne ordre « promptement. » (2).

Ce fut au tour de Tavannes de modérer cet emportement. Il plaida en faveur du roi de Navarre, du prince de Condé, des maréchaux de Montmorency et Damville et obtint qu'ils fussent épargnés. Il sauva la vie au maréchal de Biron en facilitant sa fuite. Peut-être pourrait-on en citer quelques autres encore et dire avec Jean de Saulx dans les mémoires, que « le sieur de Tavannes ne

---

(1) Le Frère de Laval. — *La vraye et entière histoire des troubles* — Paris, 1575, f° v° 522 et suivantes.
(2) *Mémoires d'Estat*, de Villeroy. — Edition du Panthéon littéraire 1836 — p. 709.

« souffrit pas que ses gens prissent aucune chose,
« qu'il en avoit les mains nettes, » il n'en reste pas
moins l'un des conseillers de l'ordre barbare qui
plongea dans le deuil et la désolation tant d'autres
familles.

On connait assez les détails de cette nuit d'horreur et des deux jours qui la suivirent, malgré les vains efforts de Catherine et de Charles IX, torturés de remords, pour arrêter l'effusion du sang après le meurtre de l'amiral : rentrons en Bourgogne et voyons ce qui s'y passa à la réception des ordres de massacre.

### IX. — La Saint-Barthélemy en Bourgogne. — Dijon.

Des messages secrets avaient été expédiés dans la province. Deux jours après la Saint-Barthélemy, les porteurs de ces ordres mystérieux arrivent à Dijon. Ce sont Antoine de Vienne, comte de Commarin et le seigneur de Saint-Riran. Ils se présentent à Chabot-Charny et lui remettent deux lettres de créance signées du roi, par lesquelles le monarque lui recommande d'exécuter les instructions que ces seigneurs lui donneront de sa part, sans rien laisser pressentir de leur nature. Après qu'il en eut pris lecture, les messagers lui commandèrent verbalement de faire massacrer les protestants de la province. Charny n'osant croire qu'un ordre pareil pût émaner du monarque, convoqua le conseil de la province. Pierre Jeannin, l'un des conseillers, opinant le premier, comme étant le plus jeune, fut d'avis « qu'il falloit mander « ces deux seigneurs et savoir d'eux séparément, « s'ils voudroient donner créance et signer. A quoi « ils firent réponse qu'ils ne le pouvoient faire : « ains qu'on se devoit contenter qu'étant connus « pour gentilshommes et du pays, ils ne voudroient, « en chose de telle importance, avancer mensonge « dont le blâme et péril tomberoit sur eux-« mêmes. » Sur leur refus, Jeannin propose l'ajournement, disant que le roi n'a pu donner des ordres semblables « avec mure délibération, et « qu'un bon serviteur doit différer l'exécution « d'ordres donnés dans la violence d'un mauvais « jour, pour la remettre à un lendemain plus « calme. » (1).

Cet avis prévalut dans l'assemblée, et le comte de Charny prenant sur lui toute responsabilité, différa l'exécution du massacre ordonné verbalement par les deux gentilshommes. Il n'eut qu'à s'en féliciter ; car presque en même temps le gouverneur de Bourgogne recevait du roi une lettre circulaire datée du jour même de la Saint-Barthélemy, l'instruisant des événements de Paris, et lui recommandant la plus grande vigilance pour protéger la province contre de semblables émotions.

« Mon cousin, portait cette lettre,

« Vous avez entendu ce que je vous écrivis avant-« hier, de la blessure de mon cousin l'amiral, et « comme j'étais après à faire tout ce qu'il m'estoit

(1) Œuvres mêlées de Pierre Jeannin, citées par M. Abord, I. 445 et suivantes.

« possible pour la vérification du faict et chasti-
« ment, à quoy ne s'est rien oublié, depuis, il est
« advenu que ceux de la maison de Guise et les
« autres seigneurs et gentilshommes, leurs adhé-
« rens qui n'ont pas petite part en cette ville,
« comme chacun sait, ayant sceu certainement que
« les amis dudit amiral vouloient poursuivre sur
« eux la vengeance de cette blessure, pour les en
« soupçonner autheurs, à ceste cause et occasion,
« se sont esmeus ceste nuict passée, si bien
« qu'entre les uns et les autres, il s'est passée une
« bien grande et lamentable sédition, ayant esté
« forcé le corps de garde qui avoit esté ordonné à
« l'entrée de la maison dudit amiral pour sa seu-
« reté : l'ont tué avec quelques gentilshommes,
« comme il en a esté aussi massacré d'autres en
« plusieurs endroits de la ville, ce qui a esté mené
« avec telle furie, que l'on n'y a peu apporter le
« remède tel que l'on eust peu désirer, ayant eu
« assez d'affaires à employer mes gardes et autres
« forces pour me tenir le plus fort en mon château
« du Louvre, avec mes frères, pour après faire
« donner ordre par toute la ville à l'appaisement
« de la sédition qui est de cette heure amortie, la
« grâce à Dieu, estant advenue par la querelle
« particulière qui de longtemps est entre les deux
« maisons. De laquelle ayant tousjours préveu qu'il
« succéderoit quelque mauvaise affaire, j'avoy
« ci-devant fait tout ce qu'il m'avoit esté possible
« pour l'apaiser; ainsi que chacun sait, n'y ayant
« eu rien de la rupture de l'édit de pacification,
« lequel je veux, au contraire, estre entretenu

« autant que jamais, ainsi que je fais savoir par
« tous les endroits de mon royaume. »

« Et d'autant qu'il est grandement à craindre
« que telle exécution soulève mes sujets les uns
« contre les autres, et ne se facent grans mas-
« sacres par les villes de mon royaume, de quoy
« j'aurois un merveilleux regret, je vous prie de
« faire publier et entendre par tous les lieux et
« endroits de vostre gouvernement, qu'un chacun
« ait à demeurer en repos et seureté en sa maison,
« ne prendre les armes et offenser l'un l'autre, sur
« peine de la vie : faisant observer et soigneusement
« garder nostre édit de pacification à ces fins. Et
« pour faire punir les contrevenans et courir sus
« à ceux qui voudroient s'eslever et désobéir à
« nostre volonté, vous assembliez incontinent le
« plus de force que vous pourrez, tant de vos amis
« que de mes ordonnances et autres, avertissant
« les capitaines des villes et chasteaux de votre
« gouvernement, de prendre garde à la seureté et
« conservation desdites places, de sorte qu'il n'en
« avienne faute, m'avertissant au plutôt de l'ordre
« que vous y aurez donné, et comme toutes choses
« se passent en l'estendue de votre gouvernement.
« Sur ce, je prie Dieu, mon cousin, qu'il vous ait
« en sa saincte garde. »

« A Paris ce 24ᵉ d'aoust 1572. »

Signé : CHARLES, et plus bas, BRULARD. (1).

Des copies de cette lettre furent immédiatement envoyées aux gouverneurs particuliers et aux

(1) Bibliothèque nationale. — Fonds Fontanieu.

maires des principales villes de la province. A la réception de celle qui lui avait été adressée, le maire de Dijon convoqua les échevins, leur remontra l'irritation provoquée parmi les huguenots par les sanglants événements de Paris et la vengeance qu'ils méditaient d'en tirer dans tout le royaume. Il leur exposa l'imminence du péril où allait se trouver la ville si des mesures énergiques n'étaient prises sans délai pour le prévenir. Il en avait conféré avec Charny qui avait reçu du roi l'ordre de s'assurer de tous les suspects et notamment « des « plus éminents » d'entre eux ayant « fait faction, « exercice de religion réformée, donné aide, con- « seil, faveurs, prêté argent pour leur faction, » enfin de tous « perturbateurs du repos publicque. » Il demande conseil sur le « moyen de resserrer « lesdits de la religion. » Séance tenante, on ouvrit les registres où étaient inscrits les « noms et sur- « noms de ceulx de ladite nouvelle religion, faitz « et dressez du temps des premiers, seconds et « derniers trobles. » On en fit des extraits par quartiers et les « sieurs eschevins, chacun en leur « parroiche, avec les capitaines d'icelles, leurs « lieutenans et enseignes, les sergens de bande et « sergens de la mairye » se rendirent chez les « dénommés ès dits roolles et extraits », — afin de les amener « en la chambre de ville devers ledit « sieur Maïeur. » Tous ceux qu'on put trouver furent ainsi « resserrez et faictz prisonniers. » Où les « maritz et maistres de maisons » faisoient défaut, « les femmes, serviteurs, servantes », devaient aussi être « prins au corps et faictz pri-

« sonniers, jusqu'à ce qu'ilz les eussent dénoncé
« déclaré et révélé. » (1).

Les prisonniers restèrent plus de trois semaines
sous les verroux pendant que l'on faisait des
enquêtes et que par ordre du roi, on fouillait les
correspondances des suspects et qu'on recherchait
« ce qui avoit esté escript aux esglises, après la bles-
« sure de l'amyral. » (2).

Un des détenus au château, le « sieur de
« Traves, » probablement le même que Jacques de
Traves dont il a déjà été parlé dans le cours de
cette histoire et que le baron de Rully signalait dès
1562 pour ses fougueux excès, se trouva, paraît-il,
gravement compromis dans le dernier complot.
Condamné à mort par jugement secret du roi,
comme étant un « des chefz » des rebelles, il fut
tué dans la nuit du 21 au 22 septembre, en exécution des ordres envoyés à Charny, et jeté « par les
« gens du prévost des mareschaux dans le foussé »
du château. (3). Le jour suivant, les autres prisonniers « ayant promis et juré de vivre catholique-
« ment, » furent rendus à la liberté par ordre de
Charny. On reçut ensuite l'abjuration d'un certain
nombre de dévoyés qui vinrent à l'Hôtel-de-Ville
signer leur soumission. Il en fut fait état sur les
registres.

---

(1) *Archives de la ville de Dijon.* — Série B, n° 208, registre, folio 15.

(2) P. Paris. — *Correspondances de Charles IX*, p. 60.

(3) *Archives municipales de Dijon.* — Série B, n° 208, registre, folio 23.

## X. — Châlon.

Sauf l'exécution capitale d'un chef rebelle, les choses se passèrent à Châlon de la même manière qu'à Dijon. Le maire de Châlon, Philippe Bataille, ayant reçu la copie de la lettre royale envoyée par Charny, convoqua les habitants à l'hôtel-de-ville pour en entendre la lecture. On y vit assister avec le maire, trois échevins et sept conseillers assesseurs, soixante-quatre « habitans et citoïens. »

« Dimanche, dernier jour du mois d'aoust 1572, » porte le procès-verbal de la séance, « heure d'une
« après midi, le sieur maire a remonstré que l'on
« a receu lettre de monseigneur le Grand (1) lieu-
« tenant au gouvernement de ce pays et duché de
« Bourgogne, par lesquelles il enjoinct aux maires
« ou eschevins et officiers du roy de ce bailliage de
« faire contenir et vivre en paix les habitans de
« ladite ville, tant de la religion catholique que de
« la religion nouvelle, les ungz avec les aultres,
« avec deffence de ne se injurier ou oultrage
« soubz quelque occasion que ce soit, à peine
« d'estre punis comme infracteurs d'édictz de paix,
« selon que plus amplement appert par les lettres
« susdictes envoyées auxdictz sieurs maire ou
« eschevins et officiers du Roy, desquelles a esté
« faict lecture. »

« Sur ce, par lesdictz assistans en général, a
« esté dict qu'ilz entendent en tout et partout

(1) Le Grand. — On trouve très souvent Chabot-Charny désigné sous ce nom, qui est le titre abrégé de sa dignité de Grand écuyer de France.

« observer l'édict de pacification faict par le Roy,
« et de vivre en paix les ungz avec les aultres
« comme de bons citoïens et habitans. Et de ce
« chacun d'eulx en ont presté le serment en ladicte
« assemblée, ès mains desdicts sieurs maire et
« eschevins. » (1).

Cependant, cet acte de soumission d'une soixantaine d'habitants ne fut pas considéré par le comte de Charny comme une garantie suffisante. Il menaça d'envoyer une garnison dans la ville. Les habitants lui firent répondre par M. de Montconis, le 8 septembre, qu'ils prenaient la garde à leur charge et s'engageaient à maintenir les perturbateurs. Enfin les religionnaires cédant aux invitations du gouverneur se constituèrent volontairement prisonniers; ce qui paraît avoir calmé les inquiétudes. (2).

### XI. — Auxerre, Sens, Mâcon.

On ne sait guère ce qui se passa dans les régions ouest et nord de la province. Nous trouvons seulement pour Auxerre une « publication des lettres
« du roi par lesquelles Sa Majesté deffend très-
« expressément par tous les lieux et endroictz de
« son royaulme, de ne faire éviction et massacre,
« comme celle advenue en la ville de Paris, lors-

---

(1) *Archives de Chalon-sur-Saône*, registre des délibérations n° 5, folio 208.

(2) *Archives de Chalon-sur-Saône*. E E I.

« que le feu admiral et ses adhérans y furent occis
« et meurdys ; ains les faire cesser, et chastier
« les auteurs d'iceulx. » C'est encore à la date du
3 octobre le paiement d'un mandat « aux trom-
« pettes et crieurs qui ont publié par les carre-
« fours de la ville d'Auxerre les articles envoyés
« audit lieu, touchant la mort de l'admiral. » (1).

De nombreuses abjurations, dont les actes sont
conservés dans les Archives de l'Yonne, donnent
à croire qu'il en fut à Auxerre comme à Châlon, et
que la plupart des protestants y furent gardés à
vue pendant un certain temps. (2).

On peut attribuer aussi à de semblables mesures
le refus si vanté de Philibert de la Guiche, bailli
de Mâcon, d'être complice du massacre des protestants dans son bailliage.

A Sens, ville du département de l'Yonne, mais
dépendant au XVI<sup>e</sup> siècle de la Champagne,

---

(1) *Archives de la Côte d'Or*. B 2641.

(2) M. Challe. l., p. 282 et 373.

L'abbé Lebeuf avait écrit, sur la foi de de Thou et de d'Aubi-
gné, que ce fut le procureur du roi d'Auxerre qui porta à Mande-
lot, gouverneur de Lyon, l'ordre d'exterminer les huguenots de
cette ville, c'est une erreur qu'il a corrigée dans un appendice
non paginé en disant : « A Lyon, ce fut le procureur du roi
« nommé Pierre d'Auxerre qui porta cet ordre au gouverneur. »
On ne comprend pas qu'un historien Auxerrois renommé pour sa
science, ait reproduit cette erreur. Pierre d'Aussierre, et non pas
d'Auxerre, a pu être procureur du roi à Lyon ; mais au mois de
janvier 1572 il n'était encore qu'avocat du roi. Il mourut à Lyon
en 1595, d'une attaque d'apoplexie, en se lavant les mains.
(P. Paris. — Correspondance de Charles IX et du sieur de Man
delot).

on ne trouve, selon Balthasar Taveau, aucune mention de massacre à cette époque.

### XII. — Victimes appartenant à la Bourgogne, dans les massacres de Paris.

Au nombre des victimes dans Paris, se trouvent Armand de Piles qui avait saccagé le bourg d'Irancy; Marafin de Guerchy qui s'était intitulé gouverneur d'Auxerre pendant l'occupation de cette ville par les huguenots. (1).

Parmi ceux qui parvinrent à s'échapper, on signale Ferriére-Maligny et La Nocle, ces deux beaux-frères que l'on pourrait dire inséparables, car rarement on parle de l'un sans l'autre.

Beauvais-la-Nocle et Ferrière-Maligny étaient logés avec le comte de Montgommery, Fontenay et plusieurs autres gentilshommes dans le faubourg Saint-Germain. En apprenant que la foule se dirigeait de leur côté, ils montèrent à cheval et s'enfuirent par la route de Dreux, ayant après eux le duc de Guise qui les poursuivit pendant plusieurs heures sans les atteindre. (2).

Jacques de Crussol, comte d'Acier, favorisé par la reine-mère à la considération du duc d'Uzès,

---

(¹) M. Challe, I. 272.
(²) De Serres, *Inventaire de l'histoire de France*. T. IV., p. 246.— Mémoires de Gaspard de Saulx, édition du Panthéon littéraire 1836, p. 435. — Comte Léon de Bastard dans le bulletin de l'Yonne, T. VIII, p. 350.

## CHAPITRE XI — (1572).

put aussi prendre la fuite. Il se retira chez son frère, seigneur de Tonnerre, où il abjura quelque temps après. (1).

D'autres subirent des condamnations judiciaires.

Le seigneur de Ruères, François de Briquemaut, l'un des intimes de l'amiral, s'était réfugié, déguisé en palefrenier, chez l'ambassadeur d'Angleterre.

Découvert dans sa retraite, après les défenses expresses du roi de continuer le massacre, il fut arrêté et déféré aux tribunaux avec Arnaud de Cavagne saisi dans le même quartier chez un de ses amis. Dès le 26 août le parlement de Paris commença l'instruction de leur procès.

Briquemaut, ce terrible et si renommé capitaine ne put voir sans trembler les apprêts du supplice; et, en face de la mort, se montra d'autant plus lâche qu'il avait été plus cruel envers les catholiques. Il offrit, dit-on, d'avouer publiquement que Coligny avait conspiré contre le roi et d'indiquer ses complices. Il aurait même poussé la perfidie envers ses correligionnaires jusqu'à proposer d'indiquer les parties faibles de la Rochelle dont il avait dirigé les fortifications, et où un certain nombre de huguenots, ses amis, étaient allés se mettre à l'abri de la justice. (2).

Les deux accusés furent condamnés par arrêt du parlement à être traînés sur la claie jusqu'à la place de Grève pour y être pendus et étranglés et

---

(1) M. Challe. I. 273.
(2) Anquetil. T. 2., p. 60. — Lacretelle. T. 2., p. 371. — Sismondi.

ensuite exposés au gibet de Montfaucon. Leurs biens furent confisqués au profit du Trésor, leur mémoire flétrie et leurs enfants déclarés « ignobles, vilains, roturiers, infâmes, intestables, « indignes et incapables de tenir aucun état, office « et dignité. » Le jugement fut exécuté le 27 octobre 1572. Briquemaut avait atteint sa soixante-dixième année. (1).

Les conclusions du jugement, en ce qui touche la postérité des condamnés et la confiscation de leurs biens, furent cependant annulées par un édit de paix du mois de juillet 1573, et le fils de Briquemaut, François de Briquemaut-Milleron put rentrer en possession de la seigneurie de Ruères, dans l'Avallonnais.

### XIII. — Instructions et ordonnances pour calmer les partis et réprimer les chefs de bandes, notamment dans l'Auxerrois.

Pendant plus de six semaines, à partir du 24 août, les lettres et ordonnances se succédèrent à de courts intervalles pour ôter toute cause de troubles et d'émotions. Toutes ont en vue de calmer l'irritation d'une part comme de l'autre. C'est, le 28 août, défense aux réformés de « faire presches ni assemblées en leurs maisons ni « ailleurs » : 3 septembre, ordre d'enquête et recherche de correspondance des réformés avec

( ) Le Frère de Laval, p. 321.

« les églises », après la blessure de l'amiral : 11 septembre, déclaration du roi qui entend « que ceulx « qui ne sont coupables de la conspiration de l'ami- « ral... ne souffrent aucun déplaisir, mais soient « conservez comme ses autres subjectz » ; et en même temps ordre de poursuivre ceux qui, « soubz coulleur de ladicte émotion... se sont « d'eulx-mesmes licentiez à prendre les armes et « s'assembler, allant par les champs piller les « maisons d'aucuns gentilshommes et aultres sub- « jectz *du roi*, disant contre vérité que par lui leur « a esté ainsi permis » : 14 septembre, invitation de tenir sous bonne garde « ceux qui sont notoire- « ment factieux », de mettre en liberté les gens paisibles et de rendre à ceux-ci les biens saisis sur eux; enfin d'accorder aux hérétiques qui auront abjuré entre les mains de l'ordinaire, les mêmes faveurs qu'aux catholiques : 22 septembre, ordonnance de révocation des officiers judiciaires et de finance, des notaires et sergents persistants dans leurs erreurs ; rafraîchissement des ordres de restitution des biens saisis ayant appartenu à des personnes qui n'auraient point eu de part à la conspiration contre l'état ou contre le roi; sommation de révéler les complots tramés depuis les derniers événements; enfin invitation à tous de rentrer dans le giron de l'Eglise catholique. (1).

Les meurtres du 24 août, et les rigueurs exercées judiciairement contre un certain nombre de huguenots épargnés ou échappés au massacre,

---

(1). P. Paris. — *Correspondance de Charles IX et du sieur de Mundclot*, 1830.

avaient enhardi quelques exaltés du parti contraire, qui, à raison des violences et des ruines dont ils avaient été victimes depuis plusieurs années, se croyaient en droit d'user de représailles envers leurs ennemis. Parmi eux se distinguaient l'auxerrois Jacques Creux, dit le capitaine Brusquet, et un nommé La Prime, de Cravant. Ils continuaient à porter les armes et à tenir la campagne, malgré les édits du roi promettant la sécurité aux réformés qui rentreraient dans leurs maisons. Le 5 octobre, Charny en écrivit aux magistrats d'Auxerre en les invitant de se mettre à la poursuite de ces deux partisans, de s'en saisir et de les livrer à la justice. (1).

Les échevins d'Auxerre réunis en conseil à ce sujet, prirent en conséquence un arrêté qui défendait aux habitants de sortir de la ville en armes et sans passe-port, et transmirent aux officiers royaux l'ordre d'arrêter les capitaines Brusquet et La Prime. (2).

Le 11 octobre, l'arrestation des deux officiers n'étant pas encore effectuée, on ignore même si elle le fut jamais, le comte de Charny réitéra au seigneur de Chaulmont, capitaine et gouverneur d'Auxerre, ainsi qu'au maire et aux échevins l'invitation de faire exécuter « soigneusement » les ordres contenus dans ses dépêches précédentes. Il leur demanda en même temps au nom du roi, un état détaillé de tous les officiers de « justice distri-« butive ou de finance », et même des notaires et

(1) Lebeuf. — *Prise d'Auxerre.* 199. et XLI. — M. Challe.
(2) Lebeuf. — *Prise d'Auxerre et pièces justificatives.* p. XLII.

huissiers qui, dans tout le bailliage, avaient fait profession de la religion réformée. (1).

Enfin on publia dans le bailliage d'Auxois une nouvelle ordonnance royale sommant les émigrés de rentrer dans leurs foyers et de faire leur soumission sous un certain délai laissé à la discrétion des baillis, et maintenant leurs biens sous le séquestre jusqu'à leur rentrée. La publication en fut faite le 8 novembre à Avallon. (2).

C'était ouvrir une porte de retour aux rebelles qui étaient allés par peur ou par prudence, s'enfermer dans les places fortes tenant parti contre le roi, comme la Rochelle, Montauban, Nimes, Sancerre. Là ils s'étaient mis ostensiblement en état de rébellion ; il fallut les attaquer dans leur retraite, et recommencer la guerre.

### XIV. — Nouvelle prise d'armes en dehors de la Bourgogne, qui en est préservée par quelques mesures de prudence.

La Bourgogne n'eut point à souffrir de cette nouvelle prise d'armes : Mais les huguenots qui occupaient Sancerre étaient trop près pour qu'il ne fut pas pris de mesures de précaution contre une irruption possible. Le 17 novembre, Tavannes écrivit à la reine pour lui conseiller de faire garder les passages de la Saône par deux enseignes levées dans la province, de manière à couper les commu-

---

(1) Lebeuf. — *Prise d'Auxerre et pièces justificatives.* p. XLIII.
(2) *Archives d'Avallon.*

cations avec Genève et aussi de protéger Mâcon contre une « surprise » (1). Un mois plus tard, le 13 décembre, il revint encore sur ses propositions. Sancerre, dit-il, « est une eschelle pour le secours « qui peut venir d'Allemagne (2) : et Vézelay est le « chemin de venir d'Allemagne à Sancerre. » Il importe donc de « mander à M. de Guise qu'il « envoye M. de Barbezieux à Vezellet, ou y aller « luy-mesme pour y donner ordre qu'ils (les « huguenots) ne s'en saisissent... En quatre jours, « s'ils la prenoient, ils la rendroient bien forte. « C'est tout précipice à l'entour et ne s'en faut pas « cinquante pas. Tous ou la plupart sont hugue- « nots et force gentilshommes du païs. » (3).

A peu de distance de Vézelay, Avallon était comme un avant-poste de la place, et il fallait garantir aussi cette ville d'un coup de main. Pour ne point la charger d'une garnison étrangère, le duc d'Aumale qui connaissait l'esprit des habitants, ordonna un recensement des hommes en état de porter les armes. Sur son invitation, on organisa une compagnie de 124 hommes de garde civique dont on confia le commandement à Joseph Borot, de cette famille que nous verrons durant la

(1) Mémoires de Gaspard de Saulx dans le Panthéon littéraire, édition de 1836, p. 460. 2ᵉ col.

(2) Les mêmes expressions sont employées par Guillaume de Saulx : « ceste petite ville qui semble vouloir servir d'eschelle et « passage de la rivière de Loire pour le secours qui viendroit « d'Allemagne. »

Guillaume de Saulx. — *Mémoires des choses advenues en France ès guerres civiles.* P. 505, 1ʳᵉ col. Edition du Panthéon littéraire 1854.

(3) Mémoires de Gaspard de Saulx, p. 461.

ligue jouer un rôle important à Avallon (1). D'Aumale maintint même la ville, pour un temps illimité, dans la possession de douze arquebuses à crocs qu'elle avait empruntées de la citadelle de Beaune en 1568 (2).

Ailleurs, ce sont les passages sur la rivière d'Yonne que l'on fit garder en enlevant les bacs et bateaux « pouvant passer chevaux », pour forcer les troupes à défiler sur les ponts où la surveillance était facile. (3).

Grâce à ces mesures, la paix ne fut pas troublée dans la province.

### XV. — Mort du duc d'Aumale, gouverneur de Bourgogne, puis de Gaspard de Tavannes.

A l'ouest de la France, la guerre s'étant rallumée, les catholiques entreprirent le siège de La Rochelle dont nous ne voulons parler que pour rappeler la mort du duc d'Aumale, tué sous les murs d'un coup de fauconneau, le 13 mars 1573. Il fut remplacé dans les opérations du siège par le duc de Nevers ; et son neveu, Charles de Lorraine, duc de Mayenne, lui succéda au gouvernement de Bourgogne. Ce dernier, ainsi que son frère le duc de Guise, furent aussi blessés dans cette expédition.

---

(1) *Archives d'Avallon.* — Ancien chapitre 52, n° 16.
(2) *Archives d'Avallon.* — Ancien chapitre 27, n° 7.
(3) *Archives de la Côte d'Or.* B. 3641.

Trois mois après la mort du duc d'Aumale, le 19 juin, Gaspard de Saulx-Tavannes qui n'avait pu prendre part au siège de la Rochelle, retenu qu'il était par une violente maladie, rendit aussi le dernier soupir dans son château de Sully, dans l'Autunois, à l'âge de 63 ans.

Sur le point de mourir, il fit appeler près de lui sa femme et son fils ainé, Guillaume de Saulx, pour leur faire ses dernières recommandations : son second fils, Jean de Saulx était alors au siège de la Rochelle. « Que te diray-je, dit-il à sa femme, « sinon que tu es des plus femmes de bien du « monde ? Ce n'est pour t'admonester, mais pour « te dire adieu que je t'appelle. » Puis s'adressant à son fils, « sers et crains Dieu, qui m'a tiré de « tant d'hasards et mis à honneur ; sois serviteur « du roy ; obéys ta mère. Tu en diras autant à ton « frère ; je vous donne ma bénédiction à tous deux, « que tu luy porteras de ma part. » Il adressa encore quelques mots à ses serviteurs et mourut en baisant la croix.

Il s'était confessé, dit Jean de Saulx qui a publié ses Mémoires, « sans faire mention », qu'en pouvait-il savoir ? « d'avoir adhéré au conseil de « la Saint-Barthélemy, contre les rebelles qui « s'estoient précipités à leur malheur, malgré que « leurs majestés en eussent. »

Guillaume lui éleva un monument funéraire sur lequel il fit graver cette épitaphe :

A LA MÉMOIRE DE GASPARD DE SAULX
SIEUR DE TAVANNES,
MARESCHAL DE FRANCE, GOUVERNEUR DE PROVENCE,
ADMIRAL DES MERS DU LEVANT,
Qui mourut le XIX juin MDLXXIII.

« D'hardiesse,     d'assaut,        de conseil,      de vaillance,
   Je deffis,       je prins,        j'aiday,         je regagnai
Charles Quint,     un milord,       Henry,           le Dauphiné,
   A Renty,         à Calais,        aux guerres,     à Vallence.

Cinquiesme mareschal, premier je fus en France.
Admiral du Levant, j'ay aux mers commandé
J'ay, lieutenant du roy, la Bourgongne gardée ;
J'ay pour luy-mesme esté gouverneur de Provence.
En soixante-trois ans qu'au monde j'ay vescu,
Je n'ay rien, fors la mort, trouvé qui ait vaincu
Ma puissance, mon bras, mon bon-heur, ma prouesse ;
Dont mon corps, mon esprit et mon renom aussi,
Viel, heureux, immortel, gist, revit, court sans cesse
Au tombeau, dans les cieux, par tout ce monde icy. » (1).

## XVI. — Nouvel édit de paix.

L'élection du duc d'Anjou au trône de Pologne ayant amené la conclusion de la paix, un nouvel édit fut rendu en juillet 1573, par lequel l'exercice de la religion protestante fut autorisé dans les villes de la Rochelle, Montauban, Nimes et quelques autres, sans atteindre la Bourgogne. Cet édit

(1) Guillaume de Saulx. — *Mémoires des choses advenues en France ès guerres civiles*, p. 460.

portait encore, entre autres articles, que les condamnés et les proscrits seraient amnistiés, et qu'une exemption d'impôt serait accordée comme indemnité, aux veuves et aux enfants des victimes de la Saint-Barthélemy.

# CHAPITRE XII

## GUERRE DES MÉCONTENTS (1573-1576).

SOMMAIRE. — I. Doléances des populations en Bourgogne. — II. Coalition d'un nouveau parti de mécontents. — III. Agitations dans la province. — IV. Mort du roi et régence de Catherine de Médicis — V. Retour du roi de Pologne. — VI. Préparatifs des huguenots pour une nouvelle prise d'armes, et complot contre Auxerre et autres lieux. — VII. Fuite du duc d'Alençon. — VIII. Trêve presque aussitôt rompue que conclue. — IX. Reprise des hostilités. — X. Sac de la ville de Nuits. — XI. Les confédérés se dirigent vers Marcilly-sur-Loire par le Châlonnais et le Charollais. — XII. Marche de l'armée royale. — XIII. Retour des allemands par la Puysaie. — XIV. Paix d'Etigny. — XV. Les Allemands se retirent lentement en passant par l'Auxois et le Dijonnais. — XVI. Les princes dans le Châtillonnais et l'Avallonnais. — XVII. Garnisons royales gardant le pays, durant la retraite de l'ennemi.

---

### I. — Doléances des populations en Bourgogne.

L'édit de Saint-Germain qui venait d'être publié ne rendait pas au pays sa prospérité. Aux agitations politiques et religieuses s'ajoutaient des embarras financiers, conséquence naturelle de la guerre et des troubles. Le peuple était accablé d'impôts. Sans compter ceux qui étaient à la charge des villes pour l'entretien de leurs fortifications et la garde des habitants, il y en avait de généraux sous une infinité de titres : pour la levée de cinquante mille hommes, pour la solde des armées étrangères, pour les étapes et pour les établissements des camps ; puis pour les emprunts forcés, le petit sceau, les douanes, les aunages, les droits sur le fer, sur le sel, sur le vin : le voyage même du duc d'Anjou allant prendre possession du trône de Pologne qu'il était appelé à occuper, avait exigé de nouveaux sacrifices (1). Aussi la gêne était telle, que l'on avait peine à trouver des collecteurs. Dans la recette d'Auxerre, les élus de Bourgogne furent contraints de déléguer d'office « le receveur des aides » personne n'ayant voulu « prendre la charge de recepvoir les tailles sans y « être contrainct, vu la pauvreté du peuple. » (2).

Pendant plusieurs années, selon quelques cahiers de « doléances » adressés au roi, les pauvres furent réduits « à manger du simple pain d'avoyne « et herbaiges et boyre de l'eau. » (3).

Le roi ordonna une enquête générale sur l'état du pays et l'esprit des populations. Guillaume de Tavannes, quoique bien jeune encore (4), fut chargé de visiter les bailliages de Dijon, Beaune, Autun, Châlon, Charolles ; et Malain de Missery ceux de l'Auxois, de La Montagne et de l'Auxerrois. L'enquête révéla des abus que les ordonnances royales n'avaient point extirpés ou qui s'étaient renouvelés à la faveur des troubles. Ici, ce sont les bénéficiaires ecclésiastiques qui ne résident point

---

(1) *Archives d'Avallon*. — Remontrances qu'il convient de faire au Roi.
(2) *Archives de la Côte d'Or*. — Registres des Etats. A. 6.
(3) *Archives d'Avallon*. — *Loco citato*.
(4) Il avait à peine 20 ans.

sur leurs bénéfices et confient l'administration du saint ministère à des gens indignes ou incapables ; ailleurs ce sont les hommes d'armes au service des nobles des deux religions qui prennent, sans commissions régulières, garnison dans les villages à leur convenance et trainent avec eux des chariots au moyen desquels ils « raclent et emportent « tout, tant blé, vin, lard que aultres meubles » (1). Pour la résolution d'une situation aussi complexe, les commissaires réunis à Saint-Germain-en-Laye sur la fin de janvier 1574, conclurent à une convocation des Etats-généraux. Le roi, selon Tavannes, ne parut pas éloigné d'adopter cette proposition (2); mais la maladie qui, trois mois plus tard devait l'emporter, entrava l'exécution de ce projet que les Montmorency, les La Noue et le maréchal de Cossé approuvaient et recommandaient.

### II. — Coalition d'un nouveau parti de mécontents.

Aux embarras financiers s'ajoutèrent d'autres complications. L'élection du duc d'Anjou au trône de Pologne, en éloignant de la France l'héritier présomptif de la couronne, avait ouvert la carrière à de nouvelles ambitions. Charles IX depuis longtemps malade, s'affaiblissait graduellement, et son état faisait prévoir une fin prochaine. Le duc d'Alençon songea dès lors à se créer un parti en

---

(1) *Archives d'Avallon.* — *Loco citato.*
(2) Guillaume de Tavannes.— Edition du Panthéon littéraire 462•

s'entourant des Montmorency, des Cossé et de quelques autres grands seigneurs jaloux des privilèges dont jouissait la maison de Lorraine, et ambitionnant pour eux-mêmes les faveurs d'une nouvelle cour. On a donné à cette coalition le nom de parti des *mécontents*. Trop faible et trop peu nombreux pour être bien influent, ce parti fit alliance avec les protestants à la tête desquels nous allons bientôt voir le jeune prince de Condé.

Le but des conjurés avait d'abord été d'entraver le retour du roi de Pologne, lorsque Charles IX viendrait à mourir, et de faire proclamer roi de France son frère, le duc d'Alençon : mais bientôt le succès de cette entreprise leur paraissant médiocrement sûr, ils résolurent de mettre la couronne sur la tête du duc, du vivant même de Charles IX. Pour cela il fallait d'abord le faire évader de la cour où il était gardé à vue ainsi que le roi de Navarre. Il fut donc convenu qu'un détachement de huguenots viendrait prendre les princes à Saint-Germain et leur servirait d'escorte jusque dans les provinces où leurs partisans avaient déjà des places fortes et se tenaient prêts à les recevoir. Mais Guitry qui devait conduire ce détachement, devança le jour fixé et arriva à Saint-Germain avec une escorte d'une cinquantaine de cavaliers seulement. Le duc d'Alençon qui s'attendait à une puissante armée voyant si peu de monde, hésita, puis abandonnant le roi de Navarre et leurs complices, alla, à minuit, se jeter aux pieds de la reine-mère à qui il révéla les détails de la conspiration.

L'alarme est aussitôt donnée dans le château :

on éveille le roi pour le faire monter dans une litière et la cour fuit effrayée vers Paris. « Ne « pouvaient-ils donc, s'écrie le roi malade, attendre « que je fusse mort ! »

Deux favoris du duc d'Alençon, La Mole et le comte de Coconas, impliqués dans le complot, furent arrêtés, jugés et conduits au supplice ; les maréchaux de Cossé et de Montmorency, confidents du duc, furent enfermés à Vincennes ; le roi de Navarre et le frère du roi gardés à vue, quant au prince de Condé qui était depuis plusieurs mois dans son gouvernement de Picardie, dès qu'il sut qu'il était compromis par les déclarations de La Mole, de Coconas et du duc d'Alençon, il quitta Amiens en toute hâte et alla avec Thoré, frère du maréchal de Montmorency, se réfugier à Strasbourg où il pouvait être à l'abri des poursuites.

### III. — Agitations dans la province.

La cour qui avait failli se laisser surprendre connaissait cependant en partie, depuis plusieurs jours, les menées des réformés dans les provinces. Le 27 février le roi avait fait écrire aux magistrats de Dijon de se tenir sur leurs gardes et terminait sa lettre par un post-scriptum pressant, dénonçant les menées nouvelles des protestants. (1).

(1) « Nous avons entendu que lesdits de la nouvelle opinion « s'assemblent de toutes partz et commencent à marcher ; ne « faillés, pour leur oster tout moyen de surprendre votre ville, de « faire incontinent retirer les bacs, bateaulx, flottes, nasselles qui

Peu après, il était en fuite vers la capitale. Il ne parait pas qu'en Bourgogne la conspiration ait eu aucun succès : les correspondances du souverain et celles des gouverneurs constatent une vive agitation, mais les mesures prescrites, comme les dispositions spontanément prises par les magistrats des villes sont plutôt préventives que répressives. Le 5 mars Charles IX écrivait au bailli de Mâcon de concentrer auprès des gouverneurs toutes les forces des gentilshommes catholiques, d'assembler, même au son du tocsin en cas de soulèvement ou d'envahissement, tous les « bons subjectz des « villes, bourgs, bourgades et autres » et de disperser par la force les attroupements armés, évitant toutefois de molester les religionnaires paisibles mis sous la protection du dernier édit de paix. (1).

Un ordre plus sévère fut envoyé trois semaines plus tard aux magistrats d'Auxerre. Certains nouveaux convertis occupant des fonctions publiques étaient soupçonnés de n'avoir abjuré que par crainte de révocation, et paraissaient disposés à prêter main-forte aux rebelles dès que l'occasion leur semblerait favorable. Une grande surveillance fut prescrite à leur égard, et il fut interdit de les admettre à la garde des portes. Le lieutenant criminel, Guillaume du Broc, l'un de ceux qui avait livré la ville aux huguenots en 1567, fut particu-

« sont sur la rivière, et iceulx mettre en lieux où ils ne s'en puis-
« sent prévaloir à notre préjudice et au vôtre. » (M. Garnier. — *Correspondances de la mairie de Dijon*, t. II., p. 47).

(1) *Archives de Saône-et-Loire*. C. 685.

lièrement désigné comme suspect et devant inspirer le plus de défiance. (1).

Des prescriptions semblables furent aussi données à Missery pour le bailliage d'Auxois ; mais toujours avec la recommandation d'user de prudence à l'égard des gens inoffensifs. (2).

### IV. — Mort du roi et régence de Catherine de Médicis

L'heure solennelle depuis longtemps prévue, sonna pour le roi. Le 30 mai, jour de la Pentecôte, après treize ans et demi d'un règne très-agité qui avait vu trois guerres civiles, deux invasions étrangères, la révolte en permanence, la plupart des villes du royaume ensanglantées par le massacre tantôt des catholiques, tantôt des protestants, Charles IX fut rappelé de cette vie et alla rendre compte au souverain juge du plus ou moins de soin qu'il avait mis à conjurer les tempêtes soulevées par les ennemis de la foi. Il était monté sur le trône, n'ayant pas encore onze ans, il le quittait à moins de vingt-quatre.

Quoique sa mémoire reste entachée du sang de la Saint-Barthélemy, peut-on rigoureusement le rendre responsable du consentement qui lui fut arraché pour cette néfaste journée ? On se rappelle le tableau qui lui fut présenté des nouvelles

---

(1) Lebeuf. — *Prise d'Auxerre*, p. 202 et XLIV.
(2) *Archives d'Avallon.*

guerres ourdies contre la religion, contre la société et contre son autorité royale. M. Capefigue a pris sa défense dans Catherine de Médicis. « Il faut « fouiller, dit-il, dans les pamphlets orduriers des « huguenots pour trouver cette mort fantastique, « pleine de remords sanglants et ces mots puérils « et grotesques que les histoires vulgaires ont mis « dans la bouche du roi pendant sa longue agonie. « Charles IX mourut avec fermeté et douceur, « comme un noble jeune homme, dans les bras « de sa mère. Ce prince, artiste, ami des vers, « de la douce vie, fut très-vivement regretté, et « mille strophes touchantes furent jetées sur sa « tombe. » (1).

A la nouvelle de la mort du roi, Bernard d'Esbarres, vicomte mayeur de Dijon, convoqua le conseil de ville : il lui fit part de la perte que le pays éprouvait « d'un si bon prince, auquel Dieu « et nature avoient par grande singularité et « excellence, mis ce qui estoit requis pour gou- « verner son peuple avec piété et justice. » (2). Deux jours après, le comte de Charny leur confirma « en plourant » la triste nouvelle. (3).

Le 23 juin, un service solennel pour le repos de l'âme du royal défunt fut célébré dans la Sainte Chapelle de Dijon, couverte de tentures de drap et de velours noir, auxquelles étaient suspendus

---

(1) M. Capefigue. — *Catherine de Médicis*, 1856.
(2) M. J. Garnier. — *Correspondances de la mairie de Dijon*, t. II. p. XIII. — Extrait des registres des délibérations de la mairie.
(3) Id. id., p. 52. — Note.

18 écussons aux armes du roi : le catafalque était entouré de sièges également tapissés de noir. (1).

Un service semblable, commandé par l'évêque Amyot, eut aussi lieu dans la cathédrale d'Auxerre, le 5 juillet. (2).

Conformément aux dernières volontés de Charles IX, Catherine de Médicis prit les rênes de l'Etat, dès le lendemain de la mort de son fils. Le 31, elle notifia sa régence à tous les gouverneurs des provinces et déclara qu'elle était résolue de suivre la ligne de conduite politique que le roi défunt lui avait tracée, sachant, du reste, que c'était aussi celle qui serait adoptée par le roi de Pologne lorsqu'il s'assierait sur le trône de France. Elle recommanda aux détenteurs de la force et de l'autorité dans la province de maintenir dans le respect et l'obéissance ceux qui tenteraient de s'en écarter, en consacrant à ce devoir qu'elle leur traçait, toute leur vigilance et toute leur fermeté. Elle leur prescrivit en outre de ne laisser sortir personne « en poste », sans un passeport signé de sa main. (3).

La reine régente avait en même temps envoyé des courriers en Pologne, pour rappeler le nouveau roi.

---

(1) *Archives de la Côte d'Or.*
(2) Lebeuf. — *Mémoires*, t. II., p. 398.
(3) M. Garnier. — *Correspondances de la mairie de Dijon*, t. II., page 50.

### V. — Retour du roi de Pologne.

Cinq jours après qu'il eut reçu la nouvelle de la mort de son frère, le roi de Pologne partit secrètement de Cracovie, malgré les précautions des Polonais voulant le retenir et les efforts des politiques et des protestants français s'efforçant d'entraver son retour. Par ses lettres-patentes du 15 juin 1574, où il prit pour la première fois le titre de roi de France, Henri III confirma la régence de sa mère avec pouvoir de commander en son nom ; puis il traversa lentement l'Autriche et l'Italie et ne rentra en France que le 5 septembre par le Dauphiné. Catherine de Médicis l'attendait à Bourgoin avec le duc d'Alençon, le roi de Navarre et toute sa cour. Elle avait traversé Châtillon le 24 août (1) et s'était arrêtée à Tournus, seulement le temps d'y passer en revue six mille suisses engagés sous les drapeaux français.

Le comte de Charny, Guillaume de Tavannes et une partie de la noblesse de Bourgogne étaient aussi allés à la rencontre du nouveau roi jusque vers Montmélian, dans la Savoie, où ils furent félicités d'avoir su maintenir la province en paix.

Henri III. qui avait prolongé son séjour dans le midi, n'employa que quelques jours à traverser la Bourgogne. Le 26 janvier 1575 il était à Tournus et le 1ᵉʳ février à Dijon. Sur toute sa route il fut

---

(1) M. Lapérouse. — *Histoire de Châtillon*, t. 2., p. 315.

fêté avec des transports d'allégresse. On espérait du vainqueur de Jarnac et de Montcontour, de l'ancien chef du parti catholique en France, une fermeté qui ne permettrait pas aux rebelles de troubler de nouveau le royaume. Le peuple le saluait par les cris mille fois répétés de vive le roi : et pour qu'il n'oubliât pas les obligations de sa nouvelle dignité, les Etats de Bourgogne les faisaient inscrire sur le bronze et l'argent en frappant une médaille qui portait cette légende autour des armes de la province : *salus populi suprema lex esto.* S'il restait fidèle à cette loi suprême, il en recevrait un jour la récompense ; c'est ce qu'exprimait le revers de la médaille. Deux couronnes sont à terre pour signifier son double titre de roi de France et de Pologne ; une autre est dans les cieux entourée des étoiles avec cette légende deux fois répétée : *manet ultima cœlo.* Que le bonheur du peuple soit votre loi souveraine, et une troisième couronne vous sera donnée dans le ciel.

Les élus profitèrent du passage du roi pour lui présenter, avec leurs protestations de fidélité, quelques requêtes particulièrement relatives aux impôts. Après les discours et les compliments d'usage, ils remirent entre les mains de ses secrétaires une demande de rachat des subsides sur le vin et la suppression de la chambre des requêtes récemment érigée dans le pays.

Le roi, sans s'engager, promit d'examiner les remontrances des élus en conseil, mais offrit néanmoins de composer moyennant argent comptant au sujet des subsides sur le vin.- Les conditions de rachat et d'exemption de recherche « ès caves des « particuliers » jusqu'au mois de mai, époque de l'assemblée des Etats, furent d'un commun accord fixées à six mille livres. (1) Cependant on ne voit pas que cette question fût remise en délibération dans la session des Etats provinciaux qui s'ouvrirent le 15 mai 1575. Les votes émis furent : la validation, après vérification et taxe par les élus, des frais des étapes ; la décharge en faveur de la province, de toutes autres garnisons que celles ordonnées par les gouverneurs des villes ou leurs lieutenants ; l'évacuation des citadelles de Châlon et de Mâcon ; le licenciement des reitres logés à Is-sur-Thil ; la suppression gratuite ou le rachat de la charge de garde des sceaux qui était, dans le comté d'Auxerre, « à la grande foulle du peuple, » ainsi « que celle des petits sceaux des bailliages ; le retrait de l'impôt de 31 livres 10 sous sur chaque clocher ; le report aux frais de l'Etat de l'affranchissement d'impôt accordé par le roi aux habitants de Tanlay, pendant trois années, en raison des pertes qu'ils avaient subies ; la proposition de l'érection d'un évêché à Dijon ; enfin le vote des contributions ordinaires. (2).

En quittant Dijon, Henri III était allé se faire sacrer à Reims.

---

(1) *Archives de la Côte-d'Or et de l'ancienne Bourgogne*. — Registre des Etats.
(2) *Archives de la Côte-d'Or et de l'ancienne Bourgogne*.

## VI. — Préparatif des huguenots pour une nouvelle prise d'armes et complot contre Auxerre et autres lieux.

Pendant que les Etats provinciaux étaient en séance à Dijon, une agitation sourde se manifestait parmi les protestants : on reprenait les armes en dehors de la Bourgogne, et la province était menacée. Dès le mois de février, le gouverneur avait été averti que des séditieux se proposaient de surprendre diverses villes et places fortes dans le duché et dans le comté de Bourgogne. (1).

Dans le duché, c'était particulièrement Auxerre qu'ils convoitaient, toujours dans le but d'assurer les passages sur l'Yonne et sur la Loire à l'armée qu'ils levaient en Allemagne. Les Auxerrois en furent heureusement avertis à temps.

« Messieurs, » leur écrivait le prévôt des marchands de Paris, « nous avons eu advertissement
« certain que les ennemis et rebelles au Roy
« veullent faire quelque entreprise sur votre ville,
« par surprise, et aultres villes circonvoisines
« d'icelle, dont adviendroit les grands maulx et

---

(1) « Aujourd'huy, messieurs les gouverneurs ont reçu lettres
« de M. le Comte de Champlite qui nous escript qu'il a nouvelles
« véritables que plusieurs séditieulx ont dessein de surprendre
« plusieurs lieux, et que sous quinze jours ou trois sepmaines
« nous soyons sur nos gardes ; que l'on en sçavoit la vérité, et
« tient l'on que c'est sur le Duché et Comté de Bourgogne et sur
« ceste cité ; et que ce sont françois. »
— Lettre de l'écuyer de Chavirey au cardinal de Granvelle. — Besançon, 13 février 1575.
— Dom Grappin. — *Mémoires historiques*, p. 84.

« inconvéniens que pouvez bien penser, s'il n'y
« estoit par vous pourveu par bonne garde, soing
« et dilligence. A ceste cause, messieurs, noz
« n'avons voullu faillir vous en advertir, et vos
« prions d'aultant que ce regarde le service de sa
« majesté, seureté et conservation de voz vies,
« honneur et biens, et de noz tous : et faites si bon
« guet et garde et debvoir en vostre dite ville et
« autres lieux nécessaires, qu'il ne se puisse faire
« aulcune entreprise sur vous par faulte de ce, et
« n'en advienne aulcuns inconvéniens. Et nous
« assurans que ne ferez faulte, noz prions Dieu,
« messieurs, vous garder en parfaite santé, longue
« et heureuse vie. »

« De Paris ce 6 mars 1575, vos frères et meil-
« leurs amis,

« Le prévost des marchands et eschevins de la
« ville de Paris,

« HEVRARD. » (1).

Cette lettre jeta une sorte de terreur en ville. Les Auxerrois pouvaient se rappeler la nuit du 27 septembre 1567 et les six mois de désolation qui la suivirent. Ils étaient en train déjà de réparer les fortifications « qui avoient été fort « endommagées pendant les dernières guerres ; » mais à la réception de ce pressant avis, ils redoublèrent d'activité et on obtint de l'évêque l'autorisation de vaquer aux travaux, même les jours de fêtes, à l'exception « des fêtes solennelles, des « dimanches et des fêtes des apôtres. » La ville

---

(1) *Archives d'Avallon.*

fut approvisionnée de munitions de guerre et on fit venir des vivres depuis Toucy. Les hôteliers reçurent l'ordre de tenir registre des personnes qui venaient leur demander asile et d'en remettre chaque jour une liste à l'Hôtel-de-Ville en indiquant les noms, surnoms et demeure de chacune d'elles et notant les armes dont elles seraient munies. (1).

L'avis donné par le prévôt des marchands de Paris fut transmis aux villes d'Avallon et de Vézelay, étapes accoutumées, cette dernière surtout, des armées d'invasion allemande. On prit dans ces deux localités les mêmes précautions qu'à Auxerre. Les magistrats d'Avallon suspectant la fidélité des réformés de la ville, demandèrent au gouverneur de la province l'autorisation de les désarmer et même de convertir leur tour de garde en un impôt pécuniaire permettant de les faire remplacer par des factionnaires sûrs et dévoués. (2).

Les ponts de la Saône étaient gardés à Mâcon et à Châlon par des garnisons françaises et plus haut par un régiment de reitres à la solde du roi, campé autour de Pontailler et à Perrigny-sur-l'Ognon. Les reitres vivant « à la grande foule » du peuple étaient un objet incessant de plaintes. Le roi faisait répondre en vain de patienter quelque peu, que la présence de ces armées était « nécessaire pour le bien de son service » et de celui de la province. Les plaignants n'eurent cesse qu'ils n'obtinssent leur éloignement. On les trans-

---

(1) Lebeuf. — *Histoire civile d'Auxerre.*
(2) *Archives d'Avallon* — Requête du 4 avril 1575.

féra à quelques lieues au nord de Dijon, à Is-sur-Tille, où ils restèrent jusqu'au 17 septembre malgré les réclamations de Charny écrivant : « qu'il « aimeroit mieux deux compagnies de soldatz « françois que lesdits reitres, pour la garde du « pays. » (1).

Le prince de Condé, réfugié d'abord à Strasbourg, s'était fait proclamer par une assemblée de protestants réunis à Milhaud, dans le Rouergue, (juillet 1574) « chef et gouverneur général des « Eglises de France. » Il était parvenu, avec l'aide

---

(1) L'entretien de cette garnison étrangère revint à près de 112,000 livres qui furent répartis comme l'indique l'état suivant :

« Estat a esté fait des frais des munitions fournies aux reîtres « ayant tenu garnison par commandement du roy au lieu d'Isur-« tille six vingt sept jours commencez le 14ᵉ jour de may 1575 et « finiz le 17ᵉ de septembre suivant, où se sont trouvez renvoyés « lesdits frais et despens à la somme de 109,860 livres 17 solz « 1 denier, sans que de toutes les munitions lesdits reitres ayent « payé aulcune chose................... 109,860 l. 17 s. 1 d.
Frais pour en faire l'impôt............ 2,000 » »

111,860 l. 17 s. 1 d.

Assavoir :

| | | |
|---|---|---|
| Dijon, siège principal, 10 jours........... 7,604 l. 9 s. 4 d. | | |
| Dijon, siège principal, 8 jours........... 5,336   10   7 | 12,940 l. 19 s. 11 d. | |
| Beaune et Saint-Jean-de-Losne, 10 jours. 6,426 l. 17 s. » | | |
| Id.      id.    7,025   »    » | 13,579   12 | |
| Frais des officiers de Beaune........... 127   15   » | | |
| Auxonne, 5 jours..... 3,886 l. 17 s. | | |
| Id.   6 jours..... 4,950   »   » | 8,836   17 | |
| Nuys, pendant 5 jours................. | 4,202   15   10 | |
| A reporter.... | 39,569 l. 4 s. 9 d. | |

de Lafin de Beauvoir, Vidame de Chartres (1) à recruter des alliés en Suisse et en Allemagne et à se faire ouvrir les trésors de la reine d'Angleterre. Au midi, un maréchal de France, Henri de Montmorency-Danville entretenait le Languedoc dans l'agitation. Enfin une nouvelle armée d'invasion se tenait prête à fouler encore une fois le sol de la France.

### VII. — Fuite du duc d'Alençon.

Sur ces entrefaites, le duc d'Alençon, toujours gardé à vue à la cour, parvint à s'échapper et alla s'offrir aux mécontents. Ce prince se rendit à Dreux, ville de son apanage, d'où il envoya le seigneur de Chastellux au vicomte de Turenne, le

|  |  |  |  |
|---|---|---|---|
| Report...... | 39,560 l. | 4 s. | 9 d. |
| Chalons, — 10 jours............... | 10,000 | » | » |
| Auxois, — 12 jours............... | 9,802 | 17 | 6 |
| Autun, — 12 jours............... | 9,099 | 5 | 10 |
| Châtillon, — 10 jours............... | 10,000 | » | » |
| Comté de Charollais, pendant 6 jours... | 6,000 | » | » |
| Comté d'Auxerre, — 12 jours... | 12,000 | » | » |
| Mâcon, pendant 10 jours............ | 10,000 | » | » |
| Frais des élus.................... | 392 | » | » |
| Bar-sur-Seine, estimé trois jours....... | 3,000 | » | » |
|  | 109,854 l. | 8 s. | 1 d. |
| Pour satisfaire à l'impôt.......... | 2,000 | » | » |
| Total................. | 111,854 l. | 8 s. | 1 |

(*Archives de la Côte d'Or.* — Registres des Etats. A. 6.)

(1) Le Vidamé de Chartres était échu à La Fin de Beauvoir, par sa femme Béraude de Ferrière qui en avait hérité de François de Vendôme.

prier de venir le joindre en lui amenant le plus de forces qu'il pourrait avoir. Il avait à vaincre les scrupules du vicomte qui s'était toujours montré vivement attaché à l'Eglise catholique ; aussi l'exhortait-il, pour la forme peut-être, « à y rester « fidèle » (1). Il fit le même appel à La Noue et à Levis de Ventadour.

Le roi ne se fit pas illusion sur la gravité de la fuite de son frère. Dans l'avis qu'il donna de cet évènement, le 27 septembre, aux magistrats de Dijon, il s'exprime en ces termes : « Daultant que « ceulx qui ont tramé ceste menée se persuadent, « soubz le nom de notre dit frère... d'esbranler « l'affection de plusieurs de nos subjects, par « déguisement de leur maulvaise intention. » (2).

La révolte du duc d'Alençon était pour Condé une occasion favorable ; mais celui-ci se borna à envoyer à Monsieur 2,000 reitres, 2,000 lansquenets, 500 arquebusiers français et 100 gendarmes, sous les ordres de Thoré.

Leur marche était tracée par la vallée de la Marne et Château-Thierry ; mais arrivés le 10 octobre à Dormans, ils y rencontrèrent l'armée royale commandée par Henri de Guise, Mayenne et Biron. Les catholiques remportèrent sur eux un succès éclatant, auquel avaient pris part Guillaume et Jean de Saulx (3). C'est là que le duc de Guise

(1) Mémoire du duc de Bouillon. — Collection du Panthéon littéraire. Edition de 1854, p. 403.

(2) M. J. Garnier. — Correspondance de la ville de Dijon, t. II., p. 53.

(3) Mémoires de Gaspard de Saulx dans le Panthéon littéraire. Edition de 1854, p. 462.

reçut au visage une blessure qui lui valut le surnom de Balafré. Il ne resta à Thoré que quelques cavaliers avec lesquels il put aller rejoindre le duc d'Alençon : la plupart de ses reitres étaient passés dans l'armée royale.

### VIII. — Trève presque aussitôt rompue que conclue.

Six semaines après, le 22 novembre, une trève de sept mois fut conclue entre les partis. Les huguenots furent autorisés à tenir garnison durant ce temps, aux frais de l'Etat, dans certains lieux désignés ; mais à la condition qu'ils maintiendraient au-delà du Rhin les bandes enrôlées par Condé en Allemagne, et qui se tenaient déjà l'arme au bras sur la frontière.

De son côté, le roi promettait de licencier ses troupes étrangères. L'exécution de cette dernière condition allait encore être une charge pour la Bourgogne que les reitres avaient à traverser de nouveau.

C'est par le pays de La Montagne, l'Auxois et le Dijonnais que l'évacuation fut commencée. Les villes d'Avallon et de Montréal furent imposées par réquisition de Barbezieux, lieutenant général de Champagne et de Brie, à la fourniture de 32 bœufs, 80 moutons, environ 30 muids de vin et 5,000 pains qui devaient être conduits au village de Darcey, près de Flavigny : cependant la ville d'Avallon obtint, le 5 décembre, la remise de cette imposition. (1).

La trève fut loin d'avoir la durée que promettait le traité. La plupart des localités accordées aux huguenots ne voulurent pas recevoir leurs garnisons, et Condé qui n'avait point comparu personnellement dans l'accord, refusa de le reconnaitre et continua ses enrôlements. Dans ce danger pressant, le roi fit revenir 6,000 suisses et 8,000 reitres sous la charge de Schomberg et de Pierre Ernest de Mansfeld, et il imposa à la province une garde de quatre compagnies en invitant les élus à pourvoir à leur entretien (2). Mais Condé fut le premier prêt et les secours étrangers arrivèrent trop tard à l'armée royale pour arrêter la marche des rebelles.

### IX. — Reprise des hostilités.

Condé pénétra en France par la Lorraine. Le 4 janvier 1576 il passait la Moselle au bourg de Charmes et s'avançait sur Neufchâteau et Chaumont en Bassigny. Le prince Palatin, Jean Casimir, fils de ce duc des Deux-Ponts qui avait laissé de si tristes souvenirs dans le pays, formait à quelques lieues sur sa droite, comme son avant-garde. Au moment où Condé prenait ses étapes à Charmes, Casimir était à Vignory, dans la Cham-

---

(1) *Archives de l'Yonne et de la ville d'Avallon.*
(2) *Archives de la Côte-d'Or.* — Registres des États à la date du 2 décembre 1575.

pagne, faisant « bruire » que Chaumont ne tarderait pas à le voir. (1).

On pouvait croire que le dessein des rebelles était de gagner Auxerre et les ponts sur Yonne par le Châtillonnais et le Tonnerrois. Dans cette conjecture, Guillaume de Tavannes s'empressa d'aller occuper Châtillon « avec sa compagnie de « gens d'armes et six compagnies de gens de pied « du régiment de Piémont conduites par le sieur d'Autefort. (2).

Mayenne qui commandait l'armée royale et était encore à Vitry-le-François le 14 janvier. eut la même pensée. Arrivé à Bar-sur-Seine le 19, il en partit aussitôt pour s'établir autour de Châtillon-sur-Seine. Cependant, il était incertain de la marche des ennemis. « Nous sommes en doupte, » écrivait-il au roi, « du chemin qu'ils prendront, « estant au nombre de trois, à sçavoir : vers « Roane à la teste de la Loire ; à Autun et à La « Charité ; ou par la vallée d'Espoisses, par le « Tonnerois et Auxerrois, qui seroit pour aller « vers Paris. » (3). Enfin, informé qu'au lieu de venir à lui, Condé s'était rapproché de Langres, il envoya le capitaine Brichanteau avec trois ou quatre cents arquebusiers couvrir Dijon. (4).

Guillaume de Tavannes suivit la même voie et

---

(1) *Correspondances de la ville de Dijon*, t. II, p. 54.

(2) Mémoires de Guillaume de Saulx dans le Panthéon littéraire, p. 462.

(3) Bibliothèque nationale. — Fonds Colbert, t., VIII, folio 40.

(4) Id. Id.

retourna auprès de son beau-père, à la garde de la capitale de la Bourgogne. (1).

Mayenne persistant à garder la vallée d'Epoisses, alla prendre ses positions à Montbard.

Condé se rapprochait de Dijon. Le 16 janvier il était allé au Pailly où il resta trois jours entiers (2) dans le somptueux château princièrement décoré par Gaspard de Saulx. (3).

Le 19, sa présence fut signalée à Fontaine-Française et à Selongey, il marchait dans la direction d'Is-sur-Tille et de Tréchâteau ou Thil-Châtel (4), et peu après, campait dans les villages autour de Dijon. Par des sortis heureuses, Charny, Guillaume de Tavannes et les gentilshommes du pays qui les accompagnaient repoussèrent les agressions des confédérés : Mais ce ne fut pas sans des pertes regrettables, plusieurs y furent « blessés d'arque-« busades parmi les compagnies de Puysay, Vidal « et autres. » (5).

Pierre de Lestoile rapporte dans ses mémoires que Dijon se racheta d'un siège moyennant deux cent mille francs et le couvent de la Chartreuse moyennant douze mille. (6).

Nous n'avons trouvé aucun document contemporain qui confirmât cette version. Les deux Tavannes qui gardaient la ville avec le comte de

---

(1) Mémoires de Guillaume de Saulx, p. 462.
(2) Bibliothèque nationale, F. Colbert, VIII, folio 30.
(3) M. L. Pingault. — *Les Saulx-Tavannes*, p. 53.
(4) Bibliothèque nationale, F. Colbert, VIII, folio 31.
(5) Id. Id., folio 137.
(6) Mémoires et journal de Pierre de Lestoile. Collection Michaud et Poujoulat, p. 67.

Charny et une partie de la noblesse du pays, n'en disent pas un mot dans leurs écrits ; et, preuve plus concluante que la nouvelle de ce rachat portée au roi était un faux bruit, c'est que, dans un état présenté aux élus par la ville de Dijon, pour la répartition sur toute la province des frais supportés par elle pendant la présence de l'ennemi sous ses murs, il n'est réclamé que dix à onze mille livres pour les frais de garnisons employées à la garde de la cité, pendant l'envahissement. (1).

Avant de s'engager dans les plaines au dessous de Dijon, les huguenots poussèrent une reconnaissance jusqu'a Pont-de-Pany, sur la route de l'Auxois. C'était la voie la plus courte qui les eût conduits à La Charité, où ils espéraient, après avoir traversé la Loire, se joindre facilement au duc d'Alençon. La présence de quelques compagnies de Mayenne dans ces cantons leur fit prendre une autre direction.

Dans les nuits des 20 et 21 janvier, Condé décampa de ses positions autour de Dijon, et, laissant son artillerie au château de Rouvres, poussa jusqu'à l'abbaye de Citeaux où il entra sans coup férir. Derrière lui fumaient les ruines de Magny-sur-Tille qui fut aux trois quarts détruit.

---

(1) *Archives de la Côte d'Or.* — Mention des dépenses de la ville pour « la nourriture des gens d'armes des compagnies de « M. Le Grand et vicomte de Tavannes retirés en la dite ville, pour « la sureté d'icelle pendant le temps que l'armée des prince de « Condé et Casimir auroit esté et séjourné aux environs de ladite « ville. » (Registre A. 7, folio 24).

Plus à l'ouest, à une lieue de Nuits, les portes du château de Gilly furent ouvertes à ses hommes sur un semblant d'attaque (1). C'étaient les préludes des désastres dont la petite ville de Nuits allait être le théâtre.

### X. — Sac de la ville de Nuits.

Depuis le jeudi 19, la petite ville de Nuits était investie par les soldats de Casimir. Après sommation aux habitants, faite et renouvelée les deux jours suivants de livrer la place, le dimanche 22, l'artillerie ennemie ouvrit son feu notamment contre « le ravelin de la porte Dijonnaise. » La « place était défendue par cinquante ou soixante « habitants armés de hallebardes, de fourches et « de huict on dix piques, » et par « quarante ou « cinquante arquebusiers, la moitié desquels « estoient gens mal menés et aguerris. » Cette poignée de combattants n'en repoussa pas moins deux « enseignes de lansquenets » qui se présentèrent deux fois à l'assaut pendant les quatre jours que dura le combat. (2).

Le lundi les habitants se battaient encore, quoiqu'ils ne vissent personne venir à leur secours.

Mayenne, toujours en observation à Montbard, à plus de 18 lieues de l'ennemi, ne fut informé du

---

(1) Archives nationales. f. Colbert, VIII., folio 137.
(2) H. Vienne. — *Essais historiques sur la ville de Nuits*, p. 240.
— Procès verbal tiré des Archives.

siège que le 26 janvier par M. de Thianges qu'il avait envoyé en reconnaissance « avec 50 ou « 60 salades et quelques arquebusiers à cheval. »

Il ignorait encore que tout était fini et le lendemain il écrivait au roi : « Je désirerois grande-« ment, pour le bien de vostre service qu'on y eust « pourveu ; pour le moins qu'on y eust mis (dans « la ville) vingt arquebusiers, car elle est telle « qu'ils ne l'eussent prinze que malésément, ayant « les fossés pleins d'eau et des tours près à près « qui la flanquent. » Un courrier, expédié le 23 par Charny, lui faisant savoir qu'à cette date, « les « habitants faisoient toujours grand devoir de se « défendre, » lui parvint à ce moment. Il en communiqua la nouvelle aux officiers de son entourage. « Le jeune Tavannes, vicomte de Ligny, » disons-le à sa louange, s'offrit spontanément pour aller au secours de la place. Sa demande étant agréée, il partit accompagné de Cissac et de Thianges, avec cinq cent salades et cinquante arquebusiers que le duc mit sous leurs ordres. Mais ces hommes étaient à peine en marche, qu'on apprit la capitulation des assiégés, « s'estant, écrit « Mayenne, ces pauvres gens rendus désespérés « de secours, et pour n'y avoir personne de com-« mandement. Monsieur le prince de Condé y a « logé, et y a trouvé beaucoup de vivres qui ont « fort rafreschi leur armée, avec ce qu'ils ont eu « du chasteau de Gilly et de l'abbaye de Citeaux : « ils ont mis le feu partout et ont fait un dommage « inestimable. » (1).

(1) Archives nationale, fonds Colbert. VIII, folio 49.

Suivant un procès-verbal dressé le 25 mars de même année par Jean Morin, lieutenant général au bailliage de Dijon, les vainqueurs firent en effet payer cher aux habitants leur courageuse résistance. A peine introduits dans la place après la capitulation, au mépris du traité consenti, ils se répandirent par toute la ville comme un torrent qui a rompu ses digues, forcèrent toutes les maisons qu'ils pillèrent et livrèrent ensuite aux flammes. Ils firent prisonniers tous ceux des habitants dont ils pouvaient espérer rançon et égorgèrent le plus grand nombre des autres. Sans compter les cadavres qui restèrent ensevelis sous les ruines, 67 victimes de ce carnage furent enterrées dans l'église après le départ de l'ennemi. Enfin « plus des trois quarts des maisons furent « réduites en cendres entièrement. » (1).

### XI. — Les confédérés se dirigent vers Marcigny-sur-Loire par le Châlonnais et Charollais.

Après ces exploits contre la malheureuse ville de Nuits, les confédérés voulant sans doute gagner La Charité, se présentèrent à Arnay-le-Duc, petite ville de l'Auxois : mais la présence du détachement de cavalerie commandé par Cissac, Thianges et Jean de Tavannes qui n'avait pu arriver à temps au secours de Nuits, les fit changer de direction.

(1) H. Vienne. — *Essai historique sur la ville de Nuits*, p. 278.— Document tiré des archives de cette ville.

## CHAPITRE XII — (1576).

Le danger se tournait contre Autun. Heureusement Mayenne y avait envoyé depuis une dizaine de jours un régiment de quatorze enseignes sous la charge d'Emery, auquel il avait confié le soin de les répartir suivant son inspiration tant à Autun que dans « les villes closes circonvoisines. » (1). Cette tactique et la détermination bien accentuée des habitants d'opposer une énergique résistance à l'attaque, détournèrent les confédérés qui prirent alors une autre voie.

Obliquant à gauche, et évitant la ville de Beaune gardée par le régiment de Brichanteau « et autres « gens de guerre » (2), l'armée d'invasion suivit une ligne à peu près droite qui de Chagny la conduisait à Lourdon et à Cluny. Elle ruina près de Chagny, le village de Chassey; incendia Givry à deux lieues ouest de Châlon, après avoir pillé l'église et les habitants, puis brûla le bourg de Buxy. (3).

Vers les premiers jours de février, le duc Casimir s'empara du château fort de Lourdon, à une demi-lieue de Cluny et s'y installa. (4).

C'était pour cette dernière ville une occupation menaçante. Les Clunisiens qui avaient refusé, quinze jours avant, les troupes que Charny leur envoyait, se virent contraints d'entrer en composition avec l'ennemi pour éviter le sac et le pillage. Ils députèrent auprès de Casimir le receveur de

---

(1) Bibliothèque nationale, fonds Colbert, VIII, folio 137.
(2) *Archives de la Côte d'Or*. — Registre A. 7.
(3) Courtépée, t. IV et V.
(4) *Archives de la Côte d'Or*. — Registres desÉtats.

l'abbaye, La Bretonnière et plusieurs notables avec des présents de « veaux, de moutons, de lapins et « de perdrix, » pour gagner ses bonnes grâces. Le 6, ayant obtenu que la ville serait exemptée du passage de son armée, Ils lui offrirent encore « la « collation et gousté en la maison de l'Escu de « France. » (1).

De Cluny à la Loire, la distance n'est pas considérable; mais, surtout dans cette saison de l'année, le trajet était difficile. Cela fit que Casimir laissa sous une forte garde, au château de Lourdon, sa grosse artillerie, et s'engagea par les montagnes, dans la direction de Charolles, Paray-le-Monial, Semur en Brionnais et Marcigny. Le long de la route, ce fut encore une suite de pillages et d'incendies, comme à Anzy, Briant, Saint-Christophe. La petite ville de Semur fut pillée et brûlée et ses habitants contraints de fuir dans les bois pour éviter la mort. (2).

Enfin, vers le 10 février, l'armée ennemie, forte

---

(1) *Archives de la ville de Cluny*. — Députation à « Lourdon « pour illec, et au nom de ladite ville, aller trouver le duc Casi-« mir pour luy supplier que il ne permit point que son armée et « troppes de reystres qu'il conduysoyt ne fasse aulcung moleste en « ceste ville ; et fut porté pour présent audit sieur, des veaux, « moutons, lappins et perdrix..... Ayans obtenu dudit sieur Casi « mir que nous serions exempts de l'armée, les députés vont lui « offrir la collation et gousté en la maison de l'Escu de France. »

(2) Courtépée. t. IV, pages 188-189

— Dom Plancher, t. V., p. 575.

— Saulnier *Autun Chrétien*, p. 166.

— Note à la mairie de Paray-le-Monial : « Un procès-verbal du « 15 février (1576), atteste que l'église de Semur fut pillée par « l'armée du prince Casimir, conduite par le prince de Condé. »

de 25,000 hommes, était à Marcigny et passait la Loire sur un pont de bateaux. Trois semaines plus tard, elle fit sa jonction avec Monsieur vers Moulins en Bourbonnais.

Pendant ce temps, la garnison laissée au château de Lourdon par le comte Palatin ravageait toute la contrée environnante, et cherchait à se rendre maîtresse de certains châteaux bordant la Saône, d'où elle aurait pu dominer Mâcon et mettre un tribut sur la navigation de la rivière. Les états particuliers du comté de Mâcon s'adressèrent aux élus des états de Bourgogne pour obtenir secours et moyen de faire déloger ces gênants voisins ; mais le pays ne put en être délivré qu'après la paix. (1).

### XII. — Marche de l'armée royale.

Le passage de l'armée d'invasion à travers la Bourgogne s'était effectué en un mois environ, sans entraves sérieuses. Les confédérés s'étaient tenus avec un soin remarquable à distance des villes munies de garnisons. Ils avaient évité Guillaume de Tavannes qui occupait Châlon, ainsi que Trémont et Chevrière gardant l'un Tournus, l'autre Mâcon avec de si grandes précautions que tous trois avaient laissé brûler des bourgs et des villages des environs (2). Quant à l'armée royale, elle était restée simplement en observation conformément à une tactique inexplicable. Dès les premières escarmouches autour de

(1) *Archives de la Côte-d'Or*. — Registres des États.
(2) Mémoires de Guillaume de Tavannes dans le Panthéon littéraire, p. 462.

Dijon, Mayenne se plaignait au roi de l'obscurité de ses instructions. « Je me trouve, » écrivait-il, « en
« la plus grande peyne que eust jamais homme
« ayant la charge qu'il vous a pleu me confier,
« parce que par toutes les lettres qu'il vous a pleu
« m'escripre, vostre intention n'y est point bien
« expressément déclarée, et il semble que je doibve
« laisser passer ladite armée (ennemie) et employer
« les forces pour la conservation de vos villes où
« plus commodément j'auray moyen d'y pourvoir,
« sans permettre aucun acte d'hostilité. » (1) ... Il dit encore ailleurs : « Ledict sieur Prince (de
« Condé) ni ceulx de son armée n'ont occasion de
« se plaindre du moindre soldat qui soit à vostre
« solde, ni d'aucun de vos subjectz du faict des
« hostilités, parceque j'ay ordonné par toutes les
« garnisons et aux habitants des villes closes de
« ne l'entreprendre en sorte du monde, et de se
« conserver seulement, suyvant vostre intention
« et spécialement audit sieur Le Grand qu'il la
« feist observer par tout le gouvernement de Bour-
« gogne. » (2). Les instructions qu'il recevait de la cour limitaient son action à être constamment entre Paris et l'armée étrangère. Le jour même que Mayenne envoyait des secours trop tardifs à Nuits, il quittait Montbard et transférait son camp au confluent de la Cure et de l'Yonne, à Cravant, pour avoir la facilité, disait-il, de surveiller à la fois les mouvements de l'ennemi dans l'Auxois et la vallée d'Epoisses et de se porter plus sûrement

---

(1) Bibliothèque nationale, fonds Colbert, n° VIII, folio 137.
(2) Id   Id.

à sa rencontre sur les rives de la Loire s'il se dirigeait de ce côté. Il reçut à Cravant un renfort consistant « plus en infanterie qu'en cavalerie, » conduit par Puygaillard, arrivé presque en même temps que lui.

Après avoir donné deux jours de repos à ses troupes, informé de la marche des confédérés vers le Charollais, le général catholique prit une direction parallèle à la leur avec l'intention de franchir le fleuve à Decise; mais Emery qu'il avait envoyé en avant-garde, vint lui rapporter à Moulins-Engilbert qu'une crue de la Loire avait rompu le pont et que la communication entre les deux rives était interrompue. Il lui fallut attendre.

Pendant cet arrêt forcé, le duc d'Alençon lui délégua des députés, sans doute pour conférer d'accommodements dont il était bruit déjà depuis quelque temps. Le résultat de cette conférence resté inconnu, fut transmis verbalement au roi par un courrier que M. de Brion, qui accompagnait Mayenne, lui envoya.

La crue écoulée, Mayenne vint occuper Decise, puis descendit le fleuve jusqu'à Cosne qu'il ne quitta que le 15 février. (1).

---

### XIII. — Retour des Allemands dans la Puysaie

Un nouvel incident venait de compliquer la situation : le roi de Navarre s'était évadé de la

(1) Bibliothèque nationale, fonds Colbert, N° VIII, folio 57

cour en feignant d'aller à la chasse. Sous prétexte que Henri III avait donné des ordres pour le faire arrêter à Senlis, il s'était enfui à Alençon d'où il passa en Anjou et se joignit à Monsieur. Le roi en écrivit le surlendemain au comte de Charny, l'invitant à faire refuser les portes des villes de Bourgogne aussi bien au roi de Navarre qu'au duc d'Alençon et à leurs partisans (1). Cette nouvelle portée à Auxerre par un bourgeois d'Avallon qui arrivait de Paris, amena entre les deux villes d'Auxerre et d'Avallon, une correspondance de laquelle il résulte que cet évènement causa partout une certaine émotion et détermina un surcroit de vigilance contre les entreprises des protestants. (2).

D'ailleurs le retour des Allemands et du prince de Condé qui se rapprochaient de la Bourgogne par la Puisaye, obligeait les catholiques à prendre de nouvelles mesures de sûreté. A Auxerre, on disposa une grande quantité de gabions sur les remparts pour se protéger contre les balles ennemies : dans l'Auxois on renouvela les ordonnances du mois de janvier précédent enjoignant de faire rentrer dans les villes closes les vivres disséminées dans les campagnes. L'ordre en fut publié à son de trompe dans les bourgs et villages retrayant d'Avallon, tels que Annay-la-Côte, Tharot, Girolles, Sermizelles, Valloux, Vermoiron, Vault-de-Lugny, à peine de voir « faire le dégat desdits bleds et « vivres », sans préjudice d'autres châtiments. Dans les villes de Semur et d'Avallon on construisit

(.) M. G rnier — *Correspondance de Dijon*, t. II., p. 57.
(2) *Archives d'Avallon*.

des moulins à cheval et à bras; cette dernière appela dans ses murs les capitaines Brossin et Rassié avec leurs hommes qui y restèrent jusqu'après le danger passé. (1).

Ce n'étaient pas de vaines précautions; l'ennemi avait traversé la Loire et recommencé ses brigandages dans la Puisaie. Le 9 avril, Condé écrivait de Sougères au comte Palatin, par le sieur de Coubrelles pour lui proposer d'attaquer « les « suisses du roy et ses reitres, au nombre d'envi- « ron 1,000 chevaux se trouvant en ce moment à « seize ou dix-sept lieues » de lui, dans les environs de Joigny. « Il me suffiroyt, dit-il, des cornettes de Therze et de Stein..... « Les belles entre- « prises se font de loin, lorsque l'ennemy pençant « estre en assurance demeure négligent. » (2).

Ce furent sans doute les éclaireurs de cette petite expédition qui se rencontrèrent avec la garnison d'Auxerre dans la plaine de Saint-Marien, près la ville. Il y eut là un engagement où furent tués quelques soldats du capitaine Brusquet que les auxerrois avaient appelé à leur service avec un autre capitaine du nom de Malarbe ou Malherbe. (3).

Mayenne se tenait entre Auxerre et Sens, ce qui n'empêcha pas Condé et le prince Palatin de venir par la Beauce avec une armée de plus de trente mille hommes s'emparer de Pont-sur-Yonne et de

---

(1) *Archives d'Avallon*,
(2) M. le duc d'Aumale. — *Histoire des princes de Condé*, t. II. p. 416.
(3) Lebeuf. *Histoire ecclésiastique et civile d'Auxerre*. t. II., p. 399

marcher sur Sens qu'ils firent mine d'assiéger, pour obtenir de plus larges concessions dans le traité qui se préparait. Ils établirent leur batteries « sur la montagne de Saint-Martin-du-Tertre, de « dessus laquelle ils tirèrent quelques volées de « canon, sans offencer la ville ny aucune per- « sonne. » (1).

La reine-mère ayant offert la paix, les belligérants redescendirent dans la plaine jusqu'au village d'Etigny où ils trouvèrent des vivres et du vin que Catherine de Médicis y avait fait conduire pour les « Suisses, Allemands et autres qui « estoient en grande nécessité dans l'armée de « Monsieur. » (2).

### XIV. — Paix d'Etigny

Plusieurs jours furent consacrés à débattre les articles du traité, aussi bien touchant les prétentions des mécontents qui mettaient à haut prix leur soumission, que sur le fait de la religion. Mais enfin, Catherine de Médicis qui avait à cœur de tirer son fils du parti des mécontents et de délivrer la France des armées étrangères, mit fin aux discussions en accordant plus, dit Marguerite de Valois, qu'elle n'avait envie de tenir, et la paix fut conclue. Paix la plus honteuse qui fut jamais.

On accordait aux confédérés politiques et protestants, sans combats ni victoire à leur avantage,

---

(1) Manuscrit de Claude Hémard, recueil de M. Quantin.
(2) Acte des délibérations de l'hostel-de-ville (de Sens). — Manuscrit de M. Quantin.

plus qu'ils n'eussent obtenu par la force des armes.

Libre exercice de la religion nouvelle par tout le royaume excepté à Paris et dans sa banlieue jusqu'à deux lieues à la ronde ; reconnaissance légale du mariage des prêtres apostats. et légitimation de leurs enfants ; autorisation de synodes et d'écoles ; chambres mi-parties pour juger les protestants ; réhabilitation de la mémoire de Coligny et de toutes les victimes de la Saint-Barthélemy et restitution à leurs veuves et à leurs enfants des biens qui avaient été confisqués.

Ce ne fut pas assez de ces concessions faites à l'hérésie, au détriment de la foi de tout un peuple. Sous une apparence de consécration de la liberté religieuse, ces concessions couvraient un but de cupidité scandaleuse des auteurs de la révolte. Condé se fit adjuger le gouvernement de Picardie avec Péronne comme place de sûreté et une gratification de cinq cent mille livres. Le prince Palatin reçut la promesse d'une indemnité de guerre de trois millions six cent mille livres et la jouissance, sa vie durant, de plusieurs terres et seigneuries royales situées presque toutes en Bourgogne, savoir : Argilly, Châtel-Gérard, Pontailler, Brazey, Beaumont-sur-Grone, Vieux-Château, Saint-Léger-de-Foucheret, Saint-Germain-de-Modéon, Montsert et Rouvre (1). Le duc d'Alençon obtint en augmentation d'apanage, l'Anjou, la Touraine et le Berry.

Le roi de Navarre ne comparut pas dans les conférences. N'ayant pas participé à la guerre, et n'ayant pu s'entendre avec les confédérés, il se tint

(1) M. Abord, t 1er p. 467. Not.

à l'écart sans réclamer aucune part dans ce désolant démembrement du royaume. La restitution officielle de son gouvernement de Guienne, dit Monsieur le duc d'Aumale, « ne fut que la con-« séquence d'une mesure générale.. » (1). L'édit de paix reconstituait au profit des princes rebelles, une nouvelle féodalité. (2).

La paix conclue et signée, la reine revint à Sens, se rendit à la cathédrale et voulut y faire chanter le *Te Deum* : « mais le préchantre s'y opposa, « disant « *quia plenam victoriam non habemus,*

---

(1) M. le duc d'Auma'e. — *Histoire des princes de Condé*, t. II. p. 116.

(2) L'article 49 du traité de paix était une déclaration d'amnistie en faveur, non seulement des princes et grands seigneurs auteurs de la révolte, mais aussi de « tous autres chevaliers, gen-« tilshommes, officiers... qui les avaient suivis et secourus.. » Quelques-uns de ces derniers voulurent en avoir une ampliation signée des chefs du parti. Une lettre que leur donna le prince de Condé, mérite d'être citée pour les noms qu'elle renferme, quoique ces noms appartiennent plus à la province du Nivernais qu'à la Bourgogne.

« Nous Henry de Bourbon, prince de Condé, duc d'Anguyen,
« pair de France, gouverneur et lieutenant général pour le roy,
« monseigneur en ses pays de Piccardye, Bollonnoys, Arthoys et
« pays reconquis, certifions à tous qu'il appartiendra que noble
« Jacob de La Ferté, seigneur de Challement ; Françoys de Loron
« sieur de Lymenton ; Dieudonné de Carroble, seigneur de Chassy-
« Carroble, et Philibert de Loron, seigneur d'Argoloys ont suivy
« ce party depuys le commencement de ces dernières guerres tant
« aux armes que hors d'icelles, pour lequel ilz ont entrepris et
« exécuté plusieurs choses qui leur ont été commode ; et partant,
« advohons et aucthorisons tout ce que par eulx a esté faict pen-
« dant lesditz troubles ; mesmes les entreprises qu'ilz peuvent
« avoir faictes sur aulcunes villes et chasteaux, prises et prison-
« niers comme estant faict par nostre commandement exprès. Sy
» prions tous gouverneurs de provinces, baillifs, seneschaulx,

« parce que nous n'avons pas pleine victoire ; et
« au lieu du *Te Deum*, il chanta : *tua est potentia*,
« ce qui déplut autant à la reine que nous avions
« besoin de demander la paix à Dieu. » (1).

On dit cependant que « le lendemain, le *Te Deum* fut chanté par les chantres du roi, mais en l'absence des chanoines, chapelains et chantres de l'église, qui ne voulurent pas s'y trouver. » (2).

---

### XV. — Les allemands se retirent lentement en passant par l'Auxois et le Dijonnais

Mécontentement et défiance, ce fut tout ce que le gouvernement du roi tira du traité de paix. Mécontentement de la part des catholiques dont la foi était sacrifiée à l'hérésie et les intérêts à l'intrigue de quelques courtisans : défiance de la part des confédérés qui ne pouvaient croire à la sincérité de promesses aussi libéralement données.

juges, prévostz et aultres officiers de sa majesté de ne vouloir
« pour raison, rechercher ny molester les ditz susnommé en
« façon que ce soyt, ains les laisser jouyr et user plainement et
« paisiblement du bénéfice de l'éédict de pacification. »

« En tesmoingtz de ce, nous avons signé ces présentes de nostre
« main et à icelles faict apposer nostre cachet de nos armes. »

« Donné à..... le quinzieme jour de juing mil cinq cen*t*
« soixante et seize. »

HENRI DE BOURBON.

et plus bas :   DUFOUR.
et scellé du cachet du dict seigneur, de cire rouge.

(Papiers de famille de Madame de G.....)

(1) Manuscrit de Claude Hémard. — Collection de M. Quantin
(2) M. Challe. *Le Calvinisme et la Ligue dans le département de l'Yonne*,—t. I., p. 302.

Aussi les belligérants ne se pressèrent-ils pas d'évacuer le territoire.

Le prince Casimir avait pris sa route par la Bourgogne pour rentrer en Allemagne. Il avait établi ses étapes dans l'Auxois où il resta plus de six semaines à trois lieues autour d'Avallon. (1). Sur la fin de juin, 4,000 suisses mutinés contre lui l'abandonnèrent à Courcelles-lès-Semur et rentrèrent dans leur pays en passant par la Franche-Comté. (2). Ils avaient, peu avant, brûlé les granges, les remises et le moulin de Beauvoir, entre Avallon et Semur. (3).

Dans le commencement de juillet, les magistrats d'Avallon se plaignaient que les troupes palatines avaient « fourragé tout ce que les habitants « avoient aux champs, dégasté leurs bleds, et « emmené le reste de leurs bestiaulx. » (4).

Enfin le 12 juillet, Casimir avait fait quelques étapes de plus et était à Plombières-sur-Ouche et même aux Chartreux, aux portes de Dijon. Les élus des états se préoccupèrent de son voisinage au point de mettre en délibération s'ils ne devaient pas l'engager poliment à s'éloigner de la ville en lui offrant « quelque honeste présent de vin ou « aultre chose » : mais Charny consulté, fut d'un avis contraire et on vit avec plaisir le lendemain ou le surlendemain, le prince Palatin s'acheminer vers Is-sur-Tille et dans les environs de Langres (5). Ce

(1) *Archives d'Avallon*.
(2) Dom Grappin. — *Mémoires historiques*, p. 79.
(3) Archives du château de Railly.
(4) *Archives d'Avallon*.
(5) Archives de la Côte-d'Or. — Registre des Etats.

n'est qu'au mois de septembre, après parfait paiement de son indemnité de guerre, que Casimir se décida enfin à franchir la Lorraine et rentra dans ses états.

### XVI. — Les princes dans le Châtillonnais et l'Avallonnais.

Les princes ne mirent guère plus d'empressement à licencier leurs troupes. Le 15 mai, le duc d'Alençon notifiait de Joigny aux magistrats d'Angers l'article du traité de paix qui lui conférait l'Anjou en augmentation d'apanage et désignait le gouverneur et le lieutenant dont il avait fait choix pour administrer le duché. Dix jours plus tard, le roi lui-même chargeait le comte de Richelieu de faire l'installation du prince aux gouvernements de l'Anjou, de la Touraine et du Berry. Bien que les droits qu'il tenait du traité de paix fussent reconnus, le duc d'Alençon continuait à battre la campagne sur les confins méridionaux de la Bourgogne. Parti sans doute de Joigny dans la dernière quinzaine de mai, il était remonté à Châtillon-sur-Seine où il arriva le 5 juin, accompagné du prince de Condé, de Laval, de La Noue et de Bussy-d'Amboise, qu'il avait désigné pour gouverner le duché d'Anjou sous son nom. Il logea son armée chez les habitants, dans les villages voisins et jusqu'à Mussy-l'Évêque (1). Il avait adressé des réquisitions de vivres à Semur, à Avallon, à Mont-

(1) Lapérouse. — *Histoire de Châtillon*, 1837, p. 317.

réal et à divers bourgs de l'Auxois, prétextant la nécessité de garder ses gens de guerre jusqu'à ce que et en « attendant que les villes et places qu'il « a pleu au roi... *lui bailler en apanage... fussent* « mises et délivrées entre *ses* mains (1).

Ces troupes restèrent trois semaines entières dans le pays et signalèrent leur séjour par des excès tels que « personne ne se pouvait dire « maître de sa maison, de son bien ou même de « sa vie. » M. Lapérouse, historien de Châtillon, raconte sur la foi d'opuscules du temps et sur celle du père Legrand, arrière petit-fils du secrétaire du duc d'Alençon, un scandaleux divertissement de cette soldatesque impie, qui dura toute une semaine. Quelques soldats de garde près du châtelet s'en étaient pris à une statue de Saint Antoine, fort vénérée des habitants, et qui dominait la porte de ville à laquelle le saint donnait son nom.

Au terme de leurs ignobles et stupides profanations, quatre des principaux auteurs du scandale furent spontanément atteints de folie furieuse. Ils se livrèrent à des actes de possédés, « crians et « hurlans » et se plaignant de tourments inouis auxquels ils étaient en proie. Deux d'entre eux finirent par se donner la mort; les deux autres, après avoir fait publiquement pénitence, abjurèrent leur hérésie. Les nombreux témoins des faits virent dans la fin de ces malheureux un châtiment providentiel ; ils se frappèrent la poitrine et, pour la plupart, se convertirent. (2).

(1) Archives départementales de l'Yonne.
(2) M. Lapérouse. — *Histoire de Châtillon*, p. 317-322. — Recueil des Bollandistes : *Acta sanctorum-januarii*, XVII, p. 159.

## CHAPITRE XII — (1576).

Le bruit de leurs excès s'était répandu à Avallon. Les magistrats de la ville, informés de l'intention des princes qui voulaient loger leur escorte licencieuse et indisciplinée dans leurs murs et aux alentours de la cité, s'assemblèrent et résolurent d'en garantir à tout prix les habitants. Le procureur syndic, Pierre Morot, et Lazare Naulot, l'un des notables, furent délégués, munis de pleins pouvoirs, pour leur faire des propositions. Ils arrivèrent le 22 juin à Ravières où était déjà l'armée du duc d'Alençon et de Condé. S'étant abouchés avec François de Briquemaut, seigneur de Milleron, l'un des fils du cruel Briquemaut de Ruerre exécuté en 1572, et avec le seigneur de Chastellux, l'un des officiers du prince de Condé, ils obtinrent du duc d'Alençon, moyennant mille livres payées comptant, la promesse formelle que leurs hommes n'approcheraient pas d'Avallon, et que les habitants seraient exemptés de toutes réquisitions de vivres et de munitions et de tous logements de troupes. L'acte en fut dressé et signé le 23, et en témoignage d'accord et d'exemption, les habitants furent autorisés à « apposer sur les portes de la « ville... les pannonceaulx et armoiryes de Mon- « sieur. » (1) Le lendemain Briquemaut vint toucher la somme convenue. Il fut, avec sa suite et avec le seigneur de Chastellux, reçu et traité aux frais de la ville, à l'hôtel du « Pilier vert, »

---

(1) *Archives d'Avallon.* — Sauve-garde et exemption par Monsieur, fils et frère de Roy.

Pièces-justificatives.

tenu par Jeanne Merausse, veuve de Richard-Lenoir. (1).

Trois jours après la signature de cet engagement solennel, se présenta à Avallon le sieur de Pouilly, premier maréchal-des-logis du duc d'Alençon, qui venait, accompagné de plusieurs autres officiers, faire préparer les logements du prince et de sa maison. Les portes lui furent rigoureusement fermées quoiqu'il fut porteur d'une lettre autographe par laquelle le duc déclarait qu'il ne voulait « que passer... et ne souffriroit que « aulcung preigne chose sans payer. ». (2). On se souvenait, quoique la paix fut proclamée, qu'il était de l'armée des rebelles, et l'on avait encore trop frais devant les yeux le spectacle des excès et des scandales de ses hommes à Châtillon. Pouilly rentra donc à L'Islé-sous-Montréal, où était l'armée des princes, depuis le 26 juin. Une lettre qu'il écrivit de l'Isle, le 1ᵉʳ juillet, aux magistrats d'Avallon, nous fait connaître que le duc d'Alençon n'avait pas encore renoncé à son projet (3); mais les avallonnais continuant à faire la sourde oreille, le prince n'osa pas passer outre et se contenta de signer, le surlendemain 3, une réquisition « de 2,000 pains, deux muids de blé, « moitié froment et moitié seigle, deux muids « d'avoine et vingt muids de vin » qu'on lui fit conduire à l'Isle, et qu'il dut payer.

Depuis quinze jours, pourtant, Monsieur était

---

(1) *Archives d'Avallon.* — Comptes des receveurs.
(2) *Archives d'Avallon.* — Voir pièces justificatives
(3) Id. Id.

en possession de son apanage : Le comte de Richelieu était allé à Angers, le 18 juin, en conférer officiellement les titres à Bussy-d'Amboise, représentant du prince. C'est à partir de ce moment qu'il prit le titre de duc d'Anjou, en échange de celui de duc d'Alençon. (1).

Le prince de Condé n'avait pas obtenu les mêmes avantages. L'indemnité de guerre ne lui fut pas payée (2) ; la Picardie refusa de reconnaître son autorité et déclara sa résolution de rester soumise à l'Église catholique. Péronne protesta contre l'édit qui faisait de cette ville une place d'armes des huguenots et ferma ses portes aux hommes du prince. En revanche, Condé fut reçu avec enthousiasme à La Rochelle, tandis que le roi de Navarre qui avait laissé voir son hésitation à retourner à la religion protestante, y était regardé avec froideur et défiance. (3).

Henri de Navarre fut complètement étranger aux désordres qui venaient d'agiter le nord de la Bourgogne. Depuis son évasion, il n'avait pas quitté l'ouest de la France. Il avait passé deux mois à Saumur puis, après avoir traversé la Saintonge, il était venu à Périgueux et enfin à Agen ville de son gouvernement. (4).

Monsieur était rentré à Paris et, peu après,

(1) M. Ernest Mourin. — *La réforme et la ligue en Anjou*, p. 137.
(2) M. le duc d'Aumale. — *Histoire des princes de Condé*, t. II., p. 115.
(3) M. le duc d'Aumale, t. II., p. 117.
— M. le vicomte de Meaux, p. 181.
(4) Mémoires du duc de Bouillon. — Edition Buchon. 1854 p. 409.

était allé prendre en personne, possession de l'Anjou.

### XVII. — Garnisons royales gardant le pays durant la retraite de l'ennemi.

Pendant que les princes étaient dans le bailliage de La Montagne et le duc Casimir dans celui de l'Auxois, le roi avait envoyé six compagnies d'infanterie du régiment de Crillon, commandées par Miramont, occuper la Bourgogne. Les élus des états se refusèrent à les recevoir en garnison et à pourvoir à leur entretien. On s'en était passé pendant les troubles, on s'en passerait plus aisément encore pendant la paix.

Charny avait beau insister, promettre le remboursement des frais sur l'octroi habituel, les élus persistaient dans leur refus qu'ils motivaient sur la misère du pays et sur les limites de leurs attributions en l'absence des états provinciaux. Il en résultait que ces troupes sans logement et sans vivres, fourrageaient la campagne à la « grande « foule » du peuple.

Les élus résolurent alors d'emprunter 5,000 livres, qu'ils promirent de verser aux fourriers de Miramont, dès que son détachement entrerait en garnison : mais celui-ci exigeait davantage. D'Esbarres et Jeannin, députés au roi pour le prier de faire retirer cette troupe de la province, obtinrent une réponse favorable. Le roi assigna la Normandie à Miramont pour y établir ses garnisons. Mais on était dans un tel état d'anarchie que, malgré la signification qui fut faite des ordres formels du roi, et la menace de l'expulser par les armes, Miramont ne se détermina à vider le territoire qu'un mois plus tard, le 25 octobre, après avoir reçu pour ses hommes une nouvelle somme de 2,000 livres, et pour lui, un pourboire de 500 livres. (1).

Les six compagnies du régiment de Crillon n'étaient pas encore parties que trois autres compagnies du comte de Martinengue venaient occuper l'Auxois et l'Auxerrois. Charny, par commission de la grande chancellerie (2), requit les états provinciaux, alors en session extraordinaire, de pourvoir à leur entretien, toujours par avance sur les deniers d'octroi. Loin d'adhérer à cette prétention, les députés s'y opposèrent énergiquement, et invitèrent le lieutenant-général à employer au besoin « la force » pour repousser ces nouveaux arrivants, « attendant plus ample déclaration de la volonté du « roy, sur les très-humbles remonstrances qu'ils « entendent faire à Sa Majesté » (3). Le 15 novembre, la situation ne s'était pas améliorée et les élus eurent à transmettre à Charny les plaintes des habitants de l'Auxois et du « plat pays » (la campagne) qui était « insolemment fourragé » par ces soldats. Enfin sur une réponse du roi, en date du 12 décembre, Charny transféra et caserna à Cluny

---

(1) *Archives de la Côte-d'Or.* — Registre A. 7. folio 22 et suivants, aux dates de juin à octobre.

(2) *Archives d'Avallon.*

(3) *Archives de la Côte d'Or.* — Registres des États, délibération du 23 octobre.

deux de ces compagnies, et fit conduire la troisième à Gien. (1).

(1) *Archives de Cluny.*

# CHAPITRE XIII

## PREMIERS ÉTATS DE BLOIS, PROPOSITION DE LIGUE ET DISCUSSIONS FINANCIÈRES (1576-1579).

SOMMAIRE. — I. Convocation d'états généraux à Blois. — II. Assemblées préparatoires dans le Dijonnais. — III. Dans le Châlonnais. — IV. Dans l'Autunois. — V. Dans l'Auxois. — VI. Dans les bailliages de La Montagne, de Bar-sur-Seine, de Mâcon, de l'Auxerrois. — VII. Assemblée des états de Bourgogne. — VIII. Etats généraux de Blois. — IX. Résolutions des chambres du clergé. — X. De la noblesse. — XI. Du Tiers-État. — XII. Projet d'une ligue royale. — XIII. Délibérations des bailliages de Dijon et de Châlon touchant la Ligue. — XIV. Réponse du parlement aux propositions de Ligue. — XV. Les états de Bourgogne refusent d'entrer en Ligue. — XVI. Impôt établi d'office sur la province pour combattre les huguenots de la Charité qui menacent Auxerre. — XVII. Edit de Bergerac abolissant la Ligue. — XVIII. Le roi envoie un délégué pour repondre aux plaintes des Bourguignons touchant les impôts. — XIX. Nouvelles requêtes des états de Bourgogne présentées par Nicolas Boucherat, abbé de Citeaux et réponse du roi. — XX. Le procureur général de La Guesle aux États de Bourgogne. — XXI. Renouvellement des instances et retour de La Guesle.

### I. — Convocation d'États-généraux à Blois

Depuis la funeste guerre qui avait armé l'un contre l'autre les deux frères, depuis l'invasion Allemande que le gouvernement avait été inhabile à arrêter, et notamment depuis le traité de Sens, tout contribuait à accroitre l'indignation populaire jusqu'à la faire passer à un état d'irritation, sur certains points bien près de la révolte. Partout on entrait en ligue pour contraindre le roi à rompre son édit si contraire à la foi, comme aux intérêts des catholiques. C'est dans une pareille situation que se firent les élections promises aux protestants par le traité de paix, pour des États-généraux.

Les États furent convoqués à Blois, pour le 15 novembre. Le roi avait décidé que chaque bailliage y enverrait ses remontrances et ses députés des trois ordres. Les élus des États de Bourgogne protestèrent contre ce nouveau mode d'élection et de présentation de doléances, qu'ils disaient contraire aux droits de la province, et députèrent en cour leur syndic, Pierre Michel, solliciter la « révo- « cation » des lettres envoyées aux baillis, et le retour aux anciens usages de ne rédiger « que ung « cahier par chaque corps » pour toute la province, au lieu d'un cahier par bailliage. Il fut fait en partie droit à leur demande; c'est-à-dire que sans contremander les assemblées par bailliages, le roi ordonna une assemblée des états provinciaux pour recevoir et résumer les résolutions prises « aux assemblées particulières de chacung « des bailliages », qui étaient elles-mêmes déjà le résumé des propositions de chaque ville. (1).

Les cahiers de remontrances, avant d'être remis au roi devaient ainsi passer par plusieurs degrés d'épurement et de perfectionnement. Premièrement, rédaction dans chaque ville de « mémoires »

(1) *Archives de la Côte d'Or*. — Registre A. 7, folio 32.

devant « servir d'instruction » aux élus du Tiers-État du bailliage; secondement, refonte de ces mémoires dans chaque chef-lieu de bailliage, en un cahier à présenter aux États de la province ; troisièmement, discussion et résumé des cahiers des bailliages par les États provinciaux dans chaque corps, pour être lus et soutenus aux États-généraux ; quatrièmement, enfin, rédaction d'un cahier unique par chacun des trois corps représentés à Blois, pour être remis entre les mains du roi. Le gouvernement faisait grand fond sur ces combinaisons.

Les cahiers des villes ont disparu en grande partie; néanmoins ce qui nous en reste et les sentiments connus de plusieurs des élus révéleront, au moins sommairement l'esprit de chaque localité.

## II. — Assemblées préparatoires dans le Dijonnais (1).

Une épidémie qualifiée de peste affligeait Dijon : aussi marquait-on peu d'empressement à venir aux élections : il fallut employer la contrainte. Les habitants furent assignés à se rendre à la chambre de ville pour y émettre leurs opinions et leurs vœux touchant les remontrances à présenter aux États-généraux du royaume. (2). Le jeudi 4 octobre, les magistrats firent publier par les rues et carrefours de la ville une invitation à tout « chef

(1) Le Dijonnais comprenait les bailliages de Dijon, Beaune, Nuits, Auxonne et Saint-Jean-de-Losne.

(2) *Archives de la ville de Dijon.* — Série A. I.

« d'hostel » de se rendre à cette assemblée le samedi suivant.

Les conclusions recueillies et rédigées par Guillaume Royhier furent lues et approuvées dans une dernière réunion du vendredi 12, et portées le 15, une semaine avant l'ouverture des États provinciaux, à l'assemblée préparatoire de la région, qui avait été fixée à Beaune, en raison de la peste de Dijon. Les divers chefs-lieux des bailliages Dijonnais s'y étaient fait représenter, savoir : celui de Dijon, par noble Jean Petit, sieur de Ruffey, vicomte Maïeur, assisté de Guillaume Choillot, avocat au parlement ; Guillaume Royhier ou Rouhier, aussi avocat ; la ville de Beaune par noble Jacques de La Cologne, maire ; Bernardin Brunet, ancien maire ; Philibert de La Mare, seigneur de Chevigny, avocat ; Jean Barberot ; ces trois derniers échevins : La ville d'Auxonne par noble Antoine Viard, maire, assisté de Jean Girard, échevin ; la ville de Nuits, par Pierre Marchant, échevin ; la ville de Saint-Jean-de-Losne, par Guy Bretagne, avocat du roi, et Nicolas Bageot, tous deux échevins ; enfin la ville de Talant par Laurent Signet ou Sergues, échevin et Girard Rougelet, procureur syndic.

Ces délégués vaquèrent toute une semaine à résumer en un volumineux cahier les six mémoires qu'ils avaient apportés. Plusieurs des considérations qu'il contient devant reparaître en leur temps, nous ne retiendrons ici que le premier article se rapportant particulièrement au point principal des débats qui vont s'ouvrir à Blois. Il est ainsi conçu : « Supplient, les dictz du Tiers-

« État, Sa Majesté, en toute humilité, réunir ses
« subjectz en l'exercice d'une seule religion, catho-
« lique, apostolique et romaine, afin que les dictz
« subjectz unis de cœur et de volonté puissent
« vivre en paix et amitié, soubz l'obéissance et sub-
« jection de Sa Majesté. » Parmi les autres articles,
un grand nombre sont relatifs à la discipline ecclésiastique, aux finances, aux impôts, à la justice, aux troupes en campagne ou en garnison, aux abus commis par les nobles, à la tenue de la maison du roi, etc.

Les opérations préparatoires terminées, les délégués procédèrent à l'élection des députés pour les États-généraux. Les suffrages de la bourgeoisie se portèrent sur Pierre Jeannin, conseiller du roi, gouverneur de la chancellerie, et Guillaume Roylier, docteur en droit, avocat au parlement. (1). Le clergé avait élu Nicolas Boucherat, abbé de Citeaux, et la noblesse avait désigné Damas de Saint-Riran.

### III. — Assemblées préparatoires du Châlonnais

La rédaction et le résumé des mémoires du Châlonnais firent l'objet de plusieurs séances animées. La première assemblée eut lieu le 21 septembre sous la présidence du maire, maitre Nicolas Jullien. Les villes et bourgs de Seurre, Brancion, Cuisery, Verdun, Bellevesvre, Louhans, Givry et

(1) Bibliothèque nationale, Mss, collection Moreau, vol. 804; anciennement fonds Fontette, portefeuilles, 37 l. n° 1er, folios 2 à 44.

Cuiseaux y avaient envoyé leurs délégués. On y fixa les bases des remontrances que, dans chaque ville, les trois ordres étaient invités à présenter, puis l'on désigna trois personnages pour recevoir et résumer les mémoires du Tiers-État en un cahier unique pour le bailliage. Il y fut résolu que ces cahiers ne seraient pas communiqués à M$^{rs}$ de la noblesse et du clergé, « à cause des remons-« trances que l'on avait à faire contre eux. » Les trois rédacteurs furent Louis de Thésut, Philippe Bataille et Claude Guillaud. Il paraît que cette rédaction souffrit des difficultés et que l'on eut peine à tomber d'accord.

Aux séances du 5 et du 11 octobre on discutait toujours et rien n'était encore rédigé; mais on ne procéda pas moins aux élections, d'abord, pour les États-généraux de Blois, puis pour la délégation chargée de soutenir les observations du bailliage aux États particuliers de la province, convoqués à Beaune pour le 22 octobre. Les élus aux États de Blois furent noble et sage maistre Nicolas Jullien, maire de Châlon, et maistre Claude Guillaud, enquêteur au bailliage.

Le premier, après avoir d'abord refusé, finit par accepter et l'un et l'autre prêtèrent serment. Les délégués aux États provinciaux furent maître Alixant et François de Thésut, conseiller au bailliage, qui prêtèrent également serment.

Les débats n'étaient pas clos à Châlon quand les États provinciaux s'ouvrirent et les délégués ne purent y présenter les mémoires du bailliage. Dans leur dernière séance du 24 octobre, les États de

Bourgogne prononcèrent un ajournement en faveur des retardataires. Se reportant à la décision du roi qui précisait que les mémoires de chaque bailliage seraient adressés directement aux assemblées de Blois, les États arrêtèrent que les cahiers seraient « continués, clos et arrêtés, si jà ne le sont, » à cet effet. (1).

Le premier novembre, les mémoires furent enfin signés et remis aux députés qui s'empressèrent de les emporter et de partir pour Blois. Mais tout n'était pas fini : une vive rumeur s'était élevée en ville au sujet de certains points que les catholiques, parait-il, trouvaient trop pacifiques. Nous ne pouvons dire ce qu'étaient ces articles contenus dans les cahiers qu'on ne retrouve plus : Mais les sentiments connus des députés chargés de les présenter y suppléent quelque peu. Le maire Jullien et le conseiller François de Thésut, députés l'un à Blois, l'autre à Beaune, étaient du parti un peu suspect des politiques (2). La rédaction des cahiers avait dû se ressentir de leur opinion.

En ville, les mécontents demandaient avec autorité que les articles des *vingt-quatre* comme ils les nommaient fussent soumis à l'approbation du peuple. Pour apaiser la vivacité de la manifestation populaire et, « affin de contenir le peuple en union « et concorde », les magistrats convoquèrent pour le lendemain, 8 novembre, les habitants à l'hôtel de ville, sans se préoccuper de l'absence des délé-

---

(1) *Archives de la Côte-d'Or.* — Registres des Etats, A. 7.
(2) Voir une lettre du baron de Saint Vincent à Fervaques, du 6 février 1589 dans les *Analecta Divionensis*, t. II., p. 140-141.

gués des villes closes. Malgré les protestations des échevins et de quelques-uns des signataires des premiers mémoires emportés par M. Jullien, cette assemblée irrégulière procéda à la révision et à la correction d'un certain nombre d'articles et nomma pour aller les présenter et les soutenir à Blois, une nouvelle légation composée de « maistre Pierre « Villedieu et Benoist Lorrain. »

L'arrivée de celle-ci à Blois provoqua une certaine irritation entre les députés anciens et les nouveaux ; mais grâce à l'intervention de M. de Bauffremont, bailli de Châlon et des députés de la province, on finit par s'entendre. Les cahiers des deux partis furent comparés et revisés de manière à donner satisfaction aux uns et aux autres, et une troisième rédaction fut renvoyée à Châlon pour être soumise régulièrement aux délégués des villes closes réunis à ceux du chef-lieu du bailliage. Il y eut bien là encore quelque tumulte : cependant le 10 décembre ces derniers cahiers furent définitivement adoptés, et la légation Jullien et Guillaud confirmée et approuvée dans ses actes. (1).

Ces longs débats paraissent avoir abouti à une conclusion assez mal déterminée, consistant dans la demande d'un concile général, « pour ramener « chacun à la vraie religion. » (2).

Le clergé de Châlon se fit représenter aux États-généraux par noble Adrien de Rouvray, aumônier du roi, doyen de Beaune et prieur de Chagny ; et

---

(1) Notes dues à la bienveillance, de M. Marcel Canat de Chizy.

(2) *Archives de Châlon-sur-Saône*. G. G. 3.

la noblesse par Nicolas de Bauffremont, baron de Senneccy, bailli de Châlon.

#### IV. — Assemblées de l'Autunois (1).

Les Autunois s'affirmèrent plus énergiquement en faveur de la religion catholique. Bretagne, l'ancien agitateur des États de Pontoise, dont l'ardeur s'était refroidie avec l'âge, avait abandonné la lutte : il avait d'ailleurs perdu toute influence depuis qu'il avait quitté sa charge de lieutenant de la chancellerie, vers 1572. Georges Venot et Claude Berthault, l'ancien vierg et le nouveau, l'un et l'autre ardents catholiques furent élus par le Tiers. Venot chercha à se faire exempter, en alléguant sa qualité de bailli de l'Eglise ; mais les électeurs persistèrent dans leur choix et déclarèrent qu'au besoin ils le sommeraient par toutes voies « de s'acheminer aux Etats. » Le clergé élut l'évêque Charles Ailleboust ; et la noblesse, Humbert de Marcilly-Cipierre, seigneur de La Motte, dans l'Auxois. (2).

#### V. — Assemblées de l'Auxois (3).

L'assemblée préparatoire de l'Auxois se tint à Semur et s'ouvrit le 7 octobre dans la salle des

(1) L'Autunois comprenait les bailliages d'Autun, de Montcenis, de Semur en-Brionnais et de Bourbon-Lancy.

(2) M. Abord — *Histoire de la réforme et de la ville d'Autun*, et recueil général.

(3) L'Auxois renfermait les bailliages de Semur-en-Auxois, Avallon, Arnay-le-Duc, Saulieu et le bailliage seigneurial de Noyers. L'érection de Saulieu en bailliage était alors très contestée.

Carmes, sous la présidence de François de La Magdelaine de Ragny, assisté de Nicole Boursault, lieutenant du bailliage; de l'avocat royal et du procureur du roi de Semur. Les villes du bailliage furent représentées, savoir : celle de Semur, par Guy David, mayeur, Nicole Oudin, licencié en droit, échevin, et Pierre Josserand, procureur syndic; la ville d'Avallon, par Georges de Clugny, licencié en droit, avocat et juge pronotaire, et François Darin, échevin, assistés de Nicole Filz-Jehan et Jean Boursault, procureur du roi au siège d'Avallon; la ville d'Arnay-le-Duc, par Laurent Goreault, procureur du roi, et Antoine Sirandre, avocat; la ville de Montbard par Jean Munier et Philippe Froment de Semur, délégués avec pouvoirs et mémoires; la ville de Saulieu, par Bernard Salur et Denis Gautheron; la ville de Montréal, par Lazare Fousflard, échevin. Celle de Flavigny s'était abstenue en raison d'une épidémie qui régnait dans ses murs, et il avait été pris défaut contre quelques autres « villes bourgs et bour- « gades » du bailliage, qui n'avaient point envoyé de délégués.

La première séance fut consacrée aux élections, après quoi les délégués s'ajournèrent à quinzaine pour entendre la lecture du résumé en un cahier unique des propositions particulières à chaque ville et le signer. Les voix de la bourgeoisie se portèrent sur Philibert Espiard, avocat à Semur et Georges de Clugny, avocat à Avallon. Le clergé avait élu messire Antoine Borenet, docteur en droit, prévôt de l'Église d'Autun, et la noblesse, Charles Malain, seigneur de Missery.

Nous ne connaissons des remontrances de l'Auxois qui comprenait les bailliages de Semur, Avallon, Arnay-le-duc, Saulieu et le bailliage seigneurial de Noyers, que celles qui furent rédigées à Avallon. Elles sont formulées en 22 articles, tous écrits de la même main, sauf deux modifications qui paraissent avoir été faites lors des discussions pour l'adoption d'un cahier unique des cinq bailliages de l'Auxois. La rédaction d'Avallon semble avoir été adoptée pour être présentée à l'assemblée préparatoire de Beaune.

Au milieu d'une foule de plaintes contre des « prélats et collateurs » qui avaient abandonné les prescriptions de l'ordonnance d'Orléans; contre des bénéficiers qui ne résidaient point dans leurs bénéfices et cures et y avaient commis des prêtres étrangers, ignorants et nécessiteux; contre des nobles et des « officiers royaux » qui, les uns exploitaient les bénéfices ecclésiastiques, les autres faisaient rendre la justice sur leurs terres par des juges n'ayant reçu aucun diplôme des baillis royaux; contre les garnisons et les troupes de passage qui ravageaient les campagnes; et enfin contre la création de nouveaux et innombrables impôts, tailles, aides et subsides, les Avallonnais abordent la question religieuse. Ils sont d'avis que pour rendre à « l'Eglise catholique son intégrité,
« ..... et edviter à l'advenir les troubles et guerres,
« si dommageables au Tiers-État », il faut avoir recours à « un concile général.... pour confuter et
« anéantir les abuz, schismes et erreurs..... de
« plusieurs..... non-seulement du Tiers-Estat, mais

« aussi des ministres de l'Eglise catholique, « comme de la noblesse. » Singulière contradiction, dira-t-on, qui consiste pour affirmer sa foi, de la mettre en discussion, de supposer un doute et d'en appeler, pour le résoudre, d'un concile authentique et solennel, à un autre concile.

Par un article spécial, les Avallonnais supplient « plus outre sa majesté de faire publier par tout « son royaume, la session du concile de Trente et « observer les choses y déterminées » : mais après examen et débat à l'assemblée de Semur, cet article fut rejeté et biffé de leur cahier. (1).

### VI. — Assemblées préparatoires des bailliages de La Montagne, de Bar-sur-Seine, de Mâcon et d'Auxerre.

Les remontrances des villes de La Montagne convoquées à Châtillon-sur-Seine, sont plus for-

(1) *Archives d'Avallon.*
— Articles et mémoires devant servir d'instruction à Messieurs les esleus.
— L'une des modifications apportées aux remontrances d'Avallon par l'assemblée de Semur, est l'addition d'un article relatif aux sorciers. « Qu'il plaise à Sa Majesté », est-il dit, « faire
« exactement informer de plusieurs de tous les estatz de son
« royaulme qui tiennent escolle et discours publicques de l'art
« magicque et aultres discours plus que diabolicques contre les
« sainctz décretz et commandemens de Dieu. Et affin que le mal
« qui procède de telles escolles soyt entièrement desracioné de la
« France, que il luy plaise, par cedict perpétuel et irrévocable de
« interdire, prohiber et expressément deffendre, sur peyne de la
« hart, à toutes personnes de quelque estat qu'elle soyt, recepvoir
« ni receller aulcunes personnes faisant profession de ladite
« magic, leur administrer vivres ny aulcunes commodités, sur
« peyne, où ils en seront attainctz, d'estre pugnis des mesmes
« peynes que les dictz professeurs méritent. »

melles en ce qui est de la religion que celles de l'Auxois. Elles commencent par une supplique à « Sa Majesté d'ordonner qu'en tout son royaume « il n'y aura d'autre exercice de religion, sinon de « celle catholique, apostolique et romaine, suivant « les saincts édits » (1). Quant aux abus dénoncés et aux réformes proposées sur la justice, l'unité de poids et de mesures, les juridictions ecclésiastiques, l'administration des hôpitaux, les finances, la gendarmerie, ce sont à peu près les mêmes récriminations que dans les autres bailliages. Passant aux élections, le clergé fit choix de Claude Jobard, curé de Sainte-Colombe; la noblesse désigna Joachim de Chastenay; baron de Lanty, gouverneur de Châtillon et le Tiers-Etat élut Edme Raymond ou Rémond, lieutenant général du bailliage de La Montagne.

Les députés de Bar-sur-Seine furent pour le clergé, messire Gabriel de Genevois, abbé de Mores et doyen de Langres; pour la noblesse, Jean du Rud, et pour le Tiers, maitre Jacques Vignier. (2).

Le comté de Mâcon envoya dans l'ordre de l'Église, messire Antoine D'Amanzé, abbé commandataire de Saint-Rigaud ; dans l'ordre des nobles, le seigneur de Rochebaron, et dans l'ordre du Tiers, maitre Jean Rouyer ou Rohyer, juge maire de Cluny.

A Auxerre, les chambres de l'Eglise et de la noblesse se plaignirent de n'avoir été que très tar-

---

(1) M. G. Laperouse. — *Histoire de Chatillon*, p. 341.
(2) *Archives de la Côte-d'Or.*

divement convoquées. La première n'envoya pas moins ses mémoires et ses députés, mais les gentilshommes s'abstinrent pour « la plupart » et ne paraissent pas avoir eu de délégués à Blois. Il fut fait élection, pour l'Eglise, de messire Jean Lesourd et Sébastien Royer, chanoines de la cathédrale, et pour le Tiers de Nicolas Bargedé, président au siège présidial d'Auxerre, de Germain Boirot et de Germain Grellé ou Grey, receveur des aides et échevin de la ville. La chambre ecclésiastique de l'Auxerrois se prononça énergiquement pour l'extirpation des nouvelles doctrines : elle opina pour le bannissement des « ministres et sectateurs » et pour la révocation du récent édit de paix. Nul accord ne peut exister, dit-elle, avec la division des esprits en matière religieuse. C'est l'unité absolue qu'elle réclame. « En une monarchie bien establie, « n'y doibvent avoir lieu que ung Dieu, ung roy, « une loy. » (1).

(1) « En premier lieu, remonstrent à Sa Majesté que l'union et
« concorde de ses subjectz sont le vray fondement et l'asseurance
« de son estat ; et, au contraire, que la division et discorde ne
« promect aultre chose que l'entière ruyne d'icelluy, et que, en
« une monarchie bien establie, n'y doibvent avoir lieu que ung
« Dieu, ung roy, une loy. Partant, lesdictz du clergé prient en
« toute humilité sa dicte majesté que, suivant la foi et religion de
« ses prédécesseurs roys et le bon et sainct zèle qu'il porte à
« l'Esglise catholique, apostolique et romaine, qu'il luy plaise
« rejecter hors de son royaume et terres de son obéissance, toute
« hérésie et nouvelle oppinion, ensemble les ministres et secta-
« teurs d'icelle, révoquant l'édict qui a esté nouvellement extor-
« qué par ceulx qui ne demandent que le mespris de Dieu et la
« désolation de son royaume, comme pernicieulx et contre la
« vraye religion... »
(Archives du département de l'Yonne. G. 1725),

## VII. — Assemblée des Etats de Bourgogne

Les États provinciaux siégèrent à Beaune par la raison. avons-nous dit, des maladies contagieuses qui régnaient à Dijon. Le 22 octobre, Chabot-Charny fit l'ouverture de la session par un discours dans lequel il exhorta les membres à n'avoir d'autres vues que « l'honneur de Dieu, le service « du roi et le bien du peuple, » et leur recommanda de se communiquer mutuellement les cahiers rédigés dans les bailliages, dans le but d'être unanimes sur les propositions de paix et d'accord à présenter aux États-généraux. Les relations ne furent pas aussi cordiales et confiantes qu'il le demandait, chacun tenant à présenter par les députés du choix de ses commettants, les cahiers de son bailliage, tels qu'ils avaient été clos et arrêtés dans les assemblées préparatoires de chacun d'eux, conformément aux termes de la circulaire royale. Tout en se soumettant aux intentions exprimées par cette circulaire, les États de Bourgogne, jaloux de leur propre autorité et des libertés de la province, avaient délibéré, malgré l'opposition du Tiers, d'adjoindre aux députés des bailliages, « ung personnage de chacun ordre pour « représenter le corps des trois estatz... *et* pour la « conservation des privilèges du dit pays. » Les ecclésiastiques élurent Philippe Berbis, conseiller au parlement et doyen de la Sainte-Chapelle de Dijon ; et les nobles, François Chabot, marquis de Mirebeau, chevalier de l'ordre du roi, sieur de

Brion. Le député d'Auxerre, Nicolas Bargedé, et celui de Mâcon, Jean Rohyer, protestèrent et entraînèrent toute la chambre de la bourgeoisie à protester contre cette double élection, pour « que « ce ne soit à leurs fraiz ny despens », et prétendant que nul autre que les députés des bailliages ne devait avoir voix aux états (1). Cette prétention fut plus tard accueillie à Blois.

Les corps privilégiés avaient donné mandat à leurs délégués « de supplier Sa Majesté de rétablir
« et remettre par tout son royaulme la religion
« catholicque, appostolicque et romaine, comme
« estant la vraye et pure religion, en laquelle ses
« prédécesseurs ont vescu et maintenu leurs estatz
« et subjectz ; procurer que tout exercice d'aultre
« religion soit révocqué et interdict en tout son
« dict royaume. » (2).

Tel sont en résumé les sentiments manifestés par la Bourgogne, dans les assemblées préparatoires pour les États de 1576.

### VIII. — États-Généraux de Blois

Au mois de mai, en traitant de la paix, les protestants avaient introduit dans les conditions de l'édit la convocation à bref délai des États-généraux du royaume, espérant obtenir au moins un vote de tolérance : Les humbles bourgades comme les puissantes cités répondirent par un vœu una-

---

(1) *Archives de la Côte-d'Or.* — Registre A. 7.
(2)    Id.    Id.

nime et spontané tout contraire à leurs espérances.
Cette résolution, les députés de Bourgogne la
maintinrent et la confirmèrent dans la grande
assemblée de Blois. Ici les votes ne se comptèrent
pas par provinces, mais par groupes de provinces.
Suivant cette combinaison, les provinces de Bourgogne, Bretagne, Guyenne, Lyonnais et Dauphiné
formèrent, sous le titre de *gouvernement de Bourgogne*, un groupe qui ne donna plus qu'un suffrage
au lieu de cinq dans chacun des trois ordres. Néanmoins le système ne modifia pas les vœux déjà
émis soit isolément dans chacun des bailliages,
soit simultanément dans l'assemblée de Beaune.
Etudions l'esprit des populations dans chacun des
trois corps qui composent l'assemblée.

### IX. — Résolutions de la chambre du clergé

Les sentiments du clergé ne varièrent pas quant
au maintien de l'unité religieuse. L'archevêque de
Lyon, Pierre d'Epinac, métropolitain de la Bourgogne, désigné dès les premiers jours de décembre
pour porter la parole au roi devant les trois
chambres assemblées, à la remise des cahiers,
plaida avec énergie la cause des catholiques. Après
avoir rappelé comment la France embrassa la foi
avec Clovis, il constate et glorifie sa persévérance.
« La France », dit-il; « tandis que tout le reste de
« la chrétienté était agité par les pernicieuses divi-
« sions de tant de diverses sortes d'hérésies, a

« tousjours demeuré une et constante sans se
« laisser aller à aucune fausse doctrine... La
« France a toujours été comme un rocher et bou-
« levard inexpugnable de la chrétienté... Tant que
« la France a été unie sous une même religion
« chrétienne..., elle a toujours été victorieuse des
« ennemis de la foi catholique... mais depuis
« qu'elle a été divisée en deux diverses religions,
« celle qui commandoit à une grande partie de
« l'Europe, qui conquestoit les royaumes lointains,
« ... s'est vue réduite à cette extrémité qu'au
« milieu de son sein elle a reçu les armées étran-
« gères ; elle a quasi pris la loi de ses voisins et
« de ses ennemis ; et, cruelle, tournant son glaive
« contre ses propres entrailles, bien qu'elle fût
« invincible à toutes les autres nations, elle s'est
« abattue vaincue et ruinée elle-même. » Puis
s'adressant au roi plus directement, l'orateur
ajoute : « Souvienne-vous, sire, que vous portez en
« main le spectre du grand roi Clovis, qui premier
« régla cette monarchie sous la profession publique
« de cette religion, laquelle est maintenant remise
« en doute dans ce royaume... Souvienne-vous
« que vous portez sur la tête la couronne de ce
« Charles qui, pour la grandeur et la valeur de
« ses faits a mérité le surnom de Grand, et par
« la vertu de ses armes, avança la religion chré-
« tienne et défendit l'autorité du Saint-Siège apos-
« tolique... Souvienne-vous que vous tenez la
« place de ce célèbre Philippe-Auguste qui, avec
« tant de zèle et d'affection, employa ses armes
« contre les Albigeois hérétiques... Souvienne-vous

« que vous séez au siège de ce tant renommé
« Saint Louis, lequel n'épargna ses moyens, ses
« forces et sa propre personne pour la défense et
« propagation de la foi de Jésus-Christ. »

Enfin, après avoir témoigné à Henri III que les catholiques n'avaient point oublié les succès du duc d'Anjou dans les journées de Jarnac et de Moncontour, le prélat termine en lui rappelant le serment de son sacre, « de maintenir la religion
« catholique et de l'avancer, selon son pouvoir,
« sans en tolérer aucune autre. » Le roi ne saurait, ajoute-t-il, violer ce serment, « sans mettre,
« par aventure en doute, le droit qu'il a à la cou-
« ronne. » (1).

A ces paroles il faut ajouter celles non moins chaleureuses et pressantes de l'archevêque d'Embrun, dont l'archidiocèse faisait pour le moment et par circonstance partie du *gouvernement de Bourgogne*. « Embrassez la cause de Dieu, » dit le vénérable prélat en s'adressant à l'assemblée,
« mettez-vous à nos places ; portez le parti de votre
« mère l'Eglise. Si elle se perd, votre ruine suit la
« sienne. N'estimez-vous pas, en conscience, que
« vous en êtes tenu devant Dieu, et que, si par
« lâcheté de cœur ou par avarice, vous négligez
« votre devoir, vous en rendrez compte à Dieu et
« à ses anges devant toute la chrétienté ? C'est
« aujourd'hui qu'il faut se montrer et batailler

---

(1) Extrait de M. le vicomte de Meaux. — *Les luttes religieuses au XVIe siècle*, p. 188-189.

« pour Dieu et pour la foi ; et n'y faut épargner ni « la bourse, ni le sang, ni la vie. » (1).

Ces harangues atteignirent le but que les orateurs s'étaient proposé. L'unité religieuse et la révocation des édits favorables aux hérétiques furent votés : et s'il fallait en venir à une nouvelle guerre, le clergé offrit d'y contribuer pour l'entretien de quatre mille fantassins et mille chevaux. (2).

Après ces manifestations solennelles, on est tout étonné de rencontrer une sorte de rebellion contre l'autorité du concile de Trente, dont malheureusement le clergé de Bourgogne donna l'exemple ; non pas, hâtons-nous de le dire, en ce qui touche les vérités dogmatiques, mais au sujet des immunités de l'Eglise. Aux États de Blois, dans la séance du 24 décembre, Adrien de Rouvray, doyen du chapitre de Beaune, député de Châlon, fit opposition « tant au nom du clergé de Châlon... que de tout « le clergé de la province de Bourgogne » à la publication du concile de Trente, tout en faisant cependant « protestation de vivre et mourir en une « mesme foy et loi, que doibvent tenir tous bons « chrétiens catholiques. ». Les décrets du concile, prétend-il, sont contraires aux « exemptions, « libertés et autres priviléges tant d'églises cathé-« drales que collégiales..., d'où la publication du

---

(1) Mémoires de Guillaume de Taix, dans le recueil des Etats généraux de Le Lourcé et Daval. T. V.

— Sismond de Sismondi. T. XIX, p. 432.

(2) Procès-verbal de la Chambre du clergé. — Séance du 29 janvier, p. 169.

« dit concile seroit au grand dommage des dites
« églises. » Il fait à ce sujet appel « à un concile
« national » : Et pour le cas où l'assemblée des
États « vouldroit passer oultre, à la dite publica-
« tion, il entend, ès noms que dessus, se opposer,
« comme de faict se oppose avec protestation de
« nullité, dont il a requis acte » (1). C'est la proposition que, plus tard, les parlements dévelop-
pèrent avec fracas, contre l'autorité des pontifes
Romains.

### X. — Résolutions de la chambre des nobles

A la séance du 19 décembre, la noblesse avait
décidé qu'elle inscrirait en tète de son cahier une
supplique au roi de ne souffrir dans le royaume
d'autre exercice de religion que de la catholique et
romaine, de bannir les ministres protestants et de
faire défense à tous les gentilshommes d'en recevoir chez eux, sous peine de confiscation de leurs
biens. Ce vote aboutissait, comme celui des ecclésiastiques à une nouvelle guerre avec les hérétiques. Un député protestant de la Saintonge, le
seul de la secte qui vint siéger à l'assemblée, le
baron de Mirambeau, s'éleva contre cette résolution. Son thème se trouve tout entier dans une
brochure sans nom d'auteur, qui venait de

(1) Le Lourcé et Duval. — Etats généraux de Blois. T. V.

paraître : *Remonstrance aux François pour les induire à vivre en paix à l'advenir.* (1).

« Si quelque prétexte vous eschauffe le cœur », dit la brochure, « Si quelque publique ou privée
« occasion vous incite à une immortelle guerre,
« que la souvenance de la félicité en laquelle vous
« estiez, que la douleur des maux que vous avez
« soufferts, que l'espérance que vous devez avoir
« de vous revoir encore une fois bien heureux en
« ce grand et jadis florissant empire, excitent en
« vous un désir de la paix... Vous estes frères,
« voisins : vous vivez en un mesme pays, sous
« mesmes lois, sous un mesme Roy, le plus doux,
« le plus clément, le plus amateur de vostre repos
« que vous eustes oncque. Accordez-vous, vuidez
« vos différens amiablement, puisque les armes
« depuis seize ans ne vous ont peu accorder » (2).
Si ces termes ne sont pas textuellement ceux de Mirambeau, ils expriment au moins le sens de son discours qui conclut naturellement au maintien de l'édit de pacification.

Malain de Missery, le député de l'Auxois, se leva pour le combattre, mettant au-dessus des douceurs de la paix, les intérêts de la religion, base de tout gouvernement sage et durable. Le rétablissement du royaume, dit-il, « ne pourra jamais être, tant
« qu'il y aura diversité de religion : donc est
« nécessaire que les États avisent celle des deux

---

(1) Deux éditions de la *Remonstrance* ont paru en 1576, l'une sans nom d'imprimeur ni de lieu, l'autre à *Paris, chez Robert le Mangnier, libraire, avec permission du roy.*

(2) *Remonstrance aux François*, p. 4 et 26.

« qui ne doit pas être reçue. Et quant à l'édit, il « est nul et sans considération, fait contre les lois « du royaume et sans le vouloir des états. » Il appuie la demande de subsides réclamés par le roi ; et la noblesse, répondant à son appel, vote une levée de neuf mille chevaux et de vingt mille fantassins. (1).

A la remise des cahiers, Bauffremont de Sennecey, l'orateur désigné pour présenter au roi les résolutions des nobles, montre cependant ceux-ci beaucoup plus favorables à la tolérance. Au milieu d'une longue harangue d'adulation, tout en suppliant le roi « d'interdire l'exercice de la nouvelle « opinion, » il se prononce contre les voies violentes et parle même de mettre les hérétiques sous la protection du gouvernement. (2).

---

(1) Journal de de Taix, cité par Sismondi, T. XIX, p. 426.

(2) « Nous louons Dieu, sire, » dit Sennecey, « de ce qu'il vous « a plu convoquer et assembler sous le nom des Estats, le conseil « général de votre royaume... de l'issue desquels chacun se pro-« met de voir rétablir la religion catholique, apostolique et « romaine par quelques bons et saints moyens, afin que cette « marque de division (en religions diverses) ôtée, qui a trop de « force ès esprits des hommes, et peut, sous ce prétexte de reli-« gion, s'exciter de périlleuses contentions, il ne nous reste rien « d'assez fort pour émouvoir à l'advenir nouveaux troubles entre « vos sujets. Vos prédécesseurs rois qui ont tenu le sceptre en « main, depuis Clovis jusqu'à votre Majesté, ont acquis le nom de « très-chrétien ; établi, accru et conservé le royaume sur la « croyance de cette sainte foi. Vous y avez été nourri et instruit, « vous avez été sacré, prins la couronne et reçu le serment de » fidélité de vos sujets, avec promesse solennelle non de persister « seulement, mais de la faire garder pure, nette et inviolable. « Vous ne pouvez vous dispenser d'une si étroite obligation. »

« Es Estats voisins d'Angleterre et d'Allemagne les souverains

## XI. — Chambre du Tiers-Etat

Le Tiers-Etat des cinq provinces formant le groupe que l'on était convenu d'appeler le *gouvernement de Bourgogne* se prononça pour les moyens de conciliation ; mais son vote fut absorbé par celui des autres provinces qui demandèrent et obtinrent, à la majorité de sept voix contre cinq, l'abrogation de l'édit de paix, l'interdiction du nouveau culte et le banissement des ministres protestants. (1).

C'était encore une fois la guerre : mais pour la guerre il fallait de l'argent et les coffres de l'Etat étaient vides, et la dette publique, depuis Henri II,

---

« ont bien prévu de loin l'issue périlleuse de cette division (en la
« religion), ne l'ont soufferte entre leurs sujets : ains le prince
« leur a toujours donné la loi de suivre son exemple, ce qu'il
« jugeroit être sain et religieux. Et les anciens Romains, les plus
« sages politiques du monde, défendoient par leurs premières
« lois l'instruction de toute nouvelle piété, croyance et religion.
« A leur exemple vos sujets ont senti les maux de cette diversité,
« ne voyant qu'à regret l'hérésie de la nouvelle opinion pré-
« voyant être la ruine et éversion de votre état, s'il continue, sup-
« plient très-humblement votre Majesté interdire le dit exercice,
« sans que néantmoins aucun soit recherché en sa maison ; ains
« qu'il y demeure en toute sûreté, nous estant permis les prendre
« en notre protection sous votre autorité, avec leurs familles et
« biens : renouvelant l'amnistie et loi d'oubliance, afin que cha-
« chacun oublie les injures passées, et néantmoins se souvienne
« du mal qu'il a souffert, pour n'y plus retourner, s'il est pos-
« sible... »

(Recueil de pièces générales et authentiques concernant la tenue des Etats-généraux. — Collection Le Lourcé et Duval. T. III, p. 449).

(1) L'article suivant devait être le premier du cahier du Tiers-

s'était accrue de onze à cent millions. Dès qu'on parla de nouveaux subsides, les députés qui, loin d'avoir mission d'en voter, devaient au contraire demander des dégrèvements, revinrent sur leur premier vote et répondirent que « la réunion de « tous les sujets du roi à une religion catholique « romaine, s'entendoit par doux moyen et sans « guerre. »

Le roi, que ces contradictions réduisaient à l'impuissance d'agir, ne put cacher sa mauvaise humeur au sujet d'une telle résolution, se plaignant surtout des députés de l'Ile de France. Sur quoi « le « député d'Auxerre » (Est-ce Bargedé?) s'adressant au président de la Chambre du Tiers, lui demanda pourquoi le roi désignait plutôt l'Ile-de-France que toute autre province. « Le roi », répondit le président, « n'entend parler que de Jean « Bodin, député du Vermandois qui détourne les « autres... Ceux de l'Ile-de-France suivent le plus « souvent l'avis du dit député de Verman- « dois. » (1).

La guerre était d'autant plus justifiée que déjà

---

Etat : « Le roi sera supplié réunir tous ses sujets à la religion « catholique, romaine, par les meilleures et plus saintes voies « que faire se pourra ; et que tout autre exercice de religion pré- « tendue réformée soit ôté, tant en public qu'en particulier. Les « ministres dogmatisans, diacres et surveillans contraints de vider « le royaume dedans tel temps qu'il plaira au roi ordonner, « nonobstant tous édits faits au contraire et que le roi sera sup- « plié prendre en sa protection tous ceux de la religion autres « que les dogmatisans, ministres, diacres et surveillans, en atten- « dant qu'ils se réduisent à la religion catholique. »
(Sismonde de Sismondi. — T. XIX, p. 414 et suivantes).

(1) Mémoires de Jean Bodin, dans le recueil des États généraux.

dans l'ouest les protestants, en apprenant les dispositions des Etats, avaient pris les armes et s'étaient emparés de plusieurs villes. Le roi persista donc à demander des subsides, et, le 20 février, proposa même la vente de trois cent mille francs de rente de ses domaines pour réprimer la révolte qui gagnait aussi le Languedoc et le Dauphiné. Le clergé et la noblesse consentirent à tout ; mais le Tiers-Etat se montra hostile jusqu'au bout. « Le roi, selon de Taix, fut si marri « de cette résolution, que l'on vit quasi des larmes « lui couler des yeux, quand on lui fit entendre « cette opiniâtreté. Voilà, dit-il, une trop énorme « cruauté : ils ne me veulent secourir du leur, ni « me permettre que je m'aide du mien ! » La manifestation sublime en faveur du catholicisme avait été générale et spontanée ; mais en refusant au chef de l'état les moyens d'y répondre, la chambre du Tiers faisait acte d'opposition violente et égoïste contre l'autorité royale. Le roi ne voyait dans cette résistance que les intrigues d'un chef de parti. Il avait les yeux fermés sur les premiers motifs de la défiance que sa politique avait inspirée aux catholiques, et que certains ambitieux, il est vrai, exploitaient à leur profit. Désignant les Guises, Henri III proféra contre eux ces paroles menaçantes : « ce sont grands artisans que ces « gens-cy ; mais je leur montrerai que je suis « encore plus grand maistre qu'eux. » (1).

---

(1) Mémoires et Journal de Pierre de Lestoile. 2ᵉ série. T. I. — Collection Michaud et Poujoulat, p. 105.

## XII. — Projet d'une ligue royale

Une ligue à peu près semblable à celle que Gaspard de Tavannes avait établie en Bourgogne en 1568, s'était organisée en Picardie et, sous la direction occulte du duc de Guise, s'était répandue dans les provinces. Elle pouvait, à un moment voulu, réunir une armée, avoir une caisse pour la solde de ses soldats, des armes et des munitions. Henri III vit là un moyen de se créer les ressources qui lui étaient obstinément refusées par le Tiers-Etat et pour se rendre maitre de ce parti puissant; il s'en déclara le chef. Retenant des statuts de cette association ce qui n'était pas contraire à ses droits et à son autorité, il en fit dresser un nouveau formulaire qu'il présenta aux Etats généraux en forme de mesure gouvernementale et les invita d'y adhérer.

Par ce nouveau contrat, les ligués, reconnaissant l'impuissance des moyens humains pour « la « conservation » de la famille et de la société sans l'intervention du Dieu tout puissant, devaient s'engager d'abord à consacrer leurs efforts au maintien de « la religion catholique, apostolique « et romaine », puis jurer « obéissance, honneur « et très-humble service au roi Henry... et, après « lui, à toute la postérité de la maison de Valois, « sous l'autorité de ses lieutenants généraux...., « sans cognoistre autre quelconque, soit luy ou « ceulx qui de par luy *seroient* commandés. » Ils devaient promettre personnellement de se tenir

« prêts, bien armés et montés selon leur qualité », pour marcher sous les ordres de leurs chefs légitimes. Un effectif de bonnes troupes, sous le commendement d'officiers du pays élus par le roi, serait fourni par chaque province et entretenu à ses frais. A l'égard des hérétiques paisibles il était dit : « Et parce que ce n'est nostre intention
« de travailler aulcunement ceulx de la nouvelle
« religion qu'ilz (qui) vouldront se contenir sans
« entreprendre aulcune chose contre l'honneur de
« Dieu, service du Roy, bien et repos de ses
« subjectz, promectons et jurons les conserver sans
« qu'ils soient aulcunement recherchés en leur
« conscience, ni molestés en leurs personnes,
« biens, honneur et famille, pourveu qu'ilz ne con-
« treviennent aulcunement à ce qui sera par sa
« Majesté ordonné, après la conclusion des Etatz
« généraux. »

« Le tout soubz l'auctorité du roy, renonceant à
« toultes aultres associations, si aulcunes en avoient
« esté cy devant faictes. » (1).

L'urgence de cette association ne fut pas généralement reconnue : la ligue de 1568 n'avait eu, pour ainsi dire, qu'une existence éphémère et le temps n'était pas encore venu où la plupart des catholiques se croiraient dans la nécessité de s'unir en confédération pour préserver le pays d'être gouverné par un chef professant des doctrines contraires à leurs croyances religieuses. Nous

---

(1) *Archives d'Avallon.* — Chapitre 52, n° 20 de l'ancien inventaire.

allons voir quel accueil les Bourguignons firent aux propositions du roi.

Le 8 janvier, les trois ordres des députés de Bourgogne furent particulièrement « mandés au « cabinet du roi en la présence du duc de « Mayenne », leur gouverneur, pour entendre la volonté royale, et le lendemain le duc leur remit à signer le formulaire de la ligue. Les députés observèrent qu'ils n'avaient ni mandat, ni pouvoir de leurs commettants pour contracter un pareil engagement et qu'il était indispensable que la proposition fut au moins soumise aux assemblées provinciales. Le roi ordonna alors qu'un député de chaque bailliage retournât auprès de ses électeurs pour y faire connaitre sa volonté, afin « que per- « sonne ne fist difficulté d'entrer en ladite associa- « tion ; » puis il fit expédier ses lettres de convo- « cation pour les Etats provinciaux. (1).

### XIII. — Délibérations des bailliages de Dijon et de Châlon touchant la ligue.

Pour la Bourgogne, les débats se trouvèrent de la sorte transportés dans les principales villes de la province. Le comte de Charny, le premier président du parlement et le maire de Dijon, informés des intentions du roi par ses lettres datées du 29 janvier, s'empressèrent, chacun en ce qui le concernait, de répondre aux prescriptions qui leur étaient transmises.

(1) Recueil des Etats généraux.— Collection Le Lourcé et Duval. — Mémoires de Jean Bodin. — Séances des 8 au 14 janvier.

A l'hôtel-de-ville de Dijon, l'association fut votée avec enthousiasme par la chambre, par les notables et par les délégués du clergé de la ville, qui y avaient été convoqués. Il fut cependant ajouté au serment de fidélité au roi et à ses successeurs légitimes cette réserve significative apportée par Royhier, revenu des Etats, « pourveu qu'ils « vivront en la religion catholique, apostolique et « romaine. » La chambre réservait de plus son avis et son approbation sur le choix des commandants des gens de pied. L'ensemble de ces conditions était repoussé par Charny qui voulait une adhésion pure et simple (1). Les villes du bailliage furent consultées ; mais bien qu'on ne connaisse pas le résultat de leurs débats, on est fondé à croire que, sous la direction de Royhier, elles s'écartèrent peu des sentiments exprimés par les Dijonnais. Dans certaines autres parties de la province, il y eut des conclusions tout opposées.

Les Châlonnais se prononcèrent catégoriquement contre le projet d'union.

Une première séance de tout le bailliage qui eut lieu le 11 mai (2ᵉ samedi), fut sans résultat. Les mandataires des villes ne voulurent prendre aucune résolution, sans avoir au préalable soumis à leurs commettants l'acte qui leur était présenté, « d'aultant, » disaient-ils, « que les articles « n'estoient signez, ni réduictz en forme authen- « tique » et que « les lettres patentes » qu'ils

---

(1) M. Garnier — *Correspondance de la mairie de Dijon*, t. II., p. 63. — Note.

avoient sous les yeux « ne faisoient aucune mention de ligue « ou association ». La séance fut ajournée à quinze jours plus tard, pour donner à « chaque ville particulièrement » la faculté d'en délibérer mûrement et à loisir. Le 25, après publication « à son de trompe », faite la veille et le matin même, les électeurs se trouvèrent de nouveau réunis; l'avant-veille, ceux de la ville avaient tenu une réunion préparatoire. Ils élurent d'abord à l'unanimité le maire Jullien pour les représenter aux Etats provinciaux convoqués au 12 juin à Dijon; puis lui donnèrent, dans des termes qui méritent d'être reproduits, mission de s'opposer au serment demandé par les missives de Charny. « Toutes ligues et associations en Etat monar-
« chique », dirent-ils, « sont de grande consé-
« quence. Il est impossible aux subjectz de se
« liguer sans altérer la supériorité que le roy a
« sur eulx : qu'est ung vray crime de lèze-
« majesté.... Par les deux lettres de cachet et de
« créance...., mention *est* faicte de quelque asso-
« ciation, mais non commandement d'y entrer. Et
« quant bien par icelles tel commandement seroit
« porté seur, l'on sçait assez qu'en affaire de telle
« conséquence, l'on ne s'arreste aux simples lettres
« de cachet; ains bien souvent que, encore qu'il y
« aye lettres patentes, en faictz si importantz on
« attend bien deux ou trois jussions; et consé-
« quemment, que par crainte de tomber à l'advenir
« en repréhension pour s'estre trop légèrement
« laissé couler à telle ligue, important de tant à
« l'estat du Roy et de son royaulme, union et tran-

« quilité de ses subjectz, il leur est impossible
« d'accepter ladite Ligue, sur communication et
« copie non signée. Que jusques à présent, Dieu
« grâce, le Roy a esprouvé en eulx la fidélité et la
« loyaulté dont, par naturel serment, tous les bons
« subjectz, dès leur naissance, sont obligez à Sa
« Majesté. Que si sa dicte Majesté ne se contente
« de tel serment, ilz sont pretz, lorsque, par
« lettres patentes authentiques et en la forme
« dehue, elle leur commandera, de jurer solennel-
« lement qu'ils veulent vivre et mourir en la reli-
« gion catholique, apostolique et romaine, et
« employer leurs vies et moyens envers et contre
« tous ceulx qui vouldront entreprendre les y
« empescher ; pour la manutention des villes
« bourgs, chasteaux et villaiges de cette province,
« soubz l'obéissance de sa dicte Majesté ; pour la
« conservation des privilèges du pays et extermi-
« nation de tous ceulx qui, contre les susdictes
« ordonnances de sa dicte Majesté, s'ingèreront de
« piller, ravager et rançonner le dict pays, ou se
« saisir d'aulcunes places en icelluy : Mais d'entrer
« en aultre ligue, sans plus solennelle jussion,
« qu'il ne leur est loisible ni possible. »

Si, contre leur espérance, la majorité des trois ordres aux États venaient à voter la Ligue, les Châlonnais prièrent leur député de faire en sorte que les charges qui en seraient la conséquence, fussent réparties également entre la Noblesse, le Clergé et le Tiers-État.

Touchant les subsides demandés « pour solde de « la gendarmerie extra ordinaire », c'est aux Elus des

États qu'ils s'adressèrent, non seulement pour s'opposer à leur prélèvement, mais encore pour demander un dégrèvement de ceux qui pèsent déjà si lourdement « sur les peuples auxquels ne reste « plus que le souffle. » (1).

### XIV. — Réponse du Parlement aux propositions de ligue.

Les lettres au premier président portaient invitation aux membres du Parlement de souscrire à l'union « non en corps », mais individuellement. Il n'y avait pas en conséquence à délibérer en commun. Denis Brulard ne convoqua pas moins les magistrats au 20 février pour en conférer : mais ce jour-là les membres n'étant pas en nombre suffisant, la proposition fut ajournée. Le premier mars, dix des plus anciens conseillers furent adjoints au premier président et aux présidents ordinaires. Il y eut discussion sur l'opportunité de l'association. Denis Brulard soutint que la cour ayant enregistré l'édit de 1576, elle se déjugerait scandaleusement en signant un acte qui tendait à l'abrogation de ce qu'elle avait approuvé quelques mois avant. Bénigne La Verne fut d'une autre opinion. A ses yeux, l'intérêt de la religion et de l'État devait l'emporter sur toute autre considération et il se déclara prêt à souscrire aux intentions du roi.

(1) *Archives de Châlon-sur-Saône*, série B B., registre C, folios 116 et suivants. — Document communiqué par M. G. Millot, archiviste. Je lui en adresse ici tous mes remerciements

Enfin après de vifs débats dans lesquels on discuta même la valeur des ordres donnés par des *lettres de cachet* au lieu de *lettres patentes,* il fut arrêté que l'on attendrait, avant de se prononcer, les conclusions des États de Bourgogne convoqués pour le mois de juin, et que l'on demanderait au lieutenant de la province le formulaire de l'association, afin de l'étudier à loisir en attendant la réunion des États. Cette conclusion fut portée le 3 mars à Charny qui s'empressa de l'expédier par courrier exprès au roi. (1).

Quelques jours après, le 21 mars, Philippe Berbis, député aux États généraux par les États provinciaux de Bourgogne, mais qui n'avait été admis à y siéger qu'à titre d'auditeur et sans voix délibérative, était de retour à Dijon. Il se présenta au Parlement où il avait le titre de conseiller laïc, et déclara qu'il avait mission du duc de Mayenne d'insister sur la proposition de ligue « que Sa « Majesté entendoit estre faicte et arrestée entre « ses sujets catholiques. Sa dite Majesté », dit-il, « trouveroit fort mauvais, si l'on n'y entroit volon-« tairement, selon qu'elle l'avoit mandé à M. Le « Grand » (2). Il ne parait pas, néanmoins, qu'il ait fait revenir la cour sur ce qu'elle avait arrêté précédemment.

---

(1) Journal du conseiller Breunot.
(2)         Id.          Id.

## XV. — Les États de Bourgogne refusent d'entrer en ligue.

Les États de la province s'ouvrirent sous la présidence du comte de Charny, assisté de son gendre Guillaume de Tavannes, assis à sa droite. Charny exposa que le but de la réunion était d'abord une proposition « d'association et d'union » envoyée par le roi, puis l'ouverture d'un crédit pour l'entretien des garnisons dans les « citadelles de « Mâcon, Châlon et place de Semur. »

Après la réponse par l'abbé de Citeaux affirmant la « bonne volonté » de l'assemblée, les trois ordres se séparèrent pour entrer en délibération, chacun dans sa chambre respective.

Pendant les six mois qui s'étaient écoulés à partir de l'ouverture faite par Henri III qu'il voulait se mettre à la tête de la Ligue, l'ambition et l'intrigue avaient fait leur œuvre, et préparé dans les esprits un système d'opposition qui tournait à la révolte.

Avant d'entrer en séance, l'opinion du plus grand nombre était faite : aussi ne parait-il pas qu'il y eut, dans les chambres particulières, de bien vifs débats.

Lorsque les trois ordres se retrouvèrent réunis le 4 juin en assemblée générale, ils furent unanimes à protester de leur dévouement et de leur volonté de sacrifice « jusqu'à la dernière goutte de « leur sang, pour le service du roy », et de leur fidélité éprouvée à la foi de leurs « ayeux ». Le « lyen » de leur conscience est tel, disent-ils, qu'il ne peut être rendu « plus ferme » par « ung nou- « veau serment ». Ils prient en conséquence « Sa « Majesté se contenter de leur entière volonté d'y « apporter tous les bons effectz qu'ils pourront, « sans néantmoings qu'ils soient astreins ny tenus « d'entrer en association d'hommes ou d'argent. »

Ce n'était point là, pour la plupart, une simple démonstration platonique. Dans la même séance, en effet, les États votèrent, il est vrai pour une seule année et sans engager l'avenir, un crédit de quarante mille livres pour la levée et l'entretien « de quatre cents arquebusiers », (il faut entendre arquebusiers à cheval), « ou autre nombre plus « grand ou moindre » qui devront se tenir prêts à entrer en campagne au service de la province. L'assemblée désigne pour les commander « les « sieurs de Serrigny, de Montcey, de Villiers et « d'Aubetrey ». Elle en réglemente le service en arrêtant que les hommes toucheront solde pleine tout le temps qu'ils seront en marche et sous les armes, et seulement demie solde pour le temps qu'ils resteront en disponibilité dans leurs foyers. Les seigneurs de Saint-Riran et de Villiers-La-Faye leur furent donnés pour trésoriers-payeurs.

Quant au second point concernant les garnisons, il équivalait à la demande d'un nouvel octroi. C'est en effet sur les deniers d'octroi que les trésoriers royaux entretenaient ces compagnies qui n'étaient aucunement à la charge ni au commandement de la province. Il y avait celles de Saint-Jean-de-

Losne, de Châlon, de Mâcon et de Semur-en-Brionnais établies à la garde des passages sur la Saône et sur la Loire.

Saint-Jean-de-Losne était occupé par des Suisses mal payés, qui menaçaient de déserter et de revenir « avec soixante mille hommes » réclamer « à coups de picques », ce qui leur était dû. Dès le mois de février, sur les instances de Charny qui pressait de les satisfaire, les Elus et les trésoriers-généraux avaient fini par emprunter en leurs propres et privés noms, et sous la garantie de remboursement sur « le prochain octroi », une somme de 16,000 livres. Les États ratifièrent cet emprunt; mais en réitérant une interdiction déjà faite aux Elus, de ne consentir à l'avenir aucune avance, « à quelque personne, ni pour quelque cause que « ce soit, encore qu'il y eust lettres expresses à « cest effect. » (1). Quant aux garnisons de Châlon, de Mâcon et de Semur, il ne fut rien accordé, vu la misère du pays. Elles restèrent aux charges générales de l'État.

L'accueil fait aux propositions du roi était prévu depuis longtemps. Le 31 décembre 1576, le duc de Nevers, aux États de Blois, écrivait déjà sur son journal : « M. de Guise dit qu'en Champagne, « l'association ne se fera, non plus qu'en Bour« gogne, s'il n'y va : qui donne à penser qu'elle ne « succèdera guère bien. » (2).

---

(1) *Archives de la Côte-d'Or.* — Registre des Etats. A. 7. — Séances des 24 et 25 février et 4 juin.

(2) Recueil des Etats généraux.— Collection Le Lourcé et Duval. — Journal du duc de Nevers. T. VI., p. 47.

Dans la Champagne, dont le duc de Guise était gouverneur général, le serment d'union ne fut pas reçu plus favorablement que dans la Bourgogne, qui était gouvernée par son frère, le duc de Mayenne : ce qui fit que le duc de Nevers écrivit encore qu'en Champagne la Ligue « n'y alloit que « d'une fesse » ; et à Claude Hatton, qu'en Brie, « personne n'en voulut manger. » (1).

---

**XVI. — Impôt établi d'office sur la province pour combattre les huguenots de La Charité qui menacent Auxerre.**

Pendant la tenue des États-généraux, les protestants entrevoyant les tendances et les déterminations de l'assemblée à interdire leur culte, avaient repris les hostilités et s'étaient emparés de plusieurs places dans l'Auvergne et dans le Nivernais, entre autres de La Charité-sur-Loire, à 20 lieues d'Auxerre. Henri III avait envoyé des troupes pour les réprimer. Devant le refus opiniâtre des États de lui accorder les subsides nécessaires pour soutenir la lutte, il avait, par lettres patentes du 20 février, établi d'office un nouvel impôt. Les villes de Dijon, Beaune, Châlon, Mâcon, Semur-en-Auxois, Avallon, Arnay-le-Duc et plusieurs autres villes et bourgs des bailliages du

---

(1) M. E. Henry. — *La Réforme et la Ligue en Champagne et à Reims*, Saint-Nicolas, 1867, p. 67. — M. E. de Barthelemy. — *Correspondance inédite de M. de Dinteville*, Arcy-sur-Aube, 1880., p. 7.

« Chârollais, du Mâconnais et de l'Auxois », avaient protesté et adressé une requête de dégrèvement aux Elus généraux de Bourgogne. Ceux-ci déléguèrent en cour Etienne Chantepinot, Philibert de La Mare, échevin de Beaune, et François Procès, échevin de Dijon, pour obtenir le retrait de ces lettres. (1).

Au mois de juin, aucune réponse n'ayant encore été faite à cette requête, les États la rappelèrent en la basant sur « la pauvreté des villes, foules et « charges extraordinaires qu'elles ont supportées « et supportent journellement » (2). Ce n'est qu'après le traité de Bergerac, au mois de septembre, que la légation rapporta enfin le consentement, non d'une abolition, mais d'une réduction de taxe. (3).

Il importait cependant de ne pas laisser les huguenots se fortifier et prendre pied dans les villes dont ils s'étaient emparés. Ceux qui occupaient La Charité faisaient des incursions jusque dans l'Auxerrois, le Tonnerrois et même le Sénonais. Auxerre s'empressa de fournir les réquisitions qui lui furent demandées pour aller faire le siège de la place. Le roi y avait envoyé le duc d'Anjou, accompagné des ducs de Guise, de Nevers, d'Aumale et du vicomte Jean de Tavannes.

Le siège dura du 19 au 30 avril, après quoi les huguenots entrèrent en composition et évacuèrent

---

(1) *Archives d'Avallon.*
(2) *Archives de la Côte-d'Or.* — Registre A. 7, folio 89.
(3) Id. Id.

la place. comte de Martinengue y avait été tué. Les Auxerrois célébrèrent la délivrance de La Charité par une procession générale qui se fit 5 mai, de la cathédrale à l'église Saint-Germain (1).

« Le séjour des camps et armées à l'occasion de « siège de La Charité », autant que les rançonnements des huguenots, avait réduit les Auxerrois « à une extrême pauvreté et indigence »; qui fut prise en considération pour des dégrèvements d'impôts. (2).

### XVII. — Edit de Poitiers abolissant la Ligue

L'armée royale continua la poursuite des rebelles jusqu'à ce qu'enfin une nouvelle paix fut conclue à Bergerac et promulguée par l'édit de Poitiers au mois de septembre 1577. La liberté d'exercer publiquement et partout leur culte, accordée en mai 1576, aux hérétiques, fut restreinte aux faubourgs d'une ville par bailliage et à quelques châteaux appartenant à des seigneurs protestants ayant droit de haute justice. Dans les simples fiefs n'étant point de « haubert » et ne relevant pas de « seigneurs hauts justiciers catho- « liques », elle fut limitée aux membres de la

---

(1) Mémoires de Guillaume de Saulx dans le Panthéon littéraire. p. 463.
— Lebeuf. — *Prise d'Auxerre*, p 229. Note.
(2) M. Challe. — *Le calvinisme dans l'Yonne*. T. II., p. 82.

famille seulement, et, pour des cérémonies de baptêmes ou de funérailles, les possesseurs de ces fiefs ne furent autorisés à y admettre que dix de leurs amis. (1).

Cet édit était particulièrement l'œuvre du roi de Navarre qui « nommait cette paix sienne », et était à vrai dire, observe M. le vicomte de Meaux, son premier acte politique, que réprouvaient hautement les ministres protestants de son entourage. (2).

C'était la ligne de conduite qu'il avait déjà fait connaître aux envoyés des États généraux qui vinrent le solliciter, ainsi que le prince de Condé, de prendre part aux délibérations de l'assemblée de Blois. (3). Condé avait refusé avec persistance de recevoir les ambassadeurs, d'ouvrir même leurs dépêches; le roi de Navarre, au contraire, leur avait répondu avec courtoisie en protestant « de « son affection et de son dévouement » : Il avait adressé aux États des remontrances en faveur de la tolérance, et affirmé, quant à lui, qu'il était

---

(1) *Recueil des édits de pacification*. Genève, 1658, p. 108-139.

(2) « Je scay bien, écrivait Henri de Navarre au duc de Mont-
« pensier, que pour la conservation de la tranquillité publique, il
« y a des choses qui ont été accordées à ceux de la religion par
« l'édit de pacification dernier et qui ne peuvent servir leur effect
« et doivent être diminuées et retranchées. Et pour cette occa-
« sion, je ne fauldray, à la première assemblée qui se doit faire
« à Montauban, de le remontrer. »

(M. le Vicomte de Meaux. — *Les luttes religieuses en France au XVIᵉ siècle*, p. 195.

(3) Les députés chargés de cette mission furent l'évêque d'Autun, le seigneur de Montmorin, et le président du parlement de Poitiers. L'ancien évêque d'Auxerre, Lenoncourt, alla trouver le maréchal Damville.

prêt à se rendre à la vérité et qu'il ne demandait qu'à être instruit pour retourner franchement au catholicisme. (1).

L'article 56 du traité prononçait la dissolution de la Ligue et l'interdiction d'en établir de nouvelles.

Le 15 octobre 1577, l'Edit de pacification fut enregistré au parlement de Bourgogne, sans que la cour s'arrêtât « aux formalités anciennes..... « attendu les calamités présentes », et, le même jour, publié à Dijon. (2).

---

**XVIII. — Le roi envoie un délégué pour répondre aux plaintes des bourguignons touchant les impôts.**

Dans les débats aux États généraux et aux Etats particuliers, les bourguignons avaient solennellement affirmé leur invincible attachement à la foi catholique et au culte traditionnel de leurs pères : il en fut de même à l'égard de la soumission, du respect et de l'amour qu'ils devaient au roi, considéré comme le représentant de Dieu dans l'ordre civil, quels que fussent les sujets de mécontentement et d'irritation qu'ils éprouvassent des édits contraires à la liberté de leurs croyances et des impôts multiples et incessants dont les peuples

---

(1) M. le duc d'Aumale. — *Histoire des princes de Condé*, t. II., p. 116-117.

— M. le vicomte de Meaux. — *Les luttes religieuses en France* p 181-182.

( ) Journal de Breunot.

étaient accablés. Exploitant leurs sentiments religieux, des princes qui s'étaient fait un parti puissant parmi les catholiques, mais que dévorait une ambition déloyale, s'efforcèrent de détacher les populations de leurs devoirs sociaux au profit de leur intérêt personnel. Placés entre le peuple et le roi, ils soufflaient la discorde et la défiance en engageant le souverain dans des actes impopulaires et ses sujets dans les voies de la révolte. Ce qui suit en est la preuve.

Aux États de Bourgogne ce fut surtout sur les tailles et impositions et sur la dette publique, qui avaient déjà fait l'objet de longues remontrances lors des Etats généraux de Blois, que l'opposition se manifesta.

Au nombre des impôts vexatoires, il y avait celui dit de *regrature* et pour le recouvrement duquel avait été créé l'office des *regratiers*. C'était une taxe sur le sel en sus de la gabelle, qui devait produire en Bourgogne plus de cent mille livres, c'est-à-dire « deux fois autant que la gabelle elle-« même, par année commune. » Le 4 décembre, les Elus des Etats transmirent au roi les plaintes que cet impôt, entre autres, soulevait dans la province et demandèrent au moins la remise de son prélèvement jusqu'à l'assemblée triennale des États, qui devait avoir lieu au mois de mai suivant. (1). Le roi céda et consentit que la province se rachetât de l'office des *regratiers*, moyennant la somme de 12,000 écus versés comptant dans les

(1) *Archives de la Côte-d'Or.* — Registres des Etats, A. 7.

caisses de l'État. (1). De plus, il envoya partout des commissaires spéciaux pour recueillir les remontrances des États particuliers et apaiser les murmures. Vétus, maitre *ordinaire* de son hôtel (2), fut chargé de visiter la Bourgogne, il y vint, accompagnant le duc de Mayenne qui allait à Dijon faire l'ouverture des États.

Il n'est pas sans intérêt de rappeler un petit incident qui caractérise les sentiments d'une partie du parlement et peut-être des populations à l'égard du prince.

Arrivé le 19 mai 1578 à Dijon, Mayenne reçut la visite officielle des délégués de la Cour et le lendemain, accompagné de Vétus, rendit sa visite aux magistrats solennellement réunis pour le recevoir.

---

(1) Bibliothèque nationale, fonds Fontette, 37. Art, 27 des *Remontrances*.

(2) Une délibération des États, du 1er août 1578, qualifie Vétus de *maitre ordinaire de l'hôtel du roi*. Ce titre semble peu compatible avec la mission que le commissaire royal était venu remplir en Bourgogne. Le maitre ordinaire de l'hôtel du roi était en effet le second des officiers de bouche de la Cour. Le secrétaire des États ne se serait-il pas trompé sur le titre ? Au même temps existait un *maitre des requêtes de l'hôtel du roi*, du nom de Jean Vétus, ou Jean Le Viel, ayant déjà eu des rapports avec la Bourgogne. Jean Vétus, né de parents obscurs, s'était élevé par son seul mérite à de très-hautes dignités. Il avait été successivement régent au collège d'Autun à Paris, professeur de médecine, notaire et secrétaire de la chambre du roi, chargé d'ambassades importantes en Allemagne. Reçu, le 8 janvier 1571, conseiller laïc au parlement de Bourgogne il résigna cet office cinq semaines plus tard, pour reprendre celui de secrétaire et le 8 août 1573. fut élu *maitre des requêtes de l'hôtel du roi*, puis président au parlement de Bretagne. Pour le récompenser de ses services, Henri III, lui délivra, au mois de septembre 1581, des lettres d'annoblissement. (Pailliot. — *Le parlement de Bourgogne*).

## CHAPITRE XIII — (1578).

Dans le cours des compliments officiels, le premier président et l'avocat du roi employèrent constamment le mot de Monseigneur en s'adressant au duc, ce qui déplut à quelques-uns des conseillers. Lorsque le prince se fut retiré, ils déclarèrent inconvenant et blessant pour la dignité du parlement, que « les chambres assemblées », des magistrats se fussent servis de cette qualification marquant sur la Cour une supériorité qu'ils trouvaient inacceptable. (1). Pourquoi cette susceptibilité ? Ce n'était point ici un arrêt de justice et, même devant le parlement, le duc ne cessait pas d'être, pour le roi, le gouverneur de la province. Ce fait, futile en apparence, semble révéler qu'un esprit de défiance et d'hostilité se manifestait déjà contre la maison de Guise.

A l'entrée en séance, Vétus avait présenté au parlement ses lettres de commission et exposé le but de sa charge qui consistait, dit-il, à assister Mayenne dans ses efforts pour calmer les esprits par des voies de douceur, et faire respecter et « observer l'édit de pacification des troubles. » (2).

Le 21 mai, Mayenne ouvrit la session des Etats par un très-bref discours demandant des subsides, et passa la parole à Vétus pour en justifier la nécessité. Vétus, par « ung long propos », s'efforça de persuader aux députés de voter « l'ayde et « secours de deniers » que l'on attendait d'eux, vu la pénurie du trésor et l'urgence des « grandz « affaires dont le roy mesme estoit pressé. »

(1) Journal de Breunot. 1575-1578.
(2) . Id. Id.

L'évêque d'Autun répondit au nom des trois ordres, par les phrases banales qui se débitaient après chaque discours d'ouverture : « que les « estatz feroient tousjours tout ce qu'ils pourroient « pour le service de Sa Majesté » ; qu'ils allaient en délibérer dans leurs chambres particulières et il ajouta que, « de la résolution qui seroit prise, « ils advertiroient ledit sieur duc de Mayne » (Mayenne).

Les débats durèrent trois jours, et lorsque les trois ordres se réunirent de nouveau, ce fut pour déclarer que l'assemblée s'ajournait à deux mois, voulant, avant de répondre aux propositions présentées par Mayenne, connaitre l'effet depuis longtemps attendu, des résolutions prises par les Etats généraux de Blois, il y avait un an et plus, et que le roi semblait mettre en oubli : En outre ils rédigèrent de nouvelles remontrances que trois députés de chaque ordre devaient porter au roi.

Dès que Mayenne connut ce résultat, il envoya « en diligence monsieur Vétus » en informer Sa Majesté. Les délégués des Etats prirent ombrage et firent aussitôt « monter à cheval » messieurs de La Romagne et de Rochebaron, pour arriver à la Cour en même temps que Vétus, surveiller ses propos, rectifier ce qu'ils pourraient avoir de malveillant, et tout au moins prier le roi de suspendre son jugement jusqu'à l'arrivée d'une légation qui attendait pour se mettre en route, la rédaction et l'expédition de nouveaux mémoires que les Etats avaient arrêtés pour lui être présentés. (1). Quels étaient ces mémoires ?

---

**XIX. — Nouvelle requête des Etats de Bourgogne, présentée par Nicolas Boucherat, abbé de Citeaux, et réponse du roi.**

Au contraire du « soulagement qu'ils atten-
« doient », portent les nouvelles remontrances,
les peuples ont été « journellement fouléz, chargez
« et travaillez par de nouveaulx subsides, création
« d'offices inutiles et surperflus, augmentation de
« gabelle et prix de sel, continuation, accrue et
« augmentation de deniers, aliénation du bien et
« patrimoine ecclésiastique sans permission du
« Saint-Père et consentement du clergé, contre
« l'ancienne forme, et par plusieurs autres
« moyens; de sorte qu'il ne reste aux dits sujets
« que la naturelle affection, obéissance et fidélité
« qu'ils doibvent, ont toujours heu et auront per-
« pétuellement au très-humble service de Sa
« Majesté. » Puis, par de très-longs mémoires, les
trois corps renouvellent en quelque sorte les
remontrances présentées aux Etats de Blois, en y
ajoutant quelques plaintes motivées au sujet de
certaines créations récentes d'offices dans l'administration civile, la justice, les finances, et arrivent
enfin aux impôts, cause principale de la résistance.

« Voz très-humbles subjectz » de Bourgogne,
disent-ils en s'adressant au roi, « ont esté

(1) *Archives de la Côte-d'Or*. — Registre A. 7. des Etats.

« advertiz » des charges que l'on veut leur imposer, « soubz prétexte de faire l'acquittement de « partie de voz debtes. Ils désirent, sire, de « pareille affection comme vos autres bons et « loyaux subjetz, vous voir hors d'affaires, et « seront tousjours bien promptz d'y mettre la main « et supporter la part de cest acquittement » : Mais ils savent aussi que « la moitié » des impositions projetées « en ceste grande confusion et « désordre qui est partout, ne viendra en voz « finances..... Leur expérience leur a apprins, « comme aussi les exemples anciens leur témoi« gnent que, en une grande nécessité publique, et « lorsque les moyens défaillent plus aux rois, que « leur dépense croit davantage et que plus profusé« ment tout s'espanche, prodigue et dissipe, sans « qu'ils soient rendus plus aizés, ni leurs subjects « en rien soulagez. » Ils dénoncent les intriguants qui conseillent ces expédients et prennent ensuite à vil prix la perception de l'impôt, soit à leur profit soit au profit de leurs favoris et partisans « qui « vivent comme eux de la ruine et calamité « publique. » Aussi voudraient-ils qu'en pareille circonstance, la répartition et le recouvrement fussent faits « par ceux qui en doibvent supporter « la charge. » (1).

Ces mémoires avaient été mystérieusement rédigés et furent signés de tous les membres présents aux Etats, qui s'engagèrent à ne les divulguer à quelque personne que ce soit, si ce n'est sur exprès com-

(1) Bibliothèque nationale. — Fonds Fontette, portefeuille 37 l. n° 3. — Art. 32 des *Remontrances*.

mandement de Sa Majesté ou de son conseil. Deux expéditions en furent faites ; l'une pour être remise au roi, et l'autre pour servir d'instruction aux députés envoyés en cour. La minute devant servir de contrôle, en cas de contestation ou de fraude, fut enfermée dans un coffre à trois clefs, dont chacune fut confiée à un député de chaque ordre. (1).

Pourquoi tant de précautions et tant de mystère? Y avait-il conflit entre les Etats et le gouverneur de la province ?

Nous venons de voir comment le duc de Mayenne s'était hâté de faire connaître au roi ce qu'il savait du vote des Etats, et comment les députés soupçonnant sa sincérité, avaient aussi envoyé deux des leurs surveiller les démarches et les paroles du messager du prince.

Peu de jours après, la députation était au complet et munie de ses lettres ; mais elle arriva à Paris comme Henri III en partait pour la Normandie. Elle se mit à sa suite, et enfin, le 16 juin, obtint à Rouen une audience, où l'abbé de Citeaux, Nicolas Boucherat, présenta au roi la copie du mémoire, signée seulement des trois greffiers, en l'accompagnant d'un long discours que le souverain parut écouter avec attention, et qui n'était, dans d'autres termes, que l'analyse des remontrances des Bourguignons. Cette harangue, toute farcie, selon le goût du temps, d'exemples tirés des grecs et des latins, contenait cependant des allusions piquantes

(1) *Archives de la Côte d'Or.* — Registre A 7. des Etats.

à la prodigalité de Henri III, comme celle où l'orateur blâme avec adresse la conduite de Marc-Antoine accablant les romains d'impôts pour gratifier ses favoris. Le Triumvir, dit-il, voulant
« récompenser ses légionnaires...., imposa une
« grosse taille sur ses subjectz. Laquelle estant
« levée, et en partie mal mesnagée par ses finan-
« ciers, et le reste en peu de temps despensé en
« choses peu utiles au public, se trouvant sans
« finance, il mit de rechef un gros impôtz sur
« toutes les villes de son empire. Quoy voyant,
« ses subjectz députèrent ung grand et excellent
« orateur nommé Hybréas, pour luy en faire
« remonstrance. Lequel venu en la présence
« d'Anthoine, luy dict ces paroles : — Si tu veux,
« Sire, avoir puissance de nous imposer deux
« tailles en une année, il faut aussy que tu ayes
« pouvoir de nous donner deux estés et deux
« automnes, deux moissons et deux vendanges,
« afin que, comme sur la première cueillette nous
« avons satisfait à la première taille, aussi sur la se-
« conde cueillette nous puissions pareillement payer
« la seconde taille.... Or s'en fault-il beaucoup, Sire,
« que la terre rapporte deux fois l'année en vostre
« pays et duché de Bourgogne, et que nous cou-
« pions deux fois les bledz en moisson et deux fois
« les raisins en vendange ! Ains, au c... e, il
« est tout certain que le laboureur depuis six ans
« en ça à peu ou point recueilly, et le vigneron
« encore moins vendangé. Et qui pis est, ce que
« l'ung a mis en sa grange et l'autre en son cellier,
« tant s'en fault qu'il y soit demeuré pour nourrir

« et entretenir sa pauvre famille. Il a esté du
« tout consommé et dévoré par les gens de
« guerre. » (1).

Ce discours entendu, le roi accueillit avec bienveillance les doléances de la Bourgogne, puis congédia les députés en leur disant qu'il leur donnerait ses conclusions lors de son retour à Paris, voulant avoir le temps d'examiner leur mémoire, qu'il fit remettre à cet effet à son conseil privé.

Ce ne fut que le 14 juillet que les délégués de Bourgogne eurent une nouvelle audience. On leur remit alors une réponse écrite pour la transmettre aux Etats de la province.

Le roi déclarait, sur l'avis de son conseil, que tout bien considéré, de quelque faveur qu'il voulût user envers les Bourguignons, il y avait dans leurs réclamations tels articles qu'il ne pouvait accorder parce qu'ils seraient au détriment des autres provinces et au sien propre. D'autres requêtes étaient faites inconsidérément, sans intérêt pour la province et demandaient à être étudiées dans ce qu'elles pouvaient avoir de nuisible ou d'utile. Il promettait en conséquence de députer au mois d'octobre un « personnage d'aucthorité » pour voir ce qu'il y aurait d'opportun ou d'inopportun dans ces demandes, et y faire droit selon les circonstances; assurant que ses sujets de Bourgogne auraient lieu d'en être satisfaits. Par cette même lettre les Etats étaient ajournés à quelques mois plus tard.

(1) Bibliothèque nationale. — Fonds Fontette, portefeuille 37 I. n° 5. folio 67.

Malgré le sursis, les Etats s'assemblèrent le 1ᵉʳ août, comme ils l'avaient décidé au mois de mai précédent, pour entendre le rapport de leurs délégués. Ils approuvèrent leurs actes et leurs paroles ; mais les promesses vagues qui étaient faites ne tranchant rien, les choses restèrent dans l'état où elles se trouvaient à la clôture de la session précédente. Ils stipulèrent même de plus dans leur délibération que si, contrairement à leur espérance, on venait, avant l'assemblée annoncée pour le mois d'octobre, à presser la vérification et l'exécution des lettres qui avaient provoqué leur requête, ou que l'on voulut persister au sujet des impôts sur le sel, les syndics des Etats devaient y faire opposition par toutes les voies de droit. (1).

Le même jour, les Etats inscrivirent sur leur registre une plainte assez amère, à l'adresse du duc de Mayenne, touchant les excès et les rançonnements qui se commettaient journellement par certaines troupes répandues dans la campagne, et qu'il n'avait pas encore fait retirer, quelqu'ordre qu'il en eût reçu du roi. M. de Brion fut chargé de lui transmettre la résolution de l'assemblée et de lui dire « que s'il ne luy plaist y mettre ordre, « les seigneurs et gentilshommes prendront des « forces qui leur seront données tant des villes que « villages, pour courir sus ausdites troupes, selon « la volonté et permission du roy. » (2).

---

(1) *Archives de la Côte d'Or.* — Registres des États.
(2) Id. id.

## XX. — Le procureur général de La Guesle aux Etats de Bourgogne.

L'assemblée des Etats annoncée pour le mois d'octobre, n'eut lieu que le premier novembre: Le roi avait promis de faire connaitre sa réponse sur les doléances de la province, par un « personnage « d'autorité ». Ce fut l'un des membres de son conseil privé, Jean de La Guesle, procureur au parlement de Paris, qu'il investit de cette mission de confiance. Bien qu'auvergnat de naissance, Jean de La Guesle, seigneur de La Chault, n'était pas un étranger pour le pays : avant d'être pourvu, en 1570, de l'office de procureur général, il avait, pendant plusieurs années, occupé le fauteuil de la présidence au parlement de Bourgogne, et, à son départ, il avait laissé dans la province des souvenirs d'estime et de sympathie. Chantepinot écrivait de Paris que La Guesle avait accepté la mission dont il était investi, sous la condition expresse de ne rien ajouter aux charges du peuple.

La Guesle fut présenté aux chambres, le premier novembre, par le duc de Mayenne. Après vérification de ses pouvoirs, la parole lui étant donnée, il entreprit de répondre à trois grandes récriminations lancées contre le gouvernement du roi : Mépris des votes émis par les États-généraux; impunité des hommes de guerre ravageant les provinces; impôts arbitraires ruinant le pays. (1).

(1) « Il a dict qu'il s'estoit semé quelque bruit que le roy ne vouloit provoir sur les cahiers des Estats à luy présentez en l'as-

Sur le premier point, il exposa les raisons du retard que Sa Majesté avait apporté à publier sa réponse aux articles des États-généraux. Il en rejeta la cause sur la guerre qu'elle avait été forcée de soutenir et sur l'effervescence populaire qui régnait encore dans plusieurs provinces, notamment dans « La Guyenne et le Languedoc ». Son édit est prêt; mais le roi diffère encore de le publier jusqu'au retour de la Reine-Mère qui s'est rendue auprès des rebelles pour les ramener et pacifier les provinces. Le roi a reçu d'heureuses nouvelles qui lui font espérer pouvoir faire la promulgation tant désirée « au plus tard au mois de « janvier ».

Au sujet des déprédations commises par les troupes qui tenaient la campagne, La Guesle prétend que ces actes sont ceux de soldats enrôlés sans commission du gouvernement. Le roi, dit-il, a « plusieurs fois escript aux gouverneurs des pro- « vinces de leur courir sus et les mectre en pièces ». Il a lui-même donné l'exemple de la répression en envoyant, dans un moment qu'il était à Fontainebleau, ses propres gardes « contre « certaines troupes qui ravageaient ces quartiers- « là ». Il eut même commandé de mettre à leur poursuite de « nouvelles forces », s'il n'eut considéré que c'était aggraver la situation, au lieu de pallier le mal, dans la circonstance.

semblée de Blois; qu'il négligeoit la punition des gens de guerre qui fourrageoient le païs et qu'il avoit faict et vouloit faire plusieurs éditz qui ne tendoient qu'à la ruyne et destruction de son peuple. »

(*Archives de la Côte-d'Or.* — Registres des Etats. A. 7).

## CHAPITRE XIII — (1578).

L'orateur parla à peine des impôts. Ceux visés par les articles 26 à 32 des remontrances auxquelles il avait mission de répondre, avaient été sans doute déjà enregistrés par le parlement et mis en recouvrement. Il se borna à démentir certains rapports malveillants touchant un prétendu projet d'édit pour frapper d'un tribut « les bap-
« têmes et aultres sacrements, » et chercha à prémunir les membres de l'assemblée contre les « faulx bruictz » que des intriguants répandaient sur les intentions du roi ; puis il fit valoir la nécessité de pourvoir aux charges et à l'entretien de « l'estat roïal. » (1).

Les articles de la requête qu'il passa sous silence, étaient de plusieurs sortes. Le 26ᵉ concernait un édit sur « la traite foraine » frappant d'un droit d'exportation hors de la province, de « deux
« escus chaque muid de bled, vin, pastel, toiles
« gueldres (2) et autres danrées », ce dont souffrait le commerce du pays. Le 27ᵉ était relatif au « subside de 5 solz sur le vin » quoiqu'il eut été plusieurs fois racheté, et qui rendait la répartition des charges fort inégale avec le reste du royaume ; « la province de Bourgogne estant celle..... qui
« abonde le plus en vin et qui n'a que ce seul élé-
« ment duquel elle puisse trafiquer ». Le 28ᵉ touche « l'invention d'ériger en titre d'office les
« hostelliers et cabaretiers » : C'est ce qui est

---

(1) *Archives de la Côte-d'Or.* — Registre A. 7. des Etats.

(2) Toiles gueldres — toiles teintes en bleu, au moyen de guède (glastrum), sorte de pastel qui croit naturellement en Bourgogne et dans le Languedoc.

devenu de nos jours le droit de patente. « Ceste
« ouverture », continue la requête, « de taxer
« l'industrie des hommes et le mestier duquel on
« peult gagner sa vie, introduite sur les hosteliers,
« leur semble d'une pernicieuse conséquence, et
« faict craindre à ung chacung que ceste nou-
« veauté ne soit suivie et praticquée cy après,
« contre tous aultres artisans et généralement
« contre toutes personnes qui, avec quelque art et
« profession, essayent de gaigner leur vye ». Par
l'article 29, la requête rappelle que la province,
pour faire supprimer l'office des « regratiers » qui
augmentait d'un cinquième le prix du sel vendu en
détail, venait d'être contrainte de composer à la
somme de « douze mille escus pour l'esteindre ».
C'est ensuite « la solde des capitaines et soldatz des
« citadelles de Châlon, Mâcon et Semur », dont le
paiement, est-il observé, devrait être supporté par
les finances du roi, etc. (1).

A la séance suivante, les États votèrent les
50,000 livres de subside que la province faisait
habituellement au roi. Il y eut aussi un vote contre
lequel le Tiers protesta, de quarante arquebusiers
à cheval accordés à Mayenne pour sa garde et
pour la poursuite des troupes sans aveu qui ravageaient la campagne. L'opposition du Tiers
n'aboutit qu'à retarder de quelques semaines cette
levée. (2).

---

(1) Bibliothèque nationale. — Fonds Fontette 37 l.
(2) *Archives de la Côte-d'Or.* — Registre A. 7.

## XXI. — Renouvellement des instances et retour de La Guesle.

Cependant les États ne se désistèrent pas de leurs demandes au sujet des articles que le délégué royal n'avait pas abordés. Trois députés de chaque ordre, à la tête desquels était l'évêque d'Autun, Charles Ailleboust, furent de nouveau envoyés pour les plaider. Le 15 mars 1579 la légation était de retour et rapportait la promesse verbale du retrait des édits bursaux. Henri III avait refusé de s'engager par un acte écrit dans la crainte du « dommage qu'il en recepvroit ès « aultres provinces », mais avait donné sa « foy « et parole de Roy », de soulager la Bourgogne et en réitérait l'engagement. La Guesle était revenu confirmer cette assurance. Admis au sein de l'assemblée délibérante, il lui fit part que l'édit en réponse aux Etats-généraux de Blois était soumis à l'enregistrement du parlement de Paris et qu'il en apportait une copie au parlement de Bourgogne pour y recevoir la même formalité, lorsque l'Assemblée provinciale à laquelle il en donna communication l'aurait étudié et y aurait fait et motivé ses observations. Il appuya sur la ferme « volonté de Sa Majesté *de* se rendre perpétuelle- « ment protecteur de l'Eglise, des privilèges et « auctorité d'icelle ; *de* tenir la main au restablis- « sement de l'ancienne police..., *de* maintenir soi- « gneusement les franchises, immunitéz et privi- « lèges de la noblesse..., *de* soulager le Tiers-

« Estat, de réduire toutes tailles, subsides et
« accrues » aux taux où ils étaient du « temps du
« roi Louis XII ». Mais il ajouta « que le roi ne
« pourroit exécuter ses sainctz désirs sy ses bons
« subjectz ne luy donnoient le moyen de ce faire »
et revint sur la question financière. Il parla de
l'état déplorable où Henri III avait trouvé les
finances du royaume à son avènement, des engagements du domaine qu'il fallait racheter, des
charges inhérentes à la royauté et de la nécessité
de pourvoir à tous ces besoins. La Bourgogne
avait offert d'y contribuer pour une quote-part qui
serait discutée en assemblée générale de délégués
de chaque province. La Guesle s'efforça de
démontrer les retards qui résulteraient de cette
opération et insista pour que les Etats de Bourgogne fissent leurs offres particulières, « d'aultant
« que en cela ilz serviroient d'exemple aux aultres
« provinces ». Les Bourguignons ne se laissèrent
pas toucher par ces paroles flatteuses, et persistèrent dans leur détermination. « N'ayant autres
« règles », dirent-ils, « pour mesurer » la somme
de leurs sacrifices et de « leurs offres particulières,
« que l'affection des subjectz, il adviendroit que
« les provinces plus riches et moings zélées sup-
« porteroient moings de ceste charge, à la foulle et
« dommage de celles qui auroient meilleure affec-
« tion, sans néantmoings que de toutes ces offres
« particulières mises ensemble, il y eust moyen de
« tirer cette grande et excessive somme qui est
« nécessaire pour l'acquittement entier » .....
« Toutes fois, ilz ont si grand désir de contenter

« en tout ce qu'ilz pourront, Sa Majesté, que sy
« elle trouve plus expédient de contribuer aux
« offres particulières qu'elle reçoit d'eulx », ils
convoqueront une nouvelle assemblée, celle de
ce jour n'ayant pu être que très-peu nombreuse,
en raison des délais trop courts qui avaient été
donnés par la convocation. On ne voit pas que
cette nouvelle réunion ait eu lieu et qu'il fût pris
d'autres résolutions. (1).

(1) *Archives de la Côte-d'Or.* — Registre A. 8, folio 5.

# CHAPITRE XIV

## DÉBUT DE LA LIGUE (1580-1586).

SOMMAIRE. — I. Vote des États de Bourgogne pour la guerre du Dauphiné. — II. Troupes indisciplinées parcourant les campagnes. — III. Bandes de voleurs issues de la guerre civile. — IV. Nouvelle ligue et insurrection des princes de Lorraine. — V. La ville de Beaune résiste à Mayenne. — VI. Auxonne affirme sa fidélité à la cause royale. VII. Garnison de ligueurs de Saulx-le-Duc remplacée par une compagnie au service du roi. — VIII. Les Auxerrois refusent les portes de la ville à Mayenne. — IX. Edit de Nemours. — X. Excommunication du roi de Navarre et du prince de Condé. — XI. Prises d'armes en dehors de la Bourgogne, qui ne fut cependant pas exempte d'inquiétudes. — XII. Trêve conclue entre la reine-mère et les princes protestants.

### I. — Vote des États de Bourgogne pour la guerre du Dauphiné.

Le refus persistant des États de voter des subsides qu'ils voyaient constamment employés en prodigalités excessives et insensées, prit fin devant les nécessités de la phase nouvelle où le pays était menacé de se trouver engagé. A l'expiration des délais pour la restitution des places de sûreté, les protestants, loin de se soumettre aux clauses du traité, marchèrent à d'autres conquêtes. Le prince de Condé se rendit maître de La Fère, dans la Picardie; Henri de Navarre s'empara de Cahors, dans le Haut-Quercy, et Lesdiguières souleva le

Languedoc et le Dauphiné. La Bourgogne était donc encore une fois entourée d'ennemis : Déjà même elle était agitée par des « ravages, rançonne-« mens et pilleries de gens de guerre, » enrôlés « sans licence et aucthorité des gouverneurs (1). »

Les États, qui étaient pour ainsi dire en permanence, furent saisis d'une demande d'hommes et d'argent pour l'armée envoyée contre les révoltés du Dauphiné. Dans une première séance du 20 août, les privilégiés votèrent une levée de « 300 pionniers, » il en était demandé 1,000, et un crédit de 1800 écus pour leur entretien pendant deux mois. Ils prièrent le gouverneur de s'en contenter vu le « peu d'hommes restant audit pays de la « qualité pour estre employée à ladite charge, les « ungs estant morts par la contagion de peste, « aultres qui se sont mis ès troupes et suyvi la « guerre, et aultres du tout nécessaires pour la « seureté des villes et culture des terres et vignes « dudit pays. » Le Tiers avait d'abord protesté contre ce vote et refusé l'impôt ; mais à la séance suivante, il revint sur sa détermination « pour qu'il « ne lui fût pas imputé... de retarder le service du « roy en affaire de si grande importance que la « guerre pour la réduction du Dauphiné. » Dès le lendemain on ordonna la levée des hommes et l'on emprunta à intérêt la somme votée à leur intention (2).

---

(1) *Archives de la Côte-d'Or.* — Registres des Etats A. 8, folios 102, 103.

(2) *Archives de la Côte-d'Or.* — Registre A. 8 des Etats, folios 102, 103.

## II. — Troupes indisciplinées parcourant les campagnes.

A part le contingent en hommes et en argent fourni à l'armée royale, la province se ressentit peu des révoltes du Languedoc et du Dauphiné ; mais elle eut à subir d'un autre côté des déprédations inouïes que commettaient les émissaires du duc d'Anjou, chargés de recruter des soldats pour l'armée qu'il allait diriger contre les Pays-Bas. Durant toute l'année, les campagnes furent inondées d'aventuriers ͹ rôdeurs de pays et voleurs rien « moins que soldatz (1) »

Les villes fermaient leurs portes et se faisaient garder à grands frais, mais étaient impuissantes à garantir les métairies que leurs habitants possédaient au dehors. Des bandes conduites par des chefs sans commissions légales, vivaient à discrétion dans les lieux où elles s'installaient, rançonnant et maltraitant les gens qui essayaient de leur résister. L'un de ces chefs, qui se faisait appeler le capitaine La Fleur, se distinguait particulièrement par son audace et ses actes de brigandage. On l'avait vu jusque dans la ville de Dijon faire des enrôlements. Au mois de septembre, Charny donna l'ordre de s'en saisir; et « s'il se peult appréhen-
« der, le faire mettre en ung fond de fosse pour
« être exemplairement chastié. » Puis, tandis que le lieutenant-général envoyait contre les pillards

---

(1) Lettre de Charny aux Dijonnais.

des hommes de bonne volonté « soubs la conduite « d'un des eschevins, tailler en pièces cette ca- « naille-là (1) », le roi donnait l'ordre de disperser toutes les troupes qui ne présenteraient pas de « commissions » signées de sa main, permettait aux habitants de les poursuivre et à la noblesse de « monter à cheval... pour empescher leurs ravages « et pilleries (2). »

Quelles que fussent les mesures prises, qu'il y eût ou non consentement du roi, le duc d'Anjou avait assigné la Champagne et la partie nord de la Bourgogne comme quartiers d'hiver à ses recrues, « attendant le printemps pour les employer à faire « la guerre en Flandre » (3). Au mois d'octobre, « le pays de La Montagne était complétement envahi.

Les Châtillonnais informés par les magistrats de Dijon d'une entreprise tramée contre leur ville par les partisans du duc, avaient pu se garantir d'un coup de main ; mais « tous les « villages » entre Chanceaux, La Villeneuve-les-Convers et Châtillon étaient remplis des troupes du régiment de Beaujeu, conduites par les capitaines Prélon, La Roche, Pannely, Levresse et autres. Il s'en trouvait aussi du côté de Mussy-l'Evêque et de Bar-sur-Seine. (4).

---

(1) M. J. Garnier. — *Correspondance de la ville de Dijon*, t. II, p. 74.
(2) *Archives de la Côte-d'Or*. — Registre A. 8 des États.
(3) Mémoires de Guillaume de Saulx. Edition Buchon, p. 463.
(4) M. J. Garnier. — *Correspondance de Dijon*, t. II, p, 80 et M. E. de Barthélemy. — *Correspondance de Dinteville*, p. 35-36.

C'est par ces contrées que l'armée de Monsieur parait avoir quitté la Bourgogne : Mais quelques mois plus tard, une partie des régiments repoussés par les Flamands se retrouvent autour d'Auxerre. Leurs exactions recommencent et les auxerrois sont obligés de faire, aux frais de la ville, des levées d'hommes pour leur donner la chasse. Néanmoins ces pillards restèrent plus d'un an dans les environs « rançonnant le plat-pays ». Leur exemple fut contagieux car on vit jusqu'à « des « citoyens et bourgeois » d'Auxerre réunis à ces maraudeurs, « faire pis encore qu'iceux estrangers, « et apporter en ville des meubles pillés et ravagés « aux bonnes gens des villages ». Une ordonnance municipale mit fin à ce brigandage : Défense fut faite « à quiconque de sortir de la ville, sans « commandement de justice ou permission »; et ordre donné aux gardes des portes « d'arrêter et « saisir les meubles et butins entrans ». (1).

Au mois d'août 1582, des troupes qui peuvent être celles de l'Auxerrois, « advouées » du duc d'Anjou, se dirigèrent, par le Nivernais et l'Autunois, vers le sud de la Bourgogne. Charny envoya sa compagnie leur barrer le passage et « garantir « le pauvre peuple de la foule des gens de « guerre ». Il recommanda en même temps aux Dijonnais de veiller à la sûreté de leur ville.

Une certaine inquiétude régnait en effet à Dijon et à Châlon; mais elle était provoquée surtout par la marche d'un corps de cinq mille arquebusiers

---

(1) Délibérations du corps de ville d'Auxerre des 21 et 24 décembre 1581, citées par M. Challe, t. II, p. 91-92.

conduits par François de Coligny, le fils ainé du défunt amiral, qui, depuis le Languedoc, suivait le cours de la Loire (1). Les régiments de Monsieur et ceux du comte de Coligny semblaient marcher à la rencontre les uns des autres et se tendre la main. Saint-Sernin, bailli de Mâcon, en écrivit aux États du Mâconnais : « Les troppes de monsei-
« gneur de Chastillon ont saisy le port de Marci-
« gny et de Digoin pour passer la rivière.....
« Elles endommagent grandement les lieux où
« elles passent et ont rançonné plusieurs gentilz·
« hommes, notamment le seigneur sénéschal de
« Lyon, le seigneur de Lugny, le seigneur de
« Charmaret et plusieurs autres. » (2). Cependant, dès la fin de novembre précédent, Mayenne avait confié la garde des passages sur la Loire à un gentilhomme de sa maison, le sieur de Girardot. Il lui avait donné « charge et commission de se tenir sur
« les advenues de son gouvernement pour empes-
« cher les gens de guerre retournant du pays de
« Dauphiné d'entrer et passer par le dit pays de
« Masconnais, et autre du dit gouvernement. » (3). Peut-être la province doit-elle à cette mesure d'avoir été exemptée de cette nouvelle et dangereuse invasion. On ne voit pas en effet que François de Coligny ait pénétré plus avant.

---

(1) M. Garnier. — *Correspondance de la ville de Dijon*, t. II. p. 86 et 88.
(2) *Archives de Saône-et-Loire*, C. 468.
(3) *Archives de Saône-et-Loire*, C. 468.

### III. — Bandes de voleurs issues de la guerre civile

Habitués au maraudage, la plupart de ces hommes sans aveu qui avaient en grande partie composé l'armée des rebelles, s'organisèrent en bandes de voleurs et continuèrent pour leur propre compte les actes de brigandage dont les gouverneurs et les Élus des États ne cessaient de se plaindre.

Vers le commencement de l'année 1583, l'une de ces bandes avait arrêté sur la route de Paris un fourgon contenant les deniers des tailles de l'élection de Tonnerre, dont le contrôleur, Jean Leclère, allait faire le versement à la trésorerie de la généralité. Elle avait surpris et mis en déroute l'escorte du convoi, puis enlevé la caisse. La maréchaussée fut mise en campagne et on apprit bientôt que les voleurs s'étaient retirés à Coulanges-sur-Yonne, où ils étaient « fortz d'amys et moyens ». Sur le rapport qui en fut fait au receveur général et aux officiers judiciaires, des lettres royales furent expédiées au lieutenant-général d'Auxerre, au prévôt des maréchaux d'Auxerre, Vézelay, Nevers et Sens ; aux maire et échevins de Coulanges-sur-Yonne, les invitant à se saisir des voleurs et les autorisant à « assembler forces par toxin, ruptures
« de portes, murailles de villes, maisons, chas-
« teaux, places fortes et aultres lieux où ils se
« seroient retirés..., mener canon, s'en aider sy
« besoing est, et faire en sorte que la force

« demeure au roi et à la justice ». Le résultat de l'expédition contre Coulanges n'est pas connu ; mais deux mois plus tard, le procureur du roi de Sens fut informé que plusieurs des voleurs étaient réfugiés dans le Nivernais. Il avertit le seigneur de Chassy-Corroble que les nommés Chesnebert, Chevreau, Laqueue, Lebruslé et plusieurs autres étaient dans les environs de son château de Chassy, et l'invita à presser son retour pour s'en emparer.

Deux de ces bandits, Chesnebert et Chevreau, étaient en effet logés chez un nommé Joseph Gabereau à Teigny, sur la route d'Avallon à Tannay. Un dimanche, avant le lever du jour, Chassy fit investir la maison de Gabereau et aussitôt que les portes en furent ouvertes, il pénétra dans l'intérieur avec deux gentilshommes de ses amis et alla droit aux lits où étaient encore les deux voleurs. Ceux-ci, munis de pistolets, firent résistance et, d'un coup de feu, blessèrent l'un des amis de Chassy. Profitant de la stupeur qui en fut un instant la suite, l'un d'eux allait échapper ; mais il se jeta dans les hommes qui cernaient la maison. Il se défendit contre eux en désespéré et les sentinelles ne pouvant s'en rendre maîtres, usèrent de leurs armes et l'étendirent mort sur la place. L'autre fut pris et livré sanglant et blessé au prévôt des maréchaux de Sens, arrivé quelques jours après, le 23 mai, à Chassy. (1).

Cet épisode qui peut paraître étranger aux guerres des protestants parce qu'il n'eut pour

---

(1) Papiers de famille de Madame de Gouvenain.

mobile ni la religion ni la politique, s'y rattache néanmoins par son origine. Il est le fruit des passions que la guerre civile alluma et est à sa place dans cette histoire.

### IV. — Nouvelle Ligue et insurrection des princes de Lorraine.

Si dans l'ouest et le midi de la France les guerres des protestants duraient toujours, en Bourgogne elles étaient à peu près terminées. Le pays, sans doute, fut encore affligé par le passage des armées de chacun des partis protestants, politiques et catholiques, et agité même par des tentatives de rébellion; mais il n'y a plus, à proprement parler, de guerres religieuses. La nouvelle lutte qui commence entre les princes de Lorraine et le roi de France, sous le prétexte que le souverain tolère trop bénignement les hérétiques, a pour véritable motif la coupable ambition des Guises.

Le duc d'Anjou atteint d'une maladie incurable était menacé d'une fin prochaine, et par suite allait laisser la succession à la couronne de France, au prince de Béarn.

Dans le courant de mars 1584, un conseil secret réuni près de Nancy et composé du duc de Guise, du duc de Mayenne, des agents du roi d'Espagne et de plusieurs seigneurs catholiques, rédigea un manifeste par lequel il déclara Henri de Navarre, en raison de son hérésie, inhabile à succéder à Henri III, proclama le cardinal de Bourbon héritier présomptif du trône, et réorganisa la Ligue de 1576. Neuf mois plus tard, après la mort du duc d'Anjou arrivée le 15 juin de la même année, et lorsque cette première tentative eut produit son effet, cette déclaration fut suivie du *traité de Joinville,* signé le 31 décembre par les ducs de Guise, de Mayenne, d'Aumale, d'Elbeuf, par le sieur de Maineville pour le cardinal de Bourbon, et, pour le roi d'Espagne, par Jean-Baptiste Tassis et le commandeur Jean Moréo.

Par ce traité, les confédérés s'engageaient à défendre « la religion catholique, tant en France « qu'aux Pays-Bas » ; à reconnaître le cardinal de Bourbon pour le roi de France après le décès de Henri III ; à faire remettre à l'Espagne la ville de Cambray ; et, quant à Philippe II, il s'obligeait à fournir pour l'entretien du traité, « 50,000 pistoles « par mois et en avancer 400,000 de six mois en « six mois, dont le cardinal de Bourbon lui tien- « droit compte, s'il parvenait à la couronne ». (1).

Nous verrons, par la suite, le duc de Guise ne pas dédaigner ces subsides fournis par l'étranger.

Le cardinal de Pellevé fut chargé de présenter le traité d'union à l'approbation du Saint-Père. Mais Grégoire XIII, qui occupait alors le trône pontifical, ne voulut accorder ni bref ni bulle qui pourrait engager la papauté dans une ligne de conduite que les événements ultérieurs lui feraient peut-être un devoir de

---

(1) Mézeray, t. IX., p. 282, édit d'Amsterdam 1755.

— M. de Chalembert. — *Histoire de la Ligue,* 1. p. 18 et 23.

— M. J. de Croze, *Les Guises, les Valois et Philippe II.* T. I. p. 277.

condamner. Il se borna à déclarer verbalement « que les catholiques ayant pour première et prin-« cipale intention de prendre les armes contre les « hérétiques du royaume, il consentait et approu-« vait que cela fût fait ». (1).

Peu de temps après, le pape Grégoire XIII étant mort (7 avril 1585), les chefs de la Ligue renouvelèrent leur démarche auprès de Sixte-Quint, son successeur.

Avec la pensée, peut-être, d'influencer la décision du Saint-Père ils déléguèrent le catholique duc de Nevers, Louis de Gonzague, l'un des premiers adhérents à la Ligue, pour obtenir l'approbation tant désirée. Mais loin d'y réussir, ce fut au contraire le duc de Nevers qui se rendit aux observations du Pape et abandonna le parti de la Ligue pour se ranger du côté du roi. « En quelle « école », lui avait dit Sixte-Quint parlant des ligueurs, « ont-ils appris qu'il faille former des « partis contre un prince légitime?... Je crains « bien fort qu'on pousse les choses si avant, « qu'enfin le roi de France, tout catholique qu'il « est, ne se voie contraint d'appeler les huguenots

---

(1) Palma-Cayet T. I. p. 14, édition Buchon.

— M. de Chalembert, I. p. 30.

— M. de Croze. I. 280.

Grégoire XIII dit lui-même, quelque temps avant sa mort, au cardinal d'Este, que l'union ne pourrait montrer de lui ni bulle ni bref d'approbation. (M. Segretain. — *Sixte-Quint et Henri IV. p.* 107).

« à son secours, pour le délivrer de la tyrannie
« des catholiques. » (1).

Ce double échec n'arrêta pas les princes de Lorraine.

Les ducs de Guise et de Mayenne, gouverneurs généraux, le premier de la Champagne, le second de la Bourgogne, en raison du prestige attaché à leurs noms et du pouvoir qu'ils tenaient de leur charge, avaient toute facilité de gagner à leur parti les principales villes de ces deux provinces. Pendant qu'en Champagne le duc de Guise se saisissait de Châlons-sur-Marne (2), le duc de Mayenne manœuvrait en Bourgogne pour s'assurer des places les plus importantes de la province. Les portes de la ville et du château de Dijon lui furent ouvertes par un lieutenant de Tavannes, nommé Drée, qui s'était vendu aux princes Lorrains moyennant deux mille écus en partie payés comptant (3). Mais Mayenne eut besoin, pour affermir sa domination, de désarmer les habitants en faisant transporter dans le fort toute l'artillerie de la ville avec ses munitions. (4).

Mâcon entra dans le même parti à la persuasion de Georges de Bauffremont, comte de Crusille, qui

---

(1) Mémoires du duc de Nevers, T. I. p. 666, extrait produit par M. de Chalembert. T. I., p. 50.

(2) La *Correspondance inédite de M. de Dinteville*, publiée par M. E. de Barthelemy (Arcy-sur-Aube, 1880), fournit d'intéressants renseignements sur les manœuvres du duc de Guise pour soumettre à son parti les villes de la Champagne.

(3) Mémoires de Guillaume de Saulx, p. 464.

(4) Relation de ce qui s'est passé en 1585 et 1586 en la ville d'Auxonne, rééditée par M. H. Chevreul, Dijon 1883, p. 7.

cependant par la suite, se dévoua au service du roi. Crusille était frère du baron de Sennecey.

Les Châtillonnais se donnèrent d'eux-mêmes. Le maire, les échevins, le gouverneur et le capitaine de Châtillon, informés que Mayenne allait traverser la ville après son entreprise sur Dijon, se portèrent à sa rencontre jusqu'au village d'Aisey-le-Duc. Ils le complimentèrent et lui offrirent les vins d'honneur et « cinq grands pâtés de truites ». Peut-être subissaient-ils l'influence de leurs voisins de la Champagne. (1).

La petite ville de Nuits-sous-Beaune, dans son impuissance de résister aux forces de Mayenne, se soumit sans aucune difficulté. (2).

A la vue de ces défections, Charny se hâta de prendre ses dispositions pour préserver Châlon-sur-Saône d'une surprise. Après quelques mesures sévères, il fit renouveler aux habitants leur serment de fidélité au roi, et maintint la ville dans le devoir. (3).

---

### V. — La ville de Beaune résiste à Mayenne

Guillaume de Tavannes se chargea de Beaune que Mayenne menaçait déjà. Autorisé par le roi, il mit dans ses murs une garnison de deux ou trois compagnies sous les ordres de Saint-Riran, qu'il établit gouverneur de la ville et du château, et

---

(1) M. G. Lapérouse. — *Histoire de Châtillon*, 315.
(2) L'abbé Gandelot. — *Histoire de Beaune*, Dijon, p. 133.
(3) Mémoires de Guillaume de Saulx, 464.

posta dans les faubourgs deux cents arquebusiers commandés par le baron de Chigy. La ville ajouta à ces forces cent hommes enrôlés à ses frais, auxquels elle donna le sieur Massot pour capitaine.

L'agitation était entretenue à Beaune par un nommé Simon qui tenait, en assemblées publiques, des discours séditieux, et par un prédicateur de l'hôpital qui exaltait, dans ses sermons, la révolte contre le roi, et se servait d'expressions injurieuses envers les royalistes. Tavannes fit taire l'un et l'autre par des exhortations et des menaces et par de sévères admonitions.

Mayenne, quoique révoqué depuis plusieurs jours par le roi, en raison de sa rébellion, n'avait pas renoncé à ses projets contre Beaune. Il envoya le baron du Brouillars sommer la ville de le recevoir et de congédier Tavannes; et menaça, si les portes lui étaient refusées, de venir « avec vingt « pièces de canon » se les faire ouvrir. Les habitants répondirent courageusement que la révolte du prince les avait dégagés de toute obéissance envers lui et qu'ils ne feraient rien contre la volonté du roi : qu'il pouvait au lieu de « vingt « pièces d'artillerie » en amener « trente », et qu'ils espéraient bien, « avec l'aide de Dieu et « l'assistance du sieur de Tavannes, se conserver « fidèles ». (1).

Peu après, en effet, Mayenne envoya contre Beaune « deux ou trois mille arquebusiers » sous

---

(1) Mémoires de Guillaume de Saulx dans le Panthéon littéraire, p. 466.

la conduite de Sacremore. Les magistrats de la ville les voyant approcher, ordonnèrent la démolition de plusieurs maisons dans les faubourgs, celle des clochers de Saint-Martin et de toute l'église de la Madelaine, qui pouvaient servir de redoute à l'ennemi contre la ville.

Le 22 avril, on enleva les vases sacrés et les objets précieux de l'église de la Madelaine et l'on commença la démolition : enfin le danger devenant plus pressant, on mina et on incendia l'édifice qui s'écroula le 24 à 6 heures du soir. (1).

Moyennant ces énormes sacrifices Beaune fut préservé ; mais dans les environs, les campagnes étaient ravagées par les troupes tant ligueuses que royales. « Le peuple estoit tellement apauvry et « foulé, que ne restoit plus rien au plat pays ». Les Élus des États s'émurent de la situation, et le 31 mai, députèrent à Mayenne, à Charny, à Tavannes et au baron de Lux qui, à 8 lieues plus au sud, occupait Seurre au nom du roi. Tous d'un commun accord, consentirent à se retirer, à la condition qu'aucune autre troupe de la Ligue ou du roi ne viendrait les remplacer. (2).

Cet accord ne mit pas fin à la situation des Beaunois : au mois de juillet, lorsque parut l'édit de Nemours dont nous parlerons plus loin, la place de Beaune fut accordée comme lieu de refuge à Mayenne, réintégré par là dans ses titres et

---

(1) M. Rossignol. — *Histoire de Beaune.*
(2) *Archives de la Côte-d'Or.* — Registre A. 9 des États, folio 66.

dignités. Le prince congédia Damas de Saint-Riran et le remplaça par son maitre-d'hôtel, Edme Régnier de Montmoyen. C'était un dévoué serviteur qui ne craignit pas pour plaire à son maitre, de se rendre odieux aux habitants par ses exactions, son despotisme et son orgueil. (1). La place ainsi assujettie à la cause des Guises devint, au centre de la Bourgogne, un point important pour les entreprises des ligueurs. Malgré plusieurs tentatives de la bourgeoisie pour reconquérir son indépendance, Beaune resta au service de la Ligue jusqu'à la reconnaissance définitive de Henri IV.

### VI. — Auxonne affirme sa fidélité à la cause royale

La ville d'Auxonne, sur la Saône, formait la limite entre le duché de Bourgogne et la Franche-Comté, alors province espagnole. C'était entre les deux provinces, un point fortifié dont les princes de Lorraine avaient résolu de se rendre maîtres, afin, dans l'occasion, de donner un passage au roi d'Espagne, devenu leur allié par le traité de Joinville.

Dans ce but, Mayenne chercha à s'en emparer en y faisant admettre comme gouverneur l'un de ses plus dévoués partisans, le vicomte Jean de

---

(1) L'abbé Gaudelot. — *Histoire de la ville de Beaune*, p. 133.
— Courtépée, t. II, 580.
— Rossignol, *Histoire de Beaune*.

Tavannes, frère puiné de Guillaume, l'ardent royaliste. Jean acheta de Pursay, moyennant dix mille livres le gouvernement de la place d'Auxonne, et s'y fit reconnaitre par Pélissier qui y commandait en qualité de lieutenant du gouverneur pour le roi, mais qui, lui aussi, se livra aux Guises.

Jean traita d'abord avec assez d'aménité les habitants, pour la plupart royalistes : il se ménagea les faveurs du roi par des protestations de fidélité et de dévouement, mais en même temps il dénonçait à Mayenne de prétendus complots de révolte contre son autorité et en obtenait une augmentation de garnison de 115 hommes qu'il fit entrer clandestinement au château. Les habitants en conçurent une défiance d'autant plus fondée qu'ils le virent, après l'introduction de ce renfort, quitter sa résidence du « logis du roy », pour aller avec son lieutenant habiter le fort. Dans les villages environnants étaient un certain nombre de soldats attendant l'arrivée d'un détachement de la garnison qui devait être envoyé pour les guider et les introduire dans la place. Le 24 avril, les magistrats, informés de ces manœuvres, firent barricader les avenues du château au moyen de chariots et de charrettes renversées, et prendre les armes à 50 bourgeois des plus déterminés pour garder les barricades et les portes de la ville.

Dès lors Jean de Tavannes ne garda plus de mesures. Le lendemain matin il sortit du château « ayant sa cuirasse et un pourpoint rouge » par dessus, et se présenta sur le pont-levis où il fit appeler le maire et les échevins. Il leur déclara que, voulant être obéi dans son commandement, il avait fait entrer, la nuit précédente, cinq cents soldats dans la citadelle ; et pour appuyer son dire, il fit défiler devant eux quelques troupes dans un appareil menaçant, « les deux premiers rangs « estant cuirassés, ayant leurs hallebardes en « main ». Puis il donna aux magistrats à choisir entre ces deux propositions : prendre les cinq cents soldats à leur charge, ou lui livrer immédiatement « toute l'artillerie et les munitions » de la ville, comme il avait été fait à Dijon sur l'ordre de Mayenne, « sinon qu'il les tailleroit en pièce et « mettroit la ville au pillage. »

A ces mots, les magistrats éclatèrent en vifs reproches contre le gouverneur. Ils demandèrent en vain communication d'une prétendue commission que Jean disait avoir du roi pour agir de la sorte : elle leur fut refusée. Quand ils furent rentrés en ville après cette scène, le maire convoqua « le conseil et les bourgeois les plus notables pour « leur faire le rapport de ce qui venoit de leur « arriver ». L'indignation fut générale contre le gouverneur, et l'on allait peut-être voter une mesure extrême ; mais lorsqu'on vit les canons de la forteresse braqués contre la ville, et les soldats groupés aux portes pour en forcer l'entrée et piller les habitants, l'assemblée prit « la résolution de « plier en attendant l'occasion de faire autrement ». Les bourgeois firent donc leur soumission, les barricades furent enlevées, les armes livrées et « deux maisons à la porte du pont abandonnées

« pour y establir une garnison de six-vingt
« hommes détachés de ceux du chasteau ».

Après cette première oppression, ce fut pendant plusieurs mois une foule de réquisitions ruineuses et de vexations humiliantes qui exaspérèrent les malheureux habitants.

Enfin, profitant d'un moment que Jean était allé guerroyer avec Mayenne, ils firent parvenir leurs plaintes au roi par l'un de ses valets de chambre qui lui amenait trois enseignes de Suisses, « le
« suppliant de les toujours regarder comme des
« fidèles sujets, sans leur rien imputer des dépor-
« tements du vicomte de Tavannes, leur gouver-
« neur ». Cette démarche procura aux Auxonnois un léger adoucissement à leur position : le gouverneur promit plus de bienveillance dans ses relations avec les habitants ; mais d'un autre côté Pélissier, son lieutenant, continuait à encourager en Savoie les espérances des Espagnols et
« publioit... qu'Auxonne étoit destiné pour estre
« joint au comté de Bourgogne, appartenant lors
« au roy d'Espagne », et les réquisitions recommencèrent.

Les Auxonnois s'abouchèrent alors avec un gentilhomme de leur voisinage, Joachim de Rochefort, seigneur de Pluvault qui allait en Comté faire une levée de gens d'armes pour le service du roi. Rochefort les « assura que ce seroit faire un
« signalé service à Sa Majesté de s'assurer de la
« personne du vicomte », et s'offrit avec son monde pour l'exécution d'une telle entreprise. Encouragés par cet entretien, les conjurés, au

nombre desquels étaient les magistrats de la cité, choisirent le jour de la Toussaint, où l'on comptait que Jean de Tavannes descendrait en ville pour assister aux offices. Il fut convenu que si, contre leur attente, Jean ne quittait pas le château, les troupes de Rochefort se tiendraient prêtes à l'attaquer : si, au contraire, « le vicomte venoit à l'église, « on attendroit qu'il fût à genoux, que quatre habi-« tans des plus résolus se tiendroient près de sa « personne, tous cuirassés, armés, l'un de custellas, « l'autre d'un pistolet, et les deux autres munis « d'un poignard chacun, cachés sous leurs man-« teaux : qu'ils s'empareroient de sa personne sans « la blesser, lorsqu'ils verroient entrer dans ladite « église dix hommes cuirassés et cinq, hallebardes « à la main ». On devait aussi se saisir par ruse du lieutenant Deschamps qui restait au château.

L'entreprise réussit comme elle avait été complotée. Chacun étant à son poste, un des soldats du vicomte, gagné d'avance, alla inviter Deschamps au nom de son maître de venir le rejoindre. Après un peu d'hésitation, Deschamps vint sans défiance à l'église. Au moment où il entra, les dix hommes armés parurent derrière lui en faisant « un grand bruit qui servit de signal » aux autres conjurés. Jean saisi au corps, fut terrassé et garrotté sans qu'il pût se servir de son épée. Toute sa suite fut arrêtée avec lui, et Deschamps, sommé, le pistolet sur la poitrine, de faire évacuer le château au nom du gouverneur, finit par livrer la place à la bourgeoisie.

Tout était terminé lorsque Rochefort arriva

avec sept ou huit cavaliers prendre le commandement provisoire de la place. Jean de Tavannes fut emmené prisonnier « dans la maison d'un notable « bourgeois, où il fut gardé par dix hommes nuit « et jour, outre deux des principaux bourgeois qui « couchoient dans sa chambre. »

Aussitôt après, les habitants envoyèrent au roi avec des protestations de fidélité, le rapport fidèle de leurs actions et demandèrent ce qu'ils devaient faire de leur prisonnier. Le roi ordonna au parlement de Bourgogne d'instruire l'affaire. Les conseillers Claude Bretagne et Claude Bourgeois commencèrent une enquête, saisirent des papiers compromettants et procédèrent contre Jean comme criminel de lèze-majesté.

La position de Jean devenait très-critique. La maréchale de Tavannes prévoyant une issue malheureuse pour son fils, chercha les moyens de le faire échapper. Elle demanda et obtint l'évocation du procès en conseil du roi et, par cette raison, le transfert du prisonnier dans les prisons du Châtelet à Paris. C'était sur le voyage qu'elle avait fondé toutes ses espérances.

L'exempt des gardes, gagné par la maréchale, au lieu d'emmener Jean à Paris, le conduisit au château de Pagny, d'où, à l'aide de quelques amis, il parvint facilement à s'enfuir. Cependant il fut repris presque aussitôt, interné par ordre du roi dans le comté de Bourgogne, et gardé à vue jusqu'à ce qu'un arrêt du parlement ordonna son élargissement, après cinq mois de détention.

Ce furent alors de nouvelles angoisses pour les

Auxonnois contre qui Jean de Tavannes essaya plusieurs fois de prendre sa revanche. Ils le repoussèrent, il est vrai, mais Henri III qui avait fait la paix avec les Guises voulut leur imposer un autre gouverneur qui leur était tout aussi suspect que le sieur de Tavannes. Les Auxonnois ayant refusé de le recevoir, le roi, irrité de leur résistance, adressa des lettres patentes au parlement de Bourgogne pour faire déclarer « ledit sieur de « Pleuveaux (Rochefort-Pluvault) et lesdits habi- « tans criminels de lèze-majesté ».

Dans les premiers jours d'août 1586, le duc de Guise marcha même contre la ville avec ce qu'il avait de forces et 4,000 lansquenets revenus du Poitou et dans ce moment campés à Is-sur-Tille. (1).

Toutefois, les horreurs d'un siège furent épargnées à la ville : le président Jeannin s'interposa et les Auxonnois consentirent à se rendre, mais ils obtinrent que l'article suivant fut inscrit en tête de la capitulation.

« Sçavoir, que Sa Majesté déclare que tout ce « qui a été fait pour la détention du vicomte de « Tavannes, n'a esté que pour le service du roy, « que par conséquent M. de Pleuveaux, les maire « et eschevins de la ville d'Auxonne et tous les « habitans seront regardés comme ses bons et « fidèles sujets ».

(1) Ces lansquenets, sous la charge du colonel Frédéric Scharsfenstein, avaient passé à Pontaubert et sous les murs d'Avallon les 19 et 20 juillet, se rendant à Is-sur-Tille (*Archives d'Avallon* — Réquisition pour les reitres.)

Il fut accordé, à titre d'indemnité de guerre, 30,000 écus à Rochefort, et 12,000 à la ville d'Auxonne. Le traité fut signé le 15 août 1586 et la ville ouvrit ses portes à Bauffremont de Sennecey, bailli de Châlon, nommé par le roi, gouverneur de la place. (1).

### VII. — Garnison de ligueurs à Saulx-le-Duc, remplacée par une compagnie au service du roi.

Saulx-le-Duc, à 6 lieues au nord de Dijon, était une châtellenie royale qui avait jadis donné son nom à l'illustre maison dont descendaient Guillaume et Jean de Saulx-Tavannes; mais au XVIe siècle, entre ceux-ci et la châtellenie, il n'y avait plus de commun que le nom. Les capitaines-châtelains étaient à la nomination du roi, et cependant Jean de Tavannes s'était introduit dans la citadelle et l'occupait militairement sans commission. La forteresse, située sur le point culminant de la montagne, commandait une certaine étendue de pays et était un lieu de refuge important pour l'un comme pour l'autre des partis. Les royalistes avaient intérêt à ne pas la laisser sous la domination du vicomte de Tavannes. Aussi le

---

(1) Relation de ce qui s'est passé en 1585 et 1586 en la ville d'Auxonne, sous le gouvernement de M. le vicomte de Tavannes, rééditée par M. Henri Chevreul, Dijon 1883, et pour les indemnités de guerre et les apprêts d'un siège ; — *Archives de la Côte-d'Or*. — Registres des États. Séances du 19 août et 11 septembre.

premier acte de Rochefort, après son entrée dans Auxonne, fut-il d'aller à la « sollicitation des habi-
« tans » (d'Auxonne), le sommer de livrer cette place. Il lui arracha un ordre d'évacuation de la forteresse et envoya, le soir même, un détachement des hommes du baron de Lux (Edme Malain), commandé par Parisot, en prendre possession au nom du roi. (1).

### VIII. — Les Auxerrois refusent les portes de leur ville à Mayenne.

Auxerre résista avec succès aux menées des ligueurs. Le mardi 2 avril 1585, le corps de ville et les officiers du bailliage étant assemblés, le bailli d'Auxerre donna lecture d'une lettre royale datée du 23 mars, recommandant aux magistrats de veiller avec plus de soin que jamais à la sûreté de la ville et « à ce qu'il n'y puisse estre faict
« aucune surprinse..., sans toutes fois faire aucune
« démonstration qui puisse donner ombre à qui
« que ce soit. » Sa Majesté ordonnait de disperser toutes les troupes, fortes ou faibles qui se présenteraient dans les environs, et de faire « le plus que
« l'on pourroit de prisonniers, comme on a sem-
« blablement faict à Auson ». (2). La lecture de cette lettre entendue, l'assemblée rendit une

---

(1) Relation des faits d'Auxonne, p. 19.
(2) *Archives de la ville d'Auxerre*, paquet 210, case II.

ordonnance pour obliger tous les habitants indistinctement, à tour de rôle, « au guet et garde de « jour et de nuict, sous le commandement des « capitaines et caporaux » de chaque quartier, de monter la garde sans désemparer même pour « boyre et manger » ; enfin de se rendre tous au premier « rappel de dix coups de tambour » chacun au quartier de sa compagnie avec armes et bagages « pour s'acheminer où il seroit com- « mandé ».

Il fut enjoint aux étrangers de sortir de la ville dans la journée même, « à peine de punition cor- « porelle », et défendu aux habitants de sortir de nuit dans les rues sans avoir une lanterne, « à « peine de dix escuz solz d'amende et de pri- « son. » (1).

Des meneurs cherchèrent à entraver ces mesures et à agiter le peuple en répandant le bruit qu'une garnison allait être imposée à la ville. Les magistrats transmirent ces rumeurs à l'évêque Amyot qui répondit aussitôt pour les rassurer et engager les habitants à persévérer dans le devoir. Il s'est porté garant au roi de leur fidélité, dit-il, et il espère bien qu'ils ne mettront pas « son honneur et « sa parole en compromis ». Dès le lendemain, 14 avril, le roi lui-même leur écrivit qu'ayant toute confiance dans leurs sentiments et que connaissant leur dévouement au service de la ville et du sien, il leur confirmait la promesse de les exempter de garnison étrangère. Mais, ajoutait-il,

---

(1) *Archives de la ville d'Auxerre*, paquet 210, case II.

## CHAPITRE XIV — (1585).

« pour ce que nous avons veu la surprise qui a
« esté faicte d'aucunes de noz villes, nous voullons
« que vous n'ayez à recevoir aucun prince ni sei-
« gneur, ny mesme notre cousin, le duc de
« Mayenne en votre dite ville d'Auxerre, fors le
« sieur de d'Inteville, si vous n'avez sur ce notre
« commandement exprès, signé de notre main
« et contresigné de l'un de noz secrétaires
« d'estat. » (1).

Malgré l'engagement pris moins de trois semaines avant avec les Élus des États de ne rien entreprendre contre le repos public de la province, Mayenne manifestait encore son intention d'introduire dans la ville d'Auxerre six cents arquebusiers, 400 chevaux et plusieurs pièces d'artillerie, qui ne feraient, disait-il, qu'y passer. Le 24 juin, il envoya en avant M. de Chamesson porteur d'une lettre de créance mystérieuse, « pour faire entendre « (aux magistrats) quelque chose de sa part », sans plus ample ouverture.

Les Auxerrois répondirent d'abord timidement, mais finirent par lui refuser l'entrée. Le roi auquel ils firent part de leur refus leur répondit le 28 juin : « Chers et bien amez, ayant veu le con-
« tenu en votre lettre du 24 de ce moys, ensemble
« de la créance qui vous a esté déclarée de la
« part du duc de Mayne (Mayenne) pour le rece-
« voir et luy donner passaige et à ses troupes par
« notre ville d'Auxerre, nous louons grandement
« la responce et reffuz que luy avez faict là-dessus,

(1) *Archives de la ville d'Auxerre*, paquet 210, case II.

« suivant notre intention que vous avons cy
« devant déclarée ; laquelle nous voullons bien
« vous refreschir encores, vous deffendant très-
« expressément de ne recevoir le dit duc du Mayne
« en ladite ville, ny aucuns de ceulx qui sont
« adhérans à luy et aux aultres de son party,
« jusques à ce que par nous, autrement en soit
« ordonné. Et n'y faictes faulte, car tel est nostre
« plaisir ».

« Donné à Paris le 28ᵉ jour de juing 1585.

« Signé : HENRY, et plus bas, BRUSLARD. »

Par le même courrier, les Auxerrois recevaient encore une lettre de leur évêque Amyot qui leur servait d'intermédiaire auprès du roi. Après des félicitations sur leur conduite, le prélat leur faisait part des démarches tentées par la reine-mère auprès des princes de Lorraine. Il en attendait un traité qui était sur le point d'être signé dans les environs de Sens. Néanmoins, dit-il en terminant, « vous ne laisserez pas à vous tenir tousjours sur
« voz gardes, jusques à ce que les troupes soient
« esloignées de votre pays, parce que les princes
« vont dresser leur camp auprès de Mon-
« targis. » (1).

## IX. — Edit de Nemours

Un traité de paix fut en effet signé le 7 juillet, non à Sens où régnait une épidémie, mais à

(1) *Archives de la ville d'Auxerre*, paquet 210, case II.

Nemours. Le roi traita avec les Guises comme il avait traité précédemment avec les huguenots. Ce monarque sans énergie céda à toutes leurs exigences leur accorda une indemnité de guerre et des places de sûreté, au nombre desquelles furent la ville et le château de Beaune et le château de Dijon. La religion avait-elle donc été sérieusement menacée ? Dans les conflits qui précèdent entre le roi et les princes de Lorraine, cette raison ne fut invoquée ni par l'un ni par l'autre des partis, et il ne parait pas qu'en résistant à Mayenne les habitants eussent eu la pensée de soutenir les hérétiques. Quoi qu'il en soit, il fut stipulé dans le traité de Nemours que la religion catholique et romaine serait seule reconnue, que les places de sûreté accordées aux protestants leur seraient retirées, que les hérétiques seraient expulsés du royaume dans le délai de six mois et déclarés inhabiles à posséder aucune charge, dignité ou bénéfice. Ce dernier article visait particulièrement Henri de Navarre que Henri III sollicitait de retourner au catholicisme. Le prince de Béarn opposait aux avances du roi une sorte de point d'honneur, et lui faisait considérer que sa conversion pourrait être attribuée à d'indignes convoitises. D'autre part, il ne voulait pas s'aliéner les protestants de France comme de l'étranger et renoncer à leur appui. Il espérait tout du temps : « C'est par patience », disait-il, « et cheminer « droict qu'il vaincra les enfants de ce siècle. » (1).

(1) M. le duc d'Aumale. — *Histoire des princes de Condé.* T. II. p. 137.

Lorsqu'avait paru le traité d'union signé au château de Joinville par les Guises et les députés espagnols (31 décembre 1584), le roi avait répondu par un contre-manifeste qui abolissait toute espèce de ligue et prononçait des peines sévères contre « quiconque n'aurait pas renoncé, dans l'espace « d'un mois », à toutes ces associations.

L'édit de Nemours anéantissait ces arrangements et équivalait à une déclaration de guerre. La notification en fut portée à Henri de Navarre et à ses adhérents par le sieur de Poigny, le président Brulard de Silly et Philippe de Lenoncourt, que l'on appelait toujours l'évêque d'Auxerre, quoique l'on en fût déjà à son deuxième successeur. Les députés devaient d'abord user des moyens de conciliation en engageant le roi de Navarre à suspendre au moins pendant six mois le culte protestant dans les places qui lui avaient été accordées par les traités antérieurs, et à rentrer lui-même dans le giron de l'église catholique. En ce qui concernait son abjuration, Henri de Navarre répondit comme il l'avait fait déjà dans un manifeste antérieur, qu'il était prêt à se soumettre lorsqu'on lui aurait démontré ses erreurs : mais quant aux clauses de l'édit qui le sommaient de rendre immédiatement les places de sûreté dont la jouissance lui avait été prorogée pour six mois, il protesta contre leurs dispositions.

## X. — Excommunication du roi de Navarre et du prince de Condé.

L'édit de Nemours fut suivi, à deux mois de distance, d'une sentence pontificale qui compliqua et aggrava singulièrement la situation des princes. Par un bref longuement motivé, après un majestueux exorde où est justifiée en quelques mots l'autorité des Pontifes Romains, Sixte-Quint fulmina l'anathème contre le roi de Navarre et le prince de Condé. Il les déclara « hérétiques, relaps « et impénitents, chefs, fauteurs et défenseurs « manifestes des hérétiques », et pour ces causes, « incapables et inhabiles de fait à succéder à « quelque duché, principauté, domaine ou « royaume que ce soit, et spécialement au « royaume de France ». (1).

(1) Voir le texte latin et la traduction de la bulle dans M. Segretain, *Sixte-Quint et Henri IV*, pages 123-133 et 229-238. Elle commence en ces termes :

« Sixte, évêque,

« Serviteur des serviteurs de Dieu, en éternel souvenir de cet acte.

« L'autorité accordée au bienheureux Pierre et à ses successeurs, par l'immense puissance du Roi Eternel, surpasse tous les pouvoirs des rois et des princes de la terre. Appuyée sur la pierre immobile, ne s'écartant jamais de ce qui est droit, ni dans l'adversité, ni dans la prospérité, elle étend sur tous ses jugements inébranlables. Elle veille avec un soin particulier à ce que les lois divines ne soient pas violées, et, si elle rencontre des hommes qui résistent à l'ordre de Dieu, elle déploie sur eux une vindicte sévère ; si puissants qu'ils soient, elle les jette à bas du trône, comme des ministres de l'orgueilleux Lucifer, et les renverse dans la poussière »....

L'émotion des princes fut vive, à la lecture de cet arrêt sacré. Se basant sur de spécieux raisonnements dont les conclusions, si elles étaient admises, seraient une atteinte à l'autorité divine du Saint-Siège, ils se laissèrent aller à discuter et à nier la légalité du bref. Sans contredire pourtant la juridiction spirituelle de l'Église, ils appelèrent comme d'abus du droit et du pouvoir du « pape ou autre évesque de priver aucun de ses « biens temporels..., par sentence d'excommunica- « tion. » (1).

Ce serait méconnaître ce qu'il y a de sacré dans les inspirations de la papauté en pareille circonstance, de dire, après quelques historiens, que Sixte-Quint, en prononçant ce solennel arrêt, avait agi sous la pression des ligueurs de France et d'Espagne. Il suffit, pour prouver le contraire, de rappeler ce seul fait, qu'au commencement du même mois de septembre, le pape avait anathématisé avec les hérétiques et les personnes qui leur prêtaient secours, tous « ceux qui entrepren- « droient quelque chose contre le roi ou contre son « royaume ». (2). Plus d'un parmi les ligueurs pouvait se sentir atteint, et ce ne serait peut-être pas une conjecture trop hasardée de croire que ce fut là le motif de la retraite du duc de Nevers.

---

(1) Palma Cayet. — *Chronologie novennaire*, T. I., p. 19-20. — Edition du Panthéon littéraire 1836.
(2) M de Chalembert. — *Histoire de la Ligue*, T. I., 52.

## XI. — Prises d'armes en dehors de la Bourgogne, qui ne fut cependant pas exempte d'inquiétude.

Ces événements furent un signal de guerre contre les huguenots : elle se ralluma immédiatement, mais sur un théâtre éloigné de la Bourgogne. Nous n'avons pas, en conséquence, à suivre Condé dans son expédition contre Brouage, à nous occuper de sa défaite sous les murs d'Angers (octobre 1585) ni de sa fuite en Angleterre.

Cependant, on ne fut pas sans inquiétude au sud de la Bourgogne. Le 5 octobre 1585, les États du Mâconnais furent convoqués « pour délibérer de la « conservation de la ville de Mascon en l'obéissance « du Roy, contre les desseings. et entreprinses « secrètes qui se tramoient pour la surprise « d'icelle » (1). Du reste, la principale participation de la province consista dans les réquisitions et les impôts qui pesèrent sur les habitants, et au sujet desquels s'élevèrent de nombreuses réclamations.

Dès le mois de janvier 1586, les Auxerrois exposaient qu'ils n'avaient pas tiré de leurs vins, formant « leur principale ressource », de quoi payer les vaisseaux et les frais de vendange. La récolte des céréales avait été presque nulle, le bichet de blé (2) se vendait jusqu'à cent sous, c'est-à-dire au

---

(1) *Archives de Saône-et-Loire*, C. 469.

(2) Il y avait à Auxerre trois bichets différents : le bichet de froment de l'hôtel-de-ville pesait 57 livres ; celui du chapitre, 60 livres et celui de l'abbaye de Saint-Germain, 61 livres. (M. Max. Quantin, *Recherches sur les poids et mesures en usage dans les communes du départ. de l'Yonne*).

prix et au pouvoir actuels de l'argent, 30 à 35 francs. Dans les campagnes, les habitants « crioient « à la faim, et ne trouvans des grains pour faire « du pain, estoient contraincts de vivre d'herbaiges. » La réparation et l'entretien des fortifications de la ville, le séjour, pendant plusieurs mois, des troupes royales dans les environs, la construction d'un pont sur la rivière d'Yonne, ordonné par Mayenne, avaient mis le comble à la détresse du comté (1).

Le comté de Bar-sur-Seine, enclavé dans la Champagne, où commandait le duc de Guise, et sur le passage des armées allemandes, avait été particulièrement épuisé par des réquisitions et des rapines. Il en avait été de même du comté de Mâconnais. Les uns et les autres se plaignaient de leur misère, et loin de contribuer aux frais de la guerre, sollicitaient des dégrévement d'impôts.

Vers le milieu de l'année, l'alarme fut donnée dans toute la province. Les Luthériens allemands s'approchaient des frontières, le village de Choiseul, limitrophe de la Bourgogne, était tombé au pouvoir des réformés ; un parti sorti de Genève avait manifesté des projets sur Châlon ; une entente paraissait s'établir entre des réformés ou des mécontents auxonnois et le roi de Navarre ; les bruits d'un complot contre Dijon faisait rappeler en ville le comte de Charny pour la protéger. (2)

A Auxerre, les habitants étaient invités à se garder d'une surprise, et, par mesure de précau-

---

(1) *Archives de la Côte-d'Or.* — Registres des Etats, A. 9.
(2) M. J. Garnier. *Analecta Divion.* T. II. p. 100

tion, le roi faisait abattre deux arches du pont de la Charité (1). Les huguenots avaient quelques projets sur Montréal, dans l'Auxois : ils s'étaient déjà faufilés en assez grand nombre dans le château et allaient être en position de le livrer à l'ennemi. Caraman de Thory, capitaine de Montréal pour le comte d'Aubifoux qui en était seigneur engagiste, prévint la défection en renouvelant la garnison (2).

## XII. — Trêve conclue entre la reine-mère et les princes protestants.

Dans les provinces de l'Ouest et du Midi, on se battait toujours, mais assez mollement. Biron avait laissé Condé reprendre l'offensive en Saintonge ; le maréchal de Matignon favorisait secrètement le roi de Navarre qui lui-même, disaient les protestants, prêtait trop facilement l'oreille à de trompeuses propositions de paix. Le duc de Nevers, puis Catherine de Médicis avaient, en effet, été chargés de négociations pacifiques. Le prince de Béarn avait répondu aux avances du duc de Nevers, qu'il ne demandait pour les siens que la faculté de vivre « en sûreté de conscience sous l'autorité du « roi », et pour lui, la faveur « de pouvoir mourir « l'épée à la main contre les Espagnols et les

---

(1) M. Challe, *Histoiae du Calvinisme dans l'Yonne*, t. II, p. 104
(2) *Archives de l'Yonne*. Lettre de Caraman de Thory.

« ligueurs, qui étaient les seuls irréconciliables
« ennemis de la France » (1).

Le duc de Guise, inquiet sur l'issue de ces conférences qui pouvaient ruiner ses projets, se hâta de faire revenir son frère, le duc de Mayenne, en Bourgogne, pour veiller à leurs intérêts communs. Sa lettre du 22 septembre, à l'ambassadeur d'Espagne, dévoile ses préoccupations. « Je crains tousjours les desseings de la royne-
« mère qui se doit, dans peu de jours, voir avec
« le roy de Navarre, et que, sur cette conclusion,
« elle veut troubler le repos des catholiques de ces
« deux couronnes qui consiste en l'union. J'escris à
« mon frère que devant qu'elle puisse prendre con-
« clusion, il s'en revienne en diligence en son gou-
« vernement, qui depuis Auxonne est tout nostre,
« et qu'il s'assure de Lyon, afin que nous soyons
« prest à empescher l'effect de telles menées ». (2)
Il demandait en même temps le paiement des termes de ce que le roi d'Espagne, par le traité de Joinville, s'était engagé à lui fournir pour soutenir la guerre civile en France, et sur lesquels il avait déjà reçu, au mois de juin précédent, cinquante mille écus (3). « Je vous prie aussi de

(1) Mémoires du duc de Nevers, t. I., p. 767 - 769.
Sismondi, xx, p. 230.
(2) M. de Croze. t. I, p. 319-384.
(3) Quittance donnée par le duc de Guise au roi d'Espagne.
« Nous, Henry de Lorraine, duc de Guise, pair et grand-maître de France, confessons tant pour nous qu'au nom et de la part de tous ceux qui se trouvent compris en nostre commune ligue, avoir receu de sa majesté catolique, par les mains de Gabriel de Allegria, son commissaire, la somme de cinquante mil escus pistollets d'or,

« vouloir faire toute diligence pour les trente mille
« escus desquels nous avons nécessairement besoin
« et nous font très-grand desfaut ».

L'entrevue de Catherine de Médicis et des princes aboutit à une trêve de quelques jours, qui devait expirer le 6 janvier 1587, mais qui se prolongea par le fait, plusieurs mois encore.

---

dont nous nous tenons contents et bien payés, et nous avons quieté et quietons sa dicte Majesté catolique et tous les aultres. en temoing de quoy nous avons signé les présentes et fait apposer le cachet de nos armes. »

Chaalons le dix-neuvième jour de juin 1586. »

(L.-S.) Henry de Lorraine.

(Tiré des archives nationales fonds Espagnol B. 66, n° 40 par M. J. de Croze, *Les Guises, les Valois et Philippe II*, T. I. p. 372.)

# CHAPITRE XV

## INTRIGUE DES GUISES ET TRAITÉ D'UNION (1587-1588)

SOMMAIRE. — I. Le conseil des Seize à Paris et ses relations avec la province. — II. Le roi réconcilié avec les Guises se prépare à une nouvelle guerre avec les huguenots. — III. Les Allemands envoient 30.000 hommes au secours de leurs coreligionnaires de France. — IV. L'ennemi pénètre en France par la Champagne, puis traverse le Châtillonnais, le Tonnerrois et l'Auxerrois. — V. Tentative contre Vézelay. — VI. Repoussé par le roi des rives de la Loire, l'ennemi s'engage dans la vallée du Loing et est battu à Vimory et à Auneau par le duc de Guise. — VII. Les débris de l'armée Allemande s'esquivent en remontant la Loire jusqu'à Marcigny, et longent le Mâconnais. — VIII. — Honneurs rendus au duc de Guise et manifeste de Nancy. — IX. Le roi contraint de fuir Paris, se réfugie à Chartres. — X. Nouvelle stratégie des Guises. — XI. Conseil de l'Union établi à Dijon et correspondant avec celui de Paris et rumeurs à Dijon. — Traité d'Union accepté et juré en Bourgogne.

### I — Le conseil des Seize à Paris et ses relations avec la province.

La Ligue s'était présentée comme une association de catholiques désintéressés ayant pour but unique le triomphe de la foi. Elle resta telle pour un grand nombre; mais pour d'autres, elle devint un levier révolutionnaire au service de leur ambition personnelle. Sous la direction de ces derniers, elle s'organisa dans les seize quartiers de Paris en une faction redoutable, connue sous le nom de CONSEIL DES SEIZE, et ne cacha même pas ses projets criminels.

De concert avec le duc de Mayenne qui venait de rentrer à Paris, le *conseil des seize* résolut de se saisir de la personne du roi; les uns voulant le tuer, les autres l'enfermer dans un monastère, pour prendre le pouvoir. Plusieurs projets furent mis en délibération à ce sujet. Le premier proposait d'attaquer le roi de vive force dans la rue Saint-Antoine lorsqu'on le verrait revenir peu accompagné du bois de Vincennes : un autre consistait à s'emparer de la Bastille, de l'Arsenal, des deux Châtelets, du Palais, du Temple et de l'Hôtel-de-Ville, puis à se porter au Louvre pour y faire le roi prisonnier et tuer les conseillers : enfin, suivant un troisième, auquel on s'arrêta, on devait dans chaque quartier, afin d'empêcher la circulation des troupes, élever à jour donné des barricades qui seraient gardées chacune par un certain nombre des conjurés, pendant que les autres iraient attaquer le Louvre.

Mais dans le conseil, s'était glissé un agent royal, Nicolas Poulain, lieutenant de la prévôté de Paris, qui alla aussitôt révéler le complot au chancelier. Le roi, averti à temps, fit entrer de nouvelles troupes dans Paris, en envoya sur tous les points menacés et prit des mesures de défense qui firent avorter la conspiration. Les conjurés se voyant ainsi prévenus, ajournèrent, sans l'abandonner, l'exécution de leur entreprise. Le duc de Guise blâma la participation de son frère à ce complot et se plaignit de n'avoir pas été consulté.(1).

Le Conseil des Seize avait ses ramifications dans plusieurs villes de la province, afin de pouvoir, au moment voulu, agir partout avec ensemble. A Auxerre, son bureau était établi chez un bourgeois du nom de François Coquard qui recevait les enrôlements, et parmi ses agents on comptait un prédicateur cordelier appelé Claude Trahi et un avocat de la ville, Nicolas Tribolé. Ce dernier, mécontent de n'avoir pas été agréé par le roi pour l'office de lieutenant-général, s'était entièrement tourné contre lui. Avec Claude Trahi, il fut de ceux qui contribuèrent le plus à grossir, dans l'Auxerrois, le parti des ligueurs exaltés (2).

## II. — Le Roi réconcilié avec les Guises se prépare à la guerre.

Henri III n'avait cessé de solliciter le roi de Navarre de rentrer dans le giron de l'Eglise catholique et de rompre ses alliances avec les protestants d'Allemagne.

Ayant échoué dans toutes les négociations entreprises à ce sujet, et tenant à préserver le pays de l'invasion étrangère, il se rapprocha des Guises

(1) Palma-Cayet. *Chronologie novenaise*. I p. 30. Edit du Panthéon littéraire.
(2) L'abbé Lebeuf, *Histoire de la prise d'Auxerre*, p. 202. — *Mémoires sur l'histoire civile*, p. 406.

malgré les justes griefs qu'il avait contre eux, et se prépara à la guerre. Il mit sur pied trois corps d'armée : l'un, chargé de repousser les Allemands qui se montraient déjà à la frontière ; un autre, tenu en réserve entre les rivières de l'Aube et de la Seine ; et le dernier, devant combattre les huguenots par de là la Loire, et les empêcher d'aller à la rencontre de leurs alliés d'outre-Rhin. Le duc de Guise et le duc de Mayenne, dont le roi eut l'air d'oublier généreusement les coupables intrigues, eurent le commandement de l'armée envoyée dans la Champagne. Cette armée se composait de vingt-cinq escadrons de cavalerie et de quatre régiments d'infanterie ; et en plus, de quatre cents lances et de deux mille fantassins envoyés par le duc de Parme (1).

Le corps de réserve fut mis sous la charge du duc de Montpensier et alla camper entre Saint-Florentin et Troyes.

Enfin, Henri III prit le commandement de la troisième armée qu'il disposa le long de la Loire, depuis Gien jusqu'à Decize. « Le sieur de Rieux « estoit dans Gien, le sieur de Rochefort à La « Charité, le sieur de Champlemy à Nevers, et dans « Decise, le comte de Grandpré (2). » Ce corps

---

(1) Palma Cayet. T. I. 36. — Une petite brochure intitulée : *Discours du passage que tiennent les reistres et allemans* (Lyon 1587) divise ainsi les forces de ce premier corps d'armée : sous le commandement du duc de Guise, 3.300 chevaux, 6.000 fantassins ; sous les ordres du duc de Mayenne, 400 chevaux, 12.000 fantassins. Le tout sans parler des secours envoyés par les ducs de Parme et de Lorraine.

(2) Palma Cayet, *loco citato*, 37.

d'armée fut estimé « à trente mille hommes, sans
« compter les gentils-hommes volontaires qui de
« leur bon gré s'exposèrent au service du Roy,
« lesquels aussi sont en grand nombre (1). » Parmi
ceux-ci, était Guillaume de Tavannes qui, ne voulant pas être sous les ordres de Mayenne, était allé
s'offrir au roi avec sa compagnie (2).

---

#### III — Les Allemands envoient trente mille hommes au secours de leurs coréligionnaires de France

L'armée ennemie se composait de huit mille cinq
cents reitres, cinq à six mille lansquenets et seize
mille suisses des cantons protestants. Le duc Jean-
Casimir avait été élu général des armées allemandes ; mais, sur le point de se mettre en marche,
il s'en excusa par ménagement pour son voisin le
duc de Lorraine, et fit donner le commandement à
un gentilhomme prussien de ses amis, le baron
Fabien de Dohna. Le jeune duc de Bouillon eut le
titre nominal de général en chef sous la direction
d'un conseil composé de six officiers français, pareil
nombre d'officiers allemands et du baron Dohna,
« qui décidoient de tout à la pluralité des voix. »
Trois cornettes de cavalerie française et quatre
mille arquebusiers, sous le commandement de
Claude-Antoine de Vienne; de Guitry; de Montluel;

---

(1) Discours du passage et route des reistres, p. 18.
(2) Mémoires de Guillaume de Saulx, 469.

de Philippe La Fin, sieur de Beauvais-la-Nocle et de plusieurs autres; puis enfin, cent cuirassiers et huit cents arquebusiers à cheval commandés par François de Châtillon, fils de Coligny, se joignirent à l'armée d'invasion.

### IV — L'ennemi pénètre en France par la Champagne, puis traverse le Châtillonnais, le Tonnerrois et l'Auxerrois.

Les conjurés ayant franchi la Meuse du côté de Verdun et de Pont-Saint-Vincent, malgré la surveillance des ducs de Guise et de Lorraine, pénétrèrent en Champagne le 18 septembre et, vers la fin du mois, se dirigèrent par Chaumont-en-Bassigny et Château-Villain sur Châtillon-sur-Seine. La ville de Châtillon était gardée par huit ou neuf mille hommes de l'armée de Mayenne et du maréchal de La Châtre, logés en ville et dans les villages voisins. Des postes surveillaient les passages de l'Aube et de la Seine dont les gués, du reste, avaient été remplis de chausses-trappes par le duc de Nevers quelques années auparavant (1). La Châtre, informé que l'ennemi suivait la voie romaine de Langres à Tonnerre qui passait sous la montagne des Jumeaux, alla l'attendre avec deux cents chevaux et le régiment du sieur de Gyé, dans

(1) M. G. Lapérouse. — *Histoire de Châtillon*, p. 334.

un vallon un peu au-dessous du pont d'Etrochey. Les Allemands donnèrent dans l'embuscade. Se voyant cernés, en avant par La Châtre, et en arrière par les troupes du duc de Guise qui ne cessait de les poursuivre l'épée dans les reins; ils obliquèrent à gauche, du côté de Châtillon où, forcés de longer la ville, ils essuyèrent le feu des remparts. Quelque temps avant, les habitants s'étaient armés et mis en état de défense : ils avaient réparé leurs murailles et fait fondre de l'artillerie au fourneau de Maisey. Dans cette petite retraite de moins de deux lieues, les huguenots laissèrent un grand nombre de prisonniers, parmi lesquels six cents malades (1).

La Châtre eut vingt-cinq soldats tués et autant faits prisonniers par les Allemands (2).

L'armée ennemie remonta la Seine jusqu'à deux lieues au-dessus de Châtillon et la passa le 5 octobre près de Chamesson « où il y avait fort peu d'eau. » Elle poursuivit ensuite sa route par Laignes, Ravières, Ancy-le-Franc, Noyers; elle s'étendit jusqu'à Tonnerre qu'elle mit à contribution, puis se dirigea sur Vermenton et Mailly-la-Ville pour y traverser la Cure et l'Yonne et gagner la Loire au plus vite. Mais Mayenne ayant fait rompre le pont de Vermenton, les Confédérés s'emparèrent de la ville, l'occupèrent un jour ou deux et saccagèrent à ses

---

(1) « Ceux qui faisoient la retraite, » écrivit le duc de Guise au roi, « estant pressez, laissèrent à l'abandon cinq ou six cents malades « qui tombèrent entre nos mains. »

(Lettre du 5 octobre, citée par M. J. de Croze, t. II, p. 27 et note).

(2) M. Lapérouse, 336. — *Mémoires de Jacques Pape, sieur de Saint-Auban.* Edition Buchon, 1838, p. 402.

portes la riche abbaye de Régny. Vers le 10 octobre, ils remontaient la rivière et étaient arrivés à Arcy-sur-Cure, lorsqu'ils reçurent un message du roi de Navarre par Louis Harlay de Montglas qui les sollicitait de prendre, par la vallée de l'Yonne, la direction du Bourbonnais, du Forez et du Velay où ils trouveraient des troupes alliées envoyées à leur rencontre. Les Allemands qui avaient déjà perdu par des maladies plusieurs de leurs officiers et un grand nombre de soldats, et étaient commandés par des chefs malades eux-mêmes (1), refusèrent de s'engager dans les montagnes du Morvand et continuèrent à s'avancer vers le Berry où ils espèraient trouver quelque soulagement à leur misère. Vers la mi-octobre, ils arrivaient à Mailly-la-Ville avec l'intention de ne point s'y arrêter; mais des troupes campées à Châtel-Censoir (2) les attendaient aux alentours de Coulanges-sur-Yonne.

Forcés pour cette raison de s'arrêter quelques jours, ils essayèrent de dégager leur route par un

---

(1) Le 10 octobre, le duc de Guise écrivait au roi : « Votre Majesté auroit horreur de voir la routte de leur armée où il ne se trouve pas moings de trois à quatre cens personnes mortes ou à l'abandon..... hier mourut le sieur Lamarck, à sept heures du soir; monsieur de Bouillon est toujours fort malade, et le sieur de Chastillon n'est guère mieux. »

(2) Le 18 octobre, le secrétaire du commissaire des vivres « pour l'armée du Roy, conduite par M. le duc Mayenne » signa à « Chasteau-Sensoyt », un reçu de « trois mille pains et deux muids de vin » envoyés sur réquisition par les Avallonnais. Le 10 et le 13 octobre, Avallon avait déjà répondu à d'autres réquisitions pour deux compagnies de « gens de pied françois » qui avaient séjourné 4 jours à Cousin-le-Pont et à Pontaubert. (*Archives d'Avallon*, chap. 52 de l'ancien inventaire.

stratagême qui fit sortir du camp et rétrograder vers Vézelay, une partie des forces catholiques.

### V. — Tentative contre Vézelay

Un officier du comte de Châtillon, Jacques Pape, seigneur de Saint-Auban, fut envoyé un soir, à la tête de trois cents chevaux (1) commandés par les sieurs de Montlouët, de Liramont et le baron de Lancres contre Vézelay pour s'en emparer, si possible, « à coups de pétard », mais dans l'espoir d'attirer surtout l'attention du camp de Châtel-Censoir de ce côté. Le chemin qu'il prit fut sans doute par les environs de Brosses et de Montillot. A deux lieues de Mailly-la-Ville, le détachement passa près d'un poste de cavalerie que Mayenne avait logé dans le « bourg fermé » de Châtel-Censoir. Deux des derniers hommes de file du détachement ayant mis pied à terre, furent pris par les sentinelles du poste et conduits au camp catholique.

Mayenne, trompé sur le vrai but de cette marche nocturne, envoya aussitôt par le chemin le plus court, le sieur de Vins avec 120 ou 150 chevaux sous les murs de Vézelay. Jacques Pape qui ne connaissait même pas, dit-il, la capture de ses

---

(1) « Deux cens cinquante harquebusiers à cheval et cinquante « maistres. »

hommes, continua avec confiance sa route; et laissant ses chevaux à une demi-lieue de la ville, sous la garde de Montlouët et de Liramont, s'approcha des portes, « prêt à descharger ses pétards ». Il n'en était plus qu'à trois cents pas, lorsqu'il aperçut les hommes que de Vins avait déjà pu y ranger en bataille. Voyant son projet éventé, il évita de révéler sa présence si près de la ville par des mouvements trop brusques capables d'attirer l'attention de l'ennemi et peut-être même d'effrayer les siens, et effectua une retraite à *reculons*, c'est-à-dire qu'il commanda « que la queue fist teste » jusqu'à ce qu'ils eussent tous regagné leurs chevaux. Ils étaient à peine en selle qu'ils entendirent le trot de nouveaux escadrons que Mayenne envoyait contre eux : mais grâce à « l'obs-« curité de la nuit », ils purent rentrer au quartier général sans nouveaux incidents. Le lendemain, de grand matin, sachant le camp de Châtel-Censoir un peu dégarni par suite de cette manœuvre, les huguenots se decidèrent à continuer leur marche par Coulanges-sur-Yonne (1).

Ce ne fut pas toutefois sans laisser à Mailly-la-Ville les traces habituelles de leur passage. Ils brûlèrent trente ou quarante maisons du bourg, saccagèrent la plupart des autres et emmenèrent tout le bétail des habitants (2).

Nous ne dirons rien de leurs exploits sur la petite

---

(1) Mémoires de Jacques Pape dans le *Panthéon littéraire*, p. 402

(2) *Archives de la Côte-d'Or*, procès-verbal de recherche des feux du comté d'Auxerre. Communiqué par M. Quantin.

ville de Perreuse et autres places éloignées de la Bourgogne, où du reste ils s'arrêtèrent peu, pressés qu'ils étaient d'aller joindre leurs alliés.

---

**VI. — Repoussé par le roi des rives de la Loire, l'ennemi s'engage dans la vallée du Loing et est battu à Vimory et à Auneau par le duc de Guise.**

Arrivés dans les plaines qui bordent la Loire, les Allemands trouvèrent l'armée de Gien commandée par le roi en personne et dont les bataillons étaient disposés sur les deux rives du fleuve, de manière à en empêcher l'approche et à s'opposer à leur jonction avec les troupes du roi de Navarre et du prince de Condé. Les dispositions stratégiques de Henri III eurent un plein succès : les confédérés furent repoussés et refoulés dans la vallée du Loing par où ils se dirigèrent sur Montargis, vivement poursuivis par l'armée royale. C'était pour le roi une véritable victoire dont on aurait dû lui tenir compte.

Le duc de Guise, qui occupait Auxerre depuis quelques jours avec le duc de Mayenne, ayant l'œil sur tous ces mouvements se porta à Courtenay avec deux mille arquebusiers et quatre cents corselets. Informé que l'ennemi n'était plus qu'à deux lieues au sud de Montargis, il précipita sa marche, tomba à l'improviste sur l'arrière-garde, commandée par le baron Dohna, et la tailla en pièces au village de Vimory, (27 octobre) (1). Un mois plus tard, le 25 novembre, eut lieu dans le pays Chartrain, l'affaire d'Auneau qui coûta aux confédérés deux mille morts, un grand nombre de prisonniers, une immense quantité de butin, d'artillerie et de chariots (2).

Tous ces échecs découragèrent l'armée allemande qui commençait à se débander. Déjà 12.000 Suisses qui s'étaient laissé gagner par l'argent comptant du roi, reprenaient par petites troupes le chemin de leurs montagnes, et traversaient désarmés et enseignes pliées, une partie de la Bourgogne et de la Franche-Comté.

Le reste de l'armée, composée de reitres, de lansquenets et de protestants français, ne put tenir la campagne et battit en retraite du côté de la Loire, avec une telle précipitation, que le duc de Guise, qui s'était mis à sa poursuite, ne put « l'atteindre » (3); mais aux environs de Gien, un nouveau désastre acheva de démoraliser les confédérés. Ils perdirent encore plus de douze cents hommes et partie de leurs bagages, dans une rencontre avec l'armée royale.

---

(1) Mainbourg. *Histoire de la Ligue*, 1683, p. 185. — Lettre du duc à Mendoza, dans M. de Croze, t. II. 299.
(2)             id.             id.
(3) Lettre du duc de Guise à Mendoza, dans M. de Croze, II, p. 300.

**VII. — Les débris de l'armée Allemande s'esquivent en remontant la Loire jusqu'à Marcigny et longent le Mâconnais.**

Le dessein du duc de Guise était d'exterminer ces débris. Le roi, plus humain, voulait leur offrir la paix. Cependant, dans la crainte que l'ennemi, tout affaibli qu'il fût, n'allât se joindre au roi de Navarre qui, peu de temps avant (20 octobre), avait remporté contre le duc de Joyeuse l'éclatante victoire de Coutras, le duc d'Epernon fut envoyé à sa poursuite; mais avec mission d'entendre des paroles d'accomodement. Réduic à quatre mille hommes environ, cette armée côtoya la Loire jusqu'aux environs de Bourbon-Lancy d'où elle pénétra de nouveau dans la Bourgogne. A Marcigny, les partis entrèrent enfin en composition, et le 8 décembre, signèrent un traité en vertu duquel les étrangers sortiraient du territoire français avec escorte et sauf-conduit jusqu'aux frontières, moyennant que les lansquenets remettraient leurs drapeaux et que les reitres plieraient leurs cornettes dans leurs valises; que les uns et les autres promettraient avec serment de ne plus porter les armes contre le roi de France. Quant aux protestants françois qui voudraient rentrer dans leurs foyers, ils devaient s'engager à retourner au catholicisme et à se conformer aux édits du roi. François de Coligny, seul, refusa le traité, s'esquiva avec environ 120 cavaliers et parvint, à travers mille dangers, à passer en Languedoc. Cet accord conclu, d'Epernon offrit, dans les salles du prieuré de Marcigny, un somptueux festin à ses ennemis de la veille, puis les fit reconduire jusqu'à Mâcon, d'où, traversant la Bresse et une partie de la Savoie, ils se rendirent à Genève au nombre d'environ deux mille.

L'épuisement, la fatigue, l'intempérance, avaient achevé l'œuvre des combats. Un grand nombre étaient morts de maladie et d'autres avaient été impitoyablement massacrés par les paysans dans les villages où ils s'étaient arrêtés pour prendre un peu de repos. Ils payaient ainsi de leur vie les meurtres, les incendies, les ruines et les pillages qu'ils avaient commis à leur premier passage. Le duc de Bouillon, que nous avons déjà vu au commencement de la campagne, contraint de se faire porter en litière, n'eut pas la force de rejoindre ses foyers : il mourut à Genève, en janvier 1588, au moment où il atteignait ses vingt-cinq ans.

D'autres, qui avaient pris par la Franche-Comté et l'État de Montbéliard, ne furent guère plus heureux. Ils se trouvèrent de nouveau en présence du duc de Guise et du marquis de Pont, qui ne cessèrent de les poursuivre, même sur les terres indépendantes de la France, malgré l'opposition des gouverneurs et possesseurs de ces provinces.

**VIII. — Honneurs rendus au duc de Guise et manifeste de Nancy.**

La défaite complète des protestants Allemands tourna particulièrement à l'honneur des Guises ; la participation du roi y fut systématiquement méconnue, et les traités qu'il fit d'abord avec les Suisses pour les détacher de l'armée ennemie, puis avec les reîtres pour les faire sortir du royaume, lui furent reprochés comme des actes de trahison. Dès son retour à Paris, deux jours avant Noël, Henri III s'était rendu à Notre-Dame pour y remercier Dieu du succès de ses armes. Les ligueurs parisiens, excités par les intrigues de la duchesse de Montpensier, autant que par les agents du duc de Guise, l'accueillirent avec une froideur calculée : ils réservaient les honneurs du triomphe à leur chef, le duc de Guise : et ce qui se passait à Paris, se reproduisait parmi celles des villes de la Bourgogne qui étaient en communication avec la faction des Seize.

Après sa poursuite des Allemands jusque sur leur territoire, le duc de Guise était venu à Nancy chez le duc de Lorraine, où il avait donné rendez-vous aux princes de sa famille et aux principaux chefs de la Ligue pour y combiner un système d'agressions contre la politique royale. On y rédigea une sorte de manifeste contenant des conditions inacceptables et qui ne fut autre chose qu'une provocation insolente lancée à la face de Henri III.

En même temps qu'au roi, ce manifeste fut envoyé à l'association des Seize à Paris, puis de là dans les comités affiliés des provinces. (1).

Le roi blémit d'indignation à sa lecture et allait éclater contre ses auteurs; mais, se calmant aussitôt, il répondit que des propositions comme celles qui lui étaient présentées demandaient à être soigneusement examinées et discutées en conseil, avant d'être résolues; puis, dans le but de gagner du temps pour combiner la résistance, il passa deux mois en négociations feintes, et finit par interdire au duc de Guise de rentrer à Paris, où les ligueurs n'attendaient que sa présence pour prendre les armes. Guise enfreignit la défense, arriva le 9 mai dans la capitale, fit prévenir ses affiliés et, entouré d'une multitude menaçante alla, pendant deux jours, jusqu'au Louvre, braver le roi par des paroles aussi blessantes qu'impérieuses.

---

(1) Les articles de ce manifeste portaient en substance « que, « pour le service de Dieu et le maintien et la seûreté de la religion, « le roy seroit, non pas très humblement supplié, mais sommé « d'établir la sainte inquisition dans son royaume, d'y faire publier « le Concile de Trente, en suspendant l'article qui révoque l'exemp- « tion que quelques chapitres et abbayes prétendent contre les « évesques; de continuer la guerre contre les huguenots et de « faire vendre leurs biens et ceux de leurs associez pour fournir « aux frais de cette guerre, et pour payer les dettes que les chefs « de la Ligue avoient esté contraints de faire pour l'entretenir; de « ne donner la vie à ceux qu'on fera prisonniers, qu'à la condition « qu'ils paieront comptant la valeur de tous leurs biens et qu'ils donneront assurance de vivre désormais en bons catholiques. »
Mainbourg, *Histoire de la Ligue*. Paris 1683, p. 223.
Palma Cayet, *Chronologie novenaire*, où les termes sont un peu moins violents. Edit. Buchon, p. 41.

Ce fut le signal de la révolte. Le troisième jour après l'arrivée du duc de Guise, le peuple prit les armes, éleva des barricades de manière à couper les communications entre les divers postes militaires qui occupaient les points les plus importants de la capitale, désarma celles des compagnies bourgeoises qui étaient restées fidèles à la cause royale et les dispersa. On se battit dans plusieurs quartiers. Le duc, bien qu'il se vit dès lors assuré de la victoire, demanda, pour plus de garantie, un nouveau renfort à l'un des siens, d'Entragues, gouverneur d'Orléans, et lui écrivit : « J'ai défait les Suisses, « taillé en pièces une partie des gardes du roi et « tiens le Louvre serré de si près, que je rendrai « bon compte de ce qui est dedans. » (1).

### IX. — Le roi, contraint de fuir de Paris, se retire à Chartres.

Le Louvre était, en effet, à peu près cerné ; mais on avait oublié ou négligé une sortie vers le quai de la Seine. Henri III en profita. Faisant mine de se promener dans les Tuileries, il sauta sur un cheval que ses officiers avaient ordre de lui tenir prêt et s'enfuit avec une trentaine de cavaliers, tant gentilshommes que pages, par la porte Neuve.

(1) M. de Croze, t. II, p. 83 qui renvoie aux *Mémoires de la Ligue*, II. p. 313.

Après avoir couché à Trappes, il gagna, le lendemain, la ville de Chartres où, bientôt rejoint par une partie de la Cour, par sa garde, ses troupes françaises et un renfort de quatre mille Suisses, il installa pour un temps le siège du gouvernement. C'est de là qu'il instruisit les gouverneurs des provinces des événements qui l'avaient contraint de quitter sa capitale. Il n'oublia pas, dans ses lettres, d'affirmer à nouveau ses sentiments religieux et sa ferme volonté de réunir tous ses sujets à la foi catholique, apostolique et romaine. Puis il ordonna partout des prières publiques pour le salut et le repos du pays. « Nous vous prions, » écrivit-il, « et exhortons de faire prier Dieu en vos églises « pour cette réunion, et que l'obéissance qui nous « est due, nous soit conservée comme il appar-« tient. » (1).

Ses lettres aux magistrats de Dijon sont du 12 et 16 mai. Par la première, écrite avant sa fuite, il annonçait qu'il avait fait retirer les troupes appelées d'abord à son secours aux premières menaces de la révolte ; et par la seconde, il démentait les bruits malveillants suivant lesquels on lui imputait l'intention d'avoir voulu imposer ces troupes en garnison à la ville. Enfin, il terminait par un appel à « l'union, paix et concorde des ungs avec les « autres, pour la conservation de la dicte ville » (de Dijon).

Le corps de ville ayant entendu la lecture de ces

---

(1) M. de Chalembert, t. II, p. 157 qui renvoie aux *Mémoires de la Ligue*, II. 3.4.

lettres, rendit le 23 mai, une ordonnance prescrivant « la garde de la ville, tant de jour que de « nuit, soubs l'obéissance et auctorité de sa « Majesté, » et la poursuite des colporteurs de nouvelles « tendant à sédition et monopole ». (1).

Henri III réclama aussi des Auxerrois la même soumission à son autorité et les exhorta pareillement à la concorde. Il leur écrivit par le marquis de Ragny qui rentrait en Bourgogne afin d'y soutenir le zèle des royalistes : « Nous nous promectons
« ..... que vous demeurerez fermes et constans en
« la réverance et obéissance que vous devez naturellement à votre Roy, en vous tenans tousjours
« joincts et unis avec luy, qui n'a autre volonté
« et intention que de vous faire sentir, comme à
« tous ses autres sujects, ung bon et favorable
« traitement, selon que vous l'esprouverez par
« effect ». (2).

### X. — Nouvelle stratégie des Guises.

Quant aux Guises, le départ du roi et l'installation de son gouvernemeut en dehors de la capitale avaient jeté l'inquiétude dans leur esprit. Ils

(1) *Archives de la ville de Dijon*, registre des délibérations. T. 97 folio 219.

*Monopole*. Ce mot dont le sens propre est : *vendre tout seul*; anciennement signifiait aussi, *conspiration, cabale secrète*.

(2) *Archives de la ville d'Auxerre*, paquet 210, case b H.

baissèrent le ton, cessèrent un instant de parler en maîtres et affectèrent des sentiments de soumission et de respect qu'ils étaient loin d'avoir, comme ils ne tardèrent pas à le témoigner par leurs actes.

Suivant un plan combiné avec son frère, Mayenne était resté dans son gouvernement de Bourgogne à attendre l'issue des événements, afin d'y conformer sa conduite. Lié par le sang aux intérêts de sa famille et par les devoirs de gouverneur de la Bourgogne à ceux de son souverain, il semblait hésiter et ne se pressait pas de communiquer à ses administrés les nouvelles qu'il recevait de Paris. Le 17 mai, à dix heures du soir seulement, 4 jours après la fuite du roi, il appela à son hôtel le maire de Dijon et lui donna enfin officiellement connaissance de la révolte en accompagnant ses communications de protestations de fidélité au roi et de dévouement au pays. (1). Le 20, le maire rendit

(1) Séance du 20 mai 1588.

« Monsieur le maire a dit que Monseigneur le duc de Mayenne le manda mardi dernier, sur la dixhième heure de la nuyt, pour raison des événements survenus à la ville de Paris, ces jours passés ; et il prie avec tous messieurs les eschevins, faire que les habitans de la dite ville demeureront tous ensemble en bonne paix, union et concorde pour la garde et conservation de la dite ville, souz l'autorité et obéissance du roi ; que s'il se recongnois quelques uns qui tiennent langage, soit à division ou monopole, qu'ilz soient relevés et rapportés pour luy estre fait procès, comme perturbateur du repos public et service de Sa Majesté. Et lui réitéra, Monseigneur, ses protestations qu'il vouloit toujours s'employer à maintenir tout le pays de Bourgogne sous la dite autorité et obéissance, et le chargea de faire entendre à la compagnie, ce que faisoit, afin de satisfaire à ce que dessus ».

(Archives de la ville de Dijon, registre des délibérations. T. 97, folio 214.

compte au conseil des échevins, et proposa des mesures de police contre les personnes qui, à l'occasion des troubles, tenteraient, par leurs propos ou leurs actions, de provoquer du désordre. Trois jours plus tard, à la réception des lettres du roi, le conseil rendit l'ordonnance que nous avons vue, pour la garde de la ville et la répression des provocateurs de tumulte. Il y régnait donc, dès lors, une certaine agitation que les élections prochaines allaient accroître. Entre les ligueurs et les royalistes la lutte était même tellement accentuée que le 31 mai, la chambre de la ville, quoiqu'elle n'eût peut-être pas encore en majorité une couleur bien déterminée, crut prudent d'ordonner des mesures de sécurité. Elle prit un arrêté portant défense à tous artisans, vignerons et autres, de s'assembler plus de deux ou trois pour jouer ou travailler, à peine de l'amende arbitraire, et leur interdit de faire tumulte à l'occasion de l'élection des magistrats, sous peine de punition corporelle. Il fut ordonné à tous les mendiants, vagabonds et gens sans aveu de quitter promptement la ville à peine du fouet. (1).

Les discussions électorales qui avaient motivé cet arrêté, paraissent s'être prolongées jusqu'au 21 juin, jour où Jacques La Verne, un ligueur des plus ardents, fut élu et reçu vicomte-maieur de Dijon. A. La Verne, Brenier et Millière lui furent donnés pour « lieutenants ». Ce résultat ne calma

(1) *Archives de la ville de Dijon*, registre des délibérations, 97, folio 225-226.

pas les émotions. Le 28 juin, le maire fit publier une nouvelle ordonnance de police portant défense aux habitants de parcourir la ville sans lumière et par groupes de plus de deux personnes, avec ou sans armes, passé 9 heures du soir, et il expulsa encore une fois les « étrangers vagabonds ». (3)

### XI. — Conseil de l'Union établi à Dijon, correspondant avec celui de Paris, et rumeurs à Dijon.

De même que Paris, Dijon avait déjà son conseil de l'Union dirigé par Mayenne, et en correspondance avec celui des Seize. Dans le moment où l'on prenait les mesures de police qui précèdent, il se passa un fait encore mal expliqué qui semble s'y rattacher et avoir eu pour but, soit de perpétuer l'agitation soit de motiver l'arrestation de certains royalistes suspects au gouverneur. Voici le texte même des documents qui le relatent. A la séance du 30 juin « Monsieur le maire a dit que Mgr le
« duc de Mayenne, gouverneur pour le roy en son
« pays de Bourgogne, le manda le jour d'hier sur
« le tard, et le chargea de faire armer une partie
« des habitans de la dite ville (de Dijon) pour les
« mettre et poster en garde par la dite ville et sur
« les murailles, parce qu'il avoit receu advertis-

---

(3) *Archives de la ville de Dijon.* Délibération de la chambre de ville. T. 98.

« sement de plusieurs lieux (d'un complot) pour
« surprendre ceste ville, l'assassigner avec la
« plupart des habitans... Encore aujourd'huy lui a
« dit qu'il désiroit parler à tous messieurs de la
« dicte chambre...... Ce fait, tous messieurs sont
« allez devers le dit sieur. Là, arrivez en une gal-
« lerye naguère construicte audit logis du roy, le
« dit sieur duc de Mayenne a dict que de plusieurs
« et divers endroicts il a receu advertissement de
« conspiration de surprinze sur ceste ville, et l'as-
« sassigner avec un bon nombre des habitans
« d'icelle. » Puis il donna l'ordre au maire de faire
mettre la garde bourgeoise sous les armes. Cependant le bruit d'une entreprise contre la ville, eut
peu de crédit parmi le peuple et parut « choses
feintes et simulées », selon les termes qu'employa
Mayenne, un mois plus tard pour s'en expliquer.

Le parquet du parlement lui-même, surpris de
cette agitation, voulut en connaitre la cause. Il
soupçonnait une manœuvre et des excitations
séditieuses et crut de son devoir d'en rechercher les
auteurs, résolu de sévir selon la rigueur des édits,
et même de l'ordonnance municipale du 23 mai
précédent. Il fit venir à sa barre le maire et les
échevins et leur demanda des explications sur les
motifs de la prise d'armes. Le maire répondit au
premier président que la mesure avait été ordonnée
par le gouverneur de la province, qui l'avait
motivée comme nous venons de le voir. (1). Le
parlement s'en tint à cette déclaration et laissa

(1) *Archives de la ville de Dijon*. Registre des délibérations.
T. 98.

faire, sans autre incident, les arrestations décrétées par Mayenne.

Les murmures furent loin de s'apaiser et mirent le gouverneur dans la nécessité de justifier ses actes arbitraires. Dans ce but, il convoqua tous les habitants à l'hôtel-de-ville, et s'y étant rendu avec une pompe imposante, il fit un bref discours dans lequel il affirma d'abord, sur sa simple parole et sans fournir aucune preuve, que les avertissements de conspiration contre la ville, qui lui étaient parvenus, n'étaient « choses feinctes et simulées, mais « très véritables ». Quelque peiné qu'il fût d'avoir à sévir contre quelques uns des habitants compromis dans le complot, il avait dû s'assurer de leurs personnes pour leur faire comprendre qu'il avait en main le pouvoir de les châtier selon leur mérite; cependant, par clémence, il s'était contenté de les admonester sévèrement, puis leur avait rendu la liberté. Rendant ensuite adroitement le maire et les échevins complices de ses actes, afin de les lier à sa cause, il ajouta qu'usant de ses seules forces, il aurait pu avoir facilement raison des conspirateurs ; mais qu'il n'avait voulu agir que « par l'advis et conseil des dicts sieurs vicomte-« Maieur et eschevins ausquels il a laissé le tout « gouverner prudemment comm'ilz ont faict » Aussi tient-il à les « remercier » publiquement comme il « faisoit, de l'obéissance qu'ils ont prestée à l'exé-« cution de ce qui a esté commandé ».

Après Mayenne, le maire essaya à son tour de justifier les mesures prises pour « conserver la « ville *soubz l'obéissance du roy* ». Ce qui revient à dire que les royalistes étaient étrangers au prétendu complot, puisqu'il s'agissait de maintenir le pays sous l'autorité du roi. Il complimenta ensuite le gouverneur sur sa mansuétude et sur son zèle à maintenir tout le pays « soubz l'obéissance de sa « Majesté »; (il y revient encore), puis, accompagné de tout le corps de ville, le reconduisit jusqu'à son hôtel. (1).

(1) Pour ne pas renvoyer aux pièces justificatives qui se lisent peu, le document relatif à ces faits, nous en ferons ici l'objet d'une note.

« Séance du 29 juillet 1588;

« La chambre advertie que Monseigneur le duc de Mayenne désiroit venir en icelle ce jourd'huy matin, et que la pluspart des habitans fussent convoqués pour entendre ce qu'il avoit à leur proposer, a faict promptement advertir les dits habitans, de pot en pot, pour se trouver en icelle à heure de huit heures et demie de ce matin. A laquelle estant bon nombre, est survenu le dit seigneur duc de Mayenne, au devant duquel Messieurs les Vicomte-Maieur, eschevins et procureur scindicq l'apercevant venir, sont allez jusques à la porte de la maison de ville, où l'ayant salué et conduict à la grande salle préparée pour le recepvoir, a dit en substance ses mots :

« Messieurs, je vous ai prié de vous trouver en ce lieu affin que vous entendiez que les remuemens advenus en ceste ville le jour de Saint-Pierre dernier, et autres subséquentz, pour empescher les pernitieux dessaings qu'aucungs mal zélés du service du Roy et au bien de ceste république avoient faicts contre l'Estat d'icelui et sa personne, n'ont esté choses fainctes et simulées, mais très véritables, dont il a pleu a Dieu donner si bon tesmoignage et preuve, que tant par escript que autrement, le tout se trouvoit avéré. Etant bien

## CHAPITRE XV — (1588).

Pendant que Mayenne agissait sur les Dijonnais par voie d'intimidation, le duc de Guise usait de paroles courtoises avec les Auxerrois. L'un et l'autre, dès leur passage à Auxerre au mois d'octobre précédent, lorsqu'ils étaient à la poursuite des reitres, avaient mis à profit les deux ou trois jours de repos qu'ils avaient accordés à leurs troupes, pour lier des relations avec quelques notables de la ville et les inféoder à leur parti. Ils

marry de ce que aucungs de ceste ville se trouvoient de la faction, desquelz il s'estoit saisi et asseuré de leurs personnes pour leur faire entendre que ne manquoit de la force pour les faire chastier de telles et audacieuses entreprinses ; les ayant mis en liberté après les avoir sur ce admonesté, ce qu'il avoit faict, non pour en rien altérer et troubler l'estat et repos d'icelle, lequel ensemble tout son gouvernement il avoit heu en telle et si singulière recommandation, que n'avoit permis les trompes des gens de guerre y entrer et passer, sans l'auctorité de sa Majesté et permission qu'ilz pouvoient avoir d'icelle, veue par luy, ains au contraire celles qu'il avoit pour le service de sa dite Majesté les avoit faict retirer et reculer. Et si ausditz remuemens qu'ont les meschans et pervers dessaings heussent voullus estre effectuez par ceus qui les avoient entreprins, encore qu'il s'asseure, tant moyennant l'aide de Dieu, qu'il heust peu les empescher par la force, toutes fois affin de démonstrer quelle estoit son intention et vollonté au service de sa dite Majesté et conservation de ceste dite ville, et pays, il n'a voulu rechercher ny user d'autres forces que de celles qui a procédé des dits habitans par l'advis et conseil des dits sieurs Vicomte-Maieur et eschevins ausquelz il a laissé le tout gouverner prudemment, comm'ilz ont faict ; et ce faisant, congneu la grande fidélité et vigilance qu'ilz ont, avec le peuple, presté en ceste

avaient donné une nouvelle impulsion au comité Auxerrois, correspondant du Conseil central des Seize, et dont l'avocat Tribolé et le cordelier Claude Trahy étaient des promoteurs ardents.

Une semaine environ après la réception de la lettre apportée à Auxerre par le marquis de Ragny, le duc de Guise réclamait aux magistrats, sur le ton le plus gracieux, les armes et les étendards qu'il avait mis sous leur garde, lorsqu'il partit pour Courtenay et Vimory. « Messieurs, » écrivit-il, « je

affaire pour le service de Sa Majesté manutention de l'estat de la dite ville et de sa personne, de quoy il a ressanty et ressant telle obligation, qu'il n'a voulu permettre les choses estre passées sans les en remercier, comme il faisoit, de l'obéissance qu'ilz ont prestée à l'exécution de ce qui a esté commandé ; les priant de continuer pour le service de Dieu, du Roy et de l'Etat d'icelle ville, en quoy de sa part, il ne manquera, toutes occasions se présentans, et d'y employer sa vie et celle de ses enfans, ensemble ses moyens, déclarant qu'il ne chérit moins iceux habitans que ses dits enfants.

« Quoy faict, le dict sieur Vicomte Maieur a prins le propos pour toute la compaignie et dit qu'ayant congneu les magistrats d'icelle ville et tout le peuple en toutes les choses passées, combien telz et telz pernitieux dessaings estans exécutés, heussent apporté d'altération et trouble à l'estat d'icelle ville contre le service qu'elle doibt à Sa Majesté, soubz laquelle elle se maintiendra, moyennant la grâce divine, et l'aide du dit Seigneur, lequel elle a congneu et les sieurs ses prédécesseurs s'estre employez à la conserver soubz l'obéissance de sa dite Majesté, ils n'ont peu moins faire que s'employer virillement ausditz remumentz ; ce que en toutes autres occasions et occurences, dont Dieu nous

« vous prie vouloir envoyer à Sens les armes et
« drapeaux qui vous furent laissez en garde il y a
« quelques temps, où je les envoiray prendre, et je
« donneray ordre au remboursement des fraiz que
« vous aurez faictz. Vous remerciant de la peine
« que vous avez prise en cela, qui m'oblige de
« m'en revancher en toutes occurences qui dépen-
« dront de ma puissance. »

« Et je prie Dieu, Messieurs, vous avoir en sa
« garde. »

« De Paris ce 25ᵉ de may 1588,

« Votre meilleur amy,

Henri de Lorraine. (1).

---

garde, ilz feront encore mieux si l'on peut pour le service du roy et du dit seigneur, auquel la ville a tant d'obligation qu'elle ne pourroit jamais s'en acquitter pour les douceurs et humanitez dont il a usé à la maintenir soubz l'obéissance de sa dite Majesté, en repos et tranquillité à laquelle chacun des dits habitans n'espargnera sa vie à exécuter ce qu'il luy plaira commander, ayant le dit seigneur si bien montré sa douceur qu'elle a surpassé la naturelle, car, comme l'on dit, naturellement l'homme est enclin à venger l'injure à lui faicte, toutes fois encore que contre sa propre personne l'on heust faict les dictz dessaings, il les a remis et passé soubz silence ; et sur ce subject, le dit sieur Maieur a allégué plusieurs histoires et passages. »

« Ce faict, le dit seigneur s'est départi et a esté conduict au logis du roy par la dicte compaignie. »

(*Archives de la ville de Dijon.* Délibération de la chambre. T. 93, ou B 226 de l'inventaire sommaire).

(1) *Archives de la ville d'Auxerre,* n° 210, case 6 H.

### XII. — Traité d'Union accepté et juré en Bourgogne

La reine-mère et le secrétaire d'État Villeroy négociaient alors pour le roi avec les principaux chefs de la Ligue ; mais ceux-ci élevaient très-haut leurs prétentions et posaient des conditions qui équivalaient pour Henri III à une abdication. Les débats furent longs et animés : Cependant, à la fin, Catherine de Médicis cédant sur presque tous les points, finit par signer avec le duc de Guise le Traité d'Union. Le roi ratifia cet accord par un édit daté de Rouen, qui fut enregistré le 21 juillet au Parlement de Paris, et le 2 août au parlement de Dijon. En voici les principales dispositions : Le roi déclare d'abord dans l'exposé préliminaire que les « articles » de l'édit seront « tenuz pour loi inviolable et fondamentale du « royaulme » ; puis il les formule en ces termes :

« Et premièrement, »

« Nous jurons et renouvellons le serment par
« Nous faict en nostre sacré de vivre et mourir en
« la religion catholique, apostolique et romaine,
« promouvoir l'advancement et considération d'icelle,
« employer de bonne foy toutes nos forces et
« moiens, sans espargner nostre propre vie, pour
« extirper de noz royaulmes, pays et terres de
« nostre obéissance, tous schismes et hérésies con-
« damnés par les saintz conciles, et principalement
« par celluy de Trente, sans jamais faire aucune

« paix ou tresve avec les hérétiques, ni aucun édict
« en leur faveur. »

« Voulons et ordonnons que nos subjectz, princes
« et seigneurs, tant ecclésiastiques, gentilzhommes,
« habitans des villes et plat pays, qu'autres de
« quelque qualité et condition qu'ilz soyent,
« s'unissent et joignent en ceste cause avec nous,
« et facent pareil serment d'employer avec nous
« toutes leurs forces et moiens, et jusques à leurs
« propres vies pour l'extermination des héréti-
« ques. »

« Jurons aussi et promectons de ne favoriser ni
« advancer (nul hérétique).

« Ordonnons et voulons que tous nos subjectz
« uniz jurent et promectent dès à présent et pour
« jamais, après qu'il aura pleu à Dieu disposer de
« nostre vie sans nous donner des enfans, de ne
« recepvoir à estre Roy, prester obéissance à prince
« quelconque qui soit hérétique ou faulteur
« d'hérésie. »

Cet article qui visait le roi de Navarre sans le nommer, ne prononçait pas son exclusion formelle: en abjurant son erreur, le prince de Béarn pouvait rentrer dans ses droits. Aussi quelques mois plus tard, aux États de Blois, les ligueurs demandèrent-ils des termes plus explicites, comme nous le verrons plus loin.

Le roi prend ensuite l'engagement de n'admettre au commandement des armées et aux charges judiciaires ou de finance, que des catholiques éprouvés et reconnus tels « par attestation des « évêques, » et par des témoignages suffisants.

Enfin, il déclare mettre en oubli tous les faits qui ont occasionné sa fuite de Paris, et les considérer « comme non advenus. »

Le traité d'Union lu et enregistré le 2 août au parlement de Bourgogne, fut signé par tous les membres de la cour. On voit en tête le nom du premier président Denis Brulard avant celui du duc de Mayenne, puis ceux des présidents à mortier, des conseillers clercs et laïcs, des gens du roi et des greffiers. (1).

Par arrêt de la cour, le procureur général eut mission d'envoyer des expéditions de l'édit d'Union à tous les baillis du ressort, avec invitation de recevoir le serment des gentilshommes et officiers du roi, et de faire prendre celui des bourgeois et habitants par les maires et magistrats de chaque localité. Les procès-verbaux de ces opérations devaient lui être parvenus dans le délai d'un mois.

Le lendemain de la publication au parlement, la chambre de ville de Dijon reçut le formulaire d'Union et l'accueillit avec un enthousiasme indescriptible. Le soir, on fit des feux de joie sur la place devant la Sainte-Chapelle, on y alluma une *folière* représentant la Sainte-Foi ; la terrasse de l'église et le clocher furent illuminés : On chanta le *Te Deum*. (2).

La cérémonie du serment commença le 4 août avec une imposante solennité. « Après une messe

---

(1) *Bibl. nat.* ancien fonds Fontette, portefeuille 37, n° 11. Aujourd'hui collection Moreau, vol. 804, folio 96.

(2) M Rossignol. *Des libertés de la Bourgogne*. p. 73.

« du Saint-Esprit dicte et célébrée en la chambre
« de l'hostel-de-ville, à laquelle assistèrent tous
« messieurs les Vicomte-Maieur, eschevins, pro-
« cureur scindicq, secrétaires de ville, receveurs,
« preud'hommes et substitut du scindicq, » chacun
« les genoux en terre, l'ung après l'autre, jura
« sur les saincts évangiles et promit à Dieu et au
« Roy effectuer de poinct en poinct, et sans y contre-
« venir les articles » de l'édit d'Union et apposa sa
signature à la suite de la copie qui en fut faite sur
un livre à part et « séparé du registre ordinaire. »

Le conseil de ville prit ensuite cette conclusion :
« A la requête du scindicq, tous les habitans de la
« dite ville, par paroisse, l'une après l'autre, et
« chacung matin, à commencer de mardi (9 août)
« seront convoquez et assemblez en la grand'salle
« du dit hostel de ville, pour faire pareille presta-
« tion de serment que dessus : et seront tous ins-
« cripz au dit registre par noms et surnoms, soubz
« lesquelz ilz se soubsigneront. Ceux qui ne le
« scauront faire, feront les marques qu'ilz ont
« accoustumé de faire, synon sera dit qu'ilz ne
« scavent lire et escripre, affin d'y avoir recours sy
« besoing faict. Et sera commencé par la paroisse
« Notre-Dame. » (1).

---

(1) *Archives de la ville de Dijon.* Délibération de la Chambre, t. 98.

# CHAPITRE XVI

## SECONDS ÉTATS-GÉNÉRAUX DE BLOIS ET MEURTRE DU DUC ET DU CARDINAL DE GUISE (1588-1589)

I. Convocation des États-généraux et assemblées préparatoires. — II. Députés aux États. — III. Formation des bureaux, vérification des pouvoirs. — IV. Débats avant l'ouverture officielle des États. — V. Ouverture de la session — VI. Vote d'exclusion du roi de Navarre au trône de France, après Henri III. — VII. Les États pressent le roi de déclarer la guerre au duc de Savoie et à Henri de Navarre, et lui refusent les subsides nécessaires. — VIII. Apparence d'accord entre le roi et les États : *Te Deum* à cette occasion : sermon du théologal de Senlis. — IX. Difficultés nouvelles. — X. Le roi fait mettre à mort le duc et le cardinal de Guise. — XI. Reprise des débats après le meurtre des Guises. — XII. Clôture des États : discours d'Étienne Bernard.

### I. — Convocation des États généraux et assemblées préparatoires

Une des conditions de l'accord entre le roi et les chefs de la Ligue, mais qui ne figure pas au traité d'Union dont les articles seuls devaient être publiés, fut la convocation à bref délai des États-généraux du royaume. Le roi comptait sur cette assemblée pour avoir la réparation de l'injure faite à son autorité dans la journée des barricades. Le duc de Guise, de son côté, s'efforçait d'obtenir, par ses

partisans, dans les débats parlementaires, le succès définitif qu'il n'avait pu trouver dans une émeute sanglante. Il exprime la confiance qu'il a dans ses manœuvres par une lettre qu'il écrivit le 5 septembre à l'ambassadeur d'Espagne, et dont nous empruntons encore à M. J. de Croze, l'extrait suivant. « Le Roy mon maistre presse fort la tenue
« des États-généraux et monstre y avoir beaucoup
« de bonne volonté. Partout on pratique pour faire
« nommer des députés en faveur des princes sus-
« pects, et pour faire requérir par le peuple, sous
« couleur de son soulagement, une paix générale
« avec les hérétiques. Je n'oublie rien de mon côté,
« ayant envoyé en toutes les provinces des per-
« sonnes confidentes pour faire prononcer ung
« contraire effet. Je pense y avoir tellement pourvu,
« que le plus grand nombre des députés sera pour
« nous et à notre dévotion.... Je me promets de
« n'estre point le plus faible. » Effectivement, continue M. de Croze, le duc de Guise avait recommandé partout à ses partisans « que les
« députés fussent bien triés et choisis parmi les
« trois ordres.... » (1).

Les États-généraux furent convoqués au 15 septembre dans la ville de Blois (2) pour aviser à

---

(1) M. J. de Croze, *Les Guises, les Valois et Philippe II* p. 106, 359 et 354.

(2) Six cents commissions imprimées à Auxerre chez Pierre Vatard pour la convocation des États généraux assignaient le mois d'août 1588.

*Archives de la Côte-d'Or*, B. 2665.

la « conservation de la religion en son entier et
« pour le bien publicq, comme aussi de ce qui est
« nécessaire à la manutention de la révérance et
« obéissance deue à Sa Majesté et à *l'entretene-*
« *ment* (ainsi souligné) de son auctorité royale ».
Les lettres royales reçues en Bourgogne le 27
juillet, furent lues dans une réunion préparatoire
le 20 août suivant.

Après la lecture, le duc de Mayenne qui présidait, prit la parole et déclara « qu'il estoit bien
« aysc que ceste occasion se soit présentée pour
« tesmoigner à l'assemblée la volonté qu'il a
« tousjours heue et aura perpétuellement à la
« conservation de la religion catholique, apostolique
« et romaine et au service du roy, pour lesquels il
« employroit son bien, ses moyens et sa propre
« vie. » (1).

Comme en 1576, les élections se firent par
bailliages ; mais les États provinciaux avaient
réservé que ce serait « sans tirer à conséquence »
pour l'avenir, ce mode de voter étant contraire
« aux privilèges du pays ». (2). Les élections eurent
lieu sous une double influence ; celle du duc de
Mayenne à la tête du mouvement dans la province
et, comme l'observe Augustin Thierry, celle née de
la situation morale des esprits, le lendemain d'une
émeute victorieuse. Il ne fut pas permis aux
électeurs d'élire « aucun de la religion (protes-

---

(1) *Archives de la Côte-d'Or*. — Registre des Etats
(2) id. id.

« tante) ou soupçonné de favoriser ceux de la dite
« religion. (1).

Quelques ligueurs exaltés prétendirent même exclure de l'éligibilité tous ceux qui occupaient une charge royale. C'est ainsi que les suffrages des Châtillonnais s'étant portés sur Edme Rémond, lieutenant-général au bailliage de La Montagne, le maire et les échevins de Châtillon protestèrent contre son élection. « Non pas, dirent-ils, que Edme Rémond fut indigne du choix qu'on avait fait de sa personne, mais par la raison qu'occupant une charge de judicature et étant officier du roi, il ne pourrait librement présenter aux États les cahiers de doléances qu'ils avaient dressés et qui contenaient plusieurs remontrances sur la justice et l'élection des gens du roi ». Le parlement saisi de leur opposition déclara, par arrêt du 14 août, l'élection régulière et valable. Force fut aux Châtillonnais de se soumettre ; mais ils insérèrent dans leurs cahiers à présenter aux États « qu'à l'avenir, en toutes assemblées d'États
« généraux ou particuliers de la province, nuls
« officiers du roi ne seront nommés ou élus pour
« y être envoyés. » Ils revinrent encore sur certains abus souvent signalés, quelquefois réprimés et toujours renaissants : mais à part ce que nous venons d'en voir, leurs cahiers ne sont que d'un médiocre intérêt. (2).

Les remontrances de Nuits-sous-Beaune sont

---

(1) De Mayer. *Des États généraux et autres assemblées nationales*. T. xiv. 275.

(2) M. G. Lapérouse. — *Histoire de Châtillon*, p. 338-340

rédigées en 45 articles : nous en retiendrons seulement la proposition de rendre décennales les assemblées des États-généraux; l'interdiction de toute autre religion que la « catholique, apostolicque et romayne »; l'expulsion du royaume dans un délai de trois mois, de tous « ceux qui ne vouldront obéyr et vivre selon la dite religión »; les conditions imposées aux hérétiques qui se résoudront à abjurer; la demande d'un règlement pour le séjour des troupes de passage. (1).

(1) « Sera suppliée Sa Majesté de faire tenir la main à l'entière
« observation de ses ordonnances faictes ou qui se feront aux
« assemblées des trois Estatz de son royaume. »

« Et afin que sa dite Majesté puisse estre mieux imformée des
« doléances de son peuple, pour y donner ordre, et le conserver
« tousjours en repos et bonne unyon, selon que tousjours a esté
« son intention, comme elle a monstré par tous effectz à elle
« posssible, il luy plaira ordonner que cy après lesdits Estatz géné-
« raulx de son royaulme, seront convocqués et tenuz de dix ans
« en dix ans, en telle ville et place de son royaulme que luy
« plaira ».

« Il plaira à sa dite Majesté dire et déclarer qu'il n'y aura en
« tous les païs de son obéissance que l'exercice d'une seulle
« religion, catholicque, apostolicque et romayne, et tous exercices
« d'aultres prétendues religions seront interdicts ».

« Aussy que ceulx qui ne vouldront obéyr et vivre selon la dite
« religion catholicque apostolicque et romayne, seront tenuz,
« dedans trois mois, sortir hors du royaulme, avec le bien qu'ilz
« auront, lequel ilz pourront vendre pendant le dit temps, à qui
« bon leur semblera ; et avant ledit département, seront tenuz
« prester le serment pardevant les baillifs, seneschaulx ou leurs
« lieutenans, qu'ilz n'entreprendront rien directement ou indirec-
« tement contre Sa Majesté et au préjudice du bien et repos de son
« royaulme : qu'ilz n'inciteront aulcungs estrangiers ou autres à
« prendre les armes contre ledit royaulme ; et ou aulcungs le
« feroient, ne leur presteront confort, ayde ny faveur ».

« Ceulx qui vouldront retourner au giron de l'église catholicque

Arnay-le-Duc délégua deux ligueurs, Jean Jobard, procureur syndic, et Sébastien Guillaume à l'assemblée électorale de Semur : il n'y est point fait mention de la rédaction des cahiers. (1).

Ces cahiers paraissent plus rares en 1588 que pour les États antérieurs ; et, par la raison évidente que le serment d'Union qui se signait alors y suppléait, la question religieuse y tient une moindre place que dans les remontrances de 1576. Toute l'attention était portée sur la lutte persistante entre les royalistes et les ligueurs ; entre le roi et le duc de Guise, car l'accord n'existait qu'à la surface.

« apostolicque et romayne, seront tenuz de faire abjuration de
« leur erreur pardevant l'Evesque diocésain ou son vicaire général,
« et non pardevant aultre. Laquelle abjuration sera présentée par
« eux à leur curé, et publiée à son prosne, affin que le peuple
« prie Dieu pour eulx. Présenteront encore la dite abjuration ès
« bailifs, seneschaux ou leurs lieutenans pour estre leue, publiée
« et registrée ».

« Seront les désobéissans à ce que dessus, déclairés indignes, à
« jamais de touttes charges, offices et dignités quelconques du
« royaulme, et seront poursuivis par touttes voyes qu'il plaira à
« Sa Majesté adviser, comme rebelles, perturbateurs du repos
« publicq et criminelz de leze-majesté divine et humaine ».

« ..... Et ou ci-après les affaires du dit royaulme seroient en
« telle nécessité que la dite Majesté seroit contraincte de recourir
« ausditz décimes en dompts gratuits ou autres nouveaux subsides
« sur son peuple, il sera faict par advis desditz estatz deheument
« convocqués ».

(*Archives de la ville de Nuits*, B. 1).

(1) *Archives d'Arnay-le-Duc.*

## II. — Députés aux États généraux

Voici les noms des députés des trois ordres envoyés aux seconds Etats de Blois

### ORDRE DU CLERGÉ

R. P. Edme de la Croix, docteur en théologie, abbé général de Citeaux, élu du Dijonnais;

Noble Guy de la Tournelle, docteur en droit, doyen de l'église cathédrale d'Autun;

Jean Bourgeois, chanoine de la même église et syndic du diocèse d'Autun;

R. P. messire Pontus de Tyard, évêque de Châlon-sur-Saône;

Antoine Borenet, docteur en droit, prévôt de l'église d'Autun et prieur commendataire de Glanos, élu de l'Auxois;

Gilbert de Beaufort, abbé commendataire de Saint-Seine, élu de la Montagne;

Hugues Dagonneau, primicier de l'église collégiale du Chârollais;

Noble Antoine de l'Aubespin, chantre, chanoine de l'église de Mâcon;

Dom Antoine Georges, religieux, procureur et vicaire général de l'abbé de Cluny;

Noble Sébastien Le Royer, docteur en droit, doyen de l'église cathédrale d'Auxerre;

Nicolas Damas, archidiacre et chanoine de l'églis

de Langres et doyen de Vergy, élu de Bar-sur-Seine.

## ORDRE DE LA NOBLESSE

Edme de Malain, baron de Lux, capitaine de cinquante hommes d'armes et gouverneur de la citadelle de Châlon-sur-Saône, député de Dijon;

François de Rabutin, seigneur de Lavault et d'Espiry, député d'Autun ;

Claude de Bauffremont, baron de Sennecey, lieutenant de cent hommes d'armes sous la charge du duc de Guise, bailli de Châlon-sur-Saône ;

Jean de Damas, seigneur de Villiers, député de l'Auxois;

Jean de Foissy, seigneur de Chamesson, député de La Montagne;

Antoine de Vichy, seigneur de Champrond, député du Chârollais;

Jacques ou Jean de La Guiche, seigneur de Sévignon, gentilhomme ordinaire de la chambre du roi, député du Mâconnais;

Le seigneur de Bléneau, député d'Auxerre ;

Claude de Lenoncourt, seigneur de Loches, bailli de Bar-sur-Seine;

## ORDRE DU TIERS-ETAT

Bernard Cousin, échevin de la ville de Dijon et avocat au parlement et

Etienne Bernard, avocat au parlement, députés du bailliage de Dijon ;

Odet de Montagu, lieutenant-général en la chancellerie d'Autun et

Philibert Venot, échevin de la ville et avocat au bailliage, députés d'Autun ;

François de Thésut, conseiller au bailliage, et

Salomon Clerguet, avocat au bailliage, députés de Châlon-sur-Saône ;

Claude Bretagne, lieutenant-général au bailliage, et

Jean Guillaume, avocat à Arnay-le-Duc, députés de l'Auxois ;

Edme Rémond, lieutenant-général au bailliage, et

Jean Guenebault, échevin de Châtillon, députés de La Montagne ;

Gérard Saulnier, lieutenant-général au bailliage, et

Claude Maleteste, avocat au bailliage, députés du Charollais ;

Philibert Barjot, lieutenant-civil et criminel au bailliage, député du Mâconnais ;

Denis de Gévaudan, bailli de Bourbon-Lancy ;

Jean Naudet, avocat du roi, et

Joseph Lemuet, bourgeois et juge-consul, députés d'Auxerre ;

Jean de Laussaurrois, procureur du roi, député de Bar-sur-Seine.

Plusieurs, parmi ces élus de la province, marquèrent dans la grande assemblée de Blois. L'évêque de Châlon, Pontus de Tyard, défendit avec courage les droits de la royauté ; « luy seul, « aux Etats de Blois, » dit Etienne Pasquier, « se « roidit pour le service du roi, contre le demeurant

« du clergé, lequel en ses communes délibérations,
« ne respiroit que rébellion et avillissement de la
« majesté de nos rois... (1).

Claude de Bauffremont avait, comme autrefois son père, Nicolas de Bauffremont, la renommée d'orateur, et fut à ce titre désigné par tout le corps de la noblesse pour porter la parole au roi à l'ouverture des États.

Dans les rangs du Tiers-Etat, figure en première ligne Etienne Bernard, avocat distingué de Dijon, qui fut l'un des plus actifs et des mieux écoutés de l'assemblée. Flatté par le roi, flatté par le duc de Guise, on le vit de toutes les commissions importantes. Il ne devint pas moins un des plus fougueux ligueurs; mais plus tard il soutint Henri IV avec autant de zèle qu'il l'avait combattu tant que le prince resta dans l'hérésie. Etienne Bernard a résumé jour par jour les travaux des Etats : c'est à son journal que nous aurons plus particulièrement recours pour ce chapitre.

On peut encore citer Bernard Cousin, aussi avocat au parlement de Dijon. Il fut élu par ses collègues président du groupe désigné sous le titre de gouvernement de Bourgogne. On le vit souvent accompagner Etienne Bernard dans les délégations au roi.

---

(1) M. Abel Jeandet, *Pontus de Tyard*, Paris, 1860, p. 63.

### III. — Formation des bureaux, vérification des pouvoirs.

Les députés s'acheminèrent lentement à Blois : ceux de Dijon, partis le 3 septembre, y arrivèrent le 13 et ceux d'Autun et de Chârolles le 16 seulement. Les premiers temps de leur séjour, jusqu'à l'ouverture solennelle des États par le roi, furent consacrés à liquider quelques affaires particulières de la province, comme la régularisation d'un impôt de 36.000 fr. en faveur de la ville d'Auxonne, le retrait d'une ordonnance royale qui imposait d'office une somme de 100.000 fr. sur la province, sans le consentement des Etats particuliers du pays, enfin la vérification des pouvoirs, l'organisation des bureaux et l'élection des orateurs pour la séance royale d'ouverture.

La formation des bureaux fait pressentir tout d'abord les dispositions de l'assemblée. Le clergé désigna le cardinal de Guise, le frère du duc, pour président ; la noblesse fit choix du comte de Brissac ; le Tiers-Etat élut La Chapelle-Marteau, trois ligueurs des plus ardents et des plus connus. Les orateurs furent : pour le clergé, l'archevêque de Bourges ; pour la noblesse, Claude de Bauffremont, et pour le Tiers, le même La Chapelle-Marteau ; mais celui-ci fut remplacé dans le mois d'octobre par Etienne Bernard.

La vérification des pouvoirs fit naître les premières difficultés. Le Tiers-Etat se prétendait en droit de repousser les élus dont les opinions lui étaient suspectes. Au nombre de ces derniers, se trouvaient les députés d'Autun et de Bourbon-Lancy. « La Bourgogne unie en corps d'Etat », avait résolu « d'empêcher, au nom général de la « province, l'entrée en séance » particulièrement « du dit de Bourbon-Lancy ». (1). Il fallut, pour le faire admettre, une décision du conseil privé.

Pendant que l'on était occupé à ces préliminaires, le comte de Soissons et le prince de Conti, l'un et l'autre catholiques, mais ayant récemment pris parti pour le roi de Navarre, étaient arrivés à Blois accompagnés d'une suite de gentilshommes tellement nombreuse, que le Tiers-Etat craignit pour la liberté de ses délibérations. Les députés de Bourgogne émirent l'avis de prier le roi de protéger et garantir l'indépendance des États, et envoya solliciter le clergé et la noblesse de se joindre à eux. Les trois corps délibéraient comme en pleine session, votaient par groupes ou gouvernements et communiquaient entre eux par des délégués. Dans cette affaire où le Tiers-Etat avait eu l'initiative, chacune des deux autres chambres répondit à son appel. Une délégation du clergé composée de l'évêque de Rennes, de l'abbé de Morimont et d'un autre personnage, se présenta le même jour et fut reçue, selon l'usage, par six députés qui se portèrent à sa rencontre et la conduisirent jusqu'aux bancs de Paris et de Bourgogne, « comme aux

---

(1) Etienne Bernard. *Journal des Etats de Blois*, imprimé en 1789 dans le *Recueil des Etats-Généraux* de de Mayer, t. xiv, 440 et suivantes.

lieux les plus honorables ». Au nom de tout son ordre, l'évêque déclara que les princes ayant porté les armes contre les catholiques, étaient par cela seul excommuniés, par conséquent privés de tous rapports avec les ecclésiastiques et en général avec tous les fidèles. Les admettre, dit-il, c'est ouvrir la session « contre l'honneur de Dieu et de son « Eglise ». Il conclut en conséquence à l'exclusion des princes. La noblesse s'était déjà prononcée dans le même sens que le clergé et avait manifesté le désir que le Nonce du Pape fût « requis d'inter-« poser son autorité » contre toute décision contraire. (1). Le Tiers-Etat qui n'avait pas encore émis son opinion, se trouva hésitant devant cette double déclaration et rentra en délibération. Après quelques débats, la majorité se prononça pour l'avis émis par le groupe de Bourgogne, de s'en remettre à la sollicitude du roi.

Etienne Bernard et un député de la Champagne portèrent cette résolution aux ecclésiastiques. En la déposant, Bernard la justifia comme il suit : La chambre du Tiers, dit-il, prétend rester toujours unie à celle du clergé; et bien que dès le début des relations elle émette un avis contraire à celui du corps sacré, il supplie la « dévote compagnie de

---

(2) Journal d'Etienne Bernard, *loco citato*, 447. — Dès le 5 septembre, le duc de Guise annonçant à l'ambassadeur d'Espagne la prochaine arrivée à Blois du marquis de Conti, du comte de Soissons et du duc de Montpensier, se servait exactement des mêmes termes : « Il est nécessaire que Nostre Saint-Pére y inter-« pose son auctorité. »

(M. J. de Croze, II, p. 108 et 360).

« continuer ses bonnes inspirations avec lesquelles
« le Tiers s'offre de symboliser, unir tous ses
« conseils et dresser ses délibérations. » En ce qui
touche les princes du sang, un vote d'exclusion
serait, dit-il, une atteinte même « à l'autorité des
« Etats, lesquels ne reconnoissent pour juges,
« autres que sa seule Majesté : et par ainsi qu'il
« étoit inusité de disputer de la capacité et incapa-
« cité des princes. D'ailleurs, que le corps n'étoit
« composé, que les officiers n'étoient encore nom-
« més, qu'il n'y avoit point de chef; que l'on avoit
« promis à Sa Majesté de ne rien résoudre pour le
« général que l'assemblée ne fût entière et
« complète, et, en conséquence, que c'étoit une
« nullité et faire acte contraire aux promesses.
« D'ailleurs encore, que c'étoit un moyen tout
« préparé pour la rupture des Etats, et frustrer
« le pays du fruit qu'il en attend. (1). »

Sur son avis, on s'arrêta à la solution offerte
aux deux autres corps par le Tiers-Etat de la
Bourgogne, et une requête dans ce sens fut faite
au roi. Sa Majesté y répondit en observant, comme
Etienne Bernard l'avait prévu, que le corps des
Etats n'étant pas encore officiellement constitué, la
démarche était intempestive : néanmoins, Henri III
félicita les députés de cette manière toute pacifique
de lui exprimer leurs appréhensions personnelles,
et il ajouta, pour les rassurer, que son honneur de
roi était engagé à ce qu'il n'arrivât aucun évènement fâcheux.

(1) Journal d'Etienne Bernard, loco citato, p. 447-450.

### IV. — Débats avant l'ouverture officielle des États

La Bourgogne, ou tout au moins son représentant Etienne Bernard, garda la même modération et la même réserve dans toutes les questions proposées avant le jour fixé pour les débats, par certains députés impatients et exaltés, qui menaçaient de retourner dans leur province s'ils n'étaient pas écoutés. Il en est une, cependant, où l'orateur de Dijon céda, après une longue conférence avec le duc de Guise qui l'avait fait appeler. Il s'agissait de renouveler le Serment d'union. Il y avait moins de trois mois que le roi avait rendu, promulgué et juré l'édit; néanmoins, comme si l'on eut douté de sa sincérité, le clergé proposa aux deux autres chambres qu'elle jurât de nouveau. La noblesse s'en tenait à exiger ce témoignage seulement des députés. La Chambre du Tiers se partagea ; mais après de longues discussions, se rangea à l'avis des ecclésiastiques. Henri III informé de l'objet des débats s'en formalisa et fit défendre de s'en occuper plus longtemps. La défense produisit un effet contraire à son attente : Les trois corps lui députèrent l'archevêque d'Embrun, le comte de Brissac et Etienne Bernard. Henri III repoussa comme un outrage l'espèce de sommation qui lui fut faite par l'archevêque. On devait s'en tenir, dit-il, au traité qu'il avait signé avec tout son peuple. Si mon engagement est « bon et franc », que peut-on lui demander de plus? S'il est mauvais, je suis un impie qui pourrais le renouveler sans remords. Je ne permets pas de douter de « ma foi « et intégrité » et je ferai « de moi-même et sans « réquisition » ce que je jugerai utile et convenable, lorsque je connaitrai les cahiers des Etats.

Etienne Bernard prit alors la parole pour insister dans des termes plus soumis que ceux employés par l'orateur du clergé. « Sire, » dit-il, « nous
« supplions humblement votre Majesté de nous
« permettre de lui dire librement et avec toute
« sincérité et affection, que nous prenons à grand
« heur et contentement le grand désir que vous avez
« à l'extirpation de l'hérésie; mais le mal est que
« les ennemis de Dieu et de votre couronne seront
« bien avertis, et ne se portera nul autre bruit par
« la France, que les trois ordres ayant requis
« ensemblement un nouveau serment pour l'Edit
« d'Union... Votre Majesté ne l'a eu pour agréable :
« de sorte qu'ils se confirmeront en leur médisance
« ordinaire et blasphèmeront contre le ciel et
« contre vous. Cependant, à notre grand regret, ils
« ne participeront au bon propos qu'il vous plait
« nous tenir et troubleront plus que jamais votre Etat
« et notre repos commun. A quoi, Sire, nous vous
« supplions de pourvoir par votre prudence accou-
« tumée, et jeter la vue de votre conseil sur ce que
« l'on prendra pour un refus, la remise que vous
« faites de vos bonnes volontés. » — « Qu'importe » reprit le roi, « ce que l'on pourra dire de moi, si « ma conscience est en repos ? »

Ces paroles étant rapportées dans les chambres,

le Clergé et le Tiers-Etat menacèrent de se dissoudre et de se retirer, si le roi persistait dans cette déclaration. Le lendemain, veille de l'ouverture des Etats, le roi averti de ce qui se passait, fit inviter douze députés de chaque ordre, de se rendre auprès de lui. Parmi ceux qui furent délégués se trouvent Jean de Damas, seigneur de Villiers, député de la noblesse de l'Auxois, et encore Etienne Bernard. Henri III donna à cette délégation l'explication de son refus, en disant qu'il s'était senti offensé de la demande de l'assemblée, attendu que le serment qu'il avait donné, il l'avait fait « en public, dans « une église et sur le corps de Dieu. » Il promit de le renouveler de sa propre volonté en séance publique ; mais connaissant de qui émanait ce ferment d'agitation, il ajouta qu'il voulait aussi que chacun jurât de n'entrer dans aucune ligue ou association ayant une autre autorité que la sienne, à peine de crime de lèze-majesté. (1).

Le roi fixa le mardi, 18 octobre, surlendemain de l'ouverture des États-généraux, pour cette solennité. Les délégués le remercièrent de cette solution et en portèrent la nouvelle à leurs collègues qui l'accueillirent avec plus ou moins de joie, suivant les sentiments divers de chacun d'eux.

---

(1) « Je veux aussi de vous que mon édit portant toute prohibi-
« tion de ligues, associations, confédérations contraires à mon
« édit soit pareillement juré par mes dits Etats, et reçu comme
« loi fondamentale, tout ainsi que l'édit d'Union des catholiques,
« à peine de crime de lése-majesté, contre ceux qui en seront
« convaincus.
(Journal d'Etienne Bernard, loco citato, p. 522).

## V. — Ouverture de la session

Après des prières publiques et des processions qui durèrent plus d'une semaine et se terminèrent par une communion générale, Henri III ouvrit enfin la session avec la pompe accoutumée. Au fond d'une grande salle préparée pour les réunions générales, s'élevait une estrade réservée aux princes et aux premiers gentilshommes de la cour, et au centre de laquelle était le trône du roi, couronné d'un dais.

Henri III y ayant pris place, prononce un discours qu'il commence par une invocation au Saint-Esprit, puis sollicite les députés de faire abstraction de tout esprit de parti et de se rattacher uniquement à leur souverain légitime pour l'aider à défendre la religion, à extirper l'hérésie, à soulager le peuple, à réparer le désordre des finances, à détruire les abus. Il remercie publiquement « la reine sa bonne « mère », de ses conseils et de sa participation sage aux affaires du gouvernement, et rejette sur l'intrigue tous les malheurs qui désolent la France, puis il fait valoir ses droits à la confiance des catholiques en rappelant les efforts qu'il n'a cessé de consacrer au maintien et à la glorification de l'Eglise. « Les témoignages sont assez notoires », dit-il, « et même par aucuns de vous autres qui « vous y êtes honorés en m'y assistant avant et « depuis que d'être votre roi, de quel zèle et bon pied « j'ai toujours marché à l'extirpation de l'hérésie

« et des hérétiques. A cela j'exposerai plus que
« jamais ma vie s'il est besoin, pour la défense et
« protection de notre sainte foi catholique, apos-
« tolique et romaine, comme le plus supérbe
« tombeau où je me pourrois ensevelir. » Au sujet
du traité d'Union, il annonce qu'il y serait solennellement souscrit le mardi suivant, comme il l'avait
promis la veille aux délégués; mais il maintient sa
volonté qu'en même temps chacun se dégageât par
serment de toute autre ligue ou association en
dehors de son autorité.

Le discours royal, prononcé d'un ton ferme,
produisit une vive agitation parmi les partisans du
duc; et celui-ci, sentant ses intrigues signalées, fit,
dit-on, rectifier à l'impression les termes de ce
discours. (1).

Lorsque le roi eut cessé de parler, les orateurs
désignés par les chambres eurent la parole. Nous
ne nous arrêterons, pour la reproduire, qu'à la
harangue de Bauffremont qui nous intéresse plus
particulièrement à cause de son auteur. L'élu
Bourguignon s'exprime en ces termes :

« Sire, la noblesse de votre royaume m'a chargé
« de remercier très-humblement Votre Majesté de
« l'heur et honneur qu'elle reçoit d'être par vos
« commandements convoquée et assemblée sous le
« nom des Etats-généraux en votre présence, pour
« entendre vos saintes et salutaires intentions des-
« quelles nous nous assurons les effets être aussi
« prompts et autant certains, qu'il est naturel à

---

(1) Palma-Cayet. *Chronologie novennaire*, T. 1., p. 74.

« Votre Majesté d'être roi trés-véritable, recon-
« naissant à elle seule appartenir de les rendre
« tels. »

« Nous espérons aussi de vos promesses sacrées
« le rétablissement de l'honneur de Dieu, religion
« catholique, apostolique et romaine et des
« autres choses utiles et nécessaires à votre pauvre
« peuple. »

« Où de notre part, Sire, nous protestons tous
« d'y apporter la fidélité, zèle, affection et généro-
« sité qui toujours a été naturelle aux gentils-
« hommes français à l'endroit de leurs rois et
« princes souverains. »

« Et en cette même dévotion, Sire, nous offrons
« à Votre Majesté le très-humble et très-fidéle
« service de nos armes, vies et personnes, pour
« icelle faire obéir, honorer, redouter, respecter
« et reconnaitre par tous, ainsi que les droits
« divins et humains l'ordonnent, et pour remettre
« et rétablir votre royaume purgé d'hérésie, source
« de divisions, en sa première dignité et splen-
« deur. »

« A quoi nous exposerons franchement, librement
« et généreusement, sous votre autorité, jusqu'à la
« dernière goutte de notre sang. » (1).

Comme il avait été promis et annoncé, le traité d'Union fut juré le 18 octobre tel que nous le connaissons. Les ducs de Montpensier et de Conti et le comte de Soissons qui n'avaient pas comparu

---

(1) De Mayer. *Etats-généraux*, t. XIV, p. 407. — *Mémoires de la Ligue*, Amsterdam, 1758.

jusque-là, le signèrent avec toute la cour et les députés, puis on se rendit à l'église Saint-Sauveur pour y chanter un nouveau *Te Deum*.

### VI. — Vote d'exclusion du roi de Navarre au trône de France, après Henri III

Peu de jours après, on reprit la discussion qui n'avait pas abouti au gré des chefs de la Ligue dans les réunions préparatoires touchant l'exclusion des princes de la maison de Bourbon. Le duc de Guise considérait avec raison ces princes comme un sérieux obstacle à l'établissement de sa dynastie après l'extinction de la maison de Valois (1). S'il

---

(1) Après l'extinction de la branche des Valois, la couronne, par droit d'hérédité, passait à celle des Bourbons représentée par les descendants de Charles de Bourbon, duc de Vendôme. Dans l'ordre de primogéniture, ces descendants étaient :

1° Antoine de Bourbon, père de Henri de Navarre ;
2° Charles, cardinal et archevêque de Rouen ;
3° Louis, de qui sont issus les rameaux de Condé et de Soissons.

Les membres subsistant de ces trois branches étaient : pour la première, Henri de Bourbon, roi de Navarre ; pour la seconde, le cardinal Charles de Bourbon ; pour la troisième, venait d'abord un enfant de moins de deux mois, Henri II de Condé, fils posthume de Henri de Condé I$^{er}$ du nom ; puis trois autres fils de Louis de Bourbon-Condé, savoir : François, prince de Conti ; Charles, qui entra dans les ordres ; enfin Charles, comte de Soissons, né du second mariage de Louis de Condé avec Françoise d'Orléans-Longueville.

Le duc de Montpensier dont il est parlé quelquefois, était d'une branche latérale plus éloignée.

parvenait à faire écarter Henri de Béarn pour cause d'hérésie, le cardinal de Bourbon, oncle d'Henri, ayant, par son engagement dans les ordres, perdu les droits qu'il pouvait avoir au trône, la succession passait aux descendants de Louis de Bourbon-Condé. Or, le successeur légal de Louis était par Henri I$^{er}$, mort depuis peu (5 mars 1588) un enfant de deux mois, Henri II de Condé. Mais on discutait la légitimité de sa naissance. Sa mère, qui l'avait avec elle, était détenue en prison à Saint-Jean-d'Angély, accusée d'avoir empoisonné son mari, pour cacher son adultère. C'était de plus une lignée protestante. Les autres enfants de Louis de Condé avaient été élevés dans le catholicisme par leur oncle, le cardinal de Bourbon. C'étaient François, prince de Conti, bègue et de médiocre intelligence : Charles, qui entra aussi dans les ordres, fut revêtu de la pourpre et fait cardinal de Bourbon après son oncle ; enfin, d'un second lit, Charles, comte de Soissons (1).

Quoique véritablement catholiques, le prince de Conti et le comte de Soissons avaient combattu sous les drapeaux du roi de Navarre, et par ce fait, étaient excommuniés. Après la paix, ils sollicitèrent et obtinrent du Saint-Père, malgré les démarches du duc de Guise et de l'Espagne, d'être relevés de l'anathême. Lorsque le comte de Soissons présenta les lettres de pardon au parlement pour les faire enregistrer, une démonstration tumul-

---

(1) M. le duc d'Aumale. — *Histoire des princes de Condé*, t. II. p. 96, 161, 222.

tueuse provoquée par le chef de la Ligue vint mettre empêchement au visa (1). Ce ne fut qu'un retard qui n'entama point les droits des princes de Bourbon. Malgré ce double échec, la proposition d'exclusion fut portée aux Etats où le duc de Guise avait un tel ascendant que les deux tiers des députés s'y montrèrent favorables; et elle eut sans doute passé sans l'opposition énergique qu'y fit la Bourgogne, par la voix d'Etienne Bernard. (2). Il fallut donc s'en tenir à une déclaration plus facile à obtenir, celle contre le roi de Navarre. Un député du clergé de Bourgogne, l'abbé de Citeaux, vint alors informer la chambre du Tiers que les Ecclésiastiques avaient inscrit sur leur cahier l'exclusion formelle du Béarnais. Le roi, dit-il, insiste bien, pour qu'au préalable, le prince soit invité, au nom des Etats, à rentrer dans le giron de l'Eglise catholique; mais la chambre du clergé, dûment informée que des démarches déjà faites dans ce but par la reine-mère et par le roi lui-même ont été infructueuses, maintient son vote d'exclusion. La noblesse s'est déjà prononcée dans le même sens, et le Tiers ne peut faire moins. Le délégué du clergé s'étant retiré sur ces conclusions, la proposition fut mise en délibération et votée. Une délégation dans laquelle figure un député du

---

(1) « .... Vous avez sceu l'empeschement et l'opposicion que j'ay « faict former soubz main, pour que la cour de parlement ne « procède à la vérification des lettres. »
(Lettre du duc de Guise à l'ambassadeur Mendoza, déjà citée. Dans M. de Croze, t. II, p.260.

(2) Journal d'Etienne Bernard. — *Etats-gén.* t. XV, p. 21-22.

Mâconnais, Philibert Barjot, porta la décision au roi, avec prière d'envoyer une armée dans la Guyenne, pour en chasser le prince hérétique. Le roi ne se laissa pas ébranler. Pendant quatre jours, ce furent de continuels débats et de nouvelles députations. Enfin, le 8 novembre, Henri III répondit qu'il savait assez que le roi de Navarre était hérétique, et comme tel indigne du trône : mais qu'il était résolu, pour sa part, de le sommer de répondre aux plaintes des Etats, afin de lui ôter tout sujet de récrimination; et il invita les députés de ne plus lui en parler, attendu que sa résolution était bien prise à cet égard. (1).

Les exaltés se soumirent difficilement. Ce fut encore, jusqu'au 17 novembre, des discussions passionnées poussant à la guerre contre le roi de Navarre, provoquant sa révocation du gouvernement de la Guyenne et son remplacement par « un « prince catholique non suspect d'hérésie. » On revint même sur la question déjà tranchée de l'exhérédation des descendants de Louis de Condé, et en général de tous ceux qui depuis l'âge de quatorze ans, ou au moins depuis l'année 1585, avaient fait actes d'hérétiques ou de fauteurs d'hérésie. La majorité repoussa encore une fois ces dernières prétentions comme contraires au texte et à l'esprit du contrat d'Union ; mais celles relatives au roi de Navarre restaient pendantes.

Pendant ces débats, on apprit l'invasion du marquisat de Saluces par le duc de Savoie. L'émotion

---

(1) Journal d'Etienne Bernard. *loco citato*, t. XV, p. 2ɕ-30.

des députés fut grande à cette nouvelle. La noblesse cria aux armes et voulut aller immédiatement prier le roi de déclarer la guerre au duc de Savoie : mais les deux autres corps hésitèrent pendant plusieurs jours avant de se prononcer. Enfin, le 16 novembre, une délégation des trois corps alla supplier Henri III de vouloir bien mettre un corps d'armée sous les ordres du duc de Mayenne pour repousser le duc de Savoie et en même temps réduire les huguenots du Dauphiné. La noblesse, par l'organe du comte de Brissac, son président, mit au service du roi son sang et sa vie ; l'archevêque de Bourges, au nom du clergé, et Philibert Venot, député d'Autun, au nom du Tiers, offrirent « leurs bonnes volontés et moyens ». (1).

**VIII.** — **Les Etats poussent le roi à déclarer la guerre au duc de Savoie et à Henri de Navarre, et lui refusent les impôts nécessaires.**

Henri III et plusieurs des députés avec lui, étaient persuadés que le duc de Guise n'était pas étranger à l'audacieuse expédition du duc de Savoie ; cependant rien ne justifie leurs soupçons : il est certain seulement que le duc de Guise sut mettre à profit cette entreprise pour susciter au roi d'inextricables embarras et accroitre la défiance populaire. Il pressait les uns de demander la guerre

(1) Journal d'Etienne Bernard.

et mettait le roi dans l'impossibilité de la faire en excitant les autres à lui refuser les ressources indispensables. Bernard Cousin, le collègue et compatriote d'Etienne Bernard, dans la séance du 25 novembre, parla « virilement pour la décharge des « subsides », et le Tiers-Etat soutenant la même thèse, conclut « que l'on demeureroit ferme à re-
« quérir la décharge des impôts, en avisant aux
« *moins* nécessaires pour la guerre et la maison du
» roi..... et si le roi n'y vouloit entendre, l'on requé-
» reroit Sa Majesté de licencier l'assemblée ». Sans tarder, cette délibération fut portée à Henri III qui prétendit ne demander que l'indispensable : mais il fallait s'entendre sur cet indispensable. Il fit venir auprès de lui les deux députés du Dijonnais, qui se rendirent à ses ordres accompagnés du baron de Lux, chez lequel ils avaient diné. Le roi leur répéta ses paroles et ajouta qu'il était résolu de « réduire « sa maison au petit pied » : que si l'on trouvait qu'il « eût trop de deux chapons » sur sa table, il se contenterait d'un seul ; mais que c'était demander l'impossible de vouloir ramener les finances aux bases de 1576 ; qu'il lui fallait de l'argent pour faire la guerre et que c'était le mettre dans l'impossibilité de satisfaire à cette obligation en parlant à ce moment de pareilles réductions. Par sa réplique, Etienne Bernard se montra moins préoccupé de la guerre que de la misère des populations. Il ne cessa d'insister sur le dégrèvement des tailles : mais la question resta encore quelques jours en suspens, les uns et les autres ayant besoin de se recueillir.

Le duc de Guise s'inquiétait de ces confé-

rences réitérées entre le roi et les délégués des chambres et de l'irrésolution où semblaient être les députés. Le 28 novembre, pour empêcher l'opposition de se diviser, La Chapelle-Marteau réunit dans un souper avec le duc de Guise et l'archevêque de Lyon, Etienne Bernard, Cousin et plusieurs présidents des sections de la chambre du Tiers. Le duc savait en flattant les plus influents, en affectant d'agir par esprit de conciliation, dicter, sans se compromettre, ses volontés à l'assemblée. Après le souper, on parla des affaires publiques. Guise marqua un intérêt protecteur au roi, et engagea les députés « à faire quelque chose pour son soulage-
« ment ». Puis, sans s'engager plus avant, invita Etienne Bernard et plusieurs autres à venir conférer avec lui, le lendemain, dans son cabinet. Là, on parla de la volonté des Etats de se dissoudre, si le roi ne faisait point droit à leur requête, touchant les dégrèvements d'impôts. Le duc veut avoir l'air de les blâmer de cette résolution ; mais ses paroles sont bien plutôt un encouragement à persévérer dans cette voie. « La révocation des tailles » ne vous étant point accordée, dit-il, « c'est un beau prétexte » pour vous séparer, et qui sera certes « agréable au peuple » ; mais considérez aussi que ce peut être « la ruine de l'Etat », et du contrat d'Union. Puis l'on dira que c'est moi qui vous aurai soufflé l'esprit de révolte, ce qui me sera « un « grand crève-cœur ». Agissez donc de manière « à « contenter le roi », tout en trouvant moyen de « soulager le peuple ». (1).

(1) Journal d'Etienne Bernard. — *Etats-généraux*, XV, 65.

Bernard avait encore parlé au roi de la révision des comptes des fermiers-généraux que François de Thésut, député de Châlon-sur-Saône, trouvait obscurs à n'y rien comprendre. Une commission de 18 membres pris par égal nombre dans chacun des trois ordres et de deux présidents, l'un à la nomination du roi, l'autre au choix des Etats, avait été élue pour les contrôler. Le roi ne consentait pas à la désignation d'un président par les chambres, prétendant qu'à lui seul appartenait le droit de le nommer. Il en proposa la charge à Etienne Bernard qui répondit modestement ne pouvoir l'accepter. « Je n'y suis pas propre », dit-il, « et « ma conscience m'empêcheroit d'y être bon juge, « car je suis ennemi juré des bels gens, et l'affec- « tion du peuple me commande tant, que mes « jugements seroient trop dûrs » — « Je vous aime « d'ainsi parler », reprit le roi d'un ton affectueux.

Cependant, la commission fut enfin composée et agréée. Avant qu'elle entrât en fonction, trente-cinq des trésoriers protestèrent, en termes violents, contre sa composition, et se répandirent en invectives contre les députés qui l'avaient choisie, disant qu'ils avaient agi « par passion et animosité, et « que leurs avis étoient pleins d'iniquités ». Leur protestation fut lue par Bernard au Tiers, où elle souleva de très-vives rumeurs. Les députés se plaignirent au roi de cet outrage ; les trésoriers furent appelés et réprimandés ; mais dans leurs discours, ne continuèrent pas moins leur attaques par des allusions blessantes. (2).

(2) Journal d'Etienne Bernard. — *Recueil des Etats*, XV. 37 75.

**VIII. — Apparence d'accord entre le roi et les États : Te Deum à cette occasion, sermon du théologal de Senlis.**

Les deux avocats-députés de Dijon jouissaient, paraît-il, auprès de leurs collégues des États, d'un crédit considérable. Après le duc de Guise, c'est le roi qui les fit de nouveau venir auprès de lui. Sa Majesté leur parla de la nécessité du moment et leur dit « que c'étoit une honte pour la France que
« dans son conseil l'on tirât la langue d'un pied de
« voir ses nécessaires : que ses dépêches demeu-
« roient, faute d'avoir cent écuz pour payer les
« courriers : par ainsi, que de parler d'une réduc-
« tion à l'anné 1576, c'étoit le perdre et l'État ».
Après ces doléances, les députés de Bourgogne n'hésitèrent plus, si ce n'est sur la remise d'un impôt établi d'office sur les cloches. Ils demandèrent seulement l'autorisation de porter à leurs collégues la promesse formelle d'une décharge générale en temps opportun. Le roi consentit à tout, sous la condition cependant que l'on pourvoirait aux frais de la guerre et à l'entretien de sa maison. Cette solution fut accueillie par le Tiers-État aux cris de vive le roi : il y eût une nouvelle messe d'action de grâces et un *Te Deum* « en musique ». A la messe, le théologal de Senlis fit un sermon des plus singuliers, émaillé d'aigres conseils politiques et de jeux de mots indignes de la chaire et qui défraya, après l'office, toutes les conversations.

Le prédicateur avait pris pour texte l'Evangile du deuxième dimanche de l'Avent, dans lequel on était entré. Lorsqu'il en fut à ces mots : qu'êtes-vous venu voir dans le désert ? Un roseau agité par le vent ? « il en prit occasion pour dire qu'il ne falloit « pas que les Etats branlassent à tous vents ». Si le roi avait accordé la remise des tailles et la recherche des receveurs concussionnaires, on n'avait pas encore tout obtenu, puisqu'il gardait « ses mauvais conseillers, ses harpies, ses corrom- « pus financiers, lesquels il falloit courageusement « chasser ». Puis faisant allusion aux noms des gentilshommes Merle et Faucon que le roi avait plusieurs fois délégués aux Etats pour y faire connaitre ses volontés, il trouve plaisant de dire : « Quant aux Etats, on n'en tient aucun compte, « c'est Etats d'oiseaux : on y envoie un Merle pour « chanter et un Faucon pour donner quelques coups « de becs ». Vient ensuite l'apologie burlesque du fougueux ligueur Coquelcy : « Il faudrait d'autres « chants, comme d'un cochet qui chante coquelics, « c'est-à-dire, qui chante aux cocqs, c'est-à-dire « *gallus* qui parle aux françois ; c'est lui qui annonce « le jour et fait entendre la lumière ». Il eut encore quelques singularités semblables qui amusèrent plus qu'elles ne convertirent. Dans un diner, (le député Dijonnais qui semble avoir été un excellent et agréable convive, n'oublie jamais cette circonstance), dans un diner après la messe, chez le baron de Lux, Etienne Bernard s'adressant à l'archevêque de Lyon qu'on appelait par abréviation Monseigneur de Lyon, lui dit qu'il craignait que le prédicateur, après avoir parlé des oiseaux ne parlât des « bêtes « et ne nommât le lion ». (1).

### IX. — Difficultés nouvelles.

Malgré l'air de fête qu'avait pris tout à coup l'assemblée, le sermon du théologal de Senlis pouvait faire pressentir que l'accord était encore loin d'être franchement conclu. Les élus n'avaient pas trouvé le moyen de remplacer les impôts dont ils avaient obtenu la remise.

Faute de fonds pour lever et entretenir une armée capable d'arrêter l'ennemi, le duc de Savoie avançait toujours et pénétrait déjà sans obstacles dans le Dauphiné. Les hérétiques de cette province, comme ceux du Limousin et du Poitou faisaient aussi des progrès que rien ne pouvait arrêter. La maison royale était réduite au plus grand dénûment. Cependant, deux millions avaient été promis pour la guerre et trois millions pour la liquidation des dettes du roi et l'entretien de sa maison, de sa gendarmerie et de son armée de terre et de mer (1). Pourquoi ne les votait-on pas ? Etienne Bernard et Etienne de Neuilly, président de la cour des aides de Paris, furent de nouveau mandés auprès du

---

(1) Journal d'Etienne Bernard, loco citato, t. XV. p. 71.
(2) La gendarmerie du roi se composait de 60 compagnies d'hommes d'armes.

monarque. Henri III renouvela en leur présence les promesses qu'il avait déjà faites pour l'allégement de ses sujets, pour la recherche des officiers prévaricateurs et la poursuite des hérétiques. Il prit à témoin de ses bonnes intentions le corps de son Dieu qu'il avait reçu le matin et demanda qu'on lui fit connaître les ressources sur lesquelles comptaient les Etats. Bernard alla rendre compte à chacune des trois chambres de ces paroles, plaida pour qu'on y eût égard et obtint du Tiers-Etat, un engagement de près de 400,000 livres à titre d'avance, en attendant que l'on fût arrêté sur les moyens de fournir le reste.

Une commisssion dont faisaient partie Jean Naudet, d'Auxerre, et Bernard Cousin, étudiaient les projets de finance présentés dans ce but : Néanmoins, rien n'avançait. On pouvait facilement se persuader que ces retards étaient calculés et dirigés par une intelligence occulte. Le Clergé et la Noblesse avaient même blâmé l'engagement souscrit par le Tiers-État. (1).

Les chefs de la faction Lorraine usaient de tous les moyens pour paralyser les intentions et les efforts du roi et rejeter ensuite sur son inaction les progrès des huguenots et du duc de Savoie, aussi bien que la misère du peuple.

---

(1) Journal d'Etienne Bernard, XV, 81-85.

## X. — Le roi fait mettre à mort le duc et le cardinal de Guise

Henri III savait à quoi s'en tenir sur toutes ces intrigues et toutes ces manœuvres sans cesse renaissantes. Il se persuada facilement qu'on en voulait à sa couronne et ne se crut pas en sûreté tant qu'il aurait à lutter contre l'instigateur de cette opposition acharnée. Le duc d'Epernon, la duchesse d'Aumale et même, dit-on, le duc de Mayenne, on ne sait dans quel but, l'avaient averti qu'il se tramait une conspiration contre sa personne et qu'il eût à se tenir en garde. (1). Le bruit même courait que la conspiration devait éclater le jour de Saint-Thomas. (2). Son médecin Miron et le maréchal d'Aumont lui avaient aussi rapporté comment le duc de Guise avait cherché à les circonvenir, en offrant au premier l'évêché d'Angers pour son fils, Charles de Miron, et au second le gouvernement de Picardie. Du reste, c'était en tout les mêmes excitations, les mêmes provocations, les mêmes

(1) Le fait de la délation faite par Mayenne contre son frère se trouve confirmé dans une lettre de l'ambassadeur d'Espagne à Philippe II. « Le jour même de la mort du duc de Guise le roi
« qui présidait son conseil fit appeler le colonel (d'Ornano) et lui
« dit : Seigneur Alphonse, répétez au conseil ce que le duc de
« Mayenne vous avait chargé de me dire. Le colonel déclara que
« le duc de Mayenne accusait son propre frère d'avoir voulu se
« porter aux dernières extrémités contre le roi, avec l'intention
« de lui enlever la couronne... »
(M. J. de Croze, t. II. p. 386, traduction d'une lettre du fonds espagnol, B. 60, n° 60, 59).

(2) Journal de Pierre de Lestoile, t. XIV, 266-267.

bravades qu'avant les journées des barricades; et le duc de Guise a dévoilé lui-même ses plans par ces mots d'une lettre qu'il écrivit quelque temps avant à Mendoza : « Si l'on comance, j'acheveray plus rude-« ment que je n'ay fait à Paris. » (1).

Henri III était loin d'avoir perdu le souvenir de son humiliante expulsion de sa capitale; et toutes ces raisons réunies le déterminèrent à prendre des mesures pour prévenir les desseins de son ennemi. Il appela ceux de son conseil auxquels il pouvait plus sûrement se confier; leur exposa le péril dont il était menacé dans sa personne et dans la dynastie royale, et leur demanda leur avis sur le moyen de le conjurer. Il y eut à ce sujet plusieurs conférences dans lesquelles l'un proposa d'arrêter le duc et le cardinal de Guise et de les poursuivre devant les pairs du royaume, comme criminels de lèze-majesté; d'autres firent voir le danger d'une pareille arrestation en admettant qu'on pût la faire, l'émotion qu'elle causerait dans le sein des Etats et dans la capitale où on devrait conduire les accusés pour les faire juger. Ils se demandèrent si même les juges oseraient condamner les coupables en présence d'un peuple armé, car ils ne doutaient pas que Paris prît les armes pour les défendre. On conclut donc à leur mort en disant que le roi, comme chef suprême de la justice, avait le pouvoir de se défaire d'un sujet rebelle qui menaçait à la fois l'Etat et sa personne. Ce fut aussi l'avis du roi (2).

(1) M. de Croze, p. 361, tiré du Fonds Espagnol, B. 61, n° 93.
(2) Journal de Lestoile, I. 257.
Palma-Cayet, *Chronologie novennaire*, 1. 81.

Ceci se passait vers le 15 décembre et le jour de l'exécution fut fixée d'abord au dimanche 18, puis remis au 21 et enfin au 23.

On sait comment s'accomplit cette occulte sentence. Le duc de Guise appelé de grand matin au conseil du roi, fut mis à mort à l'entrée même de la chambre du monarque : le cardinal de Guise et l'archevêque de Lyon furent arrêtés dans la salle des délibérations et conduits en prison.

A l'hôtel-de-ville, où siégeait le Tiers, on ne savait encore que vaguement ce qui se passait au château. Bientôt les nouveaux arrivants racontèrent qu'il y avait du tumulte en ville et que les boutiques se fermaient. Les deputés terrifiés se disposaient à se séparer lorsque le grand prévôt se présenta dans la salle avec une troupe nombreuse de soldats. Il dit que le roi venait d'échapper à une conspiration de laquelle faisaient partie plusieurs des membres de l'assemblée qu'il désigna par leurs noms. Etienne Bernard s'avança pour protester contre la violation du lieu où ils étaient et contre l'outrage fait aux députés ; car, dans cette salle, ils ne devaient pas être considérés comme de simples particuliers, mais comme les représentants du pays. Sans égard à ses paroles, le grand prévôt ordonna à La Chapelle-Marteau, au président de Neuilly, à Compan et à Le Roy de le suivre : trois autres étaient parvenus à s'esquiver. Etienne Bernard voulait que tous les députés les accompagnassent ; mais les soldats les repoussèrent et emmenèrent leurs prisonniers au château. L'instant d'après, vers dix heures du matin, on vint leur apprendre que le duc de

Guise était mort, que le cardinal de Guise et l'archevêque de Lyon étaient sous les verroux. Simon Riollé, lieutenant-général de Blois, passant près de Bernard, se pencha à son oreille et lui dit : *actum est de Gallia*, c'en est fait de la France (1).

Dans la chambre de la Noblesse, le comte de Brissac et le sieur de Bois-Dauphin furent gardés à vue. Parmi les princes et les seigneurs de la cour, on arrêta le cardinal de Bourbon que le roi appelait son vieux fou ; la duchesse de Nemours, Anne d'Est, veuve de François de Lorraine et remariée à Jacques de Savoie, duc de Nemours ; Charles-Emmanuel de Savoie, duc de Nemours, son fils ; le duc d'Elbeuf, et le prince de Joinville.

La stupéfaction était générale. Le baron de Sennecey invita Cousin et Bernard à passer auprès de lui : le soir, ils soupèrent ensemble avec les députés d'Autun et du Charollais, et couchèrent tous dans la même chambre.

Le roi hésitait sur ce qu'il devait faire du cardinal de Guise : mais le lendemain du meurtre du duc, averti que les députés se préparaient à venir le trouver pour demander sa grâce et son élargissement, il assembla ses conseillers intimes. Ceux-ci déclarèrent le cardinal aussi coupable que son frère et dirent que le roi n'avait rien fait s'il ne se défaisait de lui, comme il s'était défait du duc de Guise. Sur leur avis, Henri III envoya le tuer dans sa prison ; et lorsque Bernard arriva avec les délégués de la chambre, les officiers de la cour ne les laissèrent pas entrer et leur dirent que s'ils

(1) Recueil des Etats-généraux, XV, 94-96.

venaient pour implorer la grâce du cardinal, ils arrivaient trop tard : On l'avait mis à mort. (1).

L'archevêque de Lyon, Pierre d'Epinac, était par sa sœur, Marguerite d'Epinac, l'oncle du baron de Lux, Edme Malain. Celui-ci avait toute la confiance du monarque, et, soit par trahison, soit par légèreté, dévoilait à sa mère tout ce qu'il connaissait des secrets du conseil; puis Marguerite les découvrait aux chefs de la Ligue. Lorsqu'elle sut ce qui avait été résolu pour le cardinal de Guise, craignant que son frère n'éprouvât le même sort, elle usa de l'affection que le roi portait au baron pour demander la grâce de l'archevêque. Edme de Malain alla se jeter aux pieds de Henri III, offrit sa tête pour racheter la vie de son oncle et obtint qu'il serait épargné. (2). Il fut simplement transféré dans les prisons d'Amboise et quelques temps après remis en liberté.

### XI. — Reprise des débats après le meurtre des Guises

Après ce triste coup d'Etat, les députés parlaient de se retirer : mais le roi ne permit pas qu'ils rompissent la session avant la remise des cahiers de remontrances, et, pour les empêcher de se

(1) Etats généraux, XV, 97.
(2) Pierre de Lestoile.

séparer, il fit garder toutes les issues de la ville. Il fallut donc reprendre les débats.

L'assemblée commença par repousser un projet de loi ayant pour but la répression des révoltés que l'on voyait déjà surgir par toute la France, s'en excusant sur la raison que les députés n'avaient reçu aucun mandat de leurs commettants à cet égard. Elle refusa, sur les mêmes motifs son consentement à l'aliénation du domaine de la couronne. Enfin, malgré l'observation que lui fit le garde des sceaux, qu'elle allait donner occasion de faire suspecter sa fidélité, elle ne voulut pas participer à la rédaction des ordonnances à rendre sur ses propres remontrances. Du reste, Etienne Bernard s'en expliqua par ces courageuses paroles.

« L'assemblée du Tiers-Etat, » dit-il, « composée
« des très-humbles sujets de Sa Majesté, prend à
« honneur et reçoit à obligation que sa dite Majesté
« continue ses bonnes volontés et justes intentions
« à l'extirpation de l'hérésie et soulagement de son
« peuple ; de quoi nous n'avons jamais fait doute.
« Moins encore sommes-nous en défiance que les
« États ne fussent parachevés en toute sûreté et
« liberté ; car, outre les promesses de notre roi,
« nous croyons être venus sur la foi publique, et
« que nous sommes en tutelle de tout le royaume,
« outre que nos consciences nous servent de mille
« témoins pour être exemps de toutes passions et
« affections particulières. Nous sommes ici pour
« servir au public, redresser l'État, et nous n'avons
point d'autre mission.

« Par ainsi, le ciel pourrait tomber que nous de-
« meurerions toujours fermes et constants...... Par

« ainsi, vous ne prendrez à déplaisir, si, librement et
« à notre façon accoutumée, nous vous déduisons
« les raisons pour lesquelles nous ne pouvons entrer
« en conférence, sur la résolution de nos cahiers et
« sur le fait des finances, soit en présence du roi,
« soit avec ceux qu'il voudra nommer de sa part.
« Que si le roi veut, par la présence de quelques-
« uns, rendre ses jugements plus solides et
« agréables, il y a de l'inconvénient plus grand de
« l'autre côté : car les particuliers nommés n'em-
« porteront que du blâme et de la haine; et leurs
« compagnons qui se tiennent, comme ils sont,
« autant que lesdits particuliers, et n'ont moindre
« qualité, s'en retourneront mécontents; et que s'il
« advient autrement que ce qui a été résolu, ils
« diront que le roi l'a voulu, l'a commandé et
« ordonné. Nous avons donc pensé qu'il seroit
« meilleur de prendre et recevoir nos cahiers, pour
« sur iceux bâtir et construire les ordonnances
« requises et nécessaires, que d'entrer en une con-
« férence inutile et pleine de longueurs. Joint que
« nous ne voulons nous soumettre de conférer avec
« les conseillers du conseil privé, parce que les
« États reconnaissent le roi seul pour chef, et ne
« pourroient souffrir que leurs avis passassent par
« la censure d'autres que lui. Autrement le lustre
« et grandeur des États seroient de beaucoup
« diminués, parce que lesdits États font le premier
« conseil et sénat de leur prince souverain. »

« C'est pourquoi nous supplions Sa Majesté de
« prendre de bonne part si nous refusons la con-
« férence de laquelle il lui plait nous honorer. »

Bernard termine en priant le garde des sceaux d'assurer le roi de la fidélité de toute l'assemblée et d'intercéder pour l'élargissement de ses collègues détenus (1).

### XII. — Clôture des États, Discours d'Etienne Bernard

Le 4 janvier 1589, les délégués des trois ordres furent reçus dans les appartements de la reine-mère qui était sur son lit de mort et que Henri III ne quittait pas. Ils déposèrent les cahiers de remontrances entre les mains du roi et lui demandèrent jour pour la séance de clôture des États, promettant de ne point se séparer avant cette époque. Le roi s'était réservé au moins une semaine pour prendre connaissance des plaintes et requêtes des trois corps et y donner une réponse sommaire. En faisant le dépôt de celles de son ordre, Etienne Bernard insista de nouveau sur la mise en liberté de ses confrères toujours prisonniers depuis le 23 décembre, « ... Vos très-obéissants sujets du Tiers-« État... m'ont aussi donné charge expresse de « supplier Votre Majesté qu'en continuant ses « bontés et clémences ordinaires, il lui plaise mettre

---

(1) Journal d'Etienne Bernard. — *Recueil de États-généraux*, T. XV, p. 100.

« en liberté nos confrères détenus et arrêtés et les
« rendre à la compagnie du Tiers-Etat, entiers en
« leurs personnes et réputation ».

Le roi répondit par de nouvelles promesses d'alléger son peuple de tout son pouvoir, et assura de son affection tous ceux qui resteraient étrangers aux soulèvements qui se manifestaient de toutes parts, et se maintiendraient sous son obéissance. Il parla du meurtre des Guises et chercha à le justifier en appuyant sur l'obligation faite aux souverains de sauvegarder à tout prix les institutions fondamentales de leur pays. « Il n'est aucune personne
« dénuée de passion », dit-il, « qui, la main sur la
« conscience, ne puisse dire que je n'aie agi sage-
« ment et justement. » Quant à ceux qui sont inculpés de complicité avec le duc de Guise, il ne peut ordonner leur élargissement avant le résultat de l'enquête ouverte sur cette affaire. Néanmoins il promit d'agir avec toute sa clémence habituelle, puis il fixa le dimanche 15 janvier aux orateurs pour prononcer en séance publique, selon la coutume, les harangues de clôture.

Au jour indiqué, le roi entendit les discours du Clergé et de la Noblesse, celui du Tiers fut remis au lendemain. Les deux premiers n'ont pas, pour la Bourgogne, d'intérêt particulier. L'archevêque de Bourges applaudit aux intentions de Henri III de défendre et soutenir la religion catholique, et demande la répression de divers abus introduits dans l'Eglise : le comte de Brissac reproduit à peu près la même thèse, puis requiert des ordonnances de règlement militaire. Les suppliques de l'un et de l'autre sont répétées et complétées dans la harangue prononcée par Etienne Bernard, au nom du Tiers-Etat. Nous nous attacherons particulièrement à cette dernière, par la double raison qu'elle émane d'un orateur bourguignon et qu'elle résume à elle seule les travaux des trois corps.

L'orateur Dijonnais, à l'exemple de l'archevêque de Bourges et du comte de Brissac, complimente d'abord humblement le roi, au nom de tous les Français, de « son zèle et sainte résolution », puis le remercie d'avoir appelé à lui les représentants de toutes ses provinces, pour ouïr leurs plaintes, entendre « leurs remontrances, prendre leurs avis « et recevoir leurs humbles supplications. » Plein de confiance dans les promesses royales, et pénétré de l'obligation que lui impose l'honneur d'être l'interprète « de tout un peuple, » il parlera avec assurance, « sans fard ni ornement quelconque. »

Les politiques qu'il appelle les « catholiques de contenance », avaient blâmé l'édit d'Union : il les somme de reconnaitre que la nécessité du moment et la dignité de la monarchie avaient rendu cet édit indispensable. « C'est par son maintien, » dit-il, « que les hérésies seront chassées comme les « nuées qui se dissipent au soleil ; » et il renouvelle le vœu que toutes les villes et tous les catholiques du royaume y restent invariablement unis. Mais il ne suffit pas, selon lui, de détruire l'hérésie ; il dénonce la simonie et une foule d'abus qui se commettent dans l'ordre ecclésiastique, et réclame l'application des lois existantes et de celles proposées dans les cahiers du Tiers-Etat.

Passant ensuite à la tolérance criminelle avec laquelle on laisse les gentilshommes trafiquer entre eux du gouvernement des villes, des places et des châteaux, il exprime le vœu qu'il y soit mis un terme, par de sévères ordonnances.

Il se plaint avec véhémence de la multiplicité des officiers judiciaires et de la vénalité des charges de judicature. La vénalité fait trop facilement passer les fonctions de la justice « aux fils ou aux héritiers
« de quelques riches usuriers dont l'entendement
« se tire plutôt de la bourse que non pas des livres
« et des cerveaux bien composés...... et qui n'ont
« que la robe d'officiers pour couvrir leur ignorance. »

Au sujet de l'armée, il voudrait qu'elle ne se recrutât qu'au nom du roi, ne marchât que sous ses enseignes, et il réclame même le licenciement des gardes données aux gouverneurs.

Dans l'article sur les finances, Etienne Bernard signale les exactions des « partisans (1) » prenant à ferme les revenus du domaine, le recouvrement des impôts et des nouveaux subsides. Cette « ver-
« mine d'hommes et couvée de harpies écloses en
« une nuit, » dit l'orateur, « ont fureté votre ro-
« yaume jusques aux cendres de nos maisons. Ils
« marchent orgueilleux et en crédit, le sergent en
« croupe, pour exécuter à leur mot vos sujets, et
« les évocations en main, pour nous faire venir à
« plaider; car ils ont les jussions à leur comman-
« dement pour forcer la conscience des bons et

---

(1) Partisans — Expression de mépris par laquelle on qualifiait autrefois les fermiers de certains impôts.

« violenter l'autorité et la religion des cours sou-
« veraines. » Y a-t-il résistance à l'exercice de leurs charges, ils exhibent les termes des lettres de jussion : « *par commandement plusieurs fois réitérés..* Aux édits justes et bons, » ajoute-t-il, « les com-
« mandements du prince souverain ne sont jamais
« nécessaires. »

Apparait ensuite la révision des comptes des trésoriers infidèles qui se sont enrichis aux dépens du peuple et du roi. L'orateur est impitoyable à leur égard : il faut, dit-il, « que l'on comprime
« l'éponge trop remplie. » Puis il rappelle au roi sa promesse de faire vérifier leurs comptes par une commission de gens intègres et habiles, et de faire châtier exemplairement les concussionnaires.

Selon l'orateur, les vices et les abus qu'il vient d'énumérer en partie, sont le résultat d'un mauvais choix dans la composition du conseil royal. Là aussi il réclame de sérieuses réformes.

Après encore un mot en faveur de l'élargissement de ses collègues détenus, Bernard ne veut point terminer sans donner au nom des Etats quelques paroles de consolation au roi et sans payer son tribut à la mémoire de la reine-mère morte à Blois quelques jours avant la séance de clôture. (7 janvier 1589). « Nous espérions que par une plus lon-
« gue vie, la reine, votre très-sage et très-honorée
« dame et mère, nous profiteroit beaucoup, pour la
« preuve et expérience qu'à eue la France de ses
« bons et utiles avis ; mais, puisque ses jours
« étaient bornés et que sa dignité de reine et prin-
« cesse ne lui donnaient privilége de prolonger ses

« années et se promettre un lendemain, il faut que
« la volonté de Dieu et la nécessité du tombeau
« vous servent de consolation et patience ; et il faut
« espérer que son âme heureuse fera des prières
« au ciel, qui seront plus certaines et plus profi-
« tables à votre Majesté et à l'Etat, que tous les
« conseils du monde. »

Puis se tournant du côté de la reine régnante, il met tous les Français sous sa protection, et la supplie humblement de leur accorder la plus large part dans sa royale affection.

En finissant, Etienne Bernard demande au roi la dissolution des Etats et le congé des députés qui, tous, dit-il, resteront « ses très-fidèles, très-humbles
« et très-obéissants sujets, jusqu'au dernier soupir
« de leurs vies. (1). »

Après ces discours, le roi prononça la clôture des Etats et, comme il l'avait promis, fit publier une réduction du quart des impôts ; mais cette remise arrivait trop tard, et n'arrêta pas les progrès de la révolte, à la tête de laquelle nous allons voir le duc de Mayenne, les Seize et leurs affiliés des provinces.

---

(1) Harangue prononcée devant le roi séant en ses Etats-généraux tenus à Blois, le lundi 16ᵉ jour de janvier 1589, par Bernard, orateur des trois Etats.

# CHAPITRE XVII

## CONFLAGRATION GÉNÉRALE (1589).

SOMMAIRE. — 1. Emoi des Dijonnais aux premières nouvelles du coup d'État de Blois. — II. Dépêches du roi touchant le meurtre des Guises. — III. Tentative de Guillaume de Tavannes contre Dijon. — IV. Intrigues du baron de Lux pour introduire Mayenne à Dijon. — V. Mayenne à Dijon, y exerce un pouvoir despotique et arbitraire. — VI. Fervaques, lieutenant pour la Ligue, agit par pression sur le parlement. VII. Résistance de la chambre des comptes. — VIII. Auxerre suit le mouvement de Paris. — IX. Révolte des Auxerrois contre leur évêque et insultes contre celui de Langres. — X. Les Châlonnais chassent leur évêque Pontus de Tyard, et néanmoins finissent par refuser le traité d'*Union*. — XI. Sentiments des Beaunois, des Autunois et des Mâconnais. — XII. Guillaume de Tavannes entre en campagne et établit à Flavigny le centre de ses opérations militaires. — XIII. Echec de Tavannes à Is-sur-Tille. — XIV. Pourparlers d'accord entre les royalistes et les ligueurs. — XV. Le duc de Nemours envoyé en Bourgogne par Mayenne. — XVI. Tavannes s'empare de Semur et y installe le siege de l'administration provinciale. — XVII. Prise de Saulieu par les royalistes. — XVIII. Tavannes s'assure de Saint-Jean-de-Losne, manque Seurre et échoue devant Nuits-sous-Beaune. — XIX. Inquiétudes des Avallonnais, prise par les royalistes du château de Girolles et de plusieurs places dans l'Auxerrois. — XX. Arrestation de Fervaques accusé de trahison par les ligueurs. — XXI. Nouveaux projets de Tavannes contre Dijon. — XXII. Le duc de Nemours repousse Tavannes d'Autun et d'Arnay-le-Duc. — XXIII. Le comte de Crusille est défait dans le Maconnais par le duc de Nemours, puis par Nagû-Varennes. — XXIV. Les ligueurs s'emparent de Seignelay dans l'Auxerrois. — XXV. Sanglante expédition des Auxerrois contre Coulanges-la-Vineuse. — XXVI. Le sieur de Jaulge soumet Mailly-la-Ville, s'avance sur Girolles et brûle Annay-la-Côte. — XXVII. Renforts étrangers pour le roi et pour la Ligue. — XXVIII. Prise d'Is-sur-Tille par le duc de Nemours et excès des ligueurs dans cette ville, ainsi que dans toute la province. — XXIX. Assassinat de Henri III.

### I. — Emoi des Dijonnais aux premières nouvelles du coup d'état de Blois

Henri III avait fait expédier dans toutes les provinces le récit circonstancié du coup d'état qu'il venait d'accomplir pour sauver, disait-il, sa vie et sa couronne ; mais dans les principales villes dévouées aux princes Lorrains, comme à Paris, la nouvelle était arrivée plus rapidement que ses courriers. Le 24 décembre 1588, à sept heures du soir, des crieurs publiaient déjà dans les rues de Paris la mort du duc de Guise, ainsi que l'arrestation du cardinal, son frère, et de l'archevêque de Lyon. A minuit, les *Seize* réunis en conseil rédigèrent une circulaire qu'ils envoyèrent aussitôt à tous leurs affiliés des provinces. « Messieurs, » disaient-ils, « nous venons de recevoir les plus misérables « nouvelles. Deux courriers venant de Blois nous « ont assuré que, traistreusement, l'on a tué Mon- « seigneur le duc de Guise et pris plusieurs autres « prisonniers. Pensez là-dessus à la conséquence, « et quel dessein l'on peut avoir sur nostre religion « et sur tous les catholiques. »

C'est ainsi, semble-t-il, que Jacques La Verne, le vicomte-maïeur de Dijon, fut des premiers informé du fait. Le laconisme, soit de la circulaire, soit d'un avis sommaire reçu par une autre voie, jeta le trouble dans son esprit. On avait mis à mort le chef de son parti, emprisonné plusieurs de ses adhérents ; peut-être lui-même se croyait-il surveillé ! Aussi, jusqu'au retour des députés de Blois et à l'arrivée de Mayenne, le fougueux ligueur se montra-t-il des plus ardents royalistes.

A la réception de la funeste nouvelle, le 30 décembre, il convoqua les échevins pour la leur communiquer sur un ton assez mystérieux.

Lorsqu'ils furent assemblés, il leur « dict avoir
« receu advertissement de bon lieu, d'ung acte
« advenu de fort grande conséquence et impor-
« tance ; toutefois ne le déclarera plus ouvertement,
« à présent, se contentera le proposer en gros,
« attendant nouvelles plus certaines... » Puis,
« après avoir amplement discouru du debvoir et
« obéyssance des sujets envers le roy, » il proposa de renouveler le serment « de vivre et de mourir
« perpétuellement en l'obéissance de sa dite Majesté
« et de conserver la ville en son entier pour le
« service de sa dite Majesté. »

La proposition fut votée sans opposition ; puis, séance ténante, les échevins « unanimement....,
« jurèrent à Dieu, sur les saintes et sacrées evan-
« giles, » de rester fidèles « au roy », et de veiller
« à la garde et conservation de la dite ville, soubz
« son autorité et obéyssance. » Ils résolurent de ne recevoir en ville « que ceulx que sa dite majesté a
« donné pour y commander, » avertirent les « dize-
« niers des paroisses » qu'ils eussent à se tenir prêts à prendre les armes au premier signal ; ordonnèrent de monter la garde plus activement que jamais dans les tours et sur les murailles : enfin

firent surveiller les démarches des hommes de guerre « à une lieue la ronde de la ville. » (1).

## II. — Dépêches du roi touchant le meurtre du duc de Guise.

A ce moment, on n'avait encore que les vagues renseignements fournis par La Verne ; mais, dans la soirée, arrivèrent les courriers du roi, porteurs de dépêches adressées au parlement et aux magistrats municipaux. Le premier président invita le maire et les échevins à se rendre au palais pour contrôler les lettres qui leur avaient été adressées avec celles envoyées à la cour, constater leur authenticité et faire en commun la lecture des unes et des autres.

Dans ses lettres, Henri III semble d'abord poser en principe un prétendu droit souverain de vie ou de mort sur les princes ou les sujets coupables de complots et de projets sanguinaires contre leurs chefs légitimes ; puis il fait une sorte de réquisitoire où il rappelle les actes de rébellion et le but de la conspiration du duc de Guise. « Vous avez été tes-
« moins, » dit-il, « des troubles et attentatz... que
« le feu duc de Guise... a faicts depuis quelques
« années sur nostre estat et couronne, nostre hon-
« neur et nostre propre vie. » Malgré l'oubli juré

(1) *Archives de la ville de Dijon.* Délibération de la Chambre de ville, registre 98. f° 128 de l'ancien répertoire.

de toutes les choses passées, les faveurs royales accordées au prince rebelle pour le retenir « au bon « chemin... obéissance et respect... son insolence, » continue le roi, « estoit devenue telle que, au mépris « de nostre autorité, il n'a rien oublié de tout ce « qu'il a peu faire pour nous troubler et arracher « nostre sceptre et couronne; voire nostre propre « vie; et que ce qu'il n'a fait, il ne l'a peu faire : « qui nous a donné juste occasion de luy faire «. cognoistre que Dieu a mis en nous l'autorité, les « moyens et le courage de l'en chastier, comme il « a mérité par la perte de sa vie. Dont nous avons « voulu vous donner advis par ce mot de lettre, « afin que vous sachiez la vérité et que, par quel- « que faux bruit, elle ne vous soit point déguisée. »

Prévoyant les inquiétudes que quelques personnes pouvaient avoir après cet événement touchant le maintien de la religion catholique, le roi s'empresse d'ajouter cette déclaration majeure : « Nous ne voulons aucunement nous départir de « nostre saincte entreprise de faire la guerre et « exterminer les hérétiques; ains, comme elle « n'estoit fondée sur la mort ou la vie et l'ambition « dudit feu duc de Guyse, mais sur le zèle et affec- « tion que nous avons toujours eue et aurons per- « pétuellement engravée au plus profond de nostre « cœur, à l'honneur de Dieu et à l'augmentation « de nostre religion catholique, apostolique et « romaine, aussy ne peut-elle estre destournée « pour quelque occasion que ce soit. » (1).

(1) Bibliothèque nationale, fonds Fontette, portefeuille 37, n° 13. — Cette lettre se trouve aussi dans les registres du parlement, p. 10.

Après la lecture des lettres, le premier président exhorta en quelques mots le corps de ville à persévérer dans ses sentiments de fidélité et à « veiller « soigneusement à la garde de la dite ville, sous « l'autorité et obéissance du roi, » et offrit, au nom du parlement, de contribuer « à la garde des portes « et corps de garde, de jour et de nuit si besoin « estoit. » Puis chacun se retira satisfait (1). Mais cet accord fut de courte durée. D'un côté Mayenne qui avait échappé à d'Ornano chargé de l'arrêter, était parti de Lyon et s'approchait de Dijon : de l'autre Guillaume de Tavannes, informé de la marche du prince lorrain, voulait lui enlever la capitale de la Bourgogne et assemblait quelques cavaliers dévoués à la cause royale. Des partis se formaient pour l'un et pour l'autre.

### III. — Tentative de Guillaume de Tavannes contre Dijon.

Tavannes envoya l'un de ses gentilshommes nommé Ferry solliciter Baillet de Vaugrenant, le conseiller Odebert et plusieurs autres de le seconder dans une entreprise contre le château, « où il « n'y avait pas vingt hommes » de garnison (2).

(1) « Dont le vicomte-maieur a dit estre bien joyeux. »
(2) Mémoires de Guillaume de Saulx dans le *Panthéon littéraire*, p. 470.

Les royalistes de l'intérieur devaient d'abord se rendre maîtres de la porte Saint-Nicolas et l'ouvrir aux envoyés de Tavannes : mais La Verne, que l'approche de Mayenne commençait à rassurer, avait eu vent de ce complot, et lorsque, le soir du 1ᵉʳ janvier, les hommes d'armes se présentèrent, il leur fit refuser l'entrée, malgré l'insistance des conseillers Bretagne aîné, Colard, Quarré et Bretagne jeune qui y étaient de garde avec une autorité égale à celle de l'échevin commandant le poste.

Un conflit s'éleva entre les magistrats du parlement et ceux de la ville. Plusieurs jours se passèrent en allées et venues et en discussions entre la cour et l'hôtel-de-ville, touchant l'autorité respective des conseillers et des échevins, la garde des portes, la police de la ville. Le maire, mandé au palais pour avoir tenu les portes de la ville fermées toute la journée du 4 janvier, sans avoir pris l'avis de la cour, ce qui avait obligé les magistrats judiciaires de passer par le château, dit avoir pris cette mesure par crainte « des gens de cheval » qui étaient dans les environs et semblaient menacer la sécurité des habitants. Il a de plus été informé par Franchesse, le capitaine du château, que des gens armés s'assemblaient près de Nuits et dans le pays de l'Auxois (1). Enfin le palais suspectait le maire, malgré ses protestations de dévouement à « l'hon-« neur de Dieu et service du roi ; » de son côté, l'hôtel-de-ville s'inquiétait des hommes de guerre que Vaugrenant recevait chez lui, et faisait surveiller ses démarches (2).

(1) *Archives de Dijon*, registre des délibérations.
(2) id. id.

Tavannes qui attendait à cheval au village d'Eu, avec le baron de Couches, l'issue de sa tentative, apprenant l'empêchement fait à Vaugrenant de lui livrer entrée, et ayant agi d'ailleurs sans s'être assuré de l'assentiment du roi, se retira dans son château de Courcelles-lès-Semur. Il en partit quelques jours après, en compagnie de Bénigne Frémyot, le père de sainte Chantal, pour aller s'offrir au roi et lui soumettre ses plans de campagne.

### IV. — Intrigues du baron de Lux pour introduire Mayenne à Dijon.

Mayenne était alors à Beaune. Parti de Lyon le 26 décembre, il n'avait fait que passer à Mâcon, s'était arrêté à Châlon le temps de s'assurer de la citadelle, puis avait continué sa marche vers Beaune où il se trouvait plus en sureté, étant depuis plus de trois ans en possession de la place, avec une garnison à sa dévotion. Henri III qui n'avait pu le faire arrêter, lui écrivit, selon de Thou, une lettre remplie de protestations affectueuses. Il lui disait qu'il était assuré de ses bons sentiments, qu'il le distinguait de ses deux frères mis à mort par ses ordres, et se persuadait qu'il n'avait pas trempé dans le complot : enfin, il lui faisait la promesse, s'il voulait oublier le passé, de le conserver dans son gouvernement de Bourgogne et dans toutes les dignités qu'il tenait de lui. Le baron de Lux fut chargé de lui porter des propositions dans ce sens, et peut-être même la lettre mentionnée par de Thou : mais la manière dont il s'acquitta de sa mission a laissé planer des doutes sur sa fidélité au roi.

C'est à Beaune que le messager royal avait atteint Mayenne. Il lui avait remis sans doute ses dépêches ; mais on se demande comment il s'en servit encore deux jours après, pour s'accréditer auprès du parlement. Les avait-il donc gardées, du consentement de Mayenne, ou celui-ci dans un but facile à deviner, les lui avait-il rendues ? Quoiqu'il en soit, le baron de Lux outrepassa son mandat et justifia mal la confiance et l'amitié de son souverain.

En effet, après un long entretien avec le duc de Mayenne, Lux partit immédiatement, le soir même de son arrivée, pour Dijon. Quelle fut la conclusion de leur conférence ? Les faits vont nous l'apprendre.

Le lendemain, dès le grand matin, le baron se présenta au parlement qui, depuis l'avis du coup d'Etat, tenait deux séances par jour, l'une à huit heures du matin, l'autre à une heure et demie du soir. Il se dit envoyé par le roi pour faire « maintenir son autorité » et prier la cour de s'y employer. Il s'est entretenu déjà avec le duc de Mayenne et lui a porté les paroles du souverain qui « désire de
« se servir de lui, comme étant digne et capable,
« et pour le prier de ne faire chose qui puisse
« troubler le repos de cette province et la bonne
« opinion en laquelle Sa Majesté l'a toujours tenu
« jusqu'à présent, et le tient encore : voulant qu'il

« soit maintenu en ses Etats et reconnu pour son
« lieutenant-général en ce pays.... Encore, ajoute-
« t-il, qu'il ait trouvé ledit duc de Mayenne rempli
« de douleur et de regret des choses passées, tou-
« tefois, comme il est prince plein de douceur et
« qui ne sort hors des limites de raison, il a promis
« et juré de ne s'en point ressentir. » Enfin, le
baron de Lux insiste pour que l'entrée de la ville
soit ouverte au duc de Mayenne, qu'il soit « re-
« connu pour le lieutenant-général du roi dans la
« province, » et appuya sur le « mécontentement »
qu'éprouverait Sa Majesté, « si ledit sieur duc était
« troublé à l'entrée de la ville. »

Le baron de Lux n'avait point exhibé de lettres
de créance comme il était d'usage dans des missions de cette importance : il s'en expliqua en disant que ces lettres étaient entre les mains de l'un
de ses hommes sur lequel il avait « pris les devants, »
et qui arriverait « dans une heure. » (1).

Du palais, le baron de Lux se rendit à l'hôtel-de-
ville où il tint à peu près le même langage, y ajoutant toutefois de nouvelles considérations capables
de toucher davantage les habitants et les faire
consentir plus facilement à ouvrir leurs portes au
gouverneur ; entre autres que le duc n'aurait pour
escorte que sa garde personnelle. J'ai, dit-il, marché
toute la nuit pour venir accomplir ma mission,
calmer les habitants que l'on sait animés de sentiments divers, et les préparer, suivant les intentions de Sa Majesté, à faire un accueil favorable au
duc, qui arrivera dans la journée même. Lorsque

(1) Registre du parlement, p. 35.

le baron de Lux se fut retiré, le corps de ville résolut d'aller au-devant du duc, afin de le prier de se présenter seul et sans appareil militaire, « soubz
« l'asseurance qui luy seroit donnée de la fidélité
« et service que la dite ville luy veult faire souz
« l'autorité du roy. » (1).

Au parlement, on commençait à trouver étrange que les lettres de créance ne fussent pas encore déposées. A la séance du tantôt, la cour chargea Joly, l'un des greffiers, d'aller les réclamer. Joly fit trois fois la course du palais jusqu'auprès du baron, et trois fois rapporta la même excuse. A la dernière démarche, il avait trouvé le baron avec le duc de Mayenne qui venait d'être introduit en ville par le maire. Lux lui dit encore une fois « que son
« homme n'étoit pas encore arrivé, dont il étoit bien
« fâché, et prioit la cour de croire qu'il n'étoit
« menteur. » Le lendemain on en était au même point. Lux, que le greffier était allé relancer jusqu'au cabinet du duc, refusa de se rendre au parlement, et pour toute justification de sa conduite, produisit la « lettre du Roi écrite au sieur de
« Mayenne » qu'il avait encore, on ne sait comment, entre les mains. Vraisemblablement il n'en existait pas d'autres; ce qui fait accuser le baron de Lux d'avoir trahi la confiance du roi et voulu tromper la bonne foi des premiers magistrats de la province. Devant ces faits, les récriminations étaient inutiles; la haute cour n'eut plus qu'à s'incliner.

---

(1) *Archives de la ville de Dijon.* — Registre des délibérations, séance du 5 janvier 1589.

### V. — Mayenne à Dijon y exerce un pouvoir despotique et arbitraire

Comment le duc de Mayenne se trouvait-il en ville à l'insu du parlement? Après la séance du corps de ville du 5 janvier, une partie des échevins et le maire informés que le duc était déjà à Perrigny, à deux lieues de Dijon, montèrent à cheval et allèrent à sa rencontre jusqu'au village de Chenove. Le maire de Dijon, l'apercevant, mit pied à terre, et, l'ayant salué, l'assura de la soumission des habitants dans les conditions arrêtées à la délibération du matin. Mayenne ne répondit qu'au sujet des troupes, disant péremptoirement « qu'il « n'avoit intention d'imposer garnison, sy l'on ne « luy en donnoit les occasions : » et c'est sur ces vagues promesses que les portes lui furent ouvertes. (1).

La soumission de Dijon forma un appui considé- à l'autorité de Mayenne. Au moyen des garnisons qu'il avait à son service dans les citadelles de Châlon, de Beaune, de Dijon et celle qu'il mit dans le fort de Talant, il tint, dit Palma-Cayet, « mes- « sieurs du parlement, la ville et presque toute la « Bourgogne sous sa puissance. Je dis presque. » reprend Palma-Cayet, « car il y eut beaucoup de « grands seigneurs de ceste province qui ne vou- « lurent suivre son parti ; » (2) et nous allons voir

---

(1) *Archives de Dijon.* — Registre des délibérations.
(2) Palma-Cayet, *Chronologie novennaire*, p. 93-94.

## CHAPITRE XVII — (1589).

que la population Dijonnaise elle-même ne fut pas unanime à l'acclamer. Les uns avaient cédé par entrainement, les autres par la force, mais d'autres aussi prirent la résolution de lutter ouvertement.

Le 7 janvier, le parlement fit sa soumission en envoyant au gouverneur une délégation composée de MM. Bourgeois, président, Bretagne, Colard, Odebert, et sept conseillers. Néanmoins, dans la journée même, plusieurs officiers de la cour furent arrêtés par ordre de Mayenne et enfermés au château. (1).

Le surlendemain, le duc appelle auprès de lui « à la maison du roi, » le maire et tout le corps de ville : il leur recommande de « s'estudier à faire « que les brouillons et turbateurs qu'ils cognois- « tront par la ditte ville, les ungs soient empri- « sonnés, les autres chassés hors la ville, les autres « désarmés, selon qu'ilz seront cogneuz mal affec- « tionnez au bien et au repos d'icelle ville » : puis il remet au maire une liste de 77 ou 80 suspects, parmi lesquels figurent plusieurs notables habitants et plusieurs échevins qui furent les uns expulsés, les autres écroués dans les prisons de la ville. Jusqu'au moment de son départ, (18 janvier), presque chacun des jours qu'il resta à Dijon est marqué par de nouvelles listes de proscription (2). La dernière, du 16 janvier est un « rolle » de 26 personnes au nombre desquelles nous remarquons les avocats Jean Odebert, Jean Richard, Humbert,

---

(1) Registre du parlement, p. 44.
(2) *Archives de la ville de Dijon.* — Registre des délibérations, aux dates des 9, 11 et 15 janvier.

Fornier, le contrôleur Récologne et de notables Dijonnais. Quatorze étaient désignés pour être « emprisonnés » et douze « chassés hors la ville. » Elle fut signifiée en ces termes aux officiers municipaux : « Nous ordonnons aux eschevins, capitaines, « lieutenants et enseignes des paroisses de la ville « de Dijon, mettre à exécution le présent estat et « mémoire, et nous en certifier. »

« Fait le seiziesme janvier 1589.

Signé : Charles de Lorraine (1).

La cour réclama en vain la mise en liberté des prisonniers. Mayenne répondit « qu'il les avoit fait « arrêter pour sa sûreté personnelle et la conser- « vation de la ville » ; il ajouta même avec hauteur : « S'il y a quelqu'un qui ait la volonté de remuer en « cette ville, qu'il en sorte promptement..., car il « a donné l'ordre de les bien châtier. (2).

En même temps que le prince agissait de la sorte à l'égard des personnes qui lui étaient suspectes, il ordonnait, de son autorité privée, des levées d'hommes et d'argent, dans l'intention de réduire un certain nombre de partisans qui s'élevaient contre lui dans les places que ses armes ne dominaient pas, et peut-être aussi de faire la guerre au roi. Il n'épargna pour les obtenir, ni les paroles hypocrites, ni les menaces, ni la violence. Le 11 janvier, il invita les élus généraux à venir conférer avec lui « d'affaires concernant le service du roi. » Il n'y avait, pour lors, en ville, que les députés de la

---

(1) *Archives de Dijon*. — Original produit par M. Garnier dans les *analecta*, II, 131.

(2) Registre du parlement, p. 57.

chambre des comptes élus pour le roi et le vicomte-maïeur de Dijon. Ils se présentèrent seuls, car les élus des trois ordres se tenaient prudemment éloignés. Mayenne leur dit qu'ayant résolu de mettre sur pied dans la province mille arquebusiers et cinquante lances « pour tenir le pays en sûreté, » il les mettait en demeure de pourvoir à leur entretien pendant trois mois, ce qu'il évaluait à cinquante ou soixante mille livres. Les officiers du roi répondirent qu'ils ne pouvaient satisfaire à son invitation en l'absence des élus, et qu'il leur était même formellement interdit « par décret des états, » de traiter sans eux de semblables affaires. Le duc ne voulut entendre ni explications ni excuses, et leur signifia d'avoir, dans les vingt-quatre heures, à lui faire la somme demandée; autrement qu'il ferait « départir et imposer sur le pays la somme de « vingt-trois mille écus, » montant de deux impôts antérieurs pour le dégrèvement desquels la province était en instance au conseil privé. Les débats durèrent quatre jours. D'un côté, le duc persistait dans ses prétentions et menaçait les Elus du roi, « s'ilz continuoient en leur refus, d'y pourvoir de « son auctorité contre leurs propres personnes, » et de l'autre les officiers de la chambre des comptes opposaient toujours les mêmes fins de non recevoir.

Le trésorier de Mayenne reçut l'ordre de son maître de faire main basse sur la caisse du taillon: mais il ne put que se saisir du receveur, Nicolas d'Esbarres, qui ne voulut pas la livrer et préféra être conduit en prison.

Cependant, le conflit eut une fin : Mayenne réduisit ses exigences d'abord à « quatorze ou quinze « mil escuz, » puis à dix mille pour deux mois au lieu de trois, pourvu qu'on lui en versât comptant 7,000 ; donna une heure pour délibérer et assura que, ce temps passé, les 23,000 écus en litige seraient mis d'office en recouvrement. Sur cette menace, les officiers de la chambre, car les Elus n'étaient toujours pas rentrés, « voyant que leurs remons- « trances ne profitoient de rien envers le dit sieur, « et ne pouvant résister à sa volonté et contraincte « parce qu'il avoit la force en main ; et aussi pour « faire rendre la liberté au dit Desbarres » consentirent à sa dernière proposition et à emprunter 7,000 écus qui devaient être versés entre les mains du receveur général, « sur sa bonne et valable quittance. » Le maire de Montbard, élu du Tiers, à qui c'était le tour de siéger, prétexta une maladie vraie ou simulée, pour ne point venir participer à la répartition (1).

Cette affaire étant terminée, Mayenne, pressé d'aller faire reconnaitre ailleurs son autorité, établit Fervaques pour son lieutenant-général dans la province, donna au maire La Verne de très-amples pouvoirs sur la ville et ses habitants, enfin recommanda aux magistrats municipaux de n'accepter aucune garnison, « quant oire mesmes l'on « diroit estre de la part du roi ; d'autant plus que « l'on ne manquera le prétexte, (2) » et se disposa à quitter Dijon.

(1) *Archives de la Côte-d'Or.* — Registre des Etats. A. 9. f° 263 et suivants.
(2) *Archives de la ville de Dijon.* — Registre des délibérations.

La duchesse de Montpensier était venue le presser d'aller se mettre à la tête du gouvernement provisoire proclamé par les Parisiens qui avaient déclaré Henri III déchu du trône. Ils partirent ensemble le 18 janvier et arrivèrent à Châtillon-sur-Seine, accompagnés d'une suite nombreuse. Les Châtillonnais, depuis longtemps pratiqués par les ligueurs de la Champagne, avaient arboré le drapeau de la Ligue ; la milice bourgeoise était sous les armes pour les recevoir et le capitaine Noirot leur présenta les compliments et les présents d'usage. Mayenne ne fit que coucher dans cette ville qu'il savait lui être dévouée, et dès le lendemain prit la route de Troyes (1). Il s'assura encore des villes de Sens, Orléans et Chartres qu'il visita successivement et arriva le 12 février à Paris, où il fut reçu comme l'avait été le duc de Guise l'année précédente.

### VI. — Fervaques, lieutenant-général pour la Ligue, agit par pression sur le parlement.

Le lieutenant-général nommé par Mayenne ne jouissait pas parmi ses concitoyens d'une très-haute estime. Guillaume de Fervaques s'était d'abord attaché à la fortune du duc d'Anjou, frère de Henri III et l'avait suivi dans ses entreprises aventureuses. Il était grand'maître de la maison

(1) M. G. Lapérouse. — *Histoire de Châtillon*, p, 341

du prince, premier gentilhomme de sa chambre, général de ses armées de Flandre et chef de tous ses conseils : mais il passait facilement d'un parti dans un autre, et était peu scrupuleux sur les moyens d'exercer son autorité. A la mort de son protecteur, Fervaques se retira dans sa terre de Grancey en Champagne. C'était malgré lui, disait-il en se présentant aux magistrats de Dijon après sa nomination, que Mayenne l'en avait tiré pour lui confier la lourde charge dont il était investi. Il se fit d'abord reconnaître à l'hôtel-de-ville (1), puis vint présenter ses pouvoirs au parlement, où il protesta de sa ferme volonté « de conserver l'auto-« rité du roi, » ce qu'il affirma à deux reprises dans son discours d'entrée. Le premier président le remercia au nom de la cour, le félicita de ses honorables intentions, puis lui promit son appui « en toute occurence (2). » L'entrevue fut courtoise, bien que quelques-uns déjà fronçassent le sourcil, estimant à leur valeur les protestations du lieutenant de Mayenne. Fervaques, en effet, s'employa dès lors à propager une nouvelle association d'Union, cette fois sans réserve pour l'autorité du roi (3).

(1) *Archives de la ville de Dijon.*
(2) Registres du parlement, p. 60.
(3) Voici les termes de ce nouveau formulaire :
*Union jurée entre tous les habitants de Dijon.*

I

Nous jurons et promettons à Dieu et à toute la cour céleste de vivre et mourir en la religion catholique, apostolique et romaine, employer noz vies et biens pour la conservation d'icelle, contre tous ceux qui ouvertement ou par moyens couverts s'efforcent et s'efforceront cy-après faire chose au préjudice de la dite religion.

## CHAPITRE XVII — (1589).

Quelques villes y adhérèrent presque spontanément, d'autres furent loin de mettre le même empressement, et Fervaques, pour les engager dans le parti, les convoqua à une réunion provinciale fixée pour le 12 mars dans la capitale de la pro-

II

Jurons de maintenir ceste ville en repos et tranquilité, de courir sus à tous ceulx qui y apporteroyent aulcung trouble et les faire chastier tant par justice que aultrement.

III

D'employer toutes nos forces et moyens pour conserver la province et ceste ville de Dijon en son entier, les rendre pacifiques et les garantir de touttes foulles et oppressions, ensemble touttes aultres villes. bourgs, bourgades du royaulme unyes pour le bien et augmentation de la religion catholicque, apostolicque et romaine ; et de faire la guerre ouverte aux hérétieques, leurs fauteurs et adhérents.

IV

Jurons d'assister envers et contre tous les princes, prelatz, seigneurs et gentilshommes, villes, bourgs, bourgades uniz à ceste saincte résolution, et tous ceulx qui s'y uniront cy après, et de ne souffrir qu'il soit aulcunement attenté à leurs personnes, honneurs et biens soit d'effect ou paroles, par qui que ce soit.

V

Que nous tiendrons exactement la main à ce que le commerce et traficque soit libre. Et pour oster tous empeschemens que l'on pourroit y mettre, comme aussi faire que les chemins soyent ouverts et assurés pour la communication des ungs avec les aultres des affaires de ceste Saincte Unyon, et de tout ce qui regarde la manutention et bien d'icelle.

VI

De ne souffrir aulcune altération ou diminution des auctorités et privilèges qui appartiennent aux trois ordres et estatz de ceste province, à la ville et touttes aultres unyes : lesquelz nous garderons inviolablement.

VII

Jurons de maintenir et conserver en son ancienne splendeur, en ceste ville de Dijon, la cour de parlement, comme aussi la

vince. Les villes de Nuits, Saint-Jean-de-Losne, Seurre, Arnay-le-Duc, Beaune et Avallon y envoyèrent leurs représentants (1), mais les événements ultérieurs nous feront voir que toutes ne se considérèrent pas comme liées par les mesures qu'on adopta.

chambre des comptes, selon la convention faicte entre les prédécesseurs roys et les Estatz, sans permectre qu'elles soyent transférées ailleurs, ne se fasse chose au préjudice d'icelles, ne qu'il y en aye aultres establies en ceste province ; comme aussi tous aultres sièges et juridictions establies d'ancienneté ès villes de ceste province qui entreront en la Saincte Unyon.

### VIII

Promectons de ne nous séparer les ungs des aultres, ains demeurer si bien cymentéz entre nous, les princes, prélatz, seigneurs gentilshommes, villes, communautés, que nous serons tousiours prestz au secours et soulagement les ungs des aultres.

### IX

N'entendrons ny consentirons à traictés ou accords qui seroyent présentez que d'ung commung consentement et advis, et ne recepvrons commandement de qui que ce soit contre la dite Unyon.

### X

Que nous ne donnerons advertissemens par escript, par messaiges, verbalement ou aultrement, à ceulx qui tiennent partis contraire à ceste Unyon, ny recepvrons lettres ny advis d'eux, en quelque façon que ce soit, sans les communiquer à monseigneur le duc du Mayne ou en son absence à monseigneur le vicomtemayeur et les advertir à l'instant, à peine d'estre puniz comme hérétiques et perturbateurs du repos publicque.

### XI

Que directement ou indirectement nous ne favoriserons par moyens, sollicitations, prières, ceulx qui nous seront contraires et qui contreviendront aux articles de nostre Unyon, en quelques degrés qu'ils nous soyent parens, alliez ou jurez par amytié.

### XII

Tenons pour hérétiques et turbateurs du bien publicq, ceulx qui feront refuz de se joindre et soubsigner par effect et sans

(1) *Archives de Nuits-sous-Beaune.*

Dix jours après la réunion des villes, ce fut le tour au parlement. Le 22 mars, sur l'avis de Fervaques, la cour se réunit en assemblée générale où furent « mandés messieurs de la tournelle, des requêtes et les gens du roi. » Le lieutenant de la Ligue y apporta lui-même le formulaire de l'Union et le déposa sur le bureau, avec invitation aux magistrats de le signer, pour apaiser, disait-il, l'émotion populaire prête à éclater en ville à ce sujet.

Lorsqu'il se fut retiré, il y eut de violents débats après lesquels pourtant, la cour déclara qu'elle consentirait à signer, « pourvu qu'au pénultième « article soient mis ces mots : *Jurons encore de* « *nous rendre obéissants* SOUS LE NOM ET AUTORITÉ « DU ROI *au commandement de M. de Mayenne*,

déguisement à la présente Unyon, et qui feront chose contraire en quelque façon et manière que ce soit ; desquelz nous poursuyverons les chastimens par touttes voyes.

### XIII

Jurons encore de nous rendre obéissans aux commandemens de monseigneur le duc de Mayenne, gouverneur en ceste province, et en son absence, à Monsieur de Fervaques, son lieutenant-général, desquelz nous ne nous séparerons à jamais, quelques mandemens et commandemens qui puissent arriver de qui que ce soit.

### XIV

Prions tous prélatz, ecclésiastiques, seigneurs, gentilshommes, villes et communaultés de ce gouvernement, se unir avec nous en ceste cause de Dieu et de son Eglise, leur promectant de notre part toutte assistance de nos personnes, pouvoirs, moyens, conseils, ayde et faveur, en ce qu'ilz en auront besoing.

(*Archives nationales*, fonds Fontette, portefeuille 37, n° 14. — Ce document se trouve aussi, avec quelques légères variantes, dans les registres du parlement de Varennes, p. 76).

« *gouverneur* POUR SA MAJESTÉ *en cette province.* »
Elle délégua les conseillers Bretagne et Fyot auprès
de Fervaques pour lui porter cette décision.

Le lendemain, le lieutenant-général revint au palais.
Il dit que le vicomte-maïeur et les échevins avaient,
la veille, juré et signé « les articles en la forme
« qu'ils avoient été présentés à la cour, sans aucune
« ajonction ou diminution. » Il ajoute que le peuple
murmure, qu'il a vu trois ou quatre mille mécontents prêts à prendre les armes, et que, si l'on veut
éviter l'effusion du sang, il faut se résoudre à signer. « Non, » dit-il sur un ton hypocrite, « qu'il
« ne trouvât raisonnable le tempérament que la
« dite cour avoit estimé convenir d'y mettre, (encore
« qu'il lui semble que l'autorité du roi étoit assez
« reconnue par lesdits articles), mais pour aucunement arrêter la fureur du peuple. Déclarant qu'en
« son particulier il est très-humble serviteur du roi,
« n'ayant jamais pensé ni cru que M. de Mayenne,
« gouverneur de cette province, auquel il a donné
« sa foi pour la conservation d'icelle, se veuille
« séparer du roi. »

Sur cette déclaration, et, « ayant égard au péril
éminent représenté par le sieur de Fervaques, » la
cour se détermina à jurer cette nouvelle Union
dans sa teneur, cependant avec cette mention :
« retenu que le tout se fera *sous le nom et autorité*
« *du roi et non autrement* (1). » Cette réserve ne
fut néanmoins que tacite : elle ne figure pas aux
articles reproduits sur les registres.

---

(1) Registres du parlement, p. 68-82.

### VII. — Résistance de la chambre des comptes (1).

Fervaques n'eut pas aussi bon marché de la chambre des comptes. Les membres en ce moment en ville, au nombre de quatorze (2), furent unanimes pour le rejet de sa proposition et déclarèrent s'en tenir à l'association qu'ils avaient « desjà jurée « lors de la présentation... de l'édict d'Union. » Cependant, ne voulant pas prendre une résolution finale en l'absence de quelques-uns de leurs confrères, ils demandèrent un ajournement au lendemain. Fervaques refusa et fixa pour tous délais l'heure de midi du même jour. Tous les magistrats présents à Dijon furent alors convoqués. Après des débats très animés, ils conclurent à des réserves identiques à celles du Parlement. Informé de leurs dispositions, Fervaques s'emporta en paroles menaçantes contre ceux qui refuseraient de signer le nouveau formulaire, et fit annoncer qu'il allait venir siéger au milieu d'eux.

La chambre se voyant sur le point d'être envahie et violée dans sa liberté, inscrivit sur son registre :

(1) La chambre des comptes, de fondation antérieure, dit-on, à celle du parlement, en raison de ses nombreuses attributions sur les gens de finance et les fermiers des domaines, se composait d'un nombreux personnel. Elle avait une influence très-étendue par toute la province, ce qui excitait chaque parti à vouloir la dominer.

(2) Ce sont : les présidents Sayve, Frémyot, Regnier, et les maîtres ordinaires Mallard, Jacquolot, Virtus, Bourrelier, Colin, Millière, Morelet, Bonnot, Peschard, Fleutelot et Lopin.

« attendu la force de laquelle estoient menacés tous
« les officiers, lesdits articles seront jurés sous la
« protestation néantmoins, qu'il n'y eust aucune
« chose contraire au service du roy : et où (dans
« le cas où) le sieur de Fervaques ne se vouldroit
« contenter du dit serment, attendu les menaces,
« qu'ils seroient jurés purement, demeurant seule-
« ment sur le registre secret, les protestations *que
« tous les officiers de ceste chambre faisoient* que
« ce n'estoit de volonté qu'ilz juroient lesdits ar-
« ticles ; ains pour raison de la contraincte, force
« et perte de leurs vies et moïens desquelz ils es-
« toient menacez. »

Cette protestation était à peine rédigée que Fervaques entra dans la salle, vint s'asseoir au bureau et demanda le résultat des débats. Le président lui répondit « que la dite chambre luy avoit fait en-
« tendre sa résolution par ses députés ; à laquelle
« tous les officiers d'icelle demeuroient fermes :
« et partant, qu'ils ne pouvoient jurer les dits arti-
« cles en autre forme que le tout dernier est fait :
« SOUBZ L'AUCTORITÉ DU ROY. »

En vain Fervaques insista-t-il, en vain fit-il avec hypocrisie protestation de son dévouement au roi, il lui fallut se contenter du serment amendé par la chambre. On lui accorda cependant un petit adoucissement rédigé en sa présence : « A esté résolu,
« que tous les dits articles seront jurés purement et
« simplement en ce qui est de la religion catholi-
« que, apostolique et romaine, du repos de la pro-
« vince et de l'obéissance deue aux gouverneurs,
« soubz les protestations néantmoings qu'il n'y eust

« aucune chose de diminution à l'obéissance par
« eux deue au roy, conformément à la déclaration
« du dit sieur de Fervaques (1). »

### VIII. — Auxerre suit le mouvement de Paris.

Pendant ce temps, les villes enrôlées dans le parti de l'Union étaient dans une fiévreuse agitation. A Paris, la Sorbonne avait déclaré le peuple français « délié du serment de fidélité et d'obéissance « au roi » et approuvé la révolte à main armée contre son autorité. Lorsque cette décision parvint à Blois, une réunion de prélats dont l'évêque Amyot faisait partie, protesta et envoya à Rome soumettre la sentence à l'appréciation du Saint-Père. La participation de l'évêque d'Auxerre à cette démarche souleva contre lui, dans sa ville épiscopale, la fureur des factieux. Claude Trahy, gardien des Cordeliers, l'avait déclaré excommunié et menaçait d'anathème quiconque entendrait sa messe. Il avait dit du haut de la chaire que si Amyot revenait à Auxerre et entrait dans l'église, il sonnerait lui-même la cloche du sermon, à quelque heure du jour ou de la nuit que ce fût, pour assembler les habitants et les exciter à courir contre

(1) *Archives du département de la Côte-d'Or* : document portant en marge, liasse 40, cotte 41.

lui. Plein de rancune contre son évêque qui ne l'avait pas admis à la direction du collège fondé par le prélat, il faisait partager sa haine à la populace ; et celle-ci ne proposait rien moins que de « couper la gorge à Jacques Amyot et de faire maitre « Trahy évêque à sa place. ».

Quels étaient donc les griefs reprochés à l'évêque d'Auxerre ? Il était grand aumônier de France et membre du conseil privé. C'en était assez pour lui imputer une participation quelconque au crime de Blois. Cependant Amyot, non-seulement avait blâmé énergiquement cet acte odieux, surtout en ce qui touchait la personne inviolable du cardinal, mais signifié au confesseur habituel du roi qu'au Pape seul appartenait le pouvoir d'adsoudre en cas semblable. C'est par son fait que Henri III n'avait pu s'approcher de la Sainte-Table le jour de Noël et qu'il dut solliciter ailleurs le pardon de ses fautes. Le 31 décembre, Henri III fut absous par un chanoine théologal de Saint-Sauveur de Blois, docteur de la faculté de Paris, en vertu d'un bref du Saint-Père qui transmettait tous ses droits d'absolution, même pour les cas réservés par la bulle *in cœna Domini*, aux confesseurs choisis par le roi. Il communia le premier janvier de la main de l'évêque de Langres ; mais les Auxerrois reprochaient à Amyot son assistance dans cette cérémonie où il officiait en qualité de grand aumônier et de commandeur de l'ordre du Saint-Esprit, dont la fête se célébrait le même jour. Ces faits furent attestés par Saint-Germain, abbé de Châlis, théologien du roi et Sébastien Le Royer, doyen de l'Église cathédrale et député du clergé Auxerrois à son retour de Blois (1). Egarés néanmoins par les prédications séditieuses du cordelier, les Auxerrois, à l'exemple des Parisiens, votèrent la déchéance de Henri III et firent des processions pour la prospérité de ses ennemis.

Amyot chercha à leur rappeler, par une lettre qu'il écrivit au doyen de la cathédrale, « qu'on ne « devoit pas laisser, conformément à la doctrine de « saint Paul, de reconnaitre Henri pour roi : que « ceux qui assuroient en chaire le contraire, étaient « de ces prophètes inspirés par l'esprit du men- « songe. » Mais la lettre de l'évêque ne réussit pas à calmer l'irritation populaire.

### IX. — Révolte des Auxerrois contre leur évêque et injures à celui de Langres.

Le zélé prélat pensa que sa présence et ses discours seraient plus efficaces, et se prépara à rentrer dans son diocèse. Il se fit précéder par quelques serviteurs ; mais ils furent sifflés et poursuivis « comme s'ils avaient été chiens fols. » Lui-même à son arrivée courut les plus grands dangers. Insulté d'abord, aux portes de la ville, par un jeune homme d'un village voisin, Ferroul dit d'Egriselle, il le fut encore devant la cathédrale, par un de ses

(1) Lebeuf, *Mémoires concernant l'histoire ecclésiastique et civile d'Auxerre* 1743, t. I, p. 633.

chanoines, Claude Le Prince. Il raconte dans son apologie que « la pistole lui fut présentée à l'esto-
« mach plusieurs fois et qu'il y eut plusieurs coups
« d'arquebuse tirés, de sorte qu'il fut obligé, pour
« se sauver la vie, d'entrer promptement dans la
« maison d'un chanoine et de passer de celle-ci
« en une autre pour faire perdre sa trace à ceux
« qui le poursuivoient. » Un partisan du gardien des Cordeliers semblait conduire et diriger cette foule aveuglée. « Courage, soudars, » lui criait-il en brandissant une hallebarde qu'il avait en main,
« messire Jacques Amyot est un méchant homme
« pire que Henri de Valois. Il ha menassé de faire
« pendre notre maitre Trahy; mais il lui cuira. »
C'était le mercredi de la semaine Sainte.

Loin de céder à la peur, Amyot prétendait officier pontificalement pendant les fêtes de Pâques : mais Trahy y fit opposition en remettant entre les mains de Guillaume Girard, conseiller au présidial et échevin de la ville, un mémoire par lequel il soutenait que l'évêque était excommunié et déchu de ses droits par le seul fait de ses rapports avec le roi. Les bourgeois et les magistrats, plus ou moins bien disposés, mais tremblant devant la manifestation populaire et dominés par le conseil secret de l'Union dont quelques-uns faisaient partie, accueillirent les conclusions de Trahy. N'osant pas pourtant se prévaloir d'une *excommunication* sur laquelle il ne leur appartenait pas de se prononcer, ils demandèrent l'avis du chapitre et adoptèrent un moyen terme, presque de conciliation. Le doyen, le grand archidiacre, le chantre et un chanoine se chargèrent de proposer respectueusement au Prélat, « pour éviter le scandale de la part du peuple qui « le croyoit excommunié..., de ne pas assister à « l'office. » Amyot agréa leur conseil et s'abstint de paraître à la cathédrale. Quelques jours plus tard, il produisit au chapitre un certificat d'absolution de tout ce dont le moine rancunier le chargeait ; mais ne resta pas moins prisonnier dans son palais.

Claude Trahy n'avait pas été seul à manœuvrer contre son évêque et contre le roi : il avait entraîné dans sa révolte un ancien compatriote d'Amyot, Denis Perronnet, que le prélat avait comblé de faveurs, en le nommant chanoine de la cathédrale, pénitencier d'Auxerre, puis vicaire général. L'un et l'autre menacés de disgrâce pour leurs actes et leurs discours, se distinguèrent parmi les plus factieux. Leurs sermons soulevèrent parfois de vives protestations. L'un de leurs prédicateurs s'étant un jour égaré en allusions blessantes contre l'évêque, « les gens de bien, » d'après Lebeuf, l'interrompirent et dirent tout haut : « Voilà qui vient de la « boutique de Trahy et qui ne vault rien (1) ».

L'évêque Amyot ne fut pas le seul injurié. Celui de Langres revenant de Blois devait passer par Auxerre. Les ligueurs Auxerrois, sachant qu'il était du conseil d'Etat, ameutèrent le peuple contre lui. On essaya d'abord de s'en saisir, et on lui eut fait un mauvais parti s'il n'eût cherché son salut dans la fuite en allant se réfugier à Chablis, l'une des villes de son diocèse (2).

(1) Lebeuf, *Histoire ecclésiastique d'Auxerre*, I. 638.
(2) id. id.

A voir ces attentats contre les personnes sacrées des évêques, le pillage qui fut fait du palais épiscopal, la révolte chez les clercs, on croirait à des scènes de huguenots.

Bien que le parti de la Ligue fût le plus puissant à Auxerre, il avait cependant, selon l'abbé Lebeuf qui écrivait sur les mémoires de Joseph Félix, « beaucoup d'ennemis dans le pays auxerrois. » C'étaient parmi les plus éminents, Claude d'Estampes, baron de La Ferté-Imbault, seigneur de Villefargeau et du Mont-Saint-Sulpice ; Claude de Saint-Phalle, seigneur de la Ferté-Loupière ; de la Boisselière, seigneur de Saint-Maurice ; François des Essarts, seigneur de Neuvy-Sautour ; de Boisjardin, seigneur de Bellombre ; Edme du Pé, seigneur de Tannerre ; le seigneur de Coulanges-la-Vineuse et celui du Val-de-Mercy ; Antoine de Buz, seigneur de Seignelay. On désigne encore les seigneurs de Bléneau, de Champignelles, de Chevillon, de Coulanges-sur-Yonne, de Saint-Maurice-le-Vieil (1).

### X. — Les Châlonnais chassent leur évêque, Pontus de Tyard, et néanmoins finissent par refuser le traité d'Union.

L'agitation ne fut guère moindre à Châlon qu'à Auxerre, avec cette différence qu'elle était produite

---

(1) L'abbé Lebeuf, *Mémoires concernant l'Histoire d'Auxerre*, 1743, T. II, 406.

M. Challe, *Histoire des guerres du Calvinisme et de la Ligue dans l'Yonne*. T. II, 126-127.

surtout par le gouverneur et les magistrats que Mayenne avait imposés à la ville, lors de son passage en se rendant de Lyon à Dijon.

Lartusie avait été installé commandant de la citadelle et Chastenay de Saint-Vincent, gouverneur de la ville. Lorsque peu de temps après, l'évêque Pontus de Tyard, revenant des Etats de Blois, rentra à Châlon, il lui fut fait le même accueil qu'à l'évêque Amyot et à l'évêque de Langres dans Auxerre. Forcé de prendre la fuite, Pontus de Tyard se retira dans sa terre patrimoniale de Blagny, où Lartusie le fit encore poursuivre, le rendant responsable des projets du royaliste Eliodore de Bissy, neveu du Prélat, sur la petite ville de Verdun.

Les députés Châlonnais Clerguet et François de Thésut, et avec eux, Jullien, Perreau, Sibille, Jean Jenthial, furent, par Chastenay de Saint-Vincent, décrétés de prise de corps, et les officiers du baillage, en général, dénoncés pour leurs sentiments contraires à la Ligue.

Au dehors, le baron de Viteaux se livrait à des excès de pouvoir qui révoltaient les campagnes. Il a surpris Cuisery, écrivait le 28 février Chastenay de Saint-Vincent à Fervaques, ses troupes y sont encore et traitent les campagnards en ennemis, sans distinction de parti. Le peuple est mangé de garnisons ; enfin il fait tant au nom de la Ligue, que les populations sont sur le point de passer du parti de Mayenne dans celui du roi. « Si ses troupes

« reparaissent dans le baillage, tout le pays prendra
« les armes contre elles (1). »

Les choses en vinrent au point que le moment semblait arrivé où il suffirait d'un coup de main pour faire rentrer Châlon sous l'autorité du roi. Le président Vaugrenant qui avait émigré de Dijon et quitté la robe pour ceindre l'épée, tenta cette entreprise. Il était d'intelligence avec « les « deux tiers et des principaux de la dicte ville ; » mais Lartusie et Chastenay avaient la force en main. La tentative n'aboutit qu'à motiver de nouvelles arrestations et des poursuites contre ceux qui se laissèrent atteindre. Les avocats au baillage refusèrent de plaider contre ces derniers : sur un ordre de Fervaques, il fallut avoir recours au barreau de Beaune.

Le gouverneur de Châlon crut pouvoir profiter de l'émotion causée par cette malheureuse expédition pour faire renouveler le traité d'Union : mais les Châlonnais répondirent par une fin de non-recevoir. Une pareille détermination, dirent-ils, ne peut être prise qu'en assemblée des États, et il est de principe que « ce qui regarde le général soit « conclu avec le général. » Chastenay embarrassé demanda à Fervaques ses instructions tant à ce sujet que pour prévenir les complots qui chaque jour lui étaient dénoncés. En résumé, Lartusie lui-même a dépeint en quelques mots la situation de Châlon en lui écrivant, le 4 avril, « Ceste ville « est en fort mauvais termes pour le repos de ce

(1) M. J. Garnier, *Correspondance de Dijon*, T. II, p. 141, 202, 243.

« gouvernement et service de Monseigneur de
« Mayenne (1). » Les habitants n'étaient pas moins
par la force, maintenus dans ce parti.

### XI. — Sentiments des Beaunois, des Autunois et des Mâconnais.

Quant à Beaune que Mayenne venait de visiter
et qui depuis quatre ans était sa ville, ce n'était
pas non plus du plein gré de ses habitants qu'elle
restait sous son autorité. Le gouverneur, Edme de
Montmoyen, se plaignait « qu'autour de lui se
« brassait des trahisons; » et il est curieux de voir
ce dernier demander à Fervaques comment il doit
répondre au comte de Charny qui lui a notifié les
lettres du roi pour faire respecter sa souveraineté
dans les villes de Bourgogne. Comme le gouverneur de Châlon, il se plaint des exactions du baron
de Vitcaux qui font plus de mal que de bien au
parti de la Ligue; et le maire affirme au gouverneur de la province, la misère de la ville si grande,
le plat pays « si ruiné.... que le paisant abandonne
« tout (2). »

La ville d'Autun était indécise. Le clergé avait
délégué le chanoine Antoine Borenet pour exprimer à Tavannes sa résolution « de demeurer sous

---

(1) M. Garnier, *Correspondance de Dijon*, II, 141-277.
(2) id. id.

« l'obéissance du roi, » tandis que les magistrats municipaux étaient d'un avis contraire (1). La position des Autunois ne fut nettement accentuée qu'après l'intervention du duc de Nemours, comme nous le verrons plus loin.

Quelles que fussent les mesures prises par Mayenne en passant à Mâcon pour y établir son autorité, elles n'avaient pas soumis le parti national qui alliait à ses sentiments religieux la fidélité aux principes monarchiques et le dévouement à son roi légitime. Vaugrenant y entretenait des relations avec les royalistes les plus ardents. En même temps qu'il cherchait à surprendre la citadelle de Châlon, il s'efforçait de gagner les Mâconnais à ses idées. Le 19 février, il provoqua une assemblée générale pour y lire les manifestes du roi et rappeler les habitants à leur devoir de respect et d'obéissance envers le souverain. Ses démarches furent sans succès. A huit jours de là, les magistrats installés par Mayenne en écrivaient à Fervaques et lui demandaient son intervention contre l'audacieux président du parlement devenu homme de guerre, et qui, malgré les menaces, réfugié chez quelques-uns des plus ardents, ne cessait de s'employer à ranimer le zèle des indifférents. On peut croire que ses discours ne contribuèrent pas peu à provoquer les tumultes et les rixes qui éclatèrent à Mâcon dans le courant de mars, sans amener toutefois aucun résultat avantageux pour la cause royaliste (2).

(1) M Hip. Abord. *La Réforme et la Ligue dans la ville d'Autun*, II, p. 27,
(2) M. Garnier. *Correspondance de Dijon*.

Plus haut, sur la Saône, les Verdunois résistèrent avec plus d'opiniâtreté. Au mois de février, ils refusèrent hardiment leurs portes à la garnison de ligueurs envoyée par Fervacques.

Lartusie d'un côté, Edme de Montmoyen de l'autre, pressaient le lieutenant de Mayenne de s'emparer de cette place qui leur portait ombrage. Mais les habitants de la petite ville ne travaillaient qu'avec plus d'ardeur à se fortifier, et appelèrent à leur aide Héliodore de Bissy, le neveu de Pontus de Tyard. Verdun fut l'une des places qui, jusqu'à la mort du roi, lui resta fidèle.

**XII. — Guillaume de Tavannes entre en campagne et établit à Flavigny le centre de ses opérations militaires.**

A peu près au moment où Mayenne organisait la rébellion dans la capitale de la Bourgogne, Guillaume de Tavannes, accompagné de Bénigne Frémyot, arrivait de Blois avec des pouvoirs très-étendus émanant directement du roi. Par lettres patentes du 24 janvier, Henri III le confirmait dans la charge de lieutenant-général de Bourgogne avec une autorité égale à celle de gouverneur de la province. Il y eut donc dès lors un gouverneur pour le roi et un autre pour la Ligue. Mais Mayenne s'était rendu le plus puissant et avait pour lui une grande partie du peuple des villes. Dans cette situation, Tavannes eut un moment d'hésitation. Il n'avait, pour la grande entreprise qu'il méditait, « qu'un pouvoir en parchemin, » et entrevoyait, au milieu de tant de difficultés, « la perte de tout son « bien et la ruine de sa famille ; » mais la voix du devoir et de l'honneur, l'amour de son pays et de son roi l'emportant sur ses inquiétudes, il tira résolument l'épée du fourreau. Avec les fonds provenant de la vente de quelques-unes de ses terres, il envoya recruter des soldats en dehors de la Bourgogne pour ne pas dévoiler ses projets, fit appel au patriotisme de la noblesse du pays, et chercha des alliés dans les provinces voisines. Une cinquantaine de ses amis parmi lesquels on cite les seigneurs de Lurbigny, d'Espeuille, de Pisy, qui fut depuis marquis de Nesle, de Chamilly, les barons de Chantal (1) et de Conforgien (2) vinrent offrir leur concours. Dinteville, lieutenant de la Champagne pour le roi et le seigneur de Sautour ne donnèrent que des espérances, disant qu'ils ne pouvaient quitter leur province sans un ordre exprès, ou une permission du roi. Sur la fin de février, Blanchefort, l'un de ses lieutenants, lui ayant amené six cents arquebusiers, il ouvrit la campagne.

Il fallait au chef du parti royaliste une solide place d'armes pour y établir le centre et la base de ses opérations militaires, et servir d'entrepôt de vivres à ses hommes. C'est sur Flavigny, petite ville « d'une forte assiette, » située sur le sommet

---

(1) Christophe de Rabutin, baron de Chantal, époux de la sainte fondatrice des Visitandines.

(2) François de Cluguy, seigneur de Conforgien et de Monthelon.

d'une montagne escarpée de trois côtés, qu'il jeta ses vues. Laissant sa petite armée à six lieues de distance, il partit de Courcelles-lès-Semur avec une simple escorte de douze cavaliers, arriva aux portes de Flavigny et n'eut, dit-il, qu'à exhiber sa commission de lieutenant du roi en Bourgogne, pour se les faire ouvrir (1). La nouvelle en fut portée à Dijon avec cette légère variante. Le président Frémyot, disait-on, était venu à Flavigny comme pour affaires et avait fait apprêter, dans une hôtellerie, un dîner pour plusieurs personnes. Tavannes, parvenu aux portes de la ville, l'avait fait demander; et pendant l'entretien qu'ils eurent ensemble sur le seuil ou sous le guichet, « arrivèrent des gens qui se saisi- « rent de la ville. » Cette nouvelle jeta l'effroi dans la municipalité dijonnaise, qui fit aussitôt doubler la garde de ses portes et décréter de nouvelles arrestations (2).

Deux jours après, Tavannes fit approcher le reste de ses compagnies, les passa en revue sur le plateau d'Alise, reçut leur serment de fidélité au roi, puis alla le faire prêter aux habitants de Flavigny, déjà dévoués à la cause royale.

Ce premier boulevard acquis aux royalistes, on résolut d'y transporter, au moins pour un temps, le pouvoir civil. Le parlement s'était divisé, un certain nombre de magistrats avaient émigré; les uns ne voulant pas se soumettre à l'arbitraire de

(1) Mémoires de Guillaume de Saulx dans le *Panthéon littéraire*, p. 472.
(2) *Archives de la ville de Dijon.* — Registre des délibérations. — M. Pingaud. *Les Saulx-Tavannes*, 147.

la force, les autres cherchant un abri contre la tyrannie des nouveaux maîtres. Frémyot leur avait ouvert sa maison « champêtre » de Totes. Dix de ses collègues, au nombre desquels figurent le procureur général Picardet, les conseillers Bossuet, Bouhier, Saumaise, Millotet, s'y étaient réfugiés. Ils entreprirent entre eux de constituer, avec les autres membres de la cour restés fidèles au souverain qui les avait nommés, un parlement royaliste en opposition au parlement servile de la Ligue. La ville de Flavigny, gardée par une garnison de volontaires royaux et à l'abri d'un coup de main par sa situation et ses remparts, se trouvait dans les conditions désirables pour les recevoir, et fut aussitôt désignée. Dans le même mois de mars, Henri III leur donna son approbation et ils s'y installèrent en prenant fièrement le titre de parlement de Bourgogne. Ils n'étaient que dix, alors, mais peu après douze nouveaux mécontents désertèrent la cour de Dijon et vinrent se joindre à eux.

Voilà la défense royaliste organisée avec un centre de direction et d'action : on dut prévoir dès lors une lutte sérieuse.

### XIII. — Echec de Tavannes à Is-sur-Tille.

Tavannes voulant établir une communication facile entre sa petite place d'armes et l'important arsenal de Langres, entreprit de dégager la voie qui reliait ces deux villes et de s'emparer du bourg d'Is-sur-Tille, situé à peu-près à égale distance de l'une et de l'autre. Il s'y dirigea avec cinquante cuirassiers des seigneurs de Lurbigny, du baron de Chantal père, du baron de Conforgien, du sieur de Pisy; et cent arquebusiers à pied conduits par Blanchefort, d'Argolet, de Villefranche et des Fourneaux. Arrivé à une lieue d'Is-sur-Tille, il fut informé que le château de Crécey, qui tenait pour le roi, était assiégé par un gentilhomme du Forez, Christophe d'Urfé, seigneur de Bussy, à la tête d'un régiment de quatre cents arquebusiers. Délivrer le seigneur de Crécey, c'était unir les forces des assiégés aux siennes et se dégager en même temps d'un ennemi qui pouvait fortement l'inquiéter dans son expédition. Aussi Tavannes, quoique son détachement fut moins nombreux que celui de d'Urfé, n'hésita pas à marcher contre lui. L'ennemi s'était retranché derrière des fossés et des barricades dans le village de Crécey, d'où il dirigeait son attaque contre le château. Le capitaine royaliste, tout en déguisant son infériorité numérique, divisa ses hommes en deux pelotons qui attaquèrent simultanément les deux entrées du village, refoulèrent les arquebusiers de d'Urfé de maison en maison, en rejetèrent quelques-uns dans la plaine où la cavalerie acheva de les disperser et, enfin, après trois heures de combat, forcèrent les autres à capituler. D'Urfé s'engagea pour lui et les siens à ne plus porter de six mois les armes contre le roi. Une de ses compagnies, forte de cinquante arquebusiers sous les ordres du capitaine de Marnay, passa même au service de Tavannes.

Avec ce nouveau renfort et un contingent de quelques cavaliers du seigneur de Crécey qui venait d'être si heureusement dégagé, la colonne royaliste reprit sa marche : mais l'affaire de Crécey, tout avantageuse qu'elle eût été en elle-même, fit manquer l'expédition d'Is-sur-Tille. Arrivé de nuit devant la ville, Tavannes distribua ses troupes dans les faubourgs et dans les environs pour attendre le jour. Le lendemain, dès le grand matin, il somma les habitants de reconnaitre son autorité et de le recevoir. Ceux-ci, parmi lesquels étaient cependant plusieurs royalistes, demandèrent et obtinrent quelques instants pour en délibérer. Mais dans la nuit, des estafettes avaient porté à Dijon la nouvelle de la défaite de d'Urfé. Fervaques accourut au secours d'Is-sur-Tille avec toute sa cavalerie et un régiment de mille arquebusiers du baron de Vitteaux arrivé la veille du comté d'Auxonne. Surpris à l'improviste, Tavannes, après un court engagement dans lequel il eut un cheval tué sous lui, ne put sauver que sa cavalerie, ses fantassins étant aux prises avec l'ennemi dans les faubourgs. Il leur envoya conseiller de se rendre et se retira au village de Poiseul-la-Grange, où il fit transporter et panser les blessés. Le baron de Conforgien avait eu un bras fracassé, et avec lui, six gentilshommes avaient reçu quelques coups de lance. Le seigneur de Crécey, le capitaine de l'Etang et le baron de Conforgien furent emmenés prisonniers à Dijon.

Quant à l'infanterie que commandaient Blanchefort,

Longueval, Argolet, Villefranche, des Fourneaux, elle s'était entourée de barricades et avait pu tenir tout le jour et la nuit suivante : mais le capitaine Marnay qui était passé la veille au service des royalistes, s'étant rendu à l'ennemi, ils firent tous leur soumission. On leur demanda le serment de ne point combattre de trois mois contre la Ligue, et on les laissa sortir avec armes et bagages (1).

Ce succès obtenu, au lieu de se mettre à la poursuite du capitaine royaliste qui s'était replié sur l'Auxois, Fervaques s'avança dans la Champagne pour soumettre Montsaugeon. Plus tard, cette marche lui fut vivement reprochée par ses ennemis qui l'accusèrent d'avoir eu pour seul but, dans cette entreprise, de dégager son château de Grancey menacé par les royalistes champenois.

### XIV. — Pourparlers d'accord entre les royalistes et les ligueurs.

Le 13 mars, sur l'ordre de Mayenne d'attaquer Flavigny, Fervaques s'était mis en marche pour cette entreprise. Il était déjà à Vitteaux lorsqu'il reçut une délégation des Elus généraux envoyés pour essayer d'abord des moyens de conciliation. L'évêque de Châlon, élu du clergé et Jean de Foissy, seigneur de Chamesson, élu de la noblesse, avaient été chargés de représenter au lieutenant du roi

(1) Mémoires de Guillaume de Saulx, 472-474.

et au lieutenant de Mayenne tous les maux dont ils allaient accabler le pays en continuant à se faire la guerre, ou du moins de les engager, recommandation naïve, à en porter le théâtre au dehors de la province.

Fervaques affecta de se montrer favorable à leur demande et promit, si Tavannes voulait quitter le territoire et évacuer Flavigny, de retirer ses troupes, d'être indulgent pour les habitants qui avaient pris le parti du roi, et quant aux magistrats du nouveau parlement, de leur permettre de rentrer à Dijon ou d'aller dans leurs terres sans être inquiétés, s'ils consentaient à renoncer à leurs titres et aux droits récemment conférés par le roi. Quant à lui, il prétendait rester le lieutenant de la Ligue.

Les députés osèrent porter cette proposition de désertion à Tavannes, heureusement absent, car il aurait pu la prendre en mauvaise part. Ils s'adressèrent au président Frémyot et au sieur de Chérisy, commandant de la garnison royaliste, essayèrent de leur démontrer leur faiblesse, et, s'appuyant sur de spécieuses raisons, de leur persuader que leurs hommes de guerre pourraient « estre plus utile« ment employés au service de Sa Majesté..., s'ils « étaient conduits en l'armée principale du roy. » Ils en accroitraient « la force et la puissance pour « vaincre ses ennemis. » Frémyot et le commandant de Flavigny répondirent qu'ayant pris les armes avec l'agrément de Henri III, ils ne les quitteraient que sur son ordre, et ne pouvaient rien changer aux dispositions adoptées par son lieutenant-général : cependant, que si Fervaques voulait le premier faire retirer ses soldats, Tavannes pourrait en faire autant, tout en continuant à garder Flavigny. Sur cette réponse légèrement ironique, les délégués « bien marriz » de leur insuccès, se retirèrent en remettant aux représentants de Tavannes « une copie de leurs remontrances. »

Lorsqu'ils rendirent compte à leurs collègues du résultat de leurs démarches, les délégués, sur la demande de Fervaques, donnèrent leur appréciation sur l'effectif de la garnison de Flavigny. Ils l'estimèrent à « cent cinquante ou deux cents hommes « de guerre » parmi lesquels ils avoient remarqué « huit à dix gentilzhommes qui avoient autrefois « esté huguenots. »

Bien qu'abrités derrière les remparts de la petite ville, cette poignée de combattants pouvait paraître faible devant les compagnies de Fervaques ; mais celui-ci en jugea autrement, car, après avoir entendu le rapport des délégués, il insista sur la nécessité de lever encore douze cents arquebusiers et deux cents lances pour continuer l'expédition, marcher contre le lieutenant du roi, arrêter ses progrès et, « si mesme estoit possible, le chasser « de la ville de Flavigny. » Il demanda à cet effet 6,000 écus par mois, pendant trois mois. Les Elus ne contestèrent pas le besoin d'une nouvelle levée, mais refusèrent de voter l'impôt sans le consentement des Etats. L'affaire en resta là, l'expédition contre Flavigny fut ajournée, sinon même abandonnée (1).

---

(1) *Archives de la Côte-d'Or*. — Registre des Etats. A. 9., aux dates du 13 au 20 mars 1589.

### XV. — Le duc de Nemours envoyé en Bourgogne par Mayenne.

A défaut d'un recrutement dans la province, Mayenne, que les *Seize* avait proclamé lieutenant-général de l'Etat et couronne de France, envoya de nouvelles troupes pour avoir raison de la généreuse résistance des royalistes. Le duc de Nemours fut mis à leur tête; mais il lui fallait traverser la Bourgogne pour les compléter. Il pénétra dans la province par l'Auxerrois.

Tavannes, informé de son approche, était venu avec quelques cavaliers autour d'Avallon reconnaitre ses forces et entraver sa marche. La présence du capitaine royaliste intimida le duc qui ne fit pas preuve d'un courage bien héroïque et se hâta d'entrer à Avallon, où la Ligue commençait à dominer. Il y resta enfermé cinq jours, logé chez le doyen, en s'attendant d'un moment à l'autre, à s'y voir assiégé (1).

Le 6 mars, il y reçut deux délégués de Semur,

---

(1) L'état suivant dressé par Pierre Courtoys, receveur des deniers communs, porte à 55 écus, 5 sous, 3 deniers, les frais supportés par la ville d'Avallon pour le séjour dans ses murs du duc de Nemours et de sa suite, savoir :

Chez Georges Loyseau, boucher, pour 8 brochetons, 4 carpes et 2 gardons, délivrés par ordonnance de MM. les eschevins à la

CHAPITRE XVII — (1589).

chargés de lui assurer la soumission de la ville (1).

D'Avallon, Nemours s'était empressé d'écrire à Fervaques pour qu'il vînt le délivrer d'un ennemi qu'on croyait aux portes, et pour qu'il lui amenât une forte escorte. Fervaques partit aussitôt avec sa cavalerie et les mille arquebusiers du baron de Vitteaux. Sous sa protection, le duc de Nemours se dirigea sur Semur, où une poignée de ligueurs s'étaient rendus les maîtres et avaient forcé le gouverneur, Humbert de Marcilly-Cypierre, de quitter la ville. Il ne fit qu'y coucher. Le lendemain il partit pour Dijon, mais il n'y resta que très peu de temps, ayant hâte d'arriver à Lyon, où il pré-

| | | | |
|---|---|---|---|
| cuisine de Monseigneur le duc de Nemours lorsqu'il estoyt en ceste ville en la carême | | 35 s. | |
| Chez Jean Champion, pâtissier, pour 4 livres et demi de beurre | | 20 | 3 d. |
| Chez Georges Vallon, boucher, pour brochets et carpes, un écu | 1 | .. | .. |
| Chez Albert de Denesvre, pour 5 moules de bois conduits à la maison du doyen où était logé le duc, 1 écu 2/3 | 1 | 40 | .. |
| Dépense de la suite du duc de Nemours remboursée au doyen | 25 | .. | .. |
| Chez Pierre Pignard, hostellier, pour la dépense faite par la suite du duc de Nemours et pour quantité du meilleur de son vin pourté à mondit Seigneur | 22 | .. | .. |
| Chez Guillaume Curé, apothicaire, pour deux boîtes de confitures offertes par certaines dames de cette ville, aux frais d'icelle, à Madame d'Alincourt, lorsqu'elle y estoyt logée avec ledit sieur son espoux, 2 écus 1/2 | 2 | 30 | .. |
| Total | 55 é. | 5 s. | 3 d. |

(Archives de la ville d'Avallon. Comptes du receveur).
(1) Archives de la ville de Semur.

tendait faire reconnaitre son autorité et grossir sa petite armée destinée à commencer les hostilités dans la Bourgogne. Avant de quitter Semur, il y avait mis une garnison sous le commandement du capitaine La Plume, et nommé Blanot, maire de la ville. Ce ne fut que pour un temps très-court; Tavannes méditait d'y établir le siège du gouvernement de Bourgogne, comme il réussit à le faire (1).

### XVI. — Tavannes s'empare de Semur et y installe le siège de l'administration provinciale.

Après avoir mis Flavigny à l'abri d'un coup de main pour le temps de son absence, Tavannes s'en éloigna secrètement avec les sieurs de Lurbigny et de Chamilly, accompagnés seulement d'une trentaine de cavaliers. Il alla près de Semur qu'il se proposait de surprendre, reconnaitre les forces de l'ennemi, puis s'enfonça dans les bois du Morvand et gagna le Charollais par Palmarou, et Moulins-Engilbert. Soixante hommes d'armes recrutés par les sieurs de la Boutière, enseigne de sa compagnie d'ordonnance et Cirot, son maréchal-des-logis, vinrent le rejoindre, ainsi qu'une compagnie de fantassins commandés par le capitaine La Beluze. Il descendit avec cette petite troupe jusqu'à Bourbon-

---

(1) Mémoires de Guillaume de Saulx, 474 475.

Lancy, l'une des portes du Bourbonnais, proche la Loire, et y reçut le serment de fidélité des habitants qui s'étaient déclarés pour le roi, à la sollicitation du seigneur de La Nocle.

Dans le but, peut-être, quoiqu'il n'en dise rien dans ses mémoires, d'attirer le duc de Nemours et de dégager un peu l'Auxois, le lieutenant du roi laissa croire à son intention de tenter une entreprise sur Mâcon, en s'avançant à cinq lieues de cette ville. Dès qu'il sut que Nemours y était entré, il remonta précipitamment vers l'Auxois, renforcé encore qu'il fut, d'un solide détachement fourni par le baron de Chantal, passa par Montcenis qui tenait pour le roi (1), puis près de Saint-Léger-sur-Dheune, où il envoya le capitaine Mochet, avec cent arquebusiers, éclairer et dégager la route (2). A trois lieues de Couches, dans l'Autunois, il fit une charge contre des hommes de son frère, le vicomte de Tavannes, qui recrutait de la cavalerie pour le compte du duc de Mayenne, les mit en fuite et enleva cinquante lances qui lui furent d'un grand secours, attendu, dit-il, qu'on n'en trouvait plus dans les arsenaux. Près de Beaune, il défit encore une compagnie de fantassins du capitaine Moreau; et pour ne point laisser le temps aux vaincus d'aller donner l'alarme à Semur, il pressa sa marche vers cette ville. En passant près du château de Thoisy-la-Berchère, la petite colonne se grossit de douze cavaliers de Marcilly-Cypierre qui voulut prendre

---

(1) Courtépée. Edit. princeps (1779), IV, 312.
(2) M. Garnier. *Correspondance de Dijon*, II, 252-259.

part à l'expédition, et enfin un peu plus loin, de l'infanterie de Flavigny, venue à sa rencontre.

Le 28 mars, les royalistes occupaient Saint-Thibault et le château de Saint-Beury.

Au point du jour du mercredi 29 mars, Tavannes passa en revue sa petite troupe. Elle se trouva de cent hommes de cheval et sept cents arquebusiers des barons de Chantal et de Chigy. Dans un conseil de quelques instants, il fut résolu, quoique le jour arrivât, de commencer immédiatement les hostilités. L'armée fut divisée en deux corps qui se présentèrent simultanément sur deux points différents. Avant d'entrer en lutte, le général royaliste fit aux habitants la sommation de reconnaitre l'autorité qu'il tenait du roi et de lui ouvrir les portes, leur promettant sa clémence s'ils se soumettaient, mais en cas de refus, les menaçant des droits de la guerre et les rendant responsables des malheurs qui en résulteraient pour la ville. Le maire Blanot chercha à temporiser : il demanda deux jours, pour conférer avec le président Jeannin, alors à Ragny et avec François de la Madelaine, leur bailli. Prenant cette réponse pour un refus, Tavannes donna le signal de l'attaque. Le baron de Chantal marcha avec un détachement d'infanterie contre l'un des faubourgs, et Tavannes lui-même, mettant pied à terre, s'avança à travers les vignes, avec un détachement du baron de Chigy, jusqu'à la porte du château pour y planter un pétard (1), malgré les balles que les arquebusiers

(1) Un *pétard* était une sorte de petit canon en fonte ou en bronze, de forme conique, qui servait à rompre une porte, un

faisaient pleuvoir des murs. Les échelles furent dressées, le capitaine la Baume se présenta à l'assaut, et la place allait être enlevée de vive force, quand Blanot qui, moins de quinze jours avant, avait juré de ne point se laisser ébranler, demanda à entrer en composition. On fut bientôt d'accord; Tavannes promit les biens et la vie saufs aux habitants, et les portes lui furent ouvertes.

Au centre de la ville, restait le donjon où commandait le capitaine La Plume. Tavannes y fit avancer quelques hommes qui n'eurent qu'à se montrer pour se le faire livrer. La Plume suivit l'exemple de Blanot et se soumit sans plus de résistance.

Cependant, dès le lendemain, Cypierre crut prudent, pour plus de tranquillité, de « s'assurer du maire et de trois autres des plus séditieux, et de désarmer » les suspects.

La ville de Semur, ainsi remise sous l'autorité du roi, resta fidèle jusqu'à la fin des troubles au serment d'obéissance qu'elle jura entre les mains de Marcilly-Cypierre, son ancien gouverneur (1).

Baillet de Vaugrenant, dans ce moment à Fla-

---

pont-levis, une herse. Ses dimensions étaient communément d'environ 30 centimètres de longueur, sur 20 de diamètre à la bouche. Il était muni de plusieurs anses au moyen desquelles on le fixait, bourré de poudre, aux portes qu'il s'agissait de renverser. C'était, en termes techniques, *planter le pétard*.

Un autre engin de guerre du même temps était la *saucisse* qui se composait d'un sac goudronné rempli de poudre très serrée. On glissait la *saucisse* sous les ouvrages à détruire, et on y mettait le feu comme au *pétard*, au moyen d'une *fusée lente*.

(1) Mémoires de Guillaume de Saulx, 475-476.

vigny, envoya un rapport au roi sur le résultat de cette expédition et y insinua qu'il allait en être prochainement de même de Saulieu et d'Avallon (1).

## XVII. — Prise de Saulieu par les royalistes.

De Semur, Tavannes se porta immédiatement sur Saulieu. Après avoir donné un jour de repos à son infanterie dans les faubourgs de la ville nouvellement soumise, et à sa cavalerie dans le village de Courcelles, il envoya sommer la petite ville de se soumettre au roi. Sur la réponse qu'il en reçut, il résolut d'en faire le siège. La place n'était gardée que par les habitants; mais elle était entourée de fossés pleins d'eau, et de remparts flanqués de tours. Ses deux portes étaient protégées par deux

(1) « Mercredy, vingt-neufiesme de ce moys, messieurs de
« Tavannes et Cypierre, avec leurs forces qu'ilz ont en ce pays,
« qui sont de cent gentilhommes et plus est, cinq cens arquebu-
« siers, s'estans présentez en bataille devant Semeur, ilz y sont
« entrez, de façon que la dicte ville est entièrement à vostre
« obéissance.

« Nous dépeschons ce jourd'huy à Saulieu et à Avallon où nous
« tenons asseuré que le semblable se fera, pour ce que nous troppes
« sont pretz d'eulx, sans qu'ilz ayent asseurance de secours, et tiens
« que à présent voz serviteurs se peuvent dire maistres de la cam-
« paigne, ou peu s'en fault... »

(M. Garnier. *Correspondance de la ville de Dijon*, T. II, p. 265, 269, 273).

ravelins ou bastions avancés en forme d'éperon. Tavannes n'avait pas encore d'artillerie, ce ne fut que dans le mois de juillet, après le passage des reitres, qu'il eut sa première couleuvrine. Il eut recours à la méthode des anciens, qui consistait à aller sous les murs en miner et saper les bases. Mais pour cela, il fallait d'abord vider les fossés. Ayant remarqué un pli de terrain par où il serait facile de faire écouler l'eau, il y fit pratiquer une tranchée pendant que l'on fabriquait les « mantelets » mobiles, sorte de maisonnettes roulantes couvertes de madriers, destinées à abriter les hommes employés à la sape. En face de l'endroit qu'il avait choisi pour y faire rouler ses machines, il logea des arquebusiers sous les toits des maisons dont il s'était emparé dans les faubourgs, de manière à protéger la manœuvre et à déloger les défenseurs qui se présenteraient sur les courtines. Ailleurs, il avait chargé le capitaine La Beluze d'attaquer l'un des ravelins. Les sapeurs arrivèrent facilement au pied des murailles et se mirent en devoir d'y faire une brèche. Sur les murs et vers le ravelin, trois ou quatre notables parmi lesquels étaient les nommés L. Savot et J. Girardot (1), ayant été tués ou mis hors de combat, les magistrats, à la sollicitation de L. Ragot, firent leur soumission. Tavannes reçut le serment de fidélité au roi et d'obéissance aux ordres de ses gouverneurs, et mit en ville, aux

---

(1) Courtépée. Edition 1781. T, VI, 195. Mémoires de G. de Saulx..

frais du roi, une garnison de deux cents fantassins, sous le commandement du sieur de Gand (1).

Le 3 avril, cinq jours après la reddition de Semur, il envoya le sieur de Tintry avec quelques gentilshommes, publier les ordonnances de Sa Majesté (2).

La garnison était encore en ville le 15 avril, où il lui fut payé quinze jours de solde, ce qui porte au premier avril la prise de Saulieu (3).

---

### XVIII. — Tavannes s'assure de Saint-Jean-de-Losne, manque Seurre et échoue devant Nuits-sous-Beaune.

Aussitôt l'affaire de Saulieu terminée, Tavannes se mit en campagne pour une entreprise d'une autre importance. Il s'agissait d'assurer un passage sur la Saône aux reitres que Harlay de Sancy enrôlait en Suisse pour le compte du roi, en même temps que de se ménager un point d'appui contre Dijon. Le lieutenant de Bourgogne pensa à Saint-Jean-de-Losne, ville en majorité royaliste où les habitants avaient jusqu'à ce jour éludé les propositions de Fervaques, et ajourné « aux alentours « de Pâques » leur serment à l'Union. Il s'y rendit avec trois compagnies d'hommes d'armes et deux

(1) Mémoires de Guillaume de Saulx. 479.
(2) Archives de Saulieu. Comptes des receveurs.
(3) id. id.

régiments d'infanterie qu'il laissa en dehors de la ville, et y fut accueilli, le 4 avril, on peut dire avec enthousiasme, entre deux haies « d'arquebusiers, « de mousquetaires et de hallebardiers. » Ce n'était donc pas une conquête, et l'on avait peu à craindre de la mobilité des esprits; mais il voulait faire de Saint-Jean-de-Losne une place assez solide pour conserver au roi la facilité des communications avec la Suisse. Il amena avec adresse les habitants à demander eux-mêmes une augmentation de leur garnison ; et, ayant l'air d'accéder à leur désir, il leur laissa, aux frais du roi, le capitaine des Fourneaux avec cent arquebusiers qu'il installa dans une maison-forte de l'abbé de Citeaux, située sur la rivière (1).

Avant de quitter les rives de la Saône, Tavannes eut la pensée de s'emparer de Seurre qui, peu de temps avant son arrivée, avait refusé ses portes à Fervaques ; mais des pluies survenues malencontreusement le firent renoncer à ce projet. Il repassa la rivière en bateau avec ses troupes, en face du château de Bonnencontre qui lui appartenait, et alla prendre ses étapes dans les villages et hameaux d'Argilly, de Gerlan, de Balon et d'Antilly, à deux lieues sud-est de Nuits. Son avant-garde se logea à Agencourt et à La Berchère, à trois quarts de lieue est de la ville (2).

(1) Mémoires de Guillaume de Saulx, 476-477.
(2) Le 9 avril, les échevins de Nuits écrivaient à Fervaques :
« L'ennemy a passé l'eau et est de deçà les boys d'Argilly et se
« sont logés à Argilly, Gerlan, Balon, Antheley (Antilly), selon
« que nous avons heu avertissement par les païsans qui se sont

Le 9 avril, les échevins de Nuits s'attendant à être assiégés le lendemain, signalèrent leur présence à Fervaques, avec prière de venir à leur secours.

Tavannes leur fit en effet les sommations habituelles ; puis il alla prendre ses positions à Vergy avec une partie de sa cavalerie, distribua les quartiers du reste de ses compagnies dans les villages de Messanges, Villars-Fontaine et autres environnants et leur donna rendez-vous près d'Arcenant pour le lendemain, au lever du soleil. Mais trois heures avant le jour, Fervaques était arrivé avec des forces triples de celles des royalistes. Le capitaine ligueur essaya de tourner Vergy, culbuta le poste de Villars-Fontaine, battit le baron de Chantal qu'il blessa grièvement et fit prisonnier, et menaçait toutes les positions de Tavannes. Celui-ci se sentant trop faible contre des forces imposantes crut prudent de battre en retraite, se replia dans la direction d'Arnay-le-Duc où, près du village de Thorey, il choisit un poste favorable pour y attendre l'ennemi. Mais les troupes de Fervaques, harassées par la marche forcée de la nuit précédente et le combat du matin, ne purent le poursuivre. Elles avaient perdu le capitaine Fontette qui fut tué au commencement de l'action. Mais Nuits était dégagé.

Depuis Thorey, au lieu d'avancer sur Arnay-le-Duc, l'armée royaliste se dirigea du côté de

---

« sauvez en nostre ville... Il y en a aussi de logés à Engencort
« (Agencourt) et à la Berchères. Nous les atendons demain à noz
« portes » (M. Garnier, *Analecta*, II, 284).

l'Auxois, alla le soir même coucher à Saint-Thibaud et le lendemain rentra prendre un peu de repos à Semur (1).

On se disputait la capture du baron de Chantal : Montmoyen, son parent, voulait l'avoir pour le faire soigner, promettant de le rendre après sa guérison, à celui qui l'avait fait prisonnier. Il semble néanmoins qu'il fut emmené à Dijon. Le capitaine Vaucharme auquel Chantal avait rendu son épée, avait traité de sa rançon pour 500 écus, moyennant qu'il fournirait au prisonnier un passeport pour sortir de la ville. On en délibérait au conseil, lorsque, le 6 mai, on reçut une lettre du président Frémyot qui s'engageait pour la rançon et promettait de la payer dès que Chantal serait en sûreté. Il demandait non-seulement la liberté du baron de Chantal, mais aussi celle du seigneur de Conforgien, prisonnier des ligueurs depuis l'affaire d'Is-sur-Tille. Nous aurons « aussi bientôt des « prisonniers, » écrivait-il, « qui ne seront relachés « pour aucune somme, avant que le sieur de Con- « forgien ne le soit (2), »

Pendant la captivité du baron, Henri III lui avait envoyé de Tours une commission pour de nouvelles levées, accompagnée d'une lettre de confiance et d'affection : vu sa position, ces lettres furent vraisemblablement sans résultat (3).

---

(1) *Mémoires de Guillaume de Saulx*, 478-479.

(2) *Archives de la ville de Dijon.* — Registre des délibérations.

(3) Voici cette lettre. « Monsieur de Chantal, sachant la bonne « volonté et le moïen que vous avez de me servir, spécialement en « ce temps que j'ay plus de besoing de mes bons serviteurs, du

**XIX.** — **Inquiétudes des Avallonnais. Prise par les royalistes du château de Girolles et de plusieurs places dans l'Auxerrois.**

En annonçant au roi la soumission de Semur, Vaugrenant avait fait espérer la prochaine conquête d'Avallon. Il y eut en cela du mécompte.

Dès le mois de janvier, les Avallonnais avaient manifesté leurs sympathies pour la Ligue. Mayenne leur avait prodigué les encouragements et recommandé surtout, comme il l'avait fait à Dijon, « de « ne laisser entrer ni séjourner en ville aucune « personne suspecte, quelque commandement et « lettres qu'ils en reçussent qui ne pourroient

« nombre desquels je vous tiens, que jamais, pour m'opposer aux
« pernicieux desseings de mes ennemis rebelles, je vous ay faict
« dépescher une commission pour la levée d'une compagnie nou-
« velle de trente lances, laquelle je vous prie faire incontinent
« tenir preste; et monter à cheval avec icelle et le plus de forces
« que vous pourrez, et vous joindre au sieur de Tavannes, mon
« lieutenant-général en la province de Bourgogne, et courir sus à
« mes ennemis; attendant que mon neupveu, le grand-prieur,
« lequel j'envoie promptement, soit arrivé en ceste province, pour
« vous instruire de tout ce que vous avez à faire, selon ma volonté.
« Et m'assurant que vous n'oublierez rien de votre devoir, pour
« satisfaire à mon intérêt; aussy, je sçauray bien recongnoistre
« vos services en toutes occasions qui s'offriront pour vous
« gratifier. »

« Et sur ce je prie Dieu, monsieur de Chantal, vous avoir en
« sa saincte et digne garde. »

Escript à Tours, le 27ᵉ avril 1589.

HENRI.

(Papiers de famille de Madame de Gouvenain de Moncorps).

« qu'être colorés de quelque feint artifice pour les
« décevoir (1). »

Avallon était une place assez bonne que les ligueurs tenaient à conserver, mais que convoitaient aussi les royalistes. Au mois de mars, ceux-ci battaient la campagne autour de la ville et d'un moment à l'autre pouvaient la surprendre ou l'attaquer. Elle était alors sans chef ; son gouverneur, Georges Filzjehan, ce courageux adversaire des huguenots, s'était démis de ses fonctions, ne voulant point servir la nouvelle ligue où, disait-il, « l'ambition » de quelques-uns se cachait « sous « voyle de religion (2). »

On le remplaça par Joseph Borot, auquel on adjoignit pour « sergent-maïeur » David Bierry, marchand. En même temps, les magistrats firent entrer dans leurs murs une compagnie de quarante arquebusiers levés et entretenus d'abord à leurs propres frais (3). Les Avallonnais avaient à peine obtenu l'approbation de cette levée, qu'à leur porte une place forte tombait au pouvoir de leurs adversaires et devenait pour la ville un poste menaçant.

Le fils d'un huguenot trop célèbre, jadis lui-même officier du duc d'Alençon, conditions qui jetaient la défaveur sur le parti royaliste dans lequel il s'était engagé, François de Briquemaut-Milleron, s'était emparé, le 20 mars, du château de Girolles. Ce château appartenait à l'abbé de Saint-Martin d'Autun et était laissé à la garde des habi-

(1) *Archives d'Avallon*. Document cité par M. Challe.
(2) Lettre de Georges Filzjehan à Joseph Borot. (Arch. d'Avallon, ch. 52, n° 25).
(3) *Archives d'Avallon*.

bitants du village qui en étaient retrayants. Il fut aidé dans son entreprise par Gallien Cœur-de-Roy; Martin Charpentier; un soldat de Sermizelles nommé Joseph Thillin, dit Lechesne; trois autres avec lui, et enfin par les échevins de Sermizelles, Gallois, Maillat, Lazare Coquillon et Philibert Boudin. Les conjurés déguisés en paysans, avec une pioche sur l'épaule et des armes sous leurs blouses, se présentèrent aux portes du château avec leurs complices. Ils demandèrent à Lazare Coquillon de leur enseigner s'ils trouveraient du plant de clôture dans les bois, et de leur donner un homme pour les conduire. Coquillon répondit qu'il allait chercher une émine d'avoine au château, car en raison des troubles, les provisions des habitants y étaient déposées, et qu'aussitôt après il irait avec eux. — Dépêchez-vous vivement, mon oncle, lui dit Cœur-de-Roy, car j'ai hâte; et en même temps il suivit Coquillon dans la cour, sans que le gardien qui avait entendu la conversation s'opposât à son passage. Cœur-de-Roy ayant reconnu qu'il n'y avait là personne autre sous les armes revint sur le pont-levis, enleva la pertuisane des mains de Martin Finot qui montait la garde et appela ceux qui étaient en dehors en criant : avance! avance! Briquemaut et les siens accoururent l'épée à la main en poussant des cris : tue! tue! Les gens du poste prirent la fuite et la place fut prise sans plus de difficultés (1).

Cette occupation du château de Girolles devint une source d'inquiétudes pour les Avallonnais.

(1) M. Bulliot, *Histoire de l'abbaye de Saint-Martin d'Autun*, t. II, p. 289.

Pendant plus de deux mois, Briquemaut d'un côté, les coureurs de Tavannes de l'autre, leur donnèrent de continuelles alertes. Aussi se hâtèrent-ils d'augmenter leur garnison d'une cinquantaine de cavaliers destinés à donner la chasse aux maraudeurs. Ce fut Mayenne qui se chargea de payer cette nouvelle recrue au moyen de la caisse du taillon dont les Avallonnais s'étaient emparés, et où ils furent autorisés à puiser à discrétion (1). Malgré quelques pertes d'hommes tués ou blessés, Avallon tint bon jusqu'à la fin de la Ligue. Les habitants confondaient la cause de la religion catholique avec celle de Mayenne, et étaient convaincus qu'en luttant avec ce prince, ils rendaient service à la royauté.

D'ans l'Auxerrois, les villes et bourgs de Seignelay, Mailly-la-Ville, Coulanges-la-Vineuse, tenaient pour le roi. D'après une lettre des maires et échevins de Clamecy au duc de Nevers, « le « sieur de La Ferté-du-Mont serait entré de force « à Coulanges-la-Vineuse ; » mais selon Joseph Félix, ce bourg considéré alors comme une place importante, serait tombé au pouvoir des royalistes par un stratagème à peu près semblable à celui employé par Briquemaut contre Girolles. Boisjardin, le seigneur de Vaux, plusieurs autres déguisés en paysans, et un bourgeois d'Auxerre nommé Créthé, habillé en femme de village, ayant sous son corsage et sa jupe la cuirasse et l'épée, s'en étaient emparés par surprise, le lundi 10 avril, lendemain de Quasi-

(1) *Archives d'Avallon*. Lettre de Mayenne en original et en copie, chap. 52 de l'ancien inventaire.

modo. Joseph Félix cite parmi leurs complices un habitant du bourg, appelé Jean Foudriat. Boisjardin eut le commandement de Coulanges-la-Vineuse, qui devint le refuge des émigrés d'Auxerre (1).

### XX. — Arrestation de Fervaques, accusé de trahison par les ligueurs.

La réaction royaliste s'étendait de plus en plus dans la province, et bientôt Fervaques lui-même fut accusé de la favoriser. On reprochait au lieutenant de Mayenne d'avoir retiré cent hommes de la garnison de Dijon pour les mettre à la garde de son château de Grancey ; d'avoir voulu se faire reconnaître gouverneur en chef de la Bourgogne ; après l'affaire d'Is-sur-Tille, de « s'en être alé en « sa maison de Grancey, où il séjourna longuement « à rien faire, » pendant que ses troupes fourrageaient la campagne, au lieu de poursuivre Tavannes et d'attaquer Flavigny gardé seulement par quelques soldats. Il avait enlevé, disait-on, des arsenaux de Dijon et envoyé à Vitteaux les lances et piques de la ville, ainsi qu'une grande quantité de poudre. Après la soumission de Saint-Jean-de-Losne à Tavannes, ayant été invité par La Verne à marcher contre cette place où la Ligue, au dire du maire, avait encore des partisans, « il se fascha

(1) Lebeuf, *Histoire civile d'Auxerre*, 406.

« et dit au sieur maïeur qu'il montât lui-même à
« cheval pour faire ce qu'il disoit, » et ne voulut
bouger. Enfin, pendant qu'il était à Nuits, il s'était
plaint des échevins de Dijon qui tenaient des propos
fâcheux contre lui, et avait menacé de les abandonner.

Au sujet des arrestations, les officiers municipaux
rappelaient que c'était Fervaques qui en avait dressé
et dicté lui-même la liste, le 20 avril ; que c'était
lui qui, muni d'une copie de cette pièce, en forme
d'ordonnance, était allé la mettre à exécution ; et
cependant, au dehors, il imputait l'odieux de cette
mesure au conseil. « Ils sont là quatre à cinq mar-
« raulx qui s'en font à croire ; ils ne demandent
« que massacre et que sang, et sans moi, le peuple
« y manieroit les mains. » De plus, on accusait
Fervaques de complot de mort contre le maire.
Une servante avait entendu les propos de quatre
hommes apostés pour l'assassiner dans une ruelle
où il devait passer (1). Des sicaires avaient essayé
de le surprendre au quartier Saint-Nicolas, mais
les habitants, avertis à temps, se mirent à la
poursuite des assassins, disant hautement « que
« c'estoit ledit sieur de Fervaques qui vouloit
« faire faire ce coup pour trahir la ville. »

(1) La servante rapporta ainsi leur conversation :

L'un dit à l'autre : « Mordieu ! tu es ung mal habille homme
« que tu ne l'as tué. Icelui fait réponse : Mordieu ! mon pistollet
« estoit tout bandé, amorcé, le chien couché prest à faire le coup ;
« mais il y avoit deux hommes auprès de luy, qui ont esté cause
« que je ne luy ai faict ; et qu'il le sera, par la mort-Dieu, avant
« qu'il soit peu de temps. »

Tous ces propos échauffaient les esprits, et un soulèvement populaire qui obligea Fervaques à chercher un refuge au château, ne tarda pas à éclater. On n'attendait que cette occasion. Le conseil de ville rendit un arrêté de prise de corps contre lui et intima l'ordre à Franchesse, commandant de la citadelle, de ne point le laisser sortir. Malgré les instances de Mayenne et du Légat, Fervaques resta prisonnier à Dijon jusqu'au 22 février de l'année suivante, et ne fut relâché qu'après avoir souscrit une caution de plus de vingt mille écus (1).

Malgré l'incarcération de Fervaques, les membres du parlement et de la cour des comptes arrêtés sur ses ordres, restèrent toujours prisonniers; de telle sorte que la cour ne put, de quelque temps encore, reprendre ses séances (2).

### XXI. — Nouveaux projets de Tavannes contre Dijon.

On ne peut pas supposer que, même en ces derniers temps, Fervaques fût d'intelligence avec les ennemis de la Ligue. Le 21 avril, on le voit se plaindre aux échevins de leur négligence à « s'assu-
« rer par la ville des brouillons y estant » leur

---

(1) *Archives de la ville de Dijon.* — Registre des délibérations. Séances du 21 au 27 avril, et autres subséquentes.
(2) Registres du parlement. p. 97-98.

dénoncer les projets de Tavannes contre Dijon et les intrigues des royalistes de l'intérieur pour lui livrer la place. Malgré son arrestation par les ligueurs, il ne cessa pas d'être dans les bonnes grâces du Légat et du duc de Mayenne. D'autre part cependant, lorsque dix mois plus tard il sortit de prison, ce fut au roi de Navarre qu'il s'empressa d'aller offrir son épée ; et quant à ce que nous allons voir, on remarque avec étonnement que ses manœuvres contre La Verne coïncident avec la tentative du lieutenant du roi sur la ville de Dijon.

Vers le milieu d'avril, Tavannes avait reçu de Gobin de Recologne l'assurance qu'il pouvait compter sur l'appui d'un parti dans la ville. Nous sommes « trois cens pour le moings, » avait écrit son correspondant, « qui se trouveront les plus « forts en ceste ville (1). » Le lieutenant du roi prit ses dispositions pour répondre à leur attente. Il disposa son armée à quatre ou cinq lieues autour de Dijon: le baron de Chigy fut envoyé occuper le bourg de Pontailler, à l'est, avec quatre cents arquebusiers; le régiment d'Espiard se logea au nord, à Is-sur-Tille, qui s'était depuis peu rangé au parti du roi; à l'ouest, le baron de Lux fut posté à Sombernon, avec sa cavalerie (2) ; enfin Tavannes se rendit, accompagné seulement de 20 chevaux à Saint-Jean-de-Losne. Il y rallia le gouverneur d'Espeuille avec deux cents

(1) *Archives de Dijon.* — Registre des délibérations.
(2) C'est une première réhabilitation du baron de Lux qui, parait-il, aurait abandonné Mayenne pour son roi légitime.
Voir Guillaume de Saulx, 480.

fantassins et quelques cavaliers. Tous devaient, au jour et à l'heure convenus, et d'accord avec les royalistes de l'intérieur, attaquer la ville sur différents points. Le succès semblait d'autant plus assuré que les murs étaient en réparation; » bas « de courtine » et de facile accès. Mais l'indiscrétion des uns, la négligence des autres firent tout avorter. Ce fut d'abord une femme de Dijon qui vint révéler au maire la rencontre qu'elle avait faite près de la ville, de trois soldats qui l'avaient interpellée en ces termes : « Que font ces coquins « de Dijon ? Par la mort-Dieu, en bref l'on parlera « d'eux; » puis une lettre écrite par un soldat de Flavigny à sa mère et lui marquant « que bientost « la ville auroit bien à souffrir. » Enfin, dans la nuit du 21 au 22, un coup d'arquebuse avait été tiré du dehors sur la sentinelle qui faisait le guet au boulevard de Sault (1).

D'un autre côté, au moment fixé pour l'attaque, le jeune d'Espiard ne parut point; les quatre cents arquebusiers de Chigy, attendus avec impatience, n'arrivèrent pas. Tavannes envoya vainement des éclaireurs à leur rencontre. Toutes ces indiscrétions, tous ces délais, tous ces contre-temps devaient faire manquer l'entreprise. Tavannes le comprit et sans persister plus longtemps dans une entreprise qui ne pouvait qu'échouer misérablement, il ordonna la retraite, emmenant avec lui tout un matériel de siège, cordes, échelles, machines de

(1) *Archives de Dijon*, registre des délibérations.

guerre qu'il avait fait préparer au village de Longvic (1).

Pendant ce temps-là, dans l'intérieur de la ville, on prenait et on enfermait au château Gobin de Récologne.

### XXII. — Le duc de Nemours repousse Tavannes d'Autun et d'Arnay-le-Duc.

Après cet échec contre la capitale de la Bourgagne, une partie des troupes royales se dirigèrent sur l'Auxois. Un détachement poussa jusqu'à Avallon : mais la ville, gardée par une forte garnison, fit bonne contenance et ne fut point attaquée (2). D'autres, conduits par le capitaine Syrot, vinrent se loger dans les faubourgs de Saulieu qui, depuis un mois, tenait pour le roi (3). Tavannes se maintint dans cette partie de l'Auxois jusqu'à à Arnay-le-Duc, malgré les efforts du baron de Vitteaux qui cherchait à l'en déloger. Vers le milieu du mois de mai, cédant aux sollicitations de l'évêque et du clergé d'Autun, qui le pressaient de venir occuper leur ville, il alla prendre ses étapes à Arnay-le-Duc, avec Cypierre, Ragny et quelques autres: Il en partit le 19 ; mais

---

(1) Mémoires de Guillaume de Saulx, 480.
(2) *Archives d'Avallon*. Comptes des receveurs
(3) *Archives de Saulieu.* Comptes des receveurs.

avant d'arriver à Autun, il fut informé que le duc de Nemours y était entré la veille avec quinze cents fantassins et deux cents chevaux. Les portes avaient été livrées par le vierg, Odet de Montagu et Jacques de Genay, centenier du fort Marchaux. Le duc avait mis une garnison de cent hommes, sous le commandement du capitaine Tapson et quarante au château de Rivaux, sous les ordres de Odinet de Montmoyen, seigneur de Chissey, frère du gouverneur de Beaune et d'un président du parlement. Ce fut en vain que pendant deux jours Tavannes essaya d'attirer le duc à un combat, en allant le provoquer jusqu'aux portes de la ville : le 23 il renonça à cette tactique et reprit la route d'Arnay-le-Duc, où il rentra dans la soirée, bien que la veille, les habitants, inquiets du voisinage de l'armée ligueuse, eussent envoyé leur soumission au duc de Nemours.

Le duc se mit à la poursuite du général royaliste, envoya son avant-garde sous la conduite de Charles de Neuville et lui-même arriva le 31 au matin : Mais Tavannes s'était replié sur Semur et Flavigny. Nemours reprit alors, par Bligny-sur-Ouche, la route de Dijon (1).

**XXIII. — Le comte de Crusille est défait dans le Mâconnais par le duc de Nemours, puis par Nagu-Varennes.**

C'est de Dijon, où il était arrivé le 9 mai, que

(1) Mémoires de Guillaume de Saulx, p. 480. — M. Abord, T. II, p. 29-35.

M. Lavirotte, 97 et suivantes.

le duc de Nemours était parti pour son expédition d'Autun ; il était de retour dans les premiers jours de juin ; mais les royaux qui harcelaient la ville de toutes parts ne lui permirent guère de s'y reposer. Il ne les avait pas éloignés d'un côté, qu'ils reparaissaient de l'autre. Dans la deuxième semaine de juin, il se mettait en marche vers le Mâconnais.

La ville de Tournus, soutenue par le comte de Cruzille, converti au parti du roi, avait pris les armes contre les ligueurs de la localité, qui s'étaient réfugiés en grande partie dans l'abbaye avec une cinquantaine de soldats. Les royalistes de la ville avaient arrêté et fait prisonniers des députés envoyés à Dijon par les magistrats de Mâcon, au sujet d'impôts décrétés par le Conseil de l'Union, et d'autres affaires. Nagu-Varennes, gouverneur de Mâcon, partit aussitôt pour avoir raison de ces actes, avec soixante de ses hommes et cent arquebusiers sous la conduite du sieur de Champerny, tirés des garnisons de Lyon. Une partie de ces forces seulement fut introduite dans l'abbaye avec des munitions de guerre et des vivres (1) : Les arquebusiers se jetèrent dans les villages voisins où ils furent battus et dispersés par les troupes de la ville.

Cependant la garde de l'abbaye était parvenue

---

(1) Le convoi se composait de 4000 pains d'une livre, deux bœufs, quatre queues de vin, un quintal et demi de poudre, un quintal de balles, autant de mèches, deux douzaines de pioches et autant de pelles.

(Agut — *Histoire des révolutions de Mâcon*, 169).

à prendre l'avantage : Tournus s'était rendu et Cruzille en était sorti, lorsque le 15 juin, Nemours arriva avec trois cents hommes pour achever le désastre. A la réserve de six maisons appartenant à des ligueurs qui s'étaient réfugiés dans l'abbaye, la ville fut pillée pendant plusieurs jours, après quoi Nemours continua sa marche sur Mâcon, où il arriva le 19 (1).

Cuisery, à une lieue de Tournus, dans la Bresse Châlonnaise, s'était déjà soumis et Louhans avait été sommé d'en faire autant, selon ce que Chantepinot écrivit le 16 juin aux magistrats de Dijon.

Bien que Bauffremont de Cruzille ne fut pas allié à Tavannes, le chef autorisé du parti royaliste, et fit à la Ligue une guerre de partisans, ses entreprises ne profitèrent pas moins à la cause du roi. Il s'empara, dans la direction de Mâcon, du prieuré de Villars, du bourg et du château d'Uchizy. Ces deux points réunis au château de Cruzille, à une lieue plus à l'ouest, formaient une ligne fort gênante pour les communications entre Mâcon et Tournus, et la partie haute de la Bourgogne. Le gouverneur ligueur de Mâcon voulu s'en affranchir. Sur la fin de juillet, il assembla ses officiers, la plupart étrangers au pays et les détermina à aller assiéger le château de Cruzille, pendant que son propriétaire occupait celui d'Uchizy. Les régiments de Saint-Vidal, Conflans, Deximieux et La Grange y furent dirigés avec des munitions de guerre que l'on transporta par eau jusqu'au port de Fleurville,

(1) Pierre Juenin, chanoine *Histoire de Tournus*. 1733. Agut — 1760, p. 167-171.

à une lieue et demie au-dessous d'Uchizy. Mais Saint-Vidal marchanda son concours et finit par se retirer. Nagu ne fit alors qu'une apparition devant Villars et le château d'Uchizy ; il redescendit à Mâcon sans rien entreprendre. Cependant, le surlendemain, le comte de Cruzille s'attendant à un retour avec des forces plus nombreuses, et ne se sentant pas en état de résister, abandonna ses positions. Nagu en profita pour envoyer à Tournus cent hommes d'armes, sous le commandement de La Grange, chargés de tenir la campagne autour de la ville et de démanteler le château. La Grange était, comme Saint-Vidal, de ces soldats d'aventure dont l'unique but était de piller à leur profit. Il saccagea, non-seulement le château et le village d'Uchizy, mais toute la campagne environnante et, le 8 août, fit conduire à Lyon, partie par eau, partie par terre, l'immense butin qu'il en tira (1).

## XXIV. — Les ligueurs s'emparent de Seignelay dans l'Auxerrois.

Au nord-ouest de la Bourgogne, dans le pays Auxerrois, la plupart des seigneurs royalistes, comme dans le Mâconnais, faisaient la guerre en partisans, suivant leurs propres inspirations, sans se soumettre à la direction des chefs désignés par

(1) Agut — *Histoire des révolutions de Mâcon*, 171-174.

le roi. Cependant, ils n'étaient pas sans correspondre les uns avec le duc de Nevers, les autres avec Dinteville, lieutenant pour le roi du gouvernement de Champagne.

Antoine de Buz, seigneur de Seignelay, faisait cause commune avec Claude d'Estampes, seigneur du Mont-Saint-Sulpice, appelé aussi M. de La Ferté-du-Mont, et François des Essarts, seigneur de Sautour, l'un et l'autre de la Champagne.

Dès le mois de mai, les ligueurs Auxerrois avaient formé le projet d'enlever à de Buz la petite ville de Seignelay, toute dévouée à la cause royale. Un samedi, 6 de ce mois, vers une heure du matin, ils étaient partis au nombre d'environ 150 en faisant un détour par Appoigny et Chemilly pour surprendre le bourg par le côté opposé au château. A peine avaient-ils fait une lieue et se trouvaient-ils au Pont-de-Pierre, en face Monéteau, dans une gorge peu rassurante où la route était bordée de broussailles, qu'ils entendirent derrière eux le trot de quelques cavaliers allant tranquillement à Paris. Les prenant pour un détachement royaliste lancé à leur poursuite, ils se mirent sur la défensive et, par ce mouvement, jetèrent à leur tour l'épouvante parmi les voyageurs. Ceux-ci s'enfuirent jusqu'aux portes d'Auxerre, poursuivis par la bande des ligueurs qui rebroussèrent également chemin, afin de défendre leurs foyers. Mais arrivés à cette heure matinale sous les murs d'Auxerre, les portes restèrent fermées aux uns et aux autres. Les cavaliers tournèrent à la porte d'Eglény et y arrivèrent à peu-près en même temps que les piétons se présentaient à celle de Paris. Les Auxerrois se crurent assiégés. Les sentinelles des remparts signalèrent un gros de cavalerie et une armée d'infanterie qui se rangeait en bataille sous les murs de la cité : on courut aux armes, on fit feu sur les prétendus assaillants.

Les fantassins ne se doutant pas de quel coté venaient les balles qui les atteignaient, tirèrent sur les malheureux voyageurs qu'ils prenaient toujours pour l'ennemi. Ceux-ci s'enfuirent au galop vers le faubourg Saint-Amatre, ce qui fit croire que la ville était enveloppée d'assiégeants. Enfin, au jour, on finit par se reconnaitre : mais la méprise avait fait des victimes. Gervais, receveur du grenier à sel, entre autres, avait été tué raide d'une balle dans la tête (1).

Cette mésaventure ne fit pas abandonner le projet de s'emparer de Seignelay. Vers le milieu du mois de mai, les Auxerrois, encouragés par la présence du sieur du Carret, ancien écuyer du duc de Guise, qu'ils avaient appelé dans leur ville avec sa compagnie de lanciers, recommencèrent une tentative contre ce bourg important. Seignelay, lisons-nous dans les archives de la Côte-d'Or, « fut pris nui-
« tamment par huit ou neuf cents hommes de la
« ville d'Auxerre..... conduits par le capitaine
« Quarré (du Carret) qui y entrèrent de furye,
« après quelque résistance de la garnison du châ-
« teau, commandée par le sieur de Seignelay, pillè-
« rent et saccagèrent les maisons, blessèrent les

---

(1) L'abbé Lebeuf. *Histoire civile d'Auxerre*, II, 407.

« habitants et emmenèrent sept ou huit cents
« brebis, 120 vaches et tous les meubles or et
« argent, et monnaies des habitants. Et en la même
« année, le sieur de Jauges, commandant à Auxerre,
« revint au dit bourg, le pilla et saccagea avec
« trois ou quatre cents hommes, et emmena trois
« cents vaches et quarante chevaux (1). »

### XXV. — Sanglante expédition des Auxerrois contre Coulanges-la-Vineuse.

Les royalistes réfugiés à Coulanges-la-Vineuse, avaient établi un poste au château de Bellombre, sur la rive gauche de l'Yonne, à deux lieues et demie en amont d'Auxerre. De là, il mettaient à contribution les convois qui descendaient par eau dans cette ville, ou se rendaient à Paris ; et, comme de leur côté les ligueurs, faisaient main-basse sur les bestiaux des campagnes. Une conférence provoquée par le seigneur de La Ferté-du-Mont dans son château de Villefargeau, pendant les fêtes de la Pentecôte, à laquelle assistèrent le cordelier Claude Trahy, les sieurs du Carret, Guillaume Berault, avait abouti à une trêve au sujet de ces brigandages : mais cet accord dura à peine une huitaine de jours. Les Auxerrois, résolus à chasser les royalistes de Coulanges-la-Vineuse, envoyèrent

(1) *Archives de la Côte-d'Or*, procès-verbal de recherche des feux du comté d'Auxerre, communiqué par M. Quantin.

le 2 juin, contre eux, une nouvelle expédition dirigée par du Carret, les capitaines Vincent, Thuillant, Thierriat, surnommé Bon-Voisin, et La Catache. Le lendemain, à la pointe du jour, du Carret donna l'ordre d'attaquer le bourg. Quelques-uns des assaillants y pénétrèrent en escaladant une fenêtre que l'on avait négligé de murer, se jetèrent sur les gardes, tuèrent les uns, mirent en fuite les autres et ouvrirent les portes à ceux du dehors. Quarante ou cinquante royalistes, au nombre desquels se trouvèrent Lazare Vincent, avocat à Auxerre, le receveur des décimes du diocèse et son frère, périrent dans cette affaire; les autres se retirèrent au château. Ils auraient pu tenir longtemps, peut-être même reprendre l'avantage, si du Carret, dans cette crainte, ne se fut empressé de demander du renfort. Les Auxerrois lui envoyèrent 500 fantassins et 550 cavaliers. Devant le nombre, la résistance n'était plus possible; cependant, les assiégés ne se rendirent pas, quoique du Carret menaçât d'incendier le château et de les brûler dans la place. Créthé tenta de s'évader en descendant à l'aide d'une corde dans les fossés : à peine en bas, il fut pris et emmené dans une auberge, et là, froidement assassiné. Boisjardin, qui avait essayé de parlementer et à qui on avait promis ironiquement la vie sauve, à la condition qu'il prendrait le chemin de Créthé, reçut un coup d'arquebuse avant qu'il fût en bas de la corde, et dès qu'il eut touché la terre, les ligueurs lui tranchèrent la tête et la mirent au bout d'une pique qu'ils plantèrent à l'entrée du bourg. Plusieurs autres eurent à peu près le même sort : Enfin, le vendredi 9 juin, les pauvres restes de la garnison furent emmenés prisonniers à Auxerre. La femme de Boisjardin fut mise sous la garde de La Catache, et son fils sous celle de du Carret (1).

Dix jours après ces actes de sauvage barbarie, du Carret, appelé par les habitants de Saint-Florentin, dont il était gouverneur, afin de les protéger contre les incursions des royalistes de la Champagne, était parti assiéger le château de Sautour. Il fut tué dès la première rencontre. Peu de temps avant, Ferroul, dit le capitaine d'Egriselle, avait eu le même sort, avec 12 ou 13 des siens, dans une tentative contre le château au-dessus de l'église de Saint-Pierre de Tonnerre, qui tenait pour le roi (2).

---

**XXVI. — Le sieur de Jaulges soumet Mailly-la-Ville, s'avance sur Girolles, et brûle Annay-la-Côte dans l'Avallonnais.**

Un officier de Mayenne, François de Beaujeu, communément désigné sous le nom de sieur de Jaulges, conduisait des troupes à l'armée de la Ligue. Etant à Auxerre, il reçut l'ordre de s'y arrêter quelque temps pour tâcher de conquérir les petites places de l'Auxerrois et de l'Avallonnais,

---

(1) L'abbé Lebeuf. *Histoire civile d'Auxerre*, 407-410.
(2) id. id.

restées fidèles aux traditions royalistes. Ses forces se composaient de quatre compagnies d'infanterie et de cinquante cuirassiers à cheval, commandés par du Tillet, seigneur de La Bussière et repoussés de Gien par l'armée royale. La ville d'Auxerre leur adjoignit trois cents arquebusiers et vingt lances de l'ancienne compagnie de du Carret, avec deux pièces de canon. Cinquante chevaux furent encore envoyés d'Avallon et trente de Vézelay.

Avec ces troupes, le sieur de Jaulges, dans le but de soumettre Mailly-la-Ville, alla prendre ses quartiers à Migé et à Chastenay qu'il pilla et accabla de réquisitions.

Dès la fin de juin, le seigneur de Champlemy, après un engagement auprès de Montillot, avec les ligueurs d'Avallon, avait mis dans le château de Mailly-la-Ville une cinquantaine de soldats pour garder le pays. Lorsque le 16 juillet, de Jaulges se présenta sous les murs, la petite garnison, considérant le nombre et la force des assaillants, ne voulut point entrer en lutte. Elle se rendit le soir même, selon ce que Champlemy écrivit au duc de Nevers, afin d'éviter la sape ou l'assaut pendant la nuit; ce qui ne préserva pas de l'incendie le château et trente-cinq maisons contenues dans son enceinte (1).

Ce succès obtenu, de Jaulges retourna à Migé d'où il envoya jusqu'à Leugny rompre les gens de messieurs de Cypierre et de Chastellux, venus, dit M. Challe, exhorter les gentilshommes de la

(1) *Archives de la Côte-d'Or*, procès-verbal des feux du comté d'Auxerre, du à la bienveillance de M. Quantin.

contrée à s'unir en faveur de la cause du roi, au lieu d'agir isolément, ce qui rendait leurs efforts stériles. Il tourna ensuite ses vues contre le château-fort de Girolles, centre d'opérations des royaux dans l'Avallonnais. L'artillerie des Auxerrois y fut envoyée sous l'escorte des arquebusiers d'Avallon, venus à sa rencontre ; des réquisitions furent faites au village fermé d'Annay-la-Côte, où les Avallonnais firent porter des cordes et des échelles en vue d'un siège. Communes qui, quinze jours auparavant, avait envoyé en ville sa compagnie d'arquebusiers à cheval, fut invité par exprès de se rendre à son poste pour les commander

Rochefort-Pluvault, gouverneur de Vézelay, voulant prendre part à l'expédition, amena un détachement de sa garnison qui fut brillamment fêté dans diverses hôtelleries et tavernes ; puis tous ensemble allèrent à la rencontre du sieur de Jaulges « venant en ces quartiers en intention de « réduire le chastel de Girolles et Annay-la-Coste, « rebelles au repos publicq (1). »

La colonne d'expédition voulut d'abord s'assurer des places voisines qui pouvaient l'incommoder. Le dimanche 23, elle se présenta au bourg fermé d'Annay-la-Côte qui avait refusé de répondre à ses réquisitions et repoussé ses sommations. Les ligueurs braquèrent quatre canons contre les murailles du pauvre village, derrière lesquelles les habitants se croyaient bien en sûreté. Il y eut un véritable combat avec perte de part et d'autre de

(1) *Archives d'Avallon*. Comptes des receveurs — extraits de plusieurs mandats.

gens tués ou blessés : Deux artilleurs d'Auxerre atteints sur leurs affuts furent transportés à l'hôpital d'Avallon pour y être soignés, et l'artillerie très endommagée, fut envoyée en réparation en ville. Malgré l'énergique résistance des habitants, le village finit par être pris d'assaut, pillé et mis à feu et à sang, selon Lebeuf et Courtépée (1).

Nous ignorons si, après le sac de « la petite ville « rebelle à la Sainte Union, » arrivé le dimanche 24 juillet, de Jaulges osa se présenter devant le château de Girolles, mais il est certain que le renfort de quelques hommes et de deux pièces d'artillerie envoyés de Clamecy à la garnison royaliste et surtout la nouvelle de l'approche de Tavannes, le déterminèrent à renoncer à son entreprise et à se retirer au plus vite. Il s'en retournait par Joux-la-Ville quand il fut atteint par l'avant-garde de Tavannes et faillit perdre le reste de son artillerie (2). Le 28 juillet il rentrait à Auxerre peu fier de son expédition.

Quant à Briquemaut, il continua à occuper tran-

(1) « Le 23° du moys de juillet dernier l'armée de Monseigneur « le duc (de Mayenne), protecteur de l'Estat et France, conduitte « par le sieur de Jaulges, vint avec canons devant Annay-la-Coste, « petite ville rebelle à la Sainte Union, deans laquelle l'on est « entré de force en intention d'assiéger Girolles et aultres places « tenans le parti contraire.. »
(*Archives d'Avallon*. Requeste des gouverneurs et eschevins d'Avallon, pour obtenir le remboursement des frais faits au siège d'Annay-la-Coste. Pièce justificative ci-après. Voir aussi, comptes des receveurs et réquisition de vivres).
Lebeuf, T. II, p. 411-412 : Courtépée, VI, p. 3.
(2) Compte des procureurs échevins de Vermenton, cités par M. Challe.

quillement le vieux château de la reine Brunehaut (1) où nous le trouvons encore le mois suivant, contractant une trève avec les Avallonnais.

### XXVII. — Renforts étrangers pour le roi et pour la Ligue.

Pendant ces agitations, Henri III d'un côté, Mayenne de l'autre, recrutaient des soldats à l'étranger. Harlay de Sancy, pour le roi, avait réussi au-delà de ses espérances. Il avait obtenu des hommes et de l'argent, et de plus, de la part de certains cantons Suisses, la promesse d'un refus aux agents de la Ligue, s'ils venaient solliciter leur appui. Dans la seconde quinzaine de juin, ses bandes de reitres se montraient déjà à la frontière. Le 19 juin, les Francomtois les signalaient en termes peu inquiétants aux magistrats de Dijon : Trente enseignes de Suisses, écrivaient-ils, sont aux environs de Champlitte. Ce sont gens « tous « nudz et assez mal équipez, avec un nombre de « cent chevaux au plus.... Les reystres voyant le « peu de soucy que le roy avoit de leur donner des « forces pour les mettre en France, et y estre con- « duitz, sont rebrossez... Monseigneur de Tavannes

---

(1) Il est de tradition que le Château de Girolles, dont il ne reste plus qu'une tour carrée fort ancienne, avait été bâti par la reine Brunehaut).

« est à Fay à les attendre et leur fait faire muni-
« tions à Langres... Ceux de Langres luy accordent
« quatre pièces pour aller battre Chastillon, de
« sorte que ceux de Chastillon sont en grande
« peyne (1). »

Ceux-ci, en effet, dans leur inquiétude, firent appel aux villes engagées avec eux dans le parti de l'Union. Le 28 juin, il envoyèrent des courriers jusqu'à Avallon (2), mais tout se borna à des mesures de précaution. Les reitres n'approchèrent pas de la ville. Le duc de Longueville venu à leur rencontre, les reçut entre Château-Villain et Troyes, leur fit traverser la Champagne sans écueil, et les conduisit à Conflans, à la grande satisfaction du roi (3).

Au mois de juillet, une seconde colonne de deux mille lansquenets et 1.500 reitres levés en Allemagne par le même négociateur, et conduits par Gaspard de Schomberg, longea encore le nord de la Bourgogne. Elle était le 2 juillet sous les murs de Chaumont-en-Bassigny dont elle faisait mine de vouloir s'emparer. Guyonvelle écrivit au maire de Dijon : « Le sieur de Tinteville (Dinteville)
« aiant ses troupes et ses estrangers, délibère
« aller attaquer la ville, » il les attend et espère
« que sy le font, ilz n'en remporteront le meil-
« leur » : ce qui ne l'empêcha pas de demander l'appui du duc de Nemours (4).

(1) *Archives de la ville de Dijon*. — Registre des délibérations.
(2) *Archives d'Avallon*.
(3) Palma-Cayet, *Chronologie novennaire*, p. 158.
(4) *Archives de la ville Dijon*. — Registre de délibérations, T. 99 de l'ancien inventaire.

On ne peut pas dire avec certitude que les reitres pénétrèrent en Bourgogne bien que Lebeuf mentionne le passage de 10.000 Suisses au service du roi, qui traversèrent l'Yonne à Bonnard, à 3 lieues au-dessous d'Auxerre : néanmoins, Tavannes était venu les recevoir pour les guider sans fatiguer la province. Il surprit au passage la ville de Château-Villain et le château de Mara, dans la Champagne, puis conduisit à Flavigny une couleuvrine qu'il s'était procurée à Langres. Il avait hâte d'aller au secours des places royalistes assiégées par de Jaulges dans l'Avallonnais. Nous avons vu qu'il arriva trop tard et que son avant-garde seule eut une petite rencontre vers Joux-la-Ville.

Du 26 au 28 juillet, l'état-major de Tavannes prit ses étapes à Montréal, ville royaliste de l'Auxois. On ne voit dans la désignation de ses officiers que des noms français; d'où l'on peut croire que la deuxième expédition des Suisses n'entra pas en Bourgogne. Peut-être prit-elle la même voie que la précédente (1).

---

(1) Un état des dépenses faites par les habitants de Montréal porte les mentions suivantes :

A la date du 26 juillet, « Rolle des soldats qui sont icy, du « régiment de M. de Chantal, sous la charge du sieur de « Sancy.

De la couronnalle conduict par le sieur de Thirion, 24 hommes ; celle du sieur de Sancy, 26 hommes; celle du capitaine Espiart, 44 hommes ; celle du sieur Biarne, 30 hommes.

En tout, ce qui est ici de ce régiment se monte à six vingt-quatre hommes »

Au jeudi 27 juillet, fourniture d'avoine ; à la même date « Roolle et estat de soldatz soubz les charges des capitaines de

L'Union de Dijon avait déjà à son service une compagnie de reîtres recrutés par Buatier, au nom de Mayenne. Le 20 juin, elle fit payer « au capi- « taine des Souysse » un premier à compte de cent écus en avance sur le second mois ; et, quinze jours après, une nouvelle somme de 150 écus, ce qui fait conjecturer que cette compagnie était en ville depuis environ la fin de mai (1). Le 14 juillet, un nouveau détachement arrivé dans la journée, fut logé dans les faubourgs de Saulx et de Saint-Nicolas, et les officiers dans la ville où ils furent fêtés par les échevins (2).

---

**XXVIII. — Prise d'Is-sur-Tille par le duc de Nemours et excès du prince dans cette ville, aussi bien que dans toute la province.**

Le duc de Nemours attendait ces renforts pour entrer en campagne. Il était sollicité par les Dijon-

Juvenille ou Juveniller, et du Vernet de la garnison de Semur, assavoir :

De la compagnye du dit sieur de Juveniller, trente et ung soldats, sans y comprendre le sergent et le tambour ; et celle du dit sieur Vernet, 22 soldats, sans comprendre le dit du Vernet.

Même jour : Arrivée de messieurs de Tavannes, de Cypierre, de Chastellux, partis le 28 à 3 h. du soir ;

28 juillet. Réquisition d'avoine pour 50 chevaux du baron de Chigy et 30 de M. d'Essey, tous arquebusiers.

(*Archives de l'Yonne. Fonds Montréal*).

(1) *Archives de Dijon*. Registre des délibérations, T. 98, 260 v°
(2) id. id.

nais d'aller réduire les royalistes de Saint-Jean-de-Losne et en avait obtenu tout ce qu'il avait demandé dans ce but. Savoir : trois couleuvrines, trois pièces de batterie, deux bâtardes, mille livres de poudre, des boulets, quinze cents fantassins et mille écus. Le duc avait donc promis d'aller faire le siège de la place ; mais deux jours après, il annonça que son frère le réclamait auprès de lui et qu'il lui fallait, quant à présent, renoncer à cette entreprise. Il offrit en compensation, si la ville voulait y participer, de soumettre sur sa route, du côté de la Champagne, les châteaux de Malain, de Lux, de Crécey, de Courtivron, la ville d'Is-sur-Tille. Néanmoins, huit jours s'écoulèrent avant son départ : il exigea encore pour ces expéditions, mille à douze cents écus, déclarant son intention de rester avec ses troupes, tant que cette somme ne lui serait pas comptée. On dut donc emprunter de nouveau (1).

Avec les troupes dont il disposait, Nemours s'empara sans peine du bourg d'Is-sur-Tille, redevenu royaliste. Il y resta dix-huit jours pendant lesquels, selon Courtépée, il commit toutes sortes d'excès (2).

Ecoutons la marquise de Mirebeau, s'épancher avec les siens en doléances non-seulement contre tout le parti de l'Union, mais surtout contre le duc de Nemours qu'elle flétrit tout particulièrement. « Nous
« sommes tant tourmentés de la guerre qu'il n'est
« possible de plus ; car ceulx de Dijon font pis

---

(1) *Archives de Dijon*. Registre des délibérations T. 98, 260.
(2) Courtépée, ancienne édition, T. II, 412-413.

« qu'ilz peuvent et preignent tout ce qu'ilz trou-
« vent. Monsieur de Nemours a esté trois mois, et
« vous assure que c'est le plus cruel que vous vites
« jamais. Il print Is-sur-Tille et Tournus; là où il usa
« de plus de cruaulté que cy fust esté le Turc, avec
« grandes insolences dedans les églises. Les voilà
« ces bons catholiques qui font semblant
« d'estre (1) ! »

Ces sévères expressions ne sont que trop justifiées par les violences dont usaient chaque jour
les associés de l'Union envers les royalistes. Ils ne
s'en tinrent pas aux proscriptions contre les chefs
de maisons restés fidèles aux traditions nationales,
ils les étendirent à leurs familles, à leurs serviteurs
même. Dès le mois d'avril, on avait délibéré
« d'enfermer » les femmes des suspects et celles
des absents dans une maison commune ; mais on
s'était arrêté à les séquestrer chez elles avec défense de sortir, si ce n'est « le dimanche pour
« entendre la messe, à peine de cent livres
« d'amende. » Sur la fin de mai, les dames de
Vaugrenant et Quarré, gardées à vue, étant par-
venues à s'échapper par la porte Guillaume,
l'échevin Thibault Maulpoy, de garde à cette porte,
fut décrété de prise de corps pour les avoir laissé
passer. On refusa d'admettre l'excuse qu'il voulut
faire valoir de ne les avoir pas reconnues sous
leur déguisement d'emprunt. Au commencement
de juin, les enfants de Frémyot, de Vaugrenant, de
Cothenot, furent enfermés au château avec menace

(1) M. Garnier. *Correspondance de la ville de Dijon,* T. II. 396.

de les faire périr par la main du bourreau, si leurs pères en exil, persistaient à rester dans le parti du roi (1). Ce fut alors que Frémyot écrivit cette lettre magnanime publiée par l'abbé Bougaud dans l'histoire de sainte Chantal, et reproduite par la plupart des écrivains modernes de la Bourgogne. Le conseil de l'Union avait eu la cruelle lâcheté d'envoyer à Bénigne Frémyot, son frère Claude Frémyot, l'avertir, s'il ne consentait à dissoudre le parlement de Flavigny, du sort qui serait fait à son fils André, âgé d'environ 16 ans.

« ... Je voudrois bien, » répondit le malheureux père, « que j'eusse pu me laisser aller aux larmes
« et persuations de mon dict frère, qui m'ont touché
« bien avant au cœur, quand j'ai su les fâcheries
« et rudes traittements que lui et mon fils ont
« receues à mon occasion, et dont les miens sont
« encore menacés. Mais mon honneur et mon
« debvoir m'empeschent de plyer soubs toutes ces
« choses.... Si c'est un crime d'estre serviteur du
« roy et de se retirer en une ville qui est sous
« l'obéissance de Sa Majesté, j'ay failly. Si c'est un
« crime encore à un homme de bien, que l'on court
« à force, et auquel l'on veut injustement, sur
« faulses impressions et par colère faire per-
« dre la vye, se retirer et chercher un couvert pour
« la défense de sa vye, je suis coulpable.... Mais...
« quand j'aurois failly en cela, je m'esbays pour-
« quoi l'on en veult jetter la vengeance sur mon
« fils et sur mes frères et sœurs et proches parens

(1) *Archives de la ville de Dijon*. — Registre des délibérations, aux dates d'avril, 27 mai, 2 et 8 juin.

« qui sont innocents, et desquels je n'avois heu
« aucunes nouvelles depuis deux mois entiers. Et
« maintenant mon frère m'apporte cette funeste
« menace que l'on m'envoiera la teste de mon fils
« dedans un sac, et que l'on fera à tous mes dicts
« parens toutes les rudesses que l'on pourra... Si
« diroys-je librement que j'estimerois mon fils
« très-heureux de mourir si jeusne et en la pre-
« mière fleur de son eage pour la chose publique,
« et innocent comme il est, d'avoir un sépulchre
« si honorable, et par les destins ou malheurs,
« pluslôt que par la faulte de son père, anticiper
« le cours de sa vye et éviter le sentiment des
« calamités qui sont aprestées sur ce misérable
« estat. Je vous supplie donc .... de croire que ny
« les tourments que l'on pourra me donner, ny
« ceulx que l'on fera à mon fils, que je sentiray
« plus que les miens, ne me pourroient esbranler
« à faire chose contre mon honneur et le debvoir
« d'un homme de bien. J'aime mieux mourir tost
« aïant la réputation entière, que vivre longuement
« sans réputation. Et si sans blâme, je pouvois ce
« que mon frère m'a dict, je m'y fusse rendu
« aisément. »

Les ligueurs n'osèrent point mettre leur sentence de mort à exécution ; mais ils retinrent les prisonniers en otage dans le vain espoir de vaincre la résistance des pères de famille.

Les meubles de Frémyot furent saisis et, le 27 juin, mis en vente sur l'ordre du duc de Nemours (1).

(1) *Archives de la ville de Dijon.* Registre des délibérations, T. 99.

Tavannes attribue à Brigandet, capitaine de la garde bourgeoise de Flavigny, un acte absolument semblable à celui du président Frémyot, dont il ne parle pas. On se demande s'il n'y a pas de sa part, confusion de noms et de personnes (1).

### XXIX. — Assassinat de Henri III.

Pendant ces alternatives de succès et de revers, ces persécutions d'une part et ces lamentations de l'autre, les deux rois s'étaient rapprochés, sans que ceux des catholiques fidèles à Henri III se fussent retirés de l'armée royale. Ils étaient rassurés dans leur conscience par un manifeste du prince de Béarn annonçant son intention d'entrer en conférence avec les docteurs catholiques, dès que les circonstances le lui permettraient, et laissant espérer, par les termes du traité d'alliance, son retour à la vraie religion. D'ailleurs, les deux armées de Henri III et du roi de Navarre, devaient agir séparément (2).

Trois mois plus tard, elles étaient néanmoins réunies et, fortes de 40,000 hommes, marchèrent sur Paris. Le 31 juillet elles formaient un cordon de quatre à cinq lieues de longueur, bordant l'ouest

---

(1) Mémoires de Guillaume de Saulx, 474.
(2) M. de Chalembert. *Histoire de la Ligue*. T. I, 261-262.

de la capitale, depuis les environs d'Argenteuil, jusqu'à Issy et Vaugirard. Henri III avait pris ses positions à Saint-Cloud, Henri de Navarre à Meudon. Mayenne n'avait pas alors plus de huit ou neuf mille hommes sans enthousiasme pour se défendre.

Le succès de la cause royale semblait assuré : mais un jeune moine de l'ordre des Jacobins, nommé Jacques Clément, natif de Serbonnes, près Sens, qui parlait sans cesse de tuer le « tyran » (1), était sorti de Paris le jour même où les deux rois prenaient leurs dispositions de combat. Muni d'un passeport délivré par le comte de Brienne, et d'une lettre vraie ou fausse du président de Harlay, détenu à la Bastille, il fut introduit le lendemain, cependant après examen, auprès de Henri III. Il lui remit sa dépêche, et faisant mine de vouloir la compléter à voix basse parce qu'il y était dit devoir être révélé de vive voix, il se mit à genoux en face du roi, puis, tirant un poignard de sa manche, il lui en porta un coup mortel dans le bas-ventre. Bellegarde, premier gentilhomme de la Chambre, le procureur général de La Guesle, tous deux retirés au fond de la pièce, et les gentilshommes du dehors, accourus aux cris du prince, se précipitèrent sur l'assassin. Malgré La Guesle qui voulait qu'on le saisît, sans le tuer, afin de l'interroger, il fut massacré sur le champ et jeté dans la cour, où le Grand-Prévôt fit tirer son corps à quatre chevaux.

Les médecins ne crurent pas d'abord la plaie

(1) M J. de Croze, *Les Guises, les Valois et Philippe II*. T. II. 188.

dangereuse : Henri III avait eu la force de tirer lui-même le poignard et d'en frapper Jacques Clément sur l'œil : mais bientôt ils reconnurent que les entrailles étaient atteintes et ne cachèrent pas leurs inquiétudes. Henri III fit appeler aussitôt Etienne Boulogne, son chapelain, lui exprima son désir de recevoir les Sacrements de l'Eglise et se confessa. Sur l'observation du prêtre qu'il ne pouvait l'absoudre avant qu'il eût juré publiquement son intention de se soumettre au dernier monitoire du Saint-Père touchant l'incarcération des prélats encore prisonniers, il déclara à haute voix devant toute la cour : « Je suis le premier fils de l'Eglise
« catholique, apostolique et romaine, et veux mou-
« rir tel. Je promets devant Dieu et devant vous
« tous, que mon désir n'a esté et n'est encore que
« de contenter Sa Sainteté en tout ce qu'Elle désire
« de moy ». Après cette déclaration solennelle, son confesseur lui donna l'absolution. Il la reçut avec les marques de la plus profonde piété. Tournant ensuite ses pensées vers la France, il fit approcher Henri de Navarre pour lui faire de souveraines et pressantes recommandations. « La
« justice de laquelle j'ay tousjours esté le protec-
« teurs, » lui dit-il, « veut que vous succédiez après
« moy à ce royaume, dans lequel vous aurez beau-
« coup de traverses, si vous ne vous résolvez à
« changer de religion. Je vous y exhorte autant
« pour le salut de vostre âme, que pour l'advan-
« tage du bien que je vous souhaite (1). » D'un

(1) Mémoires du duc d'Angoulême, dans le *Panthéon littéraire*, p. 716.

autre côté, Davila confirme en ces termes les paroles du roi mourant : « Asseurez-vous, mon « cher beau-frère, que vous ne serez jamais roy de « France, si vous ne vous faites catholique et « ne vous humiliez à l'Eglise (1). » L'instant d'après, Henri III s'adressa aux princes et seigneurs qui remplissaient sa chambre, leur fit promettre de continuer à son successeur « l'affection et fidélité » dont ils l'avaient toujours entouré lui-même. Tous ayant juré au milieu des sanglots, soumission et obéissance au roi de Navarre, il les congédia en leur recommandant de se tenir sur leurs gardes, car il y a lieu de s'attendre, dit-il, que « la nou- « velle de ma blessure donnera de l'audace aux « ennemis, qui voudront entreprendre quelque « chose (2). »

Dans la nuit, il se confessa encore deux fois, reçut le Saint-Viatique et le 2 août, sur les quatre heures du matin, rendit le dernier soupir en faisant deux fois le signe de la croix, et récitant le psaume *Miserere* qu'il ne put achever (3).

Les heureuses dispositions de ses derniers instants ont été attestées dans un certificat destiné à être envoyé au Saint-Père et signé de onze témoins tels que Charles d'Orléans, grand prieur de France, le duc d'Epernon; le maréchal de Biron; Roger de Bellegarde ; Châteauvieux, capitaine des gardes du

---

(1) M. Segretain *Sixte-Quint et Henri IV*, p. 170.
(2) Mémoires du duc d'Angoulême, 716-717.
(3) *Chronologie novennaire*, 160 161.
— Mainbourg. *Histoire de la Ligue*, 353 356.

corps; le marquis François d'O (1). Cependant, les chefs de la Ligue les cachèrent avec soin. Le duc de Mayenne fit même dire au parlement de Dijon par le chevalier de Dio qu'il expédiait à Rome pour faire maintenir l'anathême contre les adhérents de Henri III : « Le roi mourut après minuit, « sans parler à clerc ni à prêtre, et sa fin fut « telle qu'avoit été sa vie. Il mourut au temps « de l'excommunication lâchée contre lui et pendant « la fête de la délivrance de Saint-Pierre-aux-« liens; aussi peut-on dire que nous avons été « délivrés du plus grand tyran qui fut au « monde (2). »

L'évêque d'Auxerre, ému de la fin tragique du roi, son ancien élève, cherchait partout des consolations rassurantes. Il avait écrit d'abord à l'évêque de Senlis, mais les communications étaient difficiles en ces temps de trouble et d'agitation, et la réponse se faisant attendre, il s'adressa, quelques jours plus tard, au duc de Nevers dans une longue lettre où il exprimait son anxiété sur l'état prochain du pays. « J'ay escript, » dit-il, » à Monseigneur « l'évesque de Senlis, étant à Paris, qu'il m'es-« crive les derniers propos et comportements du « feu pauvre misérable Roy, s'il a eu bonne repen-« tance à sa fin et s'il a esté réconcilié à l'Eglise par « confession et absolution sacramentale que tout

---

(1) Le certificat se trouve au dépôt des manuscrits de la Bibliothèque nationale et dans le journal de Pierre de l'Estoile — M. de Chalembert. I. 283-284.

M. Segretain. *Sixte-Quint et Henri IV*, 168.

(2) Registres du parlement de Dijon, p. 115.

« prebstre à ceste extrémité luy a peu conférer;
« mais nous avons si difficilement nouvelles de
« Paris, et encore plus de la cour, que je ne m'en
« puis rien promettre; et si vous, monseigeur, en
« aviez entendu quelques particularités, et il vous
« pleust commander à l'un de vos secrétaires de
« m'en faire participant, ce me seroit une grande
« consolation, pour ce que je suis icy en lieu où
« c'est un grand crime d'en parler, sinon en détes-
« tation, et où l'on calomnie et prend-on en mau-
« vaise part tous mes propos et toutes mes actions,
« pour avoir eu accès auprès de luy (1). »

S'il eut enfin connaissance de l'attestation des seigneurs qui entouraient Henri III à ses derniers moments, il put, comptant sur la Divine miséricorde, se rassurer touchant l'âme du roi défunt, mais ses angoisses restèrent vives au sujet de la France, redoutant de la voir assujettie à la domination d'un souverain hérétique. « L'establyssement
« de celuy qui se maintient pour le jourd'huy Roy
« de France, » écrivait-il à Louis de Gonzague, est
« la ruine de l'Eglise catholique, s'il n'y est pour-
« veu par la bonté et miséricorde de nostre Dieu. »
C'étaient aussi les sentiments d'un grand nombre de catholiques avant qu'ils obtinssent de Henri de Navarre presque sur le corps du roi, la promesse formelle, accompagnée de sérieuses garanties, de se faire instruire dans les six mois. Ces promesses supposaient implicitement une conversion qui seule était capable de mettre fin aux troubles : elles

---

(1) Bibliothèque nationale, fonds Béthune, n° 8923, f° 132.

furent acceptées par des hommes les plus dévoués à la religion, mais ne désarmèrent pas les partis. En poursuivant le récit des calamités qui en furent la suite, nous verrons comment la Ligue, à notre avis, d'une légitimité contestable pendant la période qui vient de finir, devint, par sa résistance à l'envahissement des doctrines protestantes, le salut de notre pays et l'origine de sa grandeur dans les siècles suivants.

# PIÈCES JUSTIFICATIVES

#### N° I, page 42.
#### Lettre de Claude de Lorraine, duc d'Aumale, à M. le duc de Nemours. — 1569.

Monsieur, je receuz hier la lettre qu'il vous a pleust m'escrire à laquelle, pour ce que ung peu auparavant je vous avois dépêché ung pacquet par la poste, je ne vous puis point à présent faire autre responce, synon ung remercyement bien humble de la part qu'il vous plaist me faire de voz nouvelles, que je souhaiterois estre meilleures et vous dire, comme je vous ay désja faict scavoir par deux *(courriers?)*, que ceste armée continue tousjours à se diminuer soit par maladies ou de ceulz qui s'en vont après avoir reçu leur argent tant les gendarmes que gens de pied. Nous ne laissons pour cela de suivre tousjours à deux lieues près nos ennemys qui, à ce que j'entens, sont aussy travaillez que nous et mesmes leurs chevaulx aussy bien que les nostres si travaillez, qu'ilz font estat de s'esjourner à Vezelay, où ils poursuivent tousjours leur chemin. Nous nous mectrons à Avallon où ce nous sera bien force aussi de nous rafraichir quelque peu. Encore ce temps est bien mal à propos pour les ungs et les aultres, à cause du mauvais chemin qu'il nous donne, encore aux traictes que nous faisons. Ils se délibèrent d'aller vers La Charité. Voilà, monsieur, ce que je vous en puis mander attendant autre occasion, je me recommanderay bien humblement à vos bonnes grâces, et priant Dieu, Monsieur, vous donner en parfaite santé, longue et heureuse vie.

Du camp d'Epoisses, le dixième jour de may 1569.

Vostre bien humble cousyn à vous faire service,

CLAUDE DE LORRAINE.

Je viens encore de nouveau d'estre adverty que l'intention des ennemys est de passer à Sancerre.

(Bibl. Nat. mss. Béthune, 8735, f° 8).

## N° II, page 95.

### Requéte des Avallonnais et ordonnance d'enquéte à ce sujet. — (1571).

A Messeigneurs les commissaires députés par la Majesté du Roy pour l'entretenement de l'édict de pacification.

Vous exposent en dehue révérance les manans et habitans de la ville d'Avalon que pour le zèle et affection qu'ilz ont heu de tout temps à la Majesté du Roy et repos public, ilz ont tousjours maintenu leur dite ville soubz la main et puissance de sa dite Majesté ; et de ce qu'ilz ont sceu et entendu y estre contrevenu, en ont donné advertissement à leurs supérieurs. Or, ayant entendu puis certain temps que ceulx de la religion prétendue reffourmée s'estoient jactéz que avant le mois de may passé on verroyt remuer ménage, auroient à l'effect des dites jactances amplement déclarées par la requeste cy jointe par eulx présentée à monseigneur de Ventoulx, requis à icelluy commission pour en faire informer ; ce qu'il auroit remis à vous, Mesdits seigneurs, ensemble d'ordonner sur les aultres fins de la dite requeste, et affin que lesdits habitans soient plus certains de ce qu'ilz veullent et entendent vous remonstrer lhorsqu'ilz seront par vous mandéz, votre plaisir sera, Messeigneurs, ordonner que par le premier notaire ou sergent royal requis, il sera informé des faiz contenuz en la dite requeste, pour, information faite et à vous rapportée, y ordonner ce que de raison. Et cependant que deffences soient faites ausdits de la religion et aultres du dit Avalon, de ne tenir aulcungs estrangiers en leurs maisons, sans le sceu, vouloir et consentement des officiers de la dite ville. Ce faisant, les dits supplians seront tenuz prier Dieu pour l'entretenement de vos grandeurs.

Comme procureur sindic du dit Avalon,<br>
Morot.

En réponse à la suite :

Soit informé du contenu en la présente requeste par le premier juge sur ce requis, et pour, l'information faicte et rapportée par devers nous, ordonner ce que de raison. Et ce pendant, deffences sont faictes aux habitants du dit Avalon de ne contrevenir aux édictz et ordonnances du Roy sur peine d'estre punis comme perturbateurs du repos publtc.

Faict à Dijon, le 26° febvrier 1571,<br>
[Lamoignon et N. Potier.

*Archives d'Avallon*, chap. 41, n° 16 de l'ancien inventaire.

---

### N° III, page 133.

**Remonstrances qu'il convient faire au Roy (au nom du bailliage de l'Auxois) et réponses du roi (1574).**

Premièrement : qu'il plaise à sa Majesté, vaccation advenant des archeveschez, eveschez, abbayes et prieurés estant de sa nomination et collation, d'y pourvoir de gens propres et destinés à tumber en la charge et dignité ecclésiastique ; qui soient de bonne probité et saincteté de vye ; et que conformément aux lois et constitutions de ses prédécesseurs roys, mesmement du grand roy Charlemaigne en l'an sept cent septante et troys ; Philippes le Conquérant, deuxième du nom, en l'an mil cent quatre-vingt et dix ; du Roy saint Loys ; et aussy suivant la forme prescrite en l'édict d'Orléans, tous les dicts bénéfices soient électifs en chacune province, et ès lieux où ils sont establys, et que la dicte élection se fera pour l'advenir par les ecclésiastiques, gens de justice et le peuple des lieux.

Sans commettre aux dictes charges et dignités gens laïz n'estant douez et destinez à ladite charge ecclésiastique, pour ne profaner la dite dignité, mais pour éviter aux abus qui s'y commettent, mesmement au Service Divin qui demeure, aumosnes qui ne se font aucunement, que ruines et désolation qui surviennent de jour à aultre, tant aux églises que bastimens qui deppendent des dicts bénéfices.

Que les dicts ecclésiastiques demeureront et feront leur résidence sur les lieux de leurs bénéfices pour l'instruction du peuple, administration des sainctz sacremens et faire les aumônes ordonnées par les sainctz canons et décretz ; autrement et à faute de à ce pourvoir, est à craindre que le peuple ne tumbe en nonchaillance de son salut, comme jà il s'est veu par ci devant, en plusieurs et divers lieux. Qu'il plaise à Sa dicte Majesté d'ordonner à tous gentilzhommes et nobles de n'atempter ny meffaire directement ou indirectement aux personnes ny biens, tant des dits gens d'église, officiers royaulx, gens de ville, leurs subjectz ny aultres, à peine de punition corporelle.

Et pour ce qu'il y en a plusieurs qui se servent de gens estrangers et incongnuz par le faict desquelz ilz font exécuter leur volonté à l'encontre des gens d'Eglise et des villes, et lesquelz, après le coup fait, s'en vont, qu'il plaira à sa dite Majesté ordonner à tous gentilzhommes indifféremment, de ne se servir d'estrangiers, ains qu'ilz ayent à prendre gens du pays et cogneuz, du faict desquels ils demeureront responsables ; mesmement d'estre tenuz aux intérètz civilz des partyes intéressées et oultragées.

Réponse : Le roy ne peut oster la liberté de ses subietz de se servir de telle personne que bon leur semble.

Qu'il leur soit deffendu de n'empescher les dicts gens de ville à la perception de fraictz et levées des héritaiges qu'ils ont vers leurs justices et seigneuries et que légitimement ils y peuvent tenir, à telles peines qu'il plaira à la dite Majesté arbitrer et de resessir tous intéretz ausdits habitans.

Qu'ilz n'ayent à retirer ceulx aïant commis délictz et maléfices avec eulx ni en leurs maisons, pour éviter que la pugnition et justice ne face.

Qu'il leur soit au semblable deffendu de ne inquiéter ny molester leur subiectz se contenans seulement des droictz et debvoirs qui leur sont deubz.

Et sans que par leur moyen et praticques ils facent loger les gendarmeryes en leurs villages pour de tous intéresser et porter dommages à leurs subiectz, et ce à peine, où la chose sera deuement vériffiée, qu'iceulx subiectz ayent receu oppressions, demeureront à jamais immuntz et exempz de tous droictz et debvoirs seigneuriaulx, déclarés ne leur plus estre justiciables, ains du Roy.

R. Les articles accordés pour la réformation des gens d'Eglise pourvoyent à la pluspart du contenu des susdits articles mesmes aultant que touche de remettre en bon chemin l'Estat ecclésiastique. Et pour le regard des injures et offenses que reçoivent les dits gens ecclésiastiques, soit en leurs personnes ou biens des gentilzhommes ou aultres personnes, semblablement aussy des aultres meffaits dont est faicte mention ès susdits articles, les Grans Jours qui se doivent envoyer par les provinces, y porteront le remède qui sera requis.

Plaise aussy à sa dite Majesté pourvoir sur le faict de la gendarmerie et ordonner qu'elle se contentera, suivant l'ordonnance faite sur la commutation de leur vivre, rien prendre ne exiger de ceulx où ils logent, allans et venans à leur montre ; mais payer de gré à gré suivant la dite ordonnance, à peine de dégradation des armes.

Avec deffense à eulx de ne mener chariotz en la forme que font les reistres, pour ce que, par tel moyen aucuns d'eulx raclent et emporte tout, tant blé, vin, lard que aultres meubles.

R. Il a esté faite une ordonnance sur la gendarmerie qui pourvoit à tout ce que dessus et davantaige si bien pourveu à son payement que doresnavant elle ne se pourra plus licentier de mal vivre, soubs couleur de la faulte du dit payement. A quoi Sa Majesté a très-expresément enjoinct aux gouverneurs et lieutenans généraux de ses provinces de tenir la main, sur peine de imputer à leur faulte si la dite ordonnance n'est bien observée.

Supplier Sa Majesté ordonner que désormais les offices de baillifz, seneschaulx, lieutenans, advocats, procureurs du roy ne seront vénables, mais au contraire électives, conformément à l'ordonnance du roy saint Loys, de l'an mil deux cens cinquante cinq, et ordonnance de la dite Majesté, faicte à Orléans en l'an mil cinq cens soixante. En quoi faisant, on s'essayera de procéder ausdites élections avec telle intégrité et sincérité, que la justice en sera de tant mieulx décorée et administrée à ses pauvres subiectz.

R. Le roy aura bon soing de pourvoir doresnavant de personnes suffisantes et cappables qui s'en acquittent au contentement de son peuple.

Que les dicts officiers royaulx se contenteront de prendre espices raisonnablement ayant esgard tant au fond des procès qu'ilz jugeront que qualitez des parties litigeantes, de manière qu'ilz ne puissent payer espices sans vendre ou aliéner de leur fond, qu'ilz soient tenuz juger les dits procès sans en rien prendre.

R. Le roy veult que ses ordonnances sur ce faictes soient bien gardées.

Qu'il plaise à sa dicte Majesté retrancher la pluralité et grand nombre de ses officiers, tant alternatifz que aultres, comme trésoriers généraux, receveurs généraux tant de l'ordinaire que de taillon, conseillers des bailliages, et remettre le tout en la mesme forme que l'on a veu par cy-devant : d'autant mesmement qu'il est veu une seule personne tenir ung office, qui estoit trésorier et général ensemblement, et aujourd'huy sont deux trésoriers et deux généraulx, tellement que par là l'on voyt quatre personnes tenir ce que ung seul pourroit bien faire, considéré aussy que la multiplicité d'officiers emporte avec soy et engendre multiplicité de frais.

R. Advenant vaccation des offices, Sa Majesté est résolue de n'y pourvoir jusqu'à ce qu'ilz soient réduictz à leur ancien nombre, affin de soulager davantaige son peuple.

De mesme moyen aussy abolir l'édict faict des petits sceaulx, d'aultant qu'il est de trop plus grande conséquence et ruynculx au peuple que ne furent oncques les contre-seings et aultres charges cy-devant faictes sur le peuple. Joinct que en Bourgogne la dite Majesté a le tabellionnage qui est le sceau, et dont on tire grand proffict, par en aultrement diminueroit le dt. proffict des deux tiers pour le moings.

R. Le droit d'émolument des petitz sceaulx est domanial qui est cause que sa Majesté ne peult pour le présent toucher ny rien changer audit edict ; mais advenant cy après vacation des susdicts offices de garde des sceaulx, elle s'informera s'il sera plus utile de les supprimer ou non.

Ordonner que les officiers ès finances se contenteront de leurs gaiges, sans aultre chose prendre ny exiger sur le dit peuple.

R. Le roy n'entend point qu'ilz exigent aulcune chose sur son peuple ; et fault qu'ilz se contentent de leurs gaiges simplement : ordonnant à ses juges de procéder contre ceulx desquelz il leur viendra plaincte d'avoir commis telle faulte.

Qu'il plaise à la dite Majesté jecter un œil de pitié sur son pauvre peuple de la Bourgogne, considérer et croyre les grandes pauvretez auxquelles pour ce jourd'huy il est constitué par la malice et chéreté du temps qui a continué puis douze ans en ça ; mesmement puis troys ou quatre ans que le pauvre peuple a esté contrainct à manger du simple pain d'avoyne et herbaiges et boyre de l'eau. Par le moyen de quoy en est mort la moitié, de manière que faulte de gens d'ouvriers, les terres et vignes, tant en pays gras que maigre, sont entièrement demeurez en ruyne et friche : aussy que la pluspart des artisans et manœuvres ne pouvant plus porter des charges et impositions, se sont retirez au comté de Bourgogne et ailleurs hors le royaulme pour estre mieulx soullagez.

Partant, supplier la dite Majesté prendre esgard à tant de charges et surcharges qui sont esté levées par cy-devant, et qui se lèvent encore de jour à aultre, comme les décimes tant ordinaires que extraordinaires sur le clergé, subsides de taillon, cinquante mil hommes, empruntz, tant généraulx que sur les particuliers, reliques prises aux églises, francz fiefz et nouveaux acquetz, terres vagues, boys à bourrie, consings qui ont esté levéz, le petit sceau, le douane, les aulnayes, payement des reistres, voyage du roy de Pologne, estappes, camps qui sont passés par la Bourgongne en nombre de sept à huict, aultres subsides sur le fer et acrue sur le sel, deniers levés sur les procureurs, que une infinité d'aultres subsides nouvellement inventés : et en ce faisant, que tous lesdits subsides soyent retranchez et abolys, revenant le tout, comme souloit estre du temps du roy Philippe le Bel : et il donnera moyen à son dit peuple de respirer et prendre vye : Aultrement il est à craindre que son dit peuple ne tumbe de tout en pure ruyne et désolation.

Qu'il plaise à sa dite Majesté ordonner que le pardessus non touché et compris au dt. œdit d'Orléans, faict en l'assemblée et convocation des troys estatz du royaulme soit inviolablement observé de poinct en poinct et sans y rien desroger.

R. Les grandes despences que le roy a à supporter présentement ne luy peuvent permettre de faire telle remise à son peuple de plusieurs subsides qu'il désireroit bien ; mais il a bonne volunté de le soullager à l'advenir le plus qui luy sera possible, comme il a jà fait en la révocation des commissions extra ordinaires qui tournaient à la foulle de son peuple.

Que tous ceulx ayans eu maniement de ses finances, tant du roy Henri son père, François son frère, que de son règne, ayent à rendre compte de leur administration et des deniers levés, se faisant la redition par devant gens non suspectz ny favorables. En quoy faisant pourra tirer de grands deniers des dictes finances pour subvenir à ses affaires.

Considère, sa dite Majesté, s'il luy plaist, que ses dits subiectz de la Bourgongne ont tousjours esté à ses prédécesseurs et à luy, très-fidelles et très-obéissans subiectz et serviteurs, n'ayans en rien manqué à leur debvoir. Partant, supplient la dite Majesté les vouloir maintenir en leurs libertez, charges et privilèges que d'ancienneté leur ont concédez et leur ont esté jurés.

R. Sa Majesté les traitera toujours favorablement.

Les remonstrances cy-dessus sont proposées par les très-humbles subiectz et obéissans serviteurs du roy, au bailliage d'Auxois, selon la nécessité du temps et occurence des affaires qui se présentent en ce royaulme de jour à aultre. Le tout néantmoings soubz le bon vouloir et plaisir de sa Majesté.

Fait à Saint-Germain-en-Layt, le dernier jour de janvier 1574 — Signé CHARLES et plus bas BRULARD.

Pour copie : BOUCHARD.

## N° IV, page 138.
### Lettre de Charles IX au bailli de Mâcon (1574).

De par le Roy.

Nostre amé et féal, voulans pourveoir à la seureté, conservation et deffense de nostre estat et auctorité, et que ceulx qui se sont eslevez en armes contre leur debvoir et l'obéissance qu'ilz sont tenuz de nous rendre, comme à leur prince naturel, soient empeschez d'exécuter leurs pernicieulx desseings, avons déclaré et déclarons par ces présentes, noz vouloir et intention estre que les gentilzhommes catholiques de noz païs et provinces, et autres noz bonz et loyaulx subiectz qui pourront se monter d'armes et chevaulx se rendent, le plus diligemment que faire se pourra, par devers les gouverneurs et noz lieutenans généraulx, chacun en sa province, pour faire ce qu'ilz leur feront entendre de notre part. Ordonnons en oultre, selon que l'affaire et la nécessité requerra, qu'un chacun de noz bons subiectz des villes, bourgs, bourgades et autres, s'assemblent soit par son du tocsainct et autrement le plus à propoz qu'il se pourra afin de résister aux perturbateurs de nostre estat et du repoz de noz subjectz, leur courir sus et tailler en pièces ceux qui seront notoirement armez contre nostre service, et leur oster tout moyen de mal faire. N'entendant toutefois qu'il soit faict aulcune offence ne déplaisir à ceulx de noz subjectz qui ont esté ou sont encore de la nouvelle opinion, qui se contiendront paisiblement en leurs maisons, soubz la permission et bénéfice de nostre édit de pacification faict au mois de juillet dernier ; ce que nous deffendons très-expressément. Ainsi voulons qu'ilz soient maintenuz et conservés en la protection nostre et des dits gouverneurs et noz lieutenans généraux de nos provinces.

Que mesme les gentilzhommes leurs voisins se chargent de les garantir de toutes injures et oppressions ; de quoi nous les admonestons ; et à ces fins vous mandons et enjoignons faire lire et publier nos présentes intentions et ordonnances par tous les endroictz de votre ressort accoutumés à faire cris et proclamation, à ce que aulcung n'en prétende cause d'ignorance, ains y tienne la main de tout son pouvoir, y faisant aussy de votre part et soigneux debvoir. Car tel est notre plaisir.

Donné à Paris ce cinquiesme jour de mars 1574.
      Signé : CHARLES et plus bas DENEUFVILLE.
*(Archives du département de Saône-et-Loire. C. 685, portefeuille n° 3).*

---

### N° V, page 172.
### Réquisition du duc d'Alençon sur Montréal (1576)

François, fils et frère de Roy, duc l'Alençon et premier pair de France, aux officiers, maires, eschevins et principaux manans et habitans de la ville de Montréal et ressort d'icelle.

Comme en attendant que les villes et places des pays qu'il a pleu au Roy, notre très-honoré seigneur et frère, nous bailler pour notre appanage, et celles qu'il a octroyées et accordées par le traité de la paix soient mises et deslivrées entre noz mains ou des gouverneurs que nous y establierons, et que les gens de guerre que Sa Majesté a permis y entretenir soient payez et receuz dans les dites villes, il est besoing de retenir encore près de nous les seigneurs et gentilzhommes qui nous ont suivy avec une bonne partie de nos forces, spécialement notre cavalerie françoise et les régiments de harquebuziers de notre dite nation ; pour lesquelz contenir en la plus grande modestie que faire se pourra et soulager le peuple, il est besoing de faire provision et amas de tous vivres qui sont nécessaires pour leur nourriture et entretenement........ *(suit le détail des réquisitions).*

Donné à Mussy-l'évesque le 14° jour de juin 1576.
      — Signé : FRANÇOYS.

### N° VI, page 173.
### Exemption et saulvegarde donnée par Mgr fils et frère du roy aux habitans d'Avallon (1576).

De par Monseigneur filz et frère de Roy, à tous gouverneurs de villes et provinces, lieutenants généraux, maréchaulx de camp de notre armée, cappitaines, chefs et conducteurs de gens de guerre, tant de cheval que de pied, de quelque nation que ce soyt, mareschaulx-des-logis et fourriers des dits gens de guerre, commissaires des vivres et tous aultres, de quelque qualité ou condition qu'ilz soyent, tenans et favorisans notre party, salut.

Nous, désirans bien et favorablement traicter les manans et habitans de la ville d'Avalon, Cosin-le-Pont et Cosin-la-Roche, faulxbourgs d'icelle, tant pour la prière et recommandation que faicte nous a esté par aulcungs noz plus spéciaulx serviteurs, que en considération du secours à nous donné par les dits habitans pour la subvention et entretenement de notre armée, nous deffendons très-expressément et sur tant que vous craignez de nous désobéyr, que en la dite ville et faulxbourgs d'Avalon, pays de Morvans, vous n'ayez à loger ne souffrir loger aulcungs des dits gens de guerre, ne en iceulx prendre ne fourrager aulcungs bledz, vins, chaire, lardz, aveynes, foyn, paille, ny aultres biens quelconques, sans le gré et consentement des dits habitans. Ny semblablement comprendre ou contraindre iceulx à fournir et contribuer aulcungs vivres et munitions et deniers pour la nourriture et solde des dits gens de guerre. Desquelles fournitures et contributions sus dictes, nous avons dez à présent comme pour l'hors affranchy, quicté et exempté, affranchissons, quictons et exemptons par ces présentes signées de notre main, les dits habitans, en mandant aux dits gouverneurs, lieutenans généraulx, baillifz, seneschaulx et aultres cy-dessus nommez ou leurs lieutenans, commis ou subztituez et chacung d'eulx en droict soy, que veu ceste présente exemption et saulvegarde, en laquelle nous avons prins et mis les dicts habitants, leurs maisons et familles, ilz les facent, seuffrent et laissent jouyr et user plainement et paisiblement sans y contrevenir en aulcune manière, sur peyne d'estre tenuz et déclarez pour rebelles et déserteurs de nos commandemens, et telz estre chasticz et pugniz par rigueur exemplaire.

Et affin que nul n'en puisse prétendre cause d'ignorance, nous avons permis et permettons ausdits habitants faire mectre et apposer sur les portes de la dite ville et principalles avenues des dicts faulxbourgs, noz panonceaulx et armoiryes.

Donné à Ravières le 23° jour de juin 1576.

Signé : FRANÇOIS, et plus bas, par Monseigneur,
CERDON.

### N° VII, page 174.
### Réquisition aux Avallonnais par le duc d'Alençon, datée de l'Isle-sous-Montréal (1576).

Messieurs, estant ce soir arrivé en ceste ville, je délibère en partir mercredy, pour aller coucher à Avalon, sans y faire séjour ; de quoy je vous ay bien voulu advertyr par le sieur de Poully, mon conseiller, chambellan ordinaire et premier mareschal de mes logis, et adviser avec vous, du logis de ma personne et pour ceulx de ma maison tant seulement, vous asseurant bien aussy, encore que je n'y face que passer, je ne souffriroy que aulcung preigne chose sans payer : Et partant, vous ne ferez difficulté le laisser entrer avec mes aultres mareschaulx des logis et fourriers, sur tant que craignez désobéyr au roy, Monseigneur. Et ce faisant aussy, vous me donnerez occasion d'avoir ce que *(vous)* touche en toute recommandation. Priant Dieu, messieurs, vous avoir en sa garde.

Escript à Lisle-soubz-Montréal, le 26° jour de juing.

Votre bon amy,<br>FRANÇOYS.

Suscrit : à messieurs les maire, eschevins, bourgeois, manans et habitans de la ville d'Avallon.

---

### N° VIII, page 274.
### Lettre de Poully, maréchal-des-logis du duc d'Alençon, aux Avallonnais (1576).

Messieurs, je fus dernièrement aux portes de votre ville, pensant y entrer pour y faire dresser les logis de Monseigneur, à quoy il me fust fait telle response que chascung a peu sçavoir. J'estime que tout cela s'est faict soubz les sauvegardes que vous avez de Monseigneur. Maintenant il vous escript réitérément à celle fin de entendre vos dernières résolutions : et encore qu'il faice mention de moy dans la lettre, si n'ay-je point voullu m'y acheminer que je n'ay entendu vos résolutions, ne me voullant acheminer, s'il m'est possible, à un second reffus. Je suis du païs et votre voisin, qui ne voudroit en sorte que ce soit, estre cause ni consentant de aucung dommage qui peut estre fait à votre ville. Celluy pour lequel vous ouvrirez en est le naturel conservateur et m'asseure que le treuverez tel, et ne faut que vous croïez le contraire. Sont noz princes à donner des ordres et tels que vous en devriez joindre les mains au ciel. Vous me manderez vos résolutions, et selon celà, je m'achemineray vous trouver, délibérer et faire choses qui vous seront agréables.

Adieu, Messieurs. A Lisle ce 1er juillet 1576.

              Votre bien affectionné amy,
                    POULLY.

### N° IX, page 178.
### Lettre de Henri III pour le casernement des compagnies de Martinengue à Gien et à Cluny (1576).

Mon cousin, Depuis que je vous ay cy devant ordonné de faire establir en garnison au pays d'Auxerrois les trois compagnies du comte de Martinangue, j'ay advisé pour quelques occasions particulières, et mesme pour soulager le dit païs, d'en faire entrer deux à Cluny, pour là y tenir garnison, jusques à ce qu'il en ait esté aultrement advisé, et la troiziesme l'envoïer dedans Gyen : pour ceste cause, je vous prye de donner ordre au plustôt qu'il sera possible, à ce que les dites deux compagnies soient receus au dit Clugny, et, en attendant qu'il soit pourveu à leur payement, faictes bailler trente solz par semaine à chacun soldat par les habitans du dict Clugny, qui ne sera qu'une avance de laquelle ilz seront remboursés par après. Et quant à l'autre, commandez par mesme moyen qu'elle soit conduicte au dit Gyen, et faites mander au Sr Dantragues (d'Entragues) de la faire recevoir : à quoi je m'asseure qu'il ne faudra de satisfaire. Qui est tout ce que je vous dirai par ce mot, priant Dieu, mon cousin, qu'il vous ait en sa garde.

Escrit à Blois le 12e jour de décembre 1576.

Signé : HENRY, et plus bas, BRULARD, et à la superscription, à mon cousin le comte de Charny, grand escuier de France.

et mon lieutenant-général au gouvernement de Bourgogne.

Collationné à l'original par moy soubzsigné, sécrétaire de mondit seigneur le grand escuier, et par son commandement.

MARESCHAL.

*(Archives de la ville de Cluny).*

---

### N° X, pages 181-183.
### Cahier du Tiers-Estat du bailliage de Dijon (1), pour estre présenté à l'assemblée des Etatz généraux assignés à Bloys, au 15ᵉ de novembre 1576.

Comme ainsy soyt qu'il ayt pleu au Roy nostre Sire porter telle amytié et affection à son peuple que d'ouyr les doléances d'icelluy, afin de trouver le moïen et expédient de les apaiser et meetre en paix et union en son royaulme, réformer et restaurer les choses qui causent la perte et ruyne d'icelluy, les gens du Tiers-Estat du bailliage de Dijon satisfaisans au vouloir et commandement de Sa Majesté, après longue et mure délibération et avoir invoqué les grâces du St-Esprit, ont fait mettre et rédiger par escript les articles suivans pour suplier en toute humilité et obéissance Sa dicte Majesté, vouloir tant faire de bien à son pauvre peuple accablé de toutes misères et calamitez, que d'accorder lesdicts articles et en faire une ordonnance générale, perpétuelle et irrévocable.

Premièrement. Ils louent Dieu et lui rendent grâces de ce qu'il lui a pleu exciter Sa dicte Majesté à entendre les dictes do-

(1) Il faut entendre du *pays Dijonnais*, attendu que les bailliages de Beaune, Auxonne, Nuits, Saint-Jean-de-Losne s'étaient réunis à celui de Dijon, pour la rédaction des remontrances, comme on le voit au dernier article du cahier.

léances selon les anciennes et louables coustumes de ses prédécesseurs Roys, lesquels se sont toujours proposés et mis au devant que moyen de faire florir les royaulmes et apaiser l'ire de Dieu et concilier son amour, au moyen de quoy pour éviter la perte et ruyne totale du Royaulme de France, de laquelle Dieu nous menasse de jour à autre supplie très-humblement, lesdicts du Tiers-Estat, mectre icelluy royaulme au meilleur et plus excellent degré et estat que faire se peult, réformer les vices et abus qui s'y commettent publiquement avec impugnité. Quoi faisant, il fault espérer que Dieu aura pitié et miséricorde de nous, et retirera les fléaux de sa justice desquelz tout le royaulme est affligé dez longtemps par nos faultes et nos péchez, mesmement depuis seize ans en ça comme aussy il bénira et favorisera les desseins et entreprises de Sa dicte Majesté, humiliera envers elle les cœurs et volontez de ses subjects et les rendra bénévoles et obéissans, comme estans à ce invisiblement poussez et inflammez par une *ellampse ?* et une illumination divine.

### Premièrement au regard de l'Eglise.

Suplient lesdicts du Tiers-Estat, Sa Majesté en toute humilité réunir ses subjectz en l'exercice d'une seule religion, catholique, apostolique et romaine, afin que lesdicts subjects unis de cœur et de volonté, puissent vivre en paix et amitié soubz l'obéissance et subjection de Sa Majesté.

II. — Et parceque à cause des erreurs qui règnent de présent en l'Eglise, le Saint-Sacrement de confirmation est grandement nécessaire, ce néantmoins plusieurs prélatz se rendent négligentz à l'administrer, il plaira à Sa dicte Majesté ordonner aux prélatz, auxquelz cette puissance est attribuée, de faire debvoir de trois en trois ans pour le moins, de conférer par tous leurs diocèses le Sacrement, sans en exiger aucune chose : et pour mieulx disposer les âmes de ceulx qui se présenteront à tel Sacrement, feront les dictz prélatz, par eulx ou par quelque docte prédicateur ung sermon auquel la vertu et excellence d'icelluy sera déposée au peuple, et à ses fins choisiront un texte de l'Evangile à ce convenable.

III. — Que la pragmatique sanction soit gardée et observée par tout le royaulme et pays de l'obéissance de Sa Majesté, et le concorda abouly en ce qu'il contrevient à la pragmatique-sanction, spécialement en ce qui concerne le décret de nomination *Regis ad prelaturas facienda*.

IV. — Qu'il plaise à Sa dicte Majesté d'ordonner que les archevesques, évesques, archidiacres, en personnes visiteront chascun an, une fois pour le moins, les bénéfices de leurs diocèses, mesmement les cures, à peine de saisie de leur temporel, sans que pour le droit de visitation ou aultrement, ilz puissent prendre aulcune chose.

V. — Que en tous bénéfices ne soient esleuz ni instituez sinon personnes vertueuses idoines et capables, tant en âges, mœurs, que sciences et des qualitez requises par les saints décretz et pragmatique-sanction, sans en pouvoir aucunement dispenser.

VI. — Que l'on n'aura point d'égard à aucune dispense en jugeant le possessoire desdictz bénéfices..

VII. — Qu'un archevesque ou évesque ne pourra tenir directement ni indirectement qu'un archevesché ou evesché ; l'abbé qu'une abbaye, le prieur ayant charge d'âmes qu'un prieuré, et le curé qu'une cure, ce que sera pareillement gardé et observé en tous autres bénéfices et dignitez ayant charge d'âmes.

VIII. — Que tous ceulx qui pour ce jourd'huy tiennent plusieurs bénéfices, ayant charge d'âmes, seront tenuz d'obter celluy qu'ilz voudront retenir, et faire savoir litératoirement et par escript aux électeurs ou collateurs des autres bénéfices de la dite qualité, la dite option, dans trois mois après la publication des ordonnances qui en seront faictes, afin qu'il soit procédé à en pourvoir d'autres capables, par la voie d'élection ou institution, ainsi que la qualité des dicts bénéfices le requerra. Et faulte de ce faire, tous les bénéfices ayant charge d'âmes qu'ils porteront, de quelque qualité et condition qu'ils soient, seront, ledit temps passé, vaquans et impétrables, sans qu'il soit besoing d'autre sentence et déclaration des juges, et en sera pourvu par les dicts électeurs ou collateurs ainsi qu'il appartiendra.

IX. — Que s'il advient ci-après que aucuns soient si présomptueux que d'accepter deux bénéfices incompatibles, et ayant charge d'âmes, sitôt qu'il en aura pris possession, tous deux seront vacans et impétrables de droit et de fait, et y sera pouvu comme dessus, nonobstant toutes dispenses desquelles le pourvu se voudroit ayder.

X. — Que tous primatz, archevesques, évesques, cures et autres bénéfices ayant charge d'âmes, feront résidence actuelle et continuelle en leurs bénéfices, lesquelz ils seront tenus de servir : et où ils se absenteront plus de six mois sans justes et légitimes causes, non affectées ny colorées, la moitié du revenu d'une année de leurs fruits sera appliqué à la fabrique de l'église et aux pauvres du lieu. Et s'il advient qu'ilz s'absentent encore, par une demye année, sera pareillement une autre moitié d'un an de leurs dits fruitz appliquée à la dite fabrique et aux pauvres du dit lieu ; et croissant la malice, il sera procédé contre eulx, selon la sévérité des censures des saints décretz, à l'élection ou institution d'autres en leur lieu, sans qu'il soit besoing d'autre sentence ni déclaration.

XI. — Que si pour le moindre temps de six mois, ils s'absentent de leurs bénéfices sans justes et légitimes causes, les fruitz d'iceulx, par concurrence de temps seront appliquez ausdits pauvres par les supérieurs ecclésiastiques, incontinent et sans aulcune conivence ou dissimulation. Et à faulte de ce faire, les baillifs et séneschaux en prendront cognoissance et feront saisir les dictz fruictz et mettre soubz la main de Sa Majesté, lesquelz ils adjugeront et appliqueront ausdits pauvres, à la concurrence de la dicte absence, nonobstant opposition ou appellation et sans préjudice d'icelles.

XII. — Seront néantmoins lesdits prélatz excusés de vaquer à leurs charges en personne, par maladie, et s'il advient que par ancien âge, longue et incurable maladie, ilz ne puissent exercer leurs charges en personne, il sera procédé à l'élection ou institution d'un coadjuteur ou vicaire pour faire la dicte charge pendant la dite maladie ou ancien âge, laquelle élection se fera selon que ce doit faire celle des prélats, par la dicte pragmatique-sanction et la dite institution sur la nomination et présentation des paroissiens : Ausquelz co-adjuteur et vicaire sera arbitrée une portion raisonnable sur le revenu desdits bénéfices par ceulx qui vaqueront à la dicte élection et institution.

XIII. — Que les bénéfices réguliers ne se donneront plus qu'aux réguliers profès, et les séculiers qu'aux séculiers, et toutes provisions aultrement faictes seront tenues pour nulles et abusives. Nonobstant lesquelles seront lesdictz bénéfices vaquans et impétrables, et d'iceulx en seront pourvus d'aultres par élection ou institution, ainsi que la qualité des bénéfices le requerra.

XIV. — Que la nomination et présentation des cures et prieurés non électifs, ayant charge d'âmes, appartiendra aux paroissiens et l'institution à l'ordinaire qui a acoustume en pourvoir.

XV. — Et ne seront nommez, présentez ni instituez aux cures des villes murées, sinon prestres gradués, ayant estudié le temps prescrit par les statuts des universitez et de la qualité requise à porter telle charge.

XVI. — Es lieux où les revenus des cures n'est suffisant pour la nourriture et entretenement du curé et pour satisfaire aux charges qui lui convient porter, il sera procédé à l'union des simples bénéfices, distribution de dimes et aultres revenus ecclésiastiques, suivant la forme des saints décretz.

XVII. — Et d'aultant qu'aujourd'huy il y a plusieurs églises paroissiales ès villes et villages, les aucunes desquelles sont annexées et unies aux abbayes ou églises collégiales, de manière que les dites églises sont du tout destituées de curés et de pasteurs au grand scandalle du peuple, il plaira à Sa Majesté ordonner que les dictes cures soient disjointes et séparées des dictes abbayes et collèges et à icelles pourvues de curés et pasteurs par ceulx auxquelz l'institution en apartient, à la nomination et présentation des paroissiens et que par mesme moyen leur soit donné revenu suffisant sur les dites abbayes et collèges, afin que les habitans des dites villes et villages soient mieux instruitz et édifiez, tant en bonnes mœurs qu'en religion catholique.

XVIII. — Que toutes commandes en bénéfices soient tollues et interdites, tant à ceulx qui en tiennent de présent, qu'à l'avenir.

XIX. — Que nul ne puisse faire tenir par personnes interposées aulcuns bénéfices, spécialement archeveschez, éveschez, abbayes, cures ny aultres ayant charge d'âmes, aultrement que les bénéfices soient vaquans et impétrables, tant pour le passé que pour l'advenir et en soit pourvu comme dessus par élection ou institution, selon la qualité desdits bénéfices.

XX. — Que les dévolus aient lieu oultre les cas susdits au regard de tous hérétiques, schismatiques, simoniacles, apostatz, meurtriers volontaires, faussaires, faux témoings et gens mariéz qui les tiendront, nonobstant le décret *de pacificis possessoribus* et l'ordonnance d'Orléans, article 4, sans qu'il soit besoing d'aucune sentence déclaratoire de privation desdits bénéfices.

XXI. — Que tous abbés, prieurs et religieux vivront en commun en leurs réfectoires, et ne sera la table de l'abbé ou du prieur séparée de celle des religieux ; aussi seront tenus de garder et observer les règles et statuts de leurs ordres en tous leurs points et articles, nonobstant tous privilèges, coustumes et dispenses à ce contraires, et pendant le repas observeront le silence, et se fera lectures des saintes escriptures, selon que aux couvens et abbayes se doit faire.

XXII. Qu'il soit inhibé et défendu à tous primatz, archevesques, évêques, abbés et autres ecclésiastiques de porter aucungs habitz de velours ou autre soye, soit en robes, soutanes, jupes, sayes, porpointz, ni chausses, sinon qu'ilz soient princes, ny semblablement autres habitz indécens.

XXIII. — Soit aussi deffendu aux gens d'église, principallement aux religieux de discourir par les villes et villages, mesmement par les foires et marchez, palais ou autres lieux, où se font les assemblées prophanes,

XXIV. — Particulièrement qu'il leur soit enjoint vivre pudiquement et chastement, sans qu'ilz puissent tenir en leurs maisons femmes ni filles de quelque âge qu'elles soient, encore qu'elles fussent parentes, à peine de suspension ou privation de leurs bénéfices, et autres peines de droit.

XXV. — Qu'à tous prélatz et gens d'Eglise soient deffendus les chasses à chiens et oiseaulx, attendu que leur vraye chasse et gibier consisté à gaigner les âmes du peuple, et à servir Dieu selon les saints canons, règles et statuts de leur ordre.

XXVI. — Que nul religieux de quelque ordre qu'il soit, n'ayt aucun propre.

XXVII. — Que les prélatz de l'église soient tenuz de commettre ès villes de leurs diocèses et ressors des juges et officiaux pour réformer et chastier les vices des prêtres et autres gens d'église, et faire vivre tous religieux selon les règles et statuts de leur ordre et les constitutions canoniques, et que à leur négligence ou dissimulation, les juges royaux en preignent connoissance. Mais avant que de le pouvoir faire et d'estre rendus compétens ès cas non privilégiés, quant il y aura quelque chose à réformer soit aux particuliers, ecclésiastiques, ou aux couvens, abbayes, prieurez ou collèges, à quoy faire les prélatz, les juges ou officiaulx seront négligens, sera tenu le procureur de Sa Majesté leur en faire remonstrance par escript et requérir la dite réformation et correction. Quoy faict, à faulte d'y pourvoir et remédier, par lesditz prélatz ou leurs juges dans quinze jours après, lesdits juges royaulx en prendront cognoissance. Ne pourront néantmoings en tels cas, imposer autres peines et corrections que pécuniaires ou de jeûnes, prison et relégation et autres statuées par les saints canons et conciles. Et où il y auroit crime énorme qui mérite par lesdits canons dégradation ou déposition, lesdits juges roiaulx donneront ordre qu'elle se fasse par lesdits prélats, et à ce les contraindront par saisie de leurs temporels, sans par ce déroger à la cognoissance qui appartient aux dits juges royaulx sur lesdits ecclésiastiques et cas privilégiez.

XXVIII. — Et pour obvier aux abus qui adviennent par la concession des dimissoires, plaise à Sa Majesté deffendre à tous prélats de donner aucune lettre de dimissoires pour quelque cause que ce soit ; et sy aucunes sont obtenues, d'y avoir égard.

XXIX. — D'autant qu'on voit ung fort grant abuz où plusieurs personnes tenans des bénéfices par ung longtemps, lesquelz après ils délaissent et s'adonent à la vie et estat de gens laïz au grand mécontentement des bons catholiques, il plaira à sa dite Majesté ordonner à tous bénéficiers, de quelque qualité et condition qu'ilz soient, se faire pourvoir aux ordres de prétrise par leurs diocésains, sitôt qu'ils auroient atteint l'âge de trente ans à peine de privation de leurs bénéfices le dit temps passé.

XXX. — Qu'il plaira aussi à sa dite Majesté interdire et défendre à toutes personnes ecclésiastiques s'imiscer en négoces profanes et séculiers, spécialement en traficques et marchandises, à peine de confiscation des dictes marchandises et d'estres subjetz aux tailles comme roturiers.

XXXI. — Et d'aultant que le contenu-au vingt-uniesme article de l'édit d'Orléans n'a été deument observé pour les dessertes et réparations des bénéfices, il plaira à sa dite Majesté ordonner à ses baillis et séneschaux contraindre les bénéficiers à réparer et desservir lesdits bénéfices par saisie de revenu d'iceux et* autrement, ainsi que de raison.

XXXII. — Et pour ce que le bien ecclésiastique est en partie affecté à la nourriture des pauvres, supplient les dits sieurs du Tiers-Etat, que tous ecclésiastiques, même ceux de l'ordre de Saint-Jean de Jérusalem, soient déclarés contribuables à la nourriture des pauvres, ès lieux où ils ont du bien temporel, et que à ce, eux, leurs fermiers, facteurs et admodiateurs soyent contraintz par toutes voyes, nonobstant toutes oppositions ou appellations et sans préjudice d'icelles, et sans aussi avoir égard aux lettres obtenues ou à obtenir au contraire, ny aux arretz et jugementz qui pourroient cydevant avoir esté donnez.

XXXIII. — Et pour donner plus ample moyen aux curés de veiller sur leurs troupeaux, supplient sa dite Majesté de commander à ses juges de faire jouir tous curez, des dismes de leurs paroisses, nonobstant qu'ils soient de présent possédez par les evesques, abbés, prieurs et autres ecclésiastiques, fors et réservé ceux qui sont tenuz par gens laïz en infeudation ou par hospitaux et maladeries, de toute ancienneté.

XXXIV. — Qu'il plaise aussy à Sa Majesté en ampliant le contenu au 23e article des dites ordonnances d'Orléans, faire inhibitions et deffenses à tous notaires de passer et recevoir contratz les jours de dimanches et fêtes solennelles, à peine de nullité desdits contratz, de l'amender arbitrairement et fors et réservé les traictez de choses pieuses, mariages, transaction, testament, codicilles et ordonnance de dernière volonté ; soit aussy deffendu aux marchands de tenir leurs boutiques ouvertes les dits jours, à peine d'amende arbitraire.

XXXV. — Que en chacune abbaye, collège ou chapitre soit constitué une pension pour le moings, pour entretenir aux estudes ung personnage, jusques au degré doctoral en sainte théologie inclusivement, affin que l'Eglise de Dieu soit peuplée et remplie de gens vertueux, pour servir de doctrine et exemple aux aultres.

XXXVI. — Que aux riches et grandes abbayes ou chappitres et collèges le nombre des dits estudiants soit augmenté jusques à deux, trois ou quatre, si leur revenu le peult porter.

XXXVII. — Que telles pensions soient raisonnables et compétantes selon la cherté du temps, non seulement pour vivre, mais aussi pour avoir des livres, vestiaires et tous aultres entretenemens nécessaires.

XXXVIII. — Ne soient données les dites pensions sinon à ceulx qui n'auront aucuns biens pour se pourvoir et entretenir aux estudes, et qui seront capables et idoines, tant en bonnes mœurs, dextérité d'esprit, que zèle et volonté d'estudier, et non à aultre : et pour faire le choix des dits estudiants, sera advisé premièrement si ès abbayes, chappitres et collèges qui donneront les dites pensions, il en pourra trouver de la qualité requise, puis après ès monastères et religions des mendiants et subordinément en la ville en laquelle seront assises les dites abbayes, collèges et chappitres ; et où il ne s'en y trouveroit aucuns, ils seront choisis ès lieux circonvoisins du ressort de la dite ville.

XXXIX. — Que tous degrés soyt aux arts, droict canon, ou théologie se donneront gratuitement ausdits estudiants, sans que l'on puisse aucune chose exiger ni extorquer d'eux, en manière que ce soit.

XL. — Que non-seulement en chascune église cathédrale et collégiale, mais aussy ès chapelles du Roy et abbayes esquelles y aura moindre nombre de prébendes scolastiques, s'en prendra une aultre pour l'entretenement des prédicateurs des villes esquelles les dites églises, chappelles et abbayes seront assises. Et si ès-dites églises, chapelles et abbayes y a plus de vingt-quatre prébendes ou mention, il en prendra deux pour lesdits prédicateurs.

XLI. — Que les prieurez qui sont suffisans en revenu, seront cothisez à certaine pension par an, jusqu'au vingtième dudict revenu, pour l'entretenement desdicts prédicateurs.

XLII. — Et quant aux églises cathédrales, collégiales, abbayes ou prieurez qui sont assiz hors les villes, donneront la dite prébende, mention et revenu pour lesdits prédicateurs à la ville au ressort de laquelle ils seront.

XLIII. — Semblable prébende se prendra esdites églises cathédrales et collégiales, abbayes et chapelles de Sa Majesté, pour l'entretenement des régens et maistres d'écolles de la ville où elles sont assises, ou de la ville à laquelle elles ressortiront, et pour ce regard, rien ne sera levé sur les dits prieurez.

XLIV. — Les prébendes seront deschargées de toutes charges avec deffenses ausdites églises, chapitres et chapelles de composer du revenu desdites prébendes avec les précepteurs, sans le consentement des maires et eschevins des villes à peine de nullité des contractz.

XLV. — Que lesdits prédicateurs seront tenus de prescher et annoncer la saincte parole de Dieu au peuple, non-seulement aux aventz et carésme, mais aussy aux jours de dimanches et festes de l'année, et emploieront une bonne partie de leur prédication à la réformation des mœurs et extirpation des vices, et l'autre à la doctrine de la Saincte-Foy catholique, apostolique et romaine, selon que le texte de l'évangile ou épistre qu'ils prescheront, le requerra.

XLVI. — Que ès villes qui n'auront moyen d'estre aydées desdites prébendes et mentions, se prendra en chascune esglise paroissiale ou familiarité, pareil revenu et esmolument que l'un des desservans et familiers, pour l'entretenement desdits maistres d'escolles, sans qu'ilz soient subjectz à aucune desserte.

XLVII. — Que les monitions et censures ecclésiastiques aient lieu, afin de révélation contre les tesmoings, non seulement ès instances criminelles, mais aussi ès civiles, excédant la somme de vingt livres, nonobstant le contenu au... article dudit édit d'Orléans.

XLVIII. — Que le procès sera fait à tous magiciens, sourciers, devins et devineresses qui se trouveront user d'art mauvais, et seront puniz selon la forme de droit.

XLIX. — Que toutes fondations qui sont délaissées par oubliance ou antiquité seront doresnavant remises sus et continuées, selon l'intention des fondateurs ; et à faulte de ce faire, sera le revenu de telles fondations appliqué à la communauté des pauvres des lieux où elles se doibvent célébrer.

L. — Qu'il plaise à sa dite Majesté s'abstenir en après de toutes aliénations du bien de l'Eglise et de lever décimes. dons gratuitz et subventions sur les ecclésiastiques, afin qu'ils aïent moyen de faire et célébrer le service Divin, selon l'intention des premiers fondateurs, nourir les pauvres et soutenir les charges ci-dessus requises et autres desquelles ilz sont tenuz de droit, et outre ce desgager le domaine de Sa Majesté, comme sera dict cy-après.

LI. — Et pour user tous objectz et scrupules qui se pourroient engendrer, à sçavoir des articles ci dessus touchés, aussy pour garder l'honneur dû au chef pasteur général de l'Eglise de Dieu, il plaira à sa dite Majesté, obtenir de notre Saint-Père le Pape, ses bulles en forme de pragmatique-sanction, par lesquelles il approuvera et autorisera tous lesdits articles, et en tant que besoing seroit, ordonnera que le contenu en iceux soit gardé et observé de poinct en poinct par toute la France et pays en dépendans.

### Des Universitez

LII. — Que les Universitez, séminaires de vertuz et science soient restabliz et restituez en leurs entiers privilèges et les statuts d'icelles renouvellez et observez de point en point ; et à ces fins, qu'il soit ordonné qu'itz seront luz publiquement en chascun collège, une fois de l'année, assavoir le lendemain de la saint Remy.

LIII. — Aussy que les abuz qui sont esdites universitez, soient corrigez et réprimez tant en l'excessive des deniers qui sont exigez par les régens et leurs disciples soubz le nom de Laudes, chassis, chandelles, figures et autres choses semblables, et soit défendu auxditz régens prendre plus de deux escuz pour lesdites laudes et un écu pour les chandelles et chassis, semblablement deux escuz pour lesdites figures. Bien pourront-ilz prendre moings de ceulx qui ne vouldront tant leur donner.

LIV. — Que nul ne soit reçu ci après à aucun degré, soit de maitre aux artz, bachelier, licentié, docteur en quelque science que ce soit, qu'il n'ait fait son temps d'estude et soit trouvé capable et suffisant par ung bon et rigoureux examen, spécialement au regard de ceulx qui se veulent faire promouvoir en l'église et pourvoir de bénéfices.

LV. — Qu'il soit inhibé et défendu de faire aucuns banquetz pour parvenir à aucun desdits degrez quelqu'il soit, ny d'exiger ny prendre dons, ny donner spécialement des mandiantz, ny semblablement de pauvres escolliers, à peine du quadruple contre ceulx qui feront telle exaction.

### De la Justice

LVI. — Pour ce que la justice est le fondement et apui des royaulmes et monarchies, sans laquelle nul estat ne peut subsister, suplient humblement, lesdits du Tiers-Estat, qu'il plaise à Sa Majesté de pourveoir à ce qu'elle soit remise et restituée en sa première intégrité et splendeur, et pour à ce parvenir, qu'il plaise à sa dite Majesté faire tant de bien à son pauvre peuple, prendre la peine de donner audience à ses subjectz une ou deux fois la semaine, vu mesmement que par le moyen de telles audiences, sa dite Majesté pourra pourveoir et remédier à plusieurs foulles et oppressions de son peuple et à infinis crimes et abuz qui demeurent cachez et enseveliz à cause des grandz portz et faveurs contre ceulx qui les commettent, et de la connivence et dissimulation de plusieurs officiers du Royaulme.

LVII. — Qu'il n'y ait plus ci-après élection de nouveaux offices.

LVIII. — Que tous offices, tant de judicature, finances que autres érigez depuis la mort du Roy Louis XII, soient supprimez, et que dès maintenant l'exercice desdits estats soit interdit à tous ceulx qui en ont esté pourvuz, réservé en la cour du parlement de Bourgogne qui sera réduit au nombre de vingt-quatre conseillers et deux présidens.

LIX. — Et pour éviter la difficulté qui pourroit survenir ès cours souveraines, chambres des comptes et autres collèges pour faire réduction desdits offices à l'ancien nombre, sera expédient qu'il soit dict que ceulx qui auront esté les premiers receuz demeureront jusques au nombre nécessaire : et les supernuméraires et nouveaux receuz soient supprimez sans avoir esgard si les estatz qu'ils porteront sont de l'ancienne érection ou non.

LX. — Que l'éditct publié naguère pour les survivances de tous estatz de judicature soit révoqué.

LXI. — Et afin de retrancher tous moyens d'accroître cy-après le nombre des officiers anciens, suplient très-humblement, lesdits du Tiers-Estat, Sa Majesté d'ordonner que tous impétrants et porteurs de lettres d'offices nouveaux ou supernuméraires seront desboutez desdites lettres, dès le jour de la présentation d'icelles et procédé contre eulx par voie extraordinaire, toutes excuses cessant, et nonobstant toutes clauses qui pourroient estre contenues esdites lettres.

LXII. — Que spécialement, dès maintenant la chambre des requestes de nouveau érigée au parlement de Bourgogne, soit supprimée et abolie, comme aussi les offices de conseillers ès bailliages et chancellerie de Bourgogne, semblablement la juridiction des juges-consuls des marchands, les offices du petit sceau, ensemble tous ceulx de la grurie, autres que les gardes et sergents, à la charge de rembourser lesdits officiers, des deniers qui se trouveront estre tombez ès coffres de Sa Majesté sans fraude.

LXIII. — Que l'augmentation des esmolumentz du grand sceau soit abolie et lesdits esmolumentz réduitz comme ils estoient au temps du Roy Louis XII.

LXIV. — Et afin qu'il n'entre ès offices de judicature, sinon gens pleins de probité et vertu, comme aussi de doctrine et expérience, et que la justice soit exercée et administrée partout le royaulme sincèrement et sans corruption, il plaira à sa dite Majesté, ordonner que advenant vacation d'offices ès parlements et cours souveraines, après la réduction faicte à l'ancien nombre et estat, l'ordonnance faicte pour les élections soit gardée et observée ; et quant aux sièges subalternes et inférieurs, les officiers du siège où l'office sera vacant, soient tenuz s'assembler dans trois jours, et appelés les maire, eschevins, conseillers et capitous de la ville, élire trois personnages qu'ilz connoistront en leur conscience les plus suffisans et capables qu'ils nommeront et présenteront à sa dite Majesté, pour à leur nomination, pourveoir celuy des trois qu'il plaira à Sa dite Majesté.

LXV. — Que aux officiers des cours souveraines ne seront nommés personnages qui n'y aient pratiqué et tenu le bareau pour le moins dix ans.

LXVI. — Et afin que les élections tant des officiers que bénéfices du royaulme soient sainctement faictes, et sans corruption, qu'il soit deffendu à toutes personnes de briguer et pratiquer les suffrages de ceulx à qui l'élection appartient, par eulx ou interposées personnes, à peine d'estre déclarez indignes et incapables desdits offices et bénéfices, et les brigueurs, solliciteurs condamnés en grandes amendes pécuniaires, selon l'exigence des cas.

LXVII. — Qu'en mesme siège ou collège ne soient receuz ni nommez le père, le fils, le gendre, les deux frères, l'oncle et le neveu, ni les deux cousins-germains, quelque dispense qu'ilz en puissent obtenir, et d'aultant qu'il y en a déjà de présent en plusieurs collèges, mesme en cours souveraines, il plaira à Sa Majesté, après la réduction faite du nombre nécessaire, envoyer ès aultres parlementz ceulx de telle consanguinité et alliance qui auront estez les derniers receuz et leur interdire dès maintenant l'entrée et exercices de leur estatz esditz collèges, à peine de faux et auxdits collèges les y recevoir ny souffrir.

LXVIII. — Que les noms des rapporteurs des procès seront tenuz secretz et ne seront descouvertz aux parties litigantes, ny à autres, en manière que ce soit, à peine de grande et griève punition, à celluy qui en fera la révélation.

LXIX. — Que doresnavant nul procès, de quelque qualité et condition qu'il soit, ne sera jugé par commissaire, mais à l'ordinaire, à peine de nullité des arretz et jugementz.

LXX. — Que les gaiges d'officiers de cours souveraines soient augmentez de quelque juste et raisonnable somme, et moyennant ce, que deffenses leur soient faites de prendre ni exiger espèces pour la vision et vuidange de quelque procès que ce soit, et néantmoins seront tenuz les reporteurs desdits procès, s'en tenir pretz ès jours qui leur seront ordonnez, sur le péril de leurs honneurs.

LXXI. — Et à cette fin qu'il n'y ait quelque faute ou mécontentement à la distribution des procès, elle sera faite en chascune chambre en plein bureau, par l'advis des présidens et conseillers d'icelle ; lesquelz procès seront jugez à tour de rôles et selon la date de leurs productions.

LXXII. — Et quant aux causes des appellations verbales, elles seront appelées selon l'ordre et tour de rôle ordinaire, et des pronuncés sans discontinuer ou interrompre aucune cause par placet pour quelque personne que ce soit. Et se fera un rôle pour l'expédition des privilègez seulement, qui se plaideront le jeudi.

LXXIII. — Que nulles évocations n'auront lieu hors le ressort des parlementz, en quelque manière ny instance que ce soyt, spécialement ès causes criminelles, soit à requeste de l'accusé ou de l'instigant.

LXXIV. — Que les subjectz du dit païs de Bourgogne ne puissent estre évoquez ny distraictz par devant les généraulx des monnoies, cour des aides ou table de marbre à Paris, n'y semblablement au conseil privé de Sa Majesté, soit pour le faict des monnoies, greniers à sel, gabelles et empruntz, aides, subsides et subventions, ou des eaues et foretz, ny pour quelque autre cause ou occasion que ce soit, mais sera fait justice aux dits subjectz sur les lieux, selon les anciens privilèges dudit païs.

LXXV. — Que les cours souveraines ne prendront cognoissance sinon des causes desquelles la juridiction naturellement leur appartient par leur érection et establissement.

LXXVI. — Qu'il ne se donnera cy-après par Sa dite Majesté aucune commission, soit générale ou particulière sur les lieux pour évoquer les juridictions ordinaires, les causes qui y doibvent ressortir ; et que, si aucunes ont esté jà expédiées et les procès non jugez, elles seront révoquées et lesditz procès renvoyés aux juges ordinaires, sans qu'il soit besoin d'autre lettre de renvoy.

LXXVII. — Suplient aussi humblement lesditz du Tiers-Estat, qu'il plaise à Sa dite Majesté révoquer et abolir tous privilèges de garde-gardienne et committimus et deffendre à tous gardes des sceaux du Royaulme, d'en concéder cy-après, pour obvier aux grandes foulles que le pauvre peuple en souffre, estant tiré hors de sa juridiction ordinaire et contrainct d'aller au loing à grandz fraiz et intéretz.

LXXVIII. — Et d'autant qu'avec grande et pertinente raison, par les anciennes ordonnances l'exécution des sentences arbitraires, est attribuée aux baillys et seneschaulx de Sa dite Majesté, ce quy toutefois ne sera observé pour le jourd'huy, dont le pauvre peuple rescent grands intéretz, il plaira à Sa dite Majesté ordonner que suivant les dictes ordonnances, les ditz baillys et séneschaulx exécuteront les dictes sentences, avec deffenses à tous aultres juges d'en prendre aucune cour, juridiction ni cognoissance.

LXXIX. — Que la chambre des comptes dudict païs cognoistra des *boites, pied et aloy* des monnoies en iceluy païs et les baillys royaulx, de l'exposition qui se fera des monnoies descryées et du crime de faulse-monnoie au coing du Roy, et quant au crime de faulse-monnoie à autre coing, les juges des lieux en auront congnoisance.

LXXX. — Qu'il luy plaise aussi ordonner que lesdicts baillys et séneschaulx auront la congnoissance en première instance des aides, subsides et subventions pour les procès qui s'en pourroient mouvoir entre paroisses et paroisses, et les juges ordinaires des oppositions qui se formeront par les particuliers, à cause des surcharges, inégalitez ou exemptions.

LXXXI. — Que la congnoissance des eaues et foretz appartiendra aux chastelains royaulx en première instance.

LXXXII. — Que tous juges qui seront parans ou alliez de l'une des parties seront tenuz de déclarer et se déporter d'eulx-mesmes de cognoissance des différends qui sont entre elles, si l'alliance et paranté est dedans le quatrième degré inclus, sans attendre qu'ilz soient récusez par les dictes parties, à peine de nullitez des jugemens, despens, dommages et intéretz d'icelles parties et de l'amender arbitrairement.

LXXXIII. — Que suivant le 44° article de l'Edict d'Orléans, il soit deffendu à tous juges royaulx d'accepter gaiges ou pensions des seigneurs ou dames dudict royaulme, prandre bénéfices de leurs archevesques et evesques, abbez, prieurs ou chappitres qui sont ès bailliages, seneschaussées, prévostez et provinces où ils seront officiers, soit pour eulx ou leurs enfans, parans ou domestiques, à peine de privation de leurs estatz et d'estre puniz comme prévaricateurs, nonobstant toutes dispenses obtenues ou qu'ils pourroient obtenir au contraire, lesquelles dès maintenant seront déclarées nulles et de nul effect et valeur, sans qu'on s'en puisse servir pour excuser la faulte qui se trouvera commise.

LXXXIV. — Pour obvier aux portz et faveurs que pourroient espérer les seigneurs haultz justiciers de leurs officiers, il plaira à Sa dite Majesté ordonner que cy-aprèz toutes causes et controverses que lesdictz seigneurs intanteront pour leurs droictz seigneuriaulx qui seront révoquez en doupte par leurs subjectz, s'intanteront par devant les baillys royaulx ausquelz lesdictz subjectz ressortissent, si mieulx lesdictz subjectz n'aiment plaider par devant les juges des dictz seigneurs, à leur choix et option.

LXXXV. — Pour éviter les grandz fraiz des expéditions qui se lèvent ès greffes, sera suppliée Sa dite Majesté de ne plus vendre les greffes royaulx, mais les donner à gens vertueux et capables, à la charge de diminuer les proffitz de leurs salaires et expéditions, selon qu'il sera advisé par Sa dicte Majesté.

LXXXVI. — Que les grosses de tous arretz et jugementz inférieurs et des exécutions d'iceulx seront doresnavant mises en papier, et ne contiendront autre chose, synon le simple faict des parties, sur lequel aura esté la difficulté, le plus briévement que faire se pourra, sans aucune redicte ni superfluité de langage, et que en chascune page, y aura pour le moins 25 lignes, et en chascune ligne 15 silabes. Et ne seront payez les greffiers pour les dictes grosses d'arretz, jugementz et exécutions d'iceulx sinon à la raison qu'ilz ont accoustumé prandre pour chacun feuillet de coppye en papier. Le semblable sera gardé pour les grosses des enquestes venues de lieu et autres.

LXXXVII. — Que tous arretz seront finis et décidez dedans six mois pour le moins, et seront tenues les parties impétrantes et opposantes dedans le premier delay, former leurs conclusions et causes d'oppositions avec tous titres et pièces desquelles ilz s'entendent ayder, et si leur intention est fondée sur titres, ilz seront mis hors de cour jusques en droit, aussy ne pourront-ilz demander aucuns despens pour comparutions et procédures superflues, deffendant à tous juges leur faire taxe, ni à leurs procureurs, à peine de faire répétition sur lesdictz juges des deniers qui en seroient païez.

LXXXVIII. — Ne sera payé pour l'exécution des arretz et sentences sinon ce qu'est permis par les ordonnances et règlemens de la justice, sur peine de concussion.

LXXXIX. — Ne sera païé aucune chose aux juges pour l'insinuation des donations, ny aux greffiers, sinon pour l'endossement qui sera faict des dictes insinuations, sur la grosse d'icelles donations, lesquelles ensemble les dictes insinuations ils seront tenuz enregistrer.

XC. — Et pour ce que l'office des tabellions ès lieux desquelz il y a des notaires est du tout superflu et ne sert d'aultre chose au publicq que d'intéretz et dommage, il plaira à Sa dite Majesté supprimer et abolir dès maintenant les dictz offices en tous lieux esquelz il y aura des notaires, avec deffense ausditz tabellions se entremettre à l'advenir à peine de faulx et de concussion.

XCI. — Et pour ce que aujourd'huy les usures sont fort fréquentes, à la grande ruyne et oppression du pauvre peuple il plaira à Sa dite Majesté deffendre à toutes personnes de faire aucuns contratz usuraires et à tous notaires les recepvoir, spécialement de prendre aucun proffit ny arrérages des deniers prestez, ny de debtes provenues de marchandizes vendues à crédit, sant néantmoins après l'assignation qui sera donnée aux débiteurs pour lez contraindre au paiement et adjuger des intéretz pour lesdictz deniers prestez et debtes de marchandize, à raison de vingt deniers pour livre depuis ladite assignation, jusques à entier paiement.

XCII. — Qu'il plaise à Sa dite Majesté faire rédiger les ordonnances qui concernent le règlement et observation de justice en ung volume et par titres et articles, abrogeant toutes autres ordonnances pour le dict faict, affin d'obvier aux longueurs, multiplicitez de procès et incidens qui proviennent des diverses contrariétéz des dictes ordonnances.

XCIII. — Et pour ce que en droict, se trouvent plusieurs pointz difficiles et non décidez, sur lesquelz il y a diversité d'opinion entre les docteurs, comme aussi sur aucuns d'iceulx y a diversité de jugemens et arretz, tant des cours souveraines que des juges inférieurs, dont le peuple est grandement travaillé par procès, il plaira à Sa Majesté commettre et députer des gens doctes, expérimentez en droict pratique pour extraire telles difficultés, principalement des cas plus notables et pratiques, donner leur advis sur chascun à Sa dite Majesté, et le tout renvoïer par elle à ses cours souveraines, affin de lui en donner la meilleure et plus certaine résolution que faire se pourra, puis après en faire une ordonnance qui servira de loy.

XCIV. — Et d'aultant que par le moïen des lettres qui par surprise, importunité, subreption ou obreption sont obtenues par plusieurs de Sa Majesté, surviennent en justice de grandz altercas, et longueur de procès, dont les parties ressentent merveilleux intéretz, il plaira faire deffense à Monseigneur le chancelier et à tous les gardes des sceaux de France, ne concéder lettres, jussions, mandementz et rescriptions qui ne soient de justice, et à tous justiciers et officiers du royaulme d'y avoir aucun esgard, mais juger les procès par le poinct du droict, feroient et pourroient faire, si telles lettres n'eussent esté concédées nonobstant quelconques jussions et cominations qui puissent estre faictes par autres lettres subséquentes, et punir les impétrans de telles lettres par multes amandes, despens, dommages et intéretz des parties, ainsi que de raison.

XCV. — Et pour autant qu'il y a plusieurs cours de parlemens en France qui sont de si grande estendue et ressort que les pauvres subjectz qui sont appelans ou appelez, encore qu'ilz aient bonne cause, sont contrainctz de quitter leur droict à leurs adversaires qui sont riches et opulans, pour n'avoir moïen de faire les fraiz qu'il convient en tel cas, dont il advient plusieurs grandz désordres et impunitez de crimes et délictz, à la grande foulle et oppression du peuple ; il plaira à Sa dicte Majesté acroistre les ressort des petits parlemens de ce qui est en excessif aux aultres.

XCVI· — Et pour ce qu'il advient souvent que plusieurs personnages de qualité s'emploient envers les gens de justice pour favoriser aux criminels ou bien aux instigans, et font le pareil en matières civiles, dont advient souvent une grande corruption de jugement à l'extrême foulle des bons, suplient humblement lesdits du Tiers-Estat qu'il plaise à la dicte Majesté ordonner à tous juges et officiers du royaulme de poursuivre songneusement et sans dissimulation à la simple dénonciation qui leur en sera faicte, inhiber et deffendre à toutes personnes de quelque qualité ou condition qu'elles soient, spécialement à ceux qui tiennent les premiers rangs, de plus grandes charges et dignitez, d'escrire ou faire escrire lettres de faveur et recommandation ausdits juges et officiers à telle peine qu'il lui plaira arbitrer, et aux dicts juges et officiers d'y avoir esgard, mais faire justice aux parties, ainsi que de raison.

XCVII. — Pour éviter l'impugnité des délictz à la punition desquelz consiste le repos public, il plaira à Sa dicte Majesté permettre à tous juges supérieurs de prendre cour et congnoissance des crimes et délictz qui auront esté perpétrez ès justices inférieures de leurs ressortz, au cas que les officiers inférieurs des ditcz lieux laissent lesdictz crimes impuniz par conivence ou dissimulation, sans préjudice des droictz et amendes des seigneurs inférieurs.

XCVIII. — Et pour ce que le nombre effréné des procureurs apporte notoirement foulle au peuple, il plaira à Sa dicte Majesté de pourveoir cy-après, que ledict nombre soit limitté en chascun ressort, selon l'étendue d'iceluy, et supprimer l'édict de la création desdictz procureurs.

XCIX. — Et pour éviter l'ire et indignation de Dieu, son bon plaisir sera faire estroitement garder l'ordonnance du Roy saint Louis sur les blasphèmes.

C. — Pour ce que les peines dues pour la correction des délitz doibvent suivre les délinquans seullement, suplient Sa dicte Majesté, en corrigeant la coustume générale dudict païs, par laquelle il est dict ; qui confisque le corps, il confisque le bien, luy plaise ordonner que ci-après lesdites confiscations n'auront lieu, sinon ès crimes de lèze-Majesté Divine et humaine.

CI. — Et pour éviter les délaiz et subterfuges des mauvais païeurs, il plaira à Sa dicte Majesté ordonner que les sentences données par les juges royaulx, jusques à la somme de trente tournois et audessoubz seront exécutoires, nonobstant appel et sans préjudice d'icelluy, tant en principal que despens, en donnant néantmoins caution par celuy qui aura obtenu lesditz jugemens.

CII. — Aussi les maires et eschevins des villes puissent juger souverainement et sans appel, jusques à la somme de soixante et cinq solz, non seulement en causes concernant la police, mais aussi aux instances civiles non fameuses desquelles la congnoissance leur appartient, pourveu que lesdictes causes soient jugées par le conseil ordinaire des dictes villes.

CIII. — Qu'il plaise à Sa dite Majesté ordonner que les assignations qui seront données aux gentilzhommes, à la personne ou au domicile et procureur d'office de la seigneurie où ilz feront leur résidence ordinaire, vauldront et seront de tel effet et valeur que s'ilz estoient donnez aux personnes ou domicille desdicts gentilzhommes, pour obvier aux difficultez que l'on a de les assigner.

CIV. — Que les maires et eschevins des villes soient remis et restituez en leurs auctoritez, et congnoissent en première instances des causes civiles et criminelles qu'ilz souloient auparavant l'edit de Moulins et que aux villes qui n'ont telz privilèges, y leur soit concédé comme aux autres villes dudit duché de Bourgogne.

CV. — Et d'autant que le pauvre peuple est foullé grandement à cause des présentations qui s'exigent par plusieurs greffiers tant royaux que aultres, son bon plaisir sera que en toutes causes ne se paiera qu'une seulle présentation aux greffiers qui ont droit de prendre la dicte présentation, soit aux cours souveraines ou à celles inférieures.

CVI. — Qu'il soit deffendu à tous greffiers de contraindre les parties à lever les actes et expéditions de leurs greffes si bon ne leur semble, déclarant qu'il suffira ès matières de criées, nouvelletez et autres, que l'impétrant produise les actes de la cause qui se trouveront nécessaires pour la décision d'icelle, et l'appelant la conclusion en cause d'appel.

### De la noblesse et gens de guerre

D'autant que le nombre effectué des chevaliers de l'ordre de Sa Majesté apporte intérêtz au publique pour raison de l'impost qu'ilz prétendent à cause de la nouvelle chevalerie, aussy que par telle multitude ledit ordre est rendu contemptible. il plaira à Sa dicte Majesté réduire le nombre desdits chevaliers selon qu'il estoit du temps du feu Roy Henry II, de bonne mémoire.

Et parceque à cause des anoblissemens qui se font de jour à autre, il se trouve aujourd'huy un grand nombre de personnes ès villes et villages qui se veullent exempter des charges et impositions publiques au grand intérest des autres, il plaira à Sa dite Majesté ordonner que tous ceulx qui ont esté anobliz par lettres, et ne luy ont faict, ny font service à ses guerres, ne se pourront aider ny servir de leurs privilèges de noblesse, ny aussy leurs enfans, qui n'ont fait et ne font ledict service, mais seront compris à toutes charges, tailles et impositions comme les aultres roturiers, nonobstant lesdites lettres de noblesse, ausquelles sera expressément dérogé, avec deffense d'y avoir aucun égard.

Et pour ce que les maires et eschevins des villes scavent et doibvent savoir par longue expérience, ce qui leur est utile ou dommageable, il plaira à Sa dite Majesté pourveoir que Messeigneurs les gouverneurs et lieutenantz de Sa Majesté, et . . . . . capitaines des villes et leurs lieutenans, usent des conseils des maires et eschevins desdictes villes, ès choses et affaires qui concerneront leurs charges et gouvernement pour le faict d'icelles villes, et qui mériteront avoir conseil et advis.

Et afin que par mutuel amour et consentement des capitaines et habitanz des villes, lesdictes villes soient mieulx conservées soubz l'obéissance de Sa Majesté, son bon plaisir sera ordonner et statuer que doresnavant les villes choisiront et luy nommeront ung bon et vertueux gentilhomme des qualitez requises à porter telles charges, pour en estre pourvu, quand vacation en adviendra.

Et pour ce que le pauvre peuple est merveilleusement foullé et opprimé par le moïen des passages des gens de guerre, lesquelz sont conduitz et menez sur les terres où il y a aucungs gentilhommes résidents, dont les subjetz du Roy et de l'Eglise sont grandement vexés et aultres ces aucuns gentilshommes font estat de faire loger et desloger lesdictz gens de guerre comme bon leur semble, voires que quelquefois aucuns seigneurs ont par tel moïen travaillé leurs propres subjectz, à raison de quoy, ny les païsans, ni ceulx des villes ne peuvent rien tenir seurement ès champs et plat pays; pour à telz maux obvier, suplient, lesditz du Tiers-Estat, ordonner que les gens de guerre passant et repassant, logeront indifféremment ès lieux où leurs chemins plus briefs et commodes s'adresseront, sans aucune acception de personne et sans faire distinction d'une seigneurie à aultre, et à cest effect seront conduits par ung gentilhomme que les Estats du pays nommeront, au gouverneur dudit pays ou lieutenant de sa Majesté; lequel gentilhomme sera responsable des passages et destituable à la volonté desdictz Estats, de trois ans en trois ans, par lesquelz aussy il sera recongneu de certains gaiges limitez chacun an, lesquels gaiges, en temps de paix, ne seront moindres qu'en temps de guerre.

Que lesdictz gens de guerre, tant à pied que à cheval, ayant suffisant et raisonnable resolde et soient payez, à chascune monstre, avec deffense à eulx de vivre sur le bon homme ny de tenir les champs, à peine de la vie.

Et d'aultant que le département des compagnies desdictz gens de guerre, tant à pied que à cheval, se faict selon les provinces du royaulme, ésquelles il faut qu'elles fassent leur monstre et soient payées, plaise à sa Majesté ordonner que lesdictes compagnies soient remplies d'hommes des païs et provinces ésquelles elles seront assignées et départies, pour faire lesdictes monstres, et que les deniers qui en seront en après levez, sur lesdictes provinces, ne seront transportez hors icelles, mais mis entre les mains des commis et députez par les Estats de chacune province, afin que par eulx lesdictes compagnies soyent payées de monstre en monstre jusques à la concurrence desdictz deniers, pour leur oster toutes occasions de piller et vivre sur le bonhomme ; aussy pour éviter les frais excessifs qu'il convient faire au port et raport desdictz deniers, de sorte que ung escu ne revient au proffit de Sa Majesté que le quart ou le tiers au plus.

Que les capitaines, leurs lieutenans et membres de compagnies feront vivre les gens de guerre modestement, selon la discipline, .... et seront tenuz chastier ceulx quy vivront aultrement, ou bien de les rendre à justice pour en faire telle pugnition qu'il appartiendra ; et à faulte de le faire, ils en respondront civilement pour les despens dommages et intérêts des plus intéressés et offensés.

Que lesditz gens de guerre vivront par estappes et munitions qui leur seront faictes à la diligence des Elus du païs, lesquels useront de l'aide des officiers des bailliages et des séneschaussées, selon l'étendue de leurs sièges tant principaulx que particuliers, à la charge aussy qu'iceulx gens de guerre payeront les vivres et denrées qui leur seront livrés, à juste et raisonnable prix, selon le taux ordinaire des lieux par lesquels ils passeront.

Que les soldatz et gens de guerre que Sa Majesté vouldra retenir après les guerres soient mis en garnison ès chasteaulx et places fortes qui sont subjectes à estre gardées, avec deffenses de courir le plat païs, ny manger le bon homme, à peine de la vie.

Que ceulx qui seront cassez par Sa Majesté ou par ceulx qui en auront charge seront tenuz se retirer incontinent en leurs maisons, mettre bas les armes, et vivre de leur art et mestier, sans tenir les champs, aux mesmes peines.

Que le procès sera faict à ceulx qui vivront oysivement et qu'ilz n'auront moïen de vivre de leurs biens et revenuz, pour sçavoir d'où proviennent les deniers desquelz ils vivent, affin de tolir et extirper les moïens et occasions à tels gens de faire de mauvaises entreprises et seront puniz ainsi qu'il appartiendra.

Et combien que la noblesse de France soit remplie d'ung grand nombre de gens d'honneur et de vertu, lesquels s'exposeroient plustost au péril de leur vie, que de penser à commettre chose indigne et contre le rang et honneur de noblesse, toutefois, en si grande multitude, il s'en trouve aucuns qui font plusieurs choses fort désavantageuses, à l'injure du pauvre peuple: à quoy il convient pourveoir et donner ordre, par quoy il plaira à Sa dicte Majesté inhiber et deffendre aux nobles et gentilzhommes user de forces, violences et voies de faict, soit les ungs contre les aultres à l'occasion des démentis et aultrement, ou bien contre les subjectz, ou contre aultres habitans du royaulme, à peine d'en estre puniz griefvement, à l'arbitrage des juges.

Qu'il se vérifie que aucuns seigneurs aient procuré directement ou indirectement que les gens de guerre logeassent en leurs villages et seigneuries pour manger et oprimer leurs subjectz, lesdictz subjetz se pourront avouher hommes et subjectz du Roy, et se faire méctre hors la juridiction et puissance de leurs seigneurs. Comme aussi pourront faire iceulx que leurs seigneurs bateront ou feront batre et travailler, soit par eulx, leurs serviteurs, domestiques ou autres, ou bien ausquelz ilz susciteront des procès calomnieux pour les ruyner; et ou il adviendroit que nonobstant ce et en vengeance de telle corruption lesdictz seigneurs feroient derechef travailler et oprimer leurs dictz subjectz par gens de guerre ou aultres, il sera procédé contre eulx criminellement et par punition exemplaire, selon l'exigence des cas, avec dégradation du tiltre de noblesse, si mestier est.

Et quant aux nobles et gentilshommes qui feront manger et oprimer les subjectz d'autruy, ilz seront puniz pour la première fois à l'arbitraire des juges, et pour la seconde par la privation de leurs tiltres et privilèges de noblesse et aultrement, selon que le cas le requera, avec despens, dommages et interestz des parties intéressées.

Et afin d'oster tous moyens de meurtres, voleries et assasignatz tels que l'on a veu cy-devant advenir par gens incongneus, et de païs estrange, qui par ce moyen sont demeurez impuniz, qu'il plaise à Sa dite Majesté ordonner à tous gentilshommes de se servir de gens qui soient de la province où ils feront leur principale demeurance, sans qu'ilz en puissent avoir d'aultre païs, en déclarant lesdictz gentilhommes responsables des faultes et excès qui seront commis par leurs serviteurs, non seulement civilement, mais aultrement, selon l'exigeance des cas.

Et d'aultant que l'audace et malice des hommes est aujourd'hui sy effrénée que par quelques bonnes et sainctes loix qui soient faictes, elle ne peult estre retirée et retenue, le plaisir de Sa Majesté sera ordonner que les édictz concernant l'abandonnement des avanturiers, pillars et mangeurs de peuple, seront gardés et observés, sans que l'on puisse rechercher ni tirer en justice ceulx qui les observeront, mesmement les édictz du feu Roy François de bonne mémoire, premier du nom, donnés à Lyon le 20 septembre 1523; à La Fère-en-Tardenois, le 26 may 1537, et à Angers le 13 Octobre 1544; et autres semblables avec deffenses à tous officiers royaulx et autres du royaulme, d'en faire aucune poursuite contre ceulx qui avec bonne foy en auront usé, à peine de tous despens dommages et intérestz à leurs propres et privés noms, sans que pour le dict faict, il soit besoing d'aucunes lettres de sa Majesté.

Et parce que la multitude des gens de guerre, mal équipée et pouvrement païée, sert plutost de ruyne et confusion que de deffense et secours, il sera expédiant ordonner que les compagnies d'hommes d'armes soient reduictes à douze cens hommes de qualitez et équipages requis par les anciennes ordonnances, tant en armes, montures que aultrement.

Pour éviter les inconvéniens qui sont advenus du passé, il luy plaira enjoindre aux seigneurs et autres qui ont chasteaux, places fortes, de les tenir en telle seureté qu'ils ne puissent estre surpris par les ennemis de Sa Majesté, à peine qu'ilz en seront responsables et tenuz aux dommages et intérestz que le païs où tels chasteaux seront assis, en pourra ressentir.

Que les Seigneurs, lesquels injustement empeschent tous ceulx qui auront quelques biens immeubles en leurs terres et seigneuries en jouissent paisiblement, soit par menasses et mauvais traictemens qu'ilz leur feront ou à leurs rentiers, fermiers et domestiques, ou à d'aultres qui vouldroient prendre à ferme lesdictz chevances, ou bien par dévastation d'iceulx biens et chevances ou aultrement, en quelque fasson que ce soit, par eulx ou leurs domestiques et autres personnes interposées, en seront responsables par devant les bailliz et séneschaulx, et sera procédé contre eulx extraordinairement par privation de leurs justices et seigneuries, droitz à eux apartenans en tels biens, comme aussi de leur noblesse et aultrement, selon la gravité du cas, ainsi que de raison, ordonnant aux procureurs de Sa Majesté en faire poursuites et aux juges en faire punition exemplaire, à peine de privation de leurs offices.

Pour obvier aux excessives despenses d'aulcuns gentilhommes dont advient souvent la ruyne et perte de leurs maisons, à la diminution des forces de la France et du service de Sa Majesté, il plaira à Sa dicte Majesté régler le train et l'estat de la noblesse : et pour à ce parvenir sembleroit estre expédiant deffendre à tous gentilshommes qui n'auront que cinq mille livres de rentes en fond et seigneurie, mener plus grand train ordinaire que de trois chevaulx, et du plus le plus, et du moings le moins à l'équipolent, à peine d'en estre subject à sindicat et censure publique. Et n'auront lesdictz seigneurs plus grande taxe pour leurs voiages, quand ils obtiendront adjudication de despens contre les ennemis.

Que les nobles et gentilshommes qui intimideront ou feront mauvais traitement par eulx ou leurs domestiques, amis ou aultres supposez aux huissiers ou sergens royaux, qui iront faire quelque exploit soit à eulx, à leurs biens et chasteaulx ou à leurs terres et seigneuries, seront puniz griefvement selon la rigueur du droict et des ordonnances royalles.

Et pour ce qu'il se peult commettre plusieurs abuz par les capitaines des villes ou places fortes qui sont sur les grandes rivières et aultres lieux proches des frontières de la France et païs de l'obéissance de Sa Majesté, aux traictes des munitions, vins et aultres marchandises, soubz umbre de congés donnés par Sa Majesté ou Messeigneurs les gouverneurs des provinces et lieutenans de Sa Majesté, il plaira à Sa dicte Majesté ordonner que tous mandemens, congés et permissions desdictz gouverneurs et lieutenans, seront andocez, affin que ceulx qui les obtiendront ne s'en puissent servir deux fois ny autrement en abuser, et que les dictes munitions, grains, vins et aultres marchandises desquelles la traicte sera concédée, seront visitées par les officiers royaulx, maires et eschevins des villes desdictz lieux de frontière pour les recongnoistre et sçavoir s'il y en a plus ou moings qu'il ne sera porté par lesdictz congés.

Et tout ainsi que les Rois de France ont usé de si grande bonté envers leurs subjectz de condition mainmortable, qu'ilz les ont tous affranchiz pour l'excellence et noblesse de leur royaulme, lesdictz du Tiers-Estat suplient Sa dite Majesté vouloir tant faire de bien aux autres mainmortables dudict Royaulme et mesmement du pays et duché de Bourgogne, que leurs seigneurs les affranchissent avec quelque honneste et modérée composition que Sa dicte Majesté advisera, soit par deniers contans pour une fois, augmentation de redevances ou aultrement.

Et pour ce que plusieurs seigneurs dudit païs de Bourgogne prétendent d'avoir droict d'empescher, que aultres que leurs subjectz, terres et autres héritages, sans leur puissance et consentement, à raison de quoy plusieurs sont molestez et constituez en grandz dommages et intérestz, l'on suplie Sa

dite Majesté rendre capables tous ses subjectz de quelque
qualité qu'ilz soient, ressort et juridiction, de pouvoir tenir
tous héritages et en telle quantité qu'ilz pourront acquérir
par tout le royaulme, signamment audict duché de Bourgogne,
encores que lesdictz biens fussent assis en seigneurie et lieu
mainmortable et de serve condition, en païant néantmoins
par les possesseurs les redevances ordinaires, sauf ausditz
seigneurs d'user du droict de retenue dans quarante jours
après la dénonciation qui leur en sera faicte ou à leurs officiers.

### Des tailles, aldes, impositions, subsides et finances

Que suivant ce qu'a esté accordé par le 120ᵉ article de
l'Edict d'Orléans, il plaise à Sa Majesté aboulir toutes tailles,
aides, impositions, subsides, gabelles, empruntz, subventions,
tant ordinaires qu'extraordinaires, pour quelque cause et
occasions que ce soit et de quelque nom qu'on les puisse
appeler, pour le présent ny pour l'advenir, soit sur marchandises, denrées ou aultrement, et les réduire et remettre aux
termes et estat qu'elles estoient du vivant du feu Roy
Louis XII.

Et néantmoins, quand la nécessité le requerra, soit pour le
faict des guerres ou aultrement, Sa dicte Majesté par l'advis
des estats de son Royaulme pourra lever sur ses subjectz tels
deniers qu'il conviendra, faisant néantmoins estat premièrement des deniers qui seront au coffre de Sa dicte Majesté et
du revenu de son domaine, pour y estre employez et convertiz.

Et pour ce que le sel se vend très-excessivement en Bourgogne, au regard des aultres provinces, que les contractz et
marchez faicts avec les adjudicataires soient cassés et annulez et les magazins et greniers soient de nouveau délivrez au
plus ravallant, et ordonner que la traicte dudict sel se fasse
tant par la rivière de Saône, que de Loire et Yonne, selon la

proximité des greniers, pour la commodité et seul agrément du peuple.

D'avantage suplient, lesdicts du Tiers-Estat, que la gabelle qui se lève sur le sel au païs de Bourgogne, soit réduict à la taxe ordinaire de toutes les aultres provinces, qui est de 45 livres tournois par muid, ayant égard que le sel dudict païs est plus cher de trente ou quarante livres que ès aultres provinces, pour raison de longs charrois qu'il y convient faire.

Et d'aultant que aucuns ecclésiastiques et autres faisant profession des armes, et de noblesse, ou bien ayans offices, par le moyen desquelz ilz se prétendent exemptz, font faict et estat de marchandise, négociations et admodiations, lesdictz ecclésiastiques, nobles et privilégiez, qui se trouveront meslez de telles praticques, seront imposez aux tailles et subsides ordinaires et extraordinaires ès-lieux où ilz résideront, selon leurs biens et facultez.

Et pour ce que ceulx du plat païs, à cause des menasses, craintes et impressions, n'oseroient comprendre aux dictz impôtz les dictz privilégiez qui demeurent au dict plat païs, il plaira à Sa dicte Majesté ordonner que les Eleuz ès païs desquelz ilz demeureront, les cothiseront à la décharge desdictz païs, selon leurs facultez. Et à l'exécution de ce, les officiers royaulx tiendront la main, à faulte de quoy faire, tant lesdictz eleuz que officiers royaux, en seront responsables chacun en droit soy, en leurs propres et privez noms, en cas de connivence ou dissimulation.

Que ceulx qui ont manyé les affaires et finances de Sa Majesté, mesmement les trésoriers de l'espargne, des parties casuelles des menuz, et aultres officiers desdictes finances en rendront compte depuis le décès du feu Roy Henry de bonne mémoire, par devant les commis que les Estatz des provinces de France députeront comme sera dict cy-après.

Que tous dons qui ont esté faictz du domaine de Sa Majesté, soient cassez, révoquez et annulez, nonobstant tout laps de temps que ce soit.

Comme aussi tous aultres dons faictz depuis le décès du feu Roy Henry, sans causes et mérites légitimes, ou soubz faulx prétextes, et que ceulx qui les ont heu ou leurs vefves et héritiers soient contrainctz les rendre et restituer par saisie de leurs biens, et toutes aultres voies, comme il est accoustumé, pour les affaires de Sa Majesté, pour, les deniers qui en proviendron', estre employez à l'acquict de Sa Majesté.

Que à l'avenir ne fassent aucun don ni aliénation du domaine de Sa Majesté, sinon en cas permis par les ordonnances sur ce faict, avec deffense expresse aux Chambres des comptes, trésoriers de France, généraulx des finances et autres de les passer, à peine d'en estre responsables en leurs propres et privez noms, nonobstant toutes lettres de jussion qu'ils en pourroient avoir de sa dicte Majesté, ausquelles sera deffendu d'avoir esgard.

Supplient très-humblement lesdictz du Tiers-Estat qu'il plaise à Sa dicte Majesté de ne faire à l'advenir dons immenses ni excessifs de ses finances, ni sans justes et légitimes causes, et ordonne que ceux qui les accepteront seront subjectz à restitution d'iceulx, comme aussy leurs vefves et héritiers, nonobstant quelconques prescriptions ny laps de temps, et en lieu des dons des dictes finances recongnoist ceulx quy luy auront faict service et le mériteront, selon leurs degrés, des offices et estats de la maison et couronne de France, gouvernances et lieutenances des provinces, mareschaulcée, admirauté, bailliage, séneschaussée, charges de compagnie et autres semblables esquelz ne doibt estre pourveu par nomination.

Par le moyen des monnoies estrangères et aultres que celles qui doibvent avoir cours audit royaulme, le pauvre peuple est grandement affligé et apauvry, mesmement quand il convient faire quelques paiemens aux trésoriers et recepveurs de Sa dicte Majesté, tellement que pour raison de la commutation des monnoies, il y a quelquefois perte du cinquiesme, il plaira à Sa dicte Majesté haulser et abaisser le prix des monnoies qu'il entend avoir cours en France, et réduire ledit prix jusques à raison du pied et aloy des monnoies plus faibles, et par mesme moyen faire descry desdictz monnoies foibles, avec deffenses ou tel cas requis et ordonnance de les porter aux changes pour estre mises en billon et reforgées au pied et aloy et au coing de Sa dite Majesté, sans qu'il soit loisible aux changeurs et maitres des monnoies faire perdre au peuple aucune chose selon icelles, et par mesme moyen, qu'il soit donné ordre que les monoieurs soient pourveuz et fourniz de suffisante quantité de monnoie ayant cours, et cependant que les deniers royaulx se puissent payer en monnoie courante audit païs.

D'aultant que par commission des francz fiedz et nouveaux acquetz, le peuple est grandement travaillé, voires les païs qui ont droit et privilèges exprès, il plaira à Sa dicte Majesté permettre à tous habitans des villes closes de pouvoir librement acquérir toutes possessions féodales, sans estre tenuz de payer aucune chose pour les francz-fiedz et nouveaux acquetz, sauf à faire le service pour le regard desdictz fiefz.

### De la Marchandise

Pour tant qu'aujourd'huy le désordre est si grand en la la marchandise que les ordonnances politiques sur les mestiers et marchandises ne sont deument observées : il plaira à Sa dite Majesté enjoindre très estroitement aux maires et eschevins des villes de tenir soigneusement la main à les faire garder et observer par tous artisans et marchans par multes, amandes, confiscation de marchandises et aultrement, ainsi qu'il appartiendra.

Et pour ce que par la diversité des poix et de l'aulne du royaulme, ceulx qui vendent les denrées peuvent commettre plusieurs tromperies, en ce qu'ilz vendent au poix de Lyon et à la petite aulne les marchandises qu'ilz ont achetées au poix du marc et à l'aulne de Paris, en quoy les achepteurs sont grandement déceuz, il plaira à Sa dite Majesté ordonner que doresnavant ne se vendra ny acheptera aucune chose, si ce n'est au poix de marc et à l'aulne de Paris, avec deffence à toutes personnes d'user d'aultre poix ni aulne, à peine de faulx et de punition exemplaire.

Lesdictz du Tiers-Estat congnoissent les abuz et exactions qui se commettent ordinairement par les maîtres visiteurs et réformateurs des merciers, et que ledict estat est une surcharge pour tous marchans, supplient trés-humblement aboulir lesdictz estatz, et délaisser la visitation de toutes marchandises aux maires, eschevins et capitoux des villes ausquelles la police doibt appartenir.

Et à ce que les actes, appointemens et aultres expéditions de justice puissent estre escriptz au nombre de lignes et cilabes cy-devant requis, plaise à Sa dite Majesté ordonner que les formes anciennes des papiers seront reprises et les dictz papiers faictz de bonté, grandeur et largeur compétente, à peine de confiscation des dictz papiers contre tous ceulx qui en vendront en moindre forme.

### Refformation générale

D'aultant qu'il se voit par effect qu'il n'y a faulte de bonnes lois en France, mais seullement de gens qui les fassent garder et exécuter par la conivence et négligence des officiers qui y doibvent tenir la main, lesdictz du Tiers-Estat supplient trés-affectueusement Sa dite Majesté pour le trés-grand bien et utilité publique, de commettre et envoyer dans chacune province dudict royaulme des commissaires incorruptibles, plains de vertu, doctrine et expériance, qui feront garder et observer les articles qui seront accordez aux dictz Estatz, par les officiers royaulx et aultres dudict royaulme, et informeront diligemment des faultes et délictz desdictz officiers, mesmement de ceulx qui commettent concussion et abuz, tant en justice que aux finances, comme aussy à l'observation des loix et ordonnances royales, et procéderont contre les officiers, de quelque qualité et condition qu'ils soient, qui se trouveront diffamez, chargez et coupables, selon la forme du droict, jusques à sentences définitives exclusivement ; semblablement contre tous délinquans, les crimes desquelz par conivence et dissimulation demeurent impuniz et sans poursuite, à cause des portz, crédits et faveurs qu'ils ont de quelque qualité et condition qu'ils soient, lesdictz délinquans, et les procès estant faictz et parfaictz, seront par eulx renvoïés devers Sa dicte Majesté, pour estre jugez ainsy que de raison.

Que le bon plaisir de Sa dicte Majesté soit accorder que en chacune province de son royaulme se fera élection par les Estats de chacune province d'ung personnage d'honneur et de vertu ayant la doctrine et expérience telle qu'il appartiendra pour estre conseiller au conseil privé de Sa dicte Majesté, aux gaiges de douze cens escuz par an, qui seront païez par lesdictes provinces : lesquelz conseillers seront destituables par lesdictz estatz de trois en trois ans ; ce que l'on dict sans vouloir aucunement toucher au rang et degré que Messeigneurs princes du sang tiennent audict conseil privé, duquel ilz sont naturellement conseillers, mais seulement à ce que de tous les païs de la France les plus doctes et excellans personnages soient tirez pour faire très-humble service et donner bon et fidèle conseil, sans aucune passion ny corruption, à Sa dicte Majesté, et que par tel moïen l'honneur et autorité d'icelle soient mieulx deffendues et asseurées, et le royaulme plus excellemment régi et gouverné, au grand soulas de toutes les dictes provinces.

Que pardevant iceulx conseillers soient renduz les comptes desdictz trésoriers et financiers, depuis le décès dudict feu Roy Henry.

Qu'il soit dict par Sa dite Majesté que lesdictz conseillers examineront et vérifieront les deptes dehues par elle, pour après sçavoir au vray en quoy consistera son dégagement.

Que lesdictz conseillers ne puissent aucune chose accorder ny consentir à Sa dicte Majesté qui soit contre et au préjudice des articles qui auront esté résoluz et arrestez par la dicte Majesté aux Estats g:néraux de France, mais tiendront la main à ce que lesdictz articles soient entretenuz et observez de poinct en poinct.

Qu'il plaise aussy déclarer qu'elle ne veult ni prétend cy-après mectre sus aucungs nouveaulx subsides, ériger offices, faire loys et édictz nouveaulx, conclure guerres pour assaillir les estrangers qui n'entreprendront rien pour le royaulme et couronne de France, sans l'advis, consentement de ses Estatz généraux avec deffenses à Monseigneur le Chancelier de expédier edictz, lettres ny commissions au contraire, et aux cours souveraines et tous aultres justiciers et officiers d'y avoir esgard en jugement, nonobstant quelconques dérogations, jussions et cominations qui puissent estre faictes au contraire.

Que où il plairoit à Sa dite Majesté faire quelque chose contre ce qui aura esté accordé auxdictz Estats généraux, les subjectz dudict royaulme lui en fassent remonstrance pour faire le tout restablir, et que cependant ne pourra estre passé oultre contre lesdictz subjectz à leur préjudice.

Que doresnavant les archeveschez, eveschez, abbaïes et aultres bénéfices du royaulme, ni les offices de justice et finances, et les étatz de la maison et couronne de France ne soient donnez à aultres qu'à ceulx qui seront naturellement nés et subjectz de la France ou pays de son obéissance, sans que les estrangers en puissent estre rendus capables par lettre de naturalité ny aultrement.

Que les fermes du domaine de Sa Majesté ne soient laissées à gens estrangers qui ne sont nez du royaulme et pays en dépendans.

Que tous estrangers nez hors du Royaulme soient contraintz quitter lesdictz offices, bénéfices et fermes, encore qu'ilz se trouvassent avoir esté naturalisez, afin qu'en leur lieu et place soient pourveu des gens capables et naturelz subjectz du Roy, lesquelz sont plus enclins et affectionnéz à son service et au bien publicque, que ne le sont les estrangers qui ne se retirent audict royaulme à aultre fin sinon pour succer la sustance et en dépouiller ceulx qui en debvroient estre naturellement aidez.

Et pour obvier à tous malheurs et inconvéniens qui pourront advenir au royaulme par faulte d'un bon et prompt remède, supplient très-humblement lesdictz du Tiers-Estat qu'il plaise à sa dicte Majesté ordonner que de sept en sept ans les Estats généraulx de la dicte France soient assemblez et tenus, pour sainctement adviser s'il y aura rien à refformer audict royaulme, et que à chacune tenue desdictz estatz soit assigné le jour, mois et an des estatz qui se devront tenir à Paris, et semblablement le lieu où ilz se devront assembler, sans qu'il soit cy-après besoing de nouvelles lettres de Sa Majesté pour convoquer lesdictz estatz.

Et pour à ce parvenir, qu'il soit statué que trois mois avant le jour que se debvront tenir lesdictz estatz généraulx, seront convoquez et assemblez par les baillis et séneschaulx, les estatz particuliers des bailliages et séneschaulcées du royaulme pour eslire ung homme digne et suffisant de chacun estat pour se trouver à l'Assemblée générale des estatz de la France, et par mesme moyen adviser sur les remonstrances qu'il y conviendra faire.

Que l'Edict d'Orléans, en ce qu'il ne sera corrigé ni modifié ausdictz Estatz généraulx, soit observé de poinct en poinct, et à ces fins, que les articles qui debvront estre en observation soient extraictz dudict edict et mis et rédigez avec les ordonnances qui se feront nouvellement pour des articles qui seront accordez auxdictz estatz.

D'aultant que l'excessiveté et superfluité des habitz, tant soye que aultres aportent ung grand apauvrissement ès maisons et ne sert d'autre chose sinon que d'entretenir l'orgueil et bobance des hommes, chose grandement desplaisante à Dieu, il plaira à sa dicte Majesté ordonner de nouveau que les edictz par cy-devant faictz pour ce regard soient gardez et observez entièrement avec injonction à tous juges royaulx, maires et eschevins des villes, bourgs, bourgades de tenir songneusement la main à faire pugnir et corriger ceulx qui les négligeront et y contreviendront, par amandes quy seront appliquées au profit des villes, bourgs et bourgades, et par confiscation desdictz habitz, si mestier est.

Et pour ce que, à l'imitation et exemple des princes, les subjectz ordinairement se règlent et composent, plaise à Sa Majesté commencer la réformation de son royaulme en sa cour et sur ses officiers, domestiques, tous de la suite d'icelle; tous vagabonds et gens qui ne servent de rien et n'ont affaire en icelle cour, comme aussy tous les blasphémateurs du saint nom de Dieu, pipeurs, joueurs, ruffiens et autres telles manières de gens ne servans que de corrompre et dépraver les bonnes mœurs et introduire le vice et péché en ladite cour, afin qu'à son imitation et exemple, les seigneurs et gentilzhommes du royaulme fassent le semblable en leur suite et maisons.

## Moyens de desgager le Roy

Que les conseillers qui seront nommez par les Etatz des dictes provinces vérifieront tout ce qui sera dehu par Sa dicte Majesté, comme dict est cy-dessus, et procéderont à l'audition des comptes desdictes finances et comptables afin que ceulx qui se trouveront redebvables et reliquateurs de païer et nantir le reliquat dans le temps qui leur sera préfixé, à peine d'en estre contrainctz de deniers royaulx et que ceulx qui se trouveront avoir commis faulte et malversation ès dites finances, en soient pugniz et chastiez exemplairement, nonobstant l'accord qu'ilz pourroient avoir faict desdictes malversations. Que lesdictz conseillers ayent congnoissance des dons faicts par Sa dictè Majesté pour juger ceux qui sont immenses et excessifs, ou qui ont esté faictz sous faulses causes, et à gens qui ne l'ont mérité, affin qu'ilz soient cassez et renvoyez, et ce qui en proviendra employé en l'acquit de Sa dicte Majesté.

Et ce qui sera dehu de reste par Sa dicte Majesté, déduction faicte desdictz reliquas et dons immenses et révoquez, sera païé à plusieurs termes, assavoir, les trois quars par les Ecclesiastiques et l'autre quart sera jeté sur le sel, pourvu toutefois que les deniers desdictz ecclésiastiques et dudit sel ne tombent entre les mains d'aultres que de ceulx qui seront commis par eulx et par les villes dudict royaulme.

A ceste fin que le dégagement du domaine de Sa dicte Majesté soit plus promptement faict et qu'une bonne portion desdictz deniers ne soit consumé par les recepveurs de Sa Majesté, tant pour le port, cueillette que recepte desdictz deniers ; moyennant quoy aussy lesdictz du Tiers-Estat suplient très-humblement Sa dicte Majesté accorder à son pauvre peuple les susdictz articles, tant pour le renom et splendeur de son royaulme, que le soulagement de ses pauvres subjectz.

Les gens du Tiers-Estat du bailliage de Dijon, siège et ressort d'icelluy, assemblez en la ville de Beaune, le lundi 15 octobre 1576, où ilz ont esté mandez et assignez tous en la ville dudit Dijon par les ordonnances et commissions du Roy, remis à tenir en la ville dudict Beaune, pour raison du danger de peste survenue en la ville dudict Dijon, représentez et comparans par les cy après nommez, scavoir est : la dicte ville de Dijon par noble Jean Petit, sieur de Ruffey, vicomte Maïeur, assisté de M⁶ Guillaume Choillot, avocat en la cour, eschevin et M⁶ Guillaume Roubier, aussi advocat à la dicte cour, conseiller et députez par la dicte ville ;

La ville dudict Beaulne par noble M⁶ Jacques de Coloigne (1)

---

(1) La signature est : de la Cologne.

maire, assisté de M° Bernardin Brunet, advocat, antique maire; M° Philibert La Marre (1), seigneur de Chevigny, aussi advocat, et Jehan Barberot, eschevins et députez par la dicte ville ;

La ville d'Auxonne par noble Anthoine Viard, maire, assisté de M° Jehan Girard, advocat, eschevin de ladite ville, députez par icelle ;

La ville de Nuiz par Pierre Marchand (2), eschevin et délégué par la dicte ville ;

La ville de Saint-Jehan-de-Losne par M° Guy Bretaigne (3) advocat du Roy audit lieu, et M° Nicolas Bageot, eschevins, députez par la dicte ville ;

Et la ville de Talant par Laurent Sergues (4) eschevin et Girard Rougette (5), procureur-scindicq, deputez par ladicte ville.

Après avoir conférez les articles et cayers représentez par chacune des dites villes, iceulx accordez et résoluz selon qu'ilz sont en contenus, où il a esté vaqué depuis le 15 octobre, jusqu'au 26 d'iceluy, mois, ont choisis, eslus et déléguez pour aller comparoir et assister de la part dudit Tiers-Estat, à la tenue desdictz estatz généraulx de France, assignés tenir en la ville de Bloys le quinzième jour du présent mois de novembre, MM. Pierre Jeanin, conseiller du Roy, gouverneur de la Chancellerie, et Guillaume Rouhier, docteur en droictz, advocat à la cour du parlement audict Dijon ;

Et ung chascun d'iceulx ès mains desquelz ont esté mis les articles devant transcriptz, pour et à l'effet de dire et remonstrer le contenu en iceulx articles à icelle tenue d'Estatz, pour y estre répondu : ausquelz délégués dessus nommez et à ung chascun d'eux que dit est, ilz ont pour ce faire, circonstances et deppendances données, donnent par cestes tout pouvoir et

(1) De la Mare.
(2) Marchant.
(3) Bretagne.
[4] Ou Signet.
[5] La signature est Rougelet.

puissance à ce pertinentz et nécessaires ; et lesquelz articles néantmoins lesdictz déléguez ne presteront et donneront à la Majesté du Roy, que premièrement par icelle Majesté ne soient nommez personnages aggréez pour respondre et résoudre lesdictz articles : semblablement ne pourront lesdictz délégués, accorder aucune chose pour l'acquit des deptes du Roy, que premièrement aussy lesdictz ne soient responduz. Ont en oultre lesdictz déléguez desdictes villes donné puissance auxdictz sieurs Jeanin et Rouhier avant nommez, pour obtenir de Sa dicte Majesté, lettres-patentes pour faire impotz sur les villes et plat païs dudit bailliage, siège et ressortz d'iceluy pour les frais faits en ceste partie, pour le faict dudictz Tiers-Estat.

Fait en la ville de Beaune, le 26 octobre 1576.

Signé J. Petit, Chaillot, Rouhier, De la Cologne, De la Mare, Viard, Girard, Marchant, Bretaigne, Bageot, Signet et Rougelet.

En l'absence du greffier,<br>BRECHILLET.

*Bibliothèque nationale.* Mss. fonds Fontette, portefeuille 37° n° 1. — Aujourd'hui, collection Moreau, vol. 804.

## N° XI, pages 189-190.

### CAHIER D'AVALLON

Articles et mémoires dressez et envoyez par les eschevins, sindicq, manans et habitans de la ville d'Avalon pour le Tiers-Estat du ressort du dit Avalon, afin de servir d'instruction à messieurs les esleuz pour le Tiers-Estat du bailliage d'Auxois, pour en faire remonstrance au Roy, à l'assemblée de ses Estats généraux que Sa Majesté faict convocquer et assembler en sa ville de Bloys. (1577).

En premier, pour tousjours de mieulx en mieulx contenir

le peuple en une fervente dévotion et affection au service de
Sa Majesté, que sa bonne volonté soyt maintenir icelluy Tiers-
Estat en leurs droictz de franchise et liberté, ainsy que ils ont
tousjours estez maintenuz par les feuz Rois de France ses
prédécesseurs, notamment du temps et règne de Loys XI*,
auquel règne la réduction du dit pays de Bourgongne a esté
faicte, unye et incorporée à la Coronne, et les exempter pour
l'advenir de toutes daces et nouvelles subventions.

### Sur l'estat ecclésiasticque

### II

Remonstrer à Sa Majesté que l'ordonnance faicte à Orléans,
par deffunct de bonne mémoire Charles neufiesme, roy de
France, sur les plainctes et doléances des députez de ses
troys estatz, en l'an mil cinq cens soixante, tant saincte et
louable en tous ses poinctz et articles, n'a esté en la plus part
observée ny entretenue, ce qui a appourté une partye des
grands maux qui nous sont depuys survenuz.

### III

Le dit Tiers-Estat se plainct de ce que les prélatz, patrons
et collateurs ordinaires, suyvant ce qui a esté déterminé par
le quattriesme article de la dite ordonnance, n'ont dehument
et sougneusement proveuz aux bénéfices et cures pourtant
charges d'âmes, de personnes de bonnes vyes et litératures,
ainsi que l'intention de Sa Majesté le veult et entend.

### IV

Le mal est que aulcungs de la noblesse du dit ressort
d'Avalon tiennent et occupent le revenu de partye des dites
cures et bénéfices par le dit ressort, font lever les dismes,
s'attribuent en propriété les domaines qui deppendent des
dites cures et bénéfices, tiennent en leurs maisons, ou bien à
pention des paouvres prebtres, pour, soubz leur nom, couvrir l'indehue entremise qu'ils font ou exercent au temporel
des dits bénéfices; tellement que le service divin y est

négligé, les louables fondations de nos anciens ne sont entretenues suyvant leurs intentions.

### V

Aultre partye des dits bénéfices et cure est tenue, soubz mesme tiltre que les dits de la noblesse, par aulcungs officiers royaulx et aultres plus aisez du Tiers-Estat qui tiennent et recueillent par leurs mains ou de leurs domestiques le fruict et revenu des dites cures et bénéfices, qui ne sont saisy ni empeschez, selon la volunté du Roy pour l'auctorité des dits officiers royaulx et inventions que les dits aisez trouvent pour occuper et jouyr des dits revenuz.

### VI

Aultre partye des dits bénéfices et cures sont possédez par prebtres qui ne sont résidentz ès cures qu'ils pourtent soubz le dit ressort d'Avalon, et tiennent les dits bénéfices et cures soubz prebtres estrangiers fort paouvres, qui ne peulvent dire leur diocèse : que quand leurs maistres ont levé les dismes de bled et de vin, prins les dismes des laynes des brebis et aigneaulx de leurs paouvres parrochiens, les dits paouvres prebtres sont contrainctz s'absenter et délaisser le soing qu'ils doibvent pour l'administration des saincts sacremens et exercice du service divin ; tellement que pour l'absence des dits curés ou de vicaires suffisans non résidens, une partye des maisons presbitérales du dit ressort sont en ruyne.

### VII

Par quoy ledit Tiers-Estat demande l'actuelle résidance des dits bénéficiers et curez en leurs bénéfices et cures. Qu'iceulx bénéfices et cures ne soyent plus occuppés, ny les fruictz d'iceulx levés par les gentilshommes, officiers royaulx, ny aultres personnes, s'ils ne sont de la qualité pourtée par la dite ordonnance d'Orléans ; que s'il se treuve du contraire, que les ditz fruictz soyent saisys, et que sur la plainte et doléance des parrochiens des cures occupées par les dessus dits ; aultres vaccantes et non desservies ou de celles qui se trouveront desservies par prebtres estrangiers, non advouhés ny aggréés par les parrochiens, que incontinent, sur sommaire information qui sera de ce faicte, soyt permis aus dits parrochiens, ung moys après l'absence du dit curé ou du vicaire capable, nommer et eslire ung prebtre qu'ils présenteront à l'Evesque de leur diocèse, lequel à leur nomination, le pourvoyra de la dite cure ; et qu'il luy soit adjugé le fruict d'icelle cure, pendant la vacance, ou par faulte d'avoir esté déservie et prorata.

## VIII

Au surplus le dit Tiers-Estat, pour le rétablissement de l'Eglise catholicque en son intégrité, réunion de ceulx qui se sont désuniz d'icelle Eglise et pour éviter à l'advenir les troubles et guerres dont jà cy-devant le dit Tiers-Estat a senty ung irréparable intérest causé de la diversité des religions, supplie Sa Majesté, par un doux et tranquille moyen, moyenner avec Notre Saint père le pape un concille et convocque général de toute l'Eglise, pour confuter et anéantir les abbuz, schismes et erreurs publics et qui se pourroient publier à l'advenir contre Dieu et son Eglise catholicque, affin de ramener à l'intégrité de la dite Eglise et foy catholicque plusieurs habusez et séduictz, non seullement d'icelluy Tiers-Etat, mais aussy des ministres d'icelle Eglise que de la noblesse.

## IX

Oultre plus, supplie le dit Tiers-Estat Sa Majesté de faire publier par tout son royaulme, la cession du concille de Trente et observance des choses y déterminées.

Nota. — Cet article IX a été rayé et remplacé par celui-ci qui se trouve écrit d'une autre main dans le même cahier, sur une feuille détachée :

Qu'il plaise à Sa Majesté faire exactement informer de plusieurs de tous les Estats de son royaulme qui tiennent escolle et discours publicques de l'art magicque et aultres discours plus que diabolicques contre les saintz décrets et commandemens de Dieu. Et affin que le mal qui procedde de telles escolles soyt entièrement déraciné de la France, que il luy plaise, par œdict perpétue et irrévocable de interdire, prohiber et expressément deffendre, sur peyne de la hart, à toutes personnes de quelque estat qu'il soyt, recepvoir ni receller aulcunes personnes faisant profession de la dite magie, leur administrer vivres ny aulcunes commodités sur peyne, où ils en seront attaincts, d'estre pugnis des mesmes peynes que les dits professeurs méritent.

### X

Que les hospitaux et léproseries du dit ressort d'Avallon soyent déclarés exempts de tous subsides.

### XI

Que suyvant l'article huictiesme de la dite ordonnance d'Orléans, l'une des prébendes escheuttes et advenues en l'église collégialle du dit Avalon soyt et demeure affectée à ung docteur en théologie ou un bachelier en décret; pourceque difficillement on peult retenir ung théologal pour estre requis et employé ès villes capitalles de ce duché, dispencer le dit bachelier du degré doctoral : Et l'aultre prébende soyt et demeure destinée pour ung précepteur, conformément au dit article, et que les arretz donnez au préjudice d'iceulx soyent et demeurent nulz.

**Pour la Justice**

### XII

Remonstre le dit Tiers-Estat, que tous officiers des judicature, finances et aultres nouvellement érigés, spécialement depuys la dite ordonnance d'Orléans, doibvent estre supprimez et réduictz en tel estat et nombre qu'ilz estoient au temps du feu Roy Loys douziesme. Il se plainct du nombre effréné des officiers royaux tant en la cour du parlement, chambre des comptes, que sièges royaulx du ressort de la dite cour, parceque la pluspart des dits officiers s'exemptent de toz subsides, lesquels subsides ils rejettent sur le paouvre peuple sy affligé, opprimé et persécuté de toutes parts qu'il n'en peult plus.

### XIII

Demande aussy l'entretenement des articles concernant la justice contenuz en l'ordonnance d'Orléans et celle faicte à Moulins, pour le reiglement de la dite justice.

### Sur la Noblesse

### XIV

Oultre les articles résoluz et arrêtez ausdits estatz d'Orléans, remonstrent lesdits du Tiers-Estat, que ceulx de la noblesse ayant justice haulte, moyenne ou basse, ne doibvent avoir aulcungs juges ny officiers en leurs justices et seigneuries qui ne soyent premièrement présentez et receuz par les baillys royaulx ou leurs lieutenans plus proches des lieux, après information suffisante de leur légalité et expérience, pource qu'il est advenu et est notoire que la plus grande partye des justices que tiennent les dits de la noblesse, est exercée par gens du tout incapables ; qu'ilz eslisent leurs sujectz du tout à leur dévotion, et baillent à ferme l'émolument des greffes de leurs justices à leurs mesmes subjectz ; et le pis, ils les délivrent au plus hault enchérisseur, ne se soucient à qui et ne considèrent la capacité ou incapacité de celluy qu'ilz commettent, qui revient au grand intérest du Tiers-Estat.

### XV

Remontrent aussy qu'il n'est raisonnable que les seigneurs justiciers facent expédier leurs justices en leurs chasteaulx et maisons fortes ; ains en lieulx et places libres et publicques affin que leurs subjectz ou aultres ayans héritaiges redebvables en leurs seigneuries ne puyssent estre inthimidez, [pour consentir oultre leur volunté une redebvance non dehue par les dits seigneurs ou interposées personnes.

## XVI

Que les dits de la noblesse ne se treuvent eulx-mesmes, leurs serviteurs, domestiques ou interposées personnes sur les héritaiges qu'ils prétendent leurs estre affectés de cense, rente ou redebvance seigneurialle, pour les demander aux propriétaires ; ains qu'ilz se pourvoyent par la justice ordinaire au nom de leur procureur d'office, pour dresser instance de leurs prétenduz debvoirs seigneuriaulx, affin d'éviter aux voyes de faict et menasses que commettent et exercent aulcungs de la dite noblesse, tant sur leurs subjects que aultres.

## XVII

Pour obvier à la folle oppression et ravaige de la gendarmerie et infanterie françoise ou estrangère, dont la plus part des compaignies usent soyt en allant en leurs garnisons, à la guerre ou à leurs monstre, requièrent iceulx du Tiers-Estat que pour l'advenir il leur soyt enjoinct et ordonné, sur peyne de la vye, de ne arrester plus d'une nuict en ung lieu soyt ville, villaige ou bourgade, et de ne exiger, soyt eulx ou leurs serviteurs, de leurs hostes aulcunes rançons, soubz quelques prétextes que ce soyt : et affin qu'il ne s'y puissent commettre aulcung abbuz, qu'il soyt enjoint aux cappitaines ou conducteurs des dites trouppes, sytost qu'ils seront logés, eulx représenter par devers les baillys royaulx ou leurs lieutenans plus proches des lieux, affin de eulx faire recongnoistre, et délaisser ès greffes royaulx coppies de leurs commissions pour estre responsables des exactions, délitz et rençonnemens en leurs propres et privés noms, s'ils ne rendent à justice les exacteurs, rançonneurs et délinquans.

## XVIII

Et où il se trouveroyt aulcune compaignie, soyt à pied où à cheval, faisant du contraire, qu'il soyt permis aux communaultés se assembler avec armes, et leur courir, affin de rendre la justice la plus forte et les faire pugnir de leur témérité et contravention.

## XIX

Remonstrer que aulcungs de la dite noblesse, soubz prétexté de quelque droict de guet et garde qu'ilz prétendent sur aulcungs paouvres particuliers des villages, par des cappitaines délégués, font et commettent plusieurs exactions et levées de deniers, disant que c'est pour fournir aux menus emparements de leurs chasteaulx, sans aulcunes lettres de Sa dicte Majesté, à quoy, s'il luy plaist, elle pourvoyra pour garantir le dit paouvre Estat à l'advenir de telle folle compression.

### Des tailles, aydes et subsides

## XX

Supplier Sa Majesté, suyvant qu'il est contenu au premier article de ce cayer, maintenir le dit Tiers-Estat en ses franchises et libertés; et les rendre immunes et exempts de tous noveaulx daces, subsides, tailles et aultres oppressions, réservé de ce que le pays de Bourgongne a accordé à Sa Majesté.

## XXI

Remonstrer une grande folle que le peuple reçoyt procédant de la taxe des espèces d'or et d'argent que le Tiers-Etat pourte au payement des subsides, dont ilz reçoivent ung intérest inestimable.

### De la Marchandise

## XXII

Que les articles concernant l'estat de la marchandise contenuz en l'ordonnance d'Orléans, soyent entièrement observés et entretenuz.

## N° XII, pages 205-206.

### FORMULAIRE DE LA LIGUE

Association faicte entre les princes, seigneurs, gentilzhommes et aultres, tant de l'Estat ecclésiastique, de la noblesse que du Tiers-Estat, subjectz et habitans du pays et duché de Bourgogne. (1577).

### I

Au nom de la très saincte Trinité et de la communion du précieux corps de Jésus-Christ, avons promis et juré, sur les sainctes évangilles et sur noz vies, honneurs et biens, de garder inviolablement les choses accordées par les soubsignés, sur peine d'estre à jamais déclarés parjures, infâmes et tenus pour gens indignes de toute noblesse et honneur. »

### II

Et premièrement, estant cogneu d'ung chacung les grandes praticques et conjurations faictes contre l'honneur de Dieu, la Saincte Eglise et contre l'Estat et monarchie de ce royaulme de France et maison de Valois, tant par aulcungs des subjectz dudict royaulme que par les estrangiers; et que longues et continuelles guerres et divisions civiles ont tellement affaibly et réduiz notre royaume en telle nécessité, que n'est plus possible que eulx mesme soubstiennent la despence nécessaire pour la conservation de nostre religion, estat et dignité royalle; ny qu'ilz puissent par cy-après nous maintenir soubz leur protection et sheurté de noz personnes, familles et biens, ausquelz nous avons receu par cy-devant tant de perte et dommaige.

### III

Avons estimé estre très-nécessaire de rendre premièrement l'honneur que nous devons à Dieu, à la manutention de notre religion catholique, et nous y montrer plus affectionné à la conservation d'icelle que ceulx qui sont dévoyez de la bonne religion ne sont à l'avancement d'une nouvelle opinion.

## IV

Et par ainsi jurons et promettons de nous employer de toutes noz puissances, de remettre et maintenir l'exercice de notre religion catholique, appostolicque et romaine, en laquelle nous et noz prédécesseurs avons été nouris et voulons vivre et mourir.

## V

Aussi promettons et jurons toute obéissance, honneur et très humble service au roy Henry, à présent régnant, que Dieu nous a donné pour nostre souverain Roy et seigneur; et qui est légitimement appelé à la succession de ses prédécesseurs par la loy du royaulme; et après luy toutte la postérité de la maison de Vallois.

## VI

Et oultre l'obéissance et service que nous sommes tenuz par tout droict, de rendre à nostre dit roy Henry, à présent régnant, promettons d'employer biens et vies pour la manutention de son estat, conservation de son aucthorité et exécution des commandements qui par luy, ses lieutenans-généraulx et aultres ayant de par luy pouvoir, nous seront faictz; sans congnoistre aultre quelconque soyt, que luy ou ceulx qui de par luy nous sera commandé.

## VII

Et d'aultant que par la prudence de notre dit roy et souverain seigneur, il luy a pleu tant faire de bien à tous les subjectz de son royaulme, que de les convoquer à une assemblée générale de tous ordres et estatz dudit royaulme, pour entendre les plainctes et doléances de ses subjectz; et que pour faire une bonne réformation des désordres et abuz qui ont continué de longtemps en ce dit royaulme, espérant que Dieu nous donnera quelque bonne résolution pour une si bonne et grande assemblée, promettons et jurons d'employer nos ditz biens et vies pour l'entière exécution de ce qui sera commandé et ordonné par Sa Majesté, après avoir ouy les remonstrances des estats assemblez.

## VIII

Et pour cest effect, nous tous soubsignez, promettons de nous tenir prestz, bien armés et montés et accompagnés selon noz qualitez, pour incontinent que nous serons advertis exécuter ce qui nous sera commandé par le dit Roy, nostre dit souverain seigneur, ou par ses lieutenans ou aultres ayant de luy pouvoir et aucthorité, tant pour la conservation de notre province, que pour aller ailleurs, s'il est besoing, pour la conservation de notre dite religion et service de Sa dicte Majesté.

## IX

Et offrons pour le païs et duché de Bourgongne pour cest effect, jusques au nombre de . . . . gens de cheval bien montés et armés et . . . . gens de pied. (les nombres sont restés en blanc) tant pour la conservation de la dite province, que pour employer ailleurs, où il sera requis, sans y comprendre ceulx qui sont des ordonnances, attendu qu'ils sont obligez de servir ailleurs. Et que pour chacune compagnie, soit de gens de cheval ou de gens de pied, seront tous gentilshommes du païs nommés au lieutenant du Roy, ou celluy qui aura pouvoir de Sa Majesté qui fera choix et élection de l'ung d'eulx.

## X

Et pour ce que telles levées ne se peuvent faire sans frais et despences, et qu'il est très juste, en telle nécessité des affaires du royaulme, d'employer tout le moyen que chacun peult avoir, sera levé et pris sur le païs, les hommes et deniers qui seront nécessaires par l'advis du lieutenant du roy ou aultre ayant pouvoir de Sa Majesté, dont après sera suppliée la dicte Majesté les voulloir auctoriser et valider: attendu que c'est pour employer en choses sainctes et nécessaires pour le service de Dieu et de la dite Majesté.

## XI

Et pour plus facille exécution des choses susdites les gouverneurs appelleront six des principaulx de la province, pour avec leur advis, pourveoir à ce qui sera nécessaire pour l'exécution des choses susdictes.

## XII

Et de chacung bailliage ou seigneurye de la dicte province, sera depputé ung ou deux gentilshommes ou aultre, de suffisance et qualité requise, pour entendre particulièrement, sur les lieux, ce qui sera besoing, pour après le rapporter à ceulx qui en seront chargés par les gouverneurs et lieutenans pour le roy.

## XIII

Et s'il est advisé pour le service du roy, bien et repos de la dicte province, d'avoir advis et communication aux provinces voisines, auront si bonne intelligence que chacung se pourra ayder et secourir l'ung l'autre.

## XIV

Tous lesdictz gentilzhommes et aultres catholicques estans de la dicte association, seront maintenuz et conservés les ungs par les aultres, soubz l'obéissance du roy, en toute seureté et repos et empeschement de toutte oppression d'aultruy. Et s'il y a différent et querelle entre eulx, sera composé par le lieutenant général du roy et ceulx qui par luy seront appelés qui fera exécuter, soubz le bon plaisir et commandement du roy, ce qui sera advisé estre juste et raisonnable.

## XV

Et si aulcungs desdicts catholicques de la dicte province, après avoir été requis d'entretenir la présente association, faisoient difficulté, ou usassent de longueur; attendu que ce n'est que pour l'honneur de Dieu et service du roy, bien et repos de sa patrie, sera estimé en tout le pays, ennemy de Dieu, et déserteur de sa religion, rebelle à son roy, traître et proditeur de sa patrie : et du commung consentement de tous les gens de bien, abandonné de tous et délaissé et exposé à touttes les injures et oppressions qui luy pourront survenir, sans qu'il soit jamais receu en compagnie, amitié, alliance des susdictz associés et confédérés, qui tous ont promis et juré amitié et intelligence entre eulx, pour la manutention de leur religion, service du roy et conservation de leurs personnes, biens et familles.

## XVI

Et parceque ce n'est nostre intention de travailler aulcunement ceulx de la nouvelle religion, qu'ilz vouldront se contenir sans entreprendre aulcune chose contre l'honneur de Dieu, service du roy, bien et repos de ses subjectz, promettons et jurons les conserver sans qu'ils soient aulcunement recherchés en leurs consciences, ni molestés en leurs personnes, biens, honneurs et famille, pourveu qu'ils ne contreviennent aulcunement à ce qui sera par sa Majesté ordonné après la conclusion des étatz généraulx.

## XVII

Nous avons promis et juré de tenir les articles susdictz et les observer de poinct en poinct sans jamais y contrevenir, et sans avoir esgard à aulcune amityé, parentaige et alliance que nous pourrions avoir à quelque personne de quelque qualité et religion qu'il soyt, qui vouldroit contrevenir au commandement du Roy, bien et repos de son royaulme.

Et semblablement, de tenir secret la présente association, sans aulcunement communiquer ny faire entendre à quelque personne que ce soyt, sinon à ceulx qui seront de la présente association.

Ce que nous jurons et assermerons encore sur noz consciences et honneurs, et sur les peines cy-dessus mentionnées. Le tout soubz l'auctorité du Roy, renonceant à touttes aultres associations, si aulcunes en avoient esté cy devant faictes.

(*Archives d'Avallon*, chap. 52 de l'ancien inventaire, n° 20.)

## N° XIII, page 216.

### Requête aux Elus des Etats par les députés des villes

Remonstrances faictes par les villes et bourgs de ce duché de Bourgongne à Messieurs les Esleuz des Estats du dit pays, touchant les subventions, avec la résolution des dits sur icelles remonstrances. (1577).

Sur les remonstrances des députés des villes de Dijon, Beaulne, Châlon, Mascon, Semeur en Auxois, Avalon, Arnay-le-Duc et aultres villes et bourgs des bailliages du Châlonnois, Masconnois et Auxois, que, encore que par les anciens privilèges du dit païs confirmés et jurés par les roys de France, ne puissent et doibvent estre imposez aucuns subsides sur le dit païs sans le consentement des subjectz y résidans, et que iceluy pays soit des plus ruinés de ce royaulme, tant par les ravages et bruslements faitz par les armées des estrangiers, pileries, dégastz et rançonnementz d'autres gens de guerre qui passent journellement et avoient plusieurs fois passé et longuement séjourné au dit païs, que par une infinité d'autres charges, subsides et impositions extraordinaires, les habitans des villes et villages du dit païs soient tellement appauvriz et dénuez de toutes facultés qu'il ne leur reste plus de moïens pour subvenir à leurs propres nécessitez et de leurs familles, ce néantmoings, par rolles et impositions faictes au conseil privé du roy, lesdits villes et bourgs auroient esté cotisez et imposez à grandes sommes que Sa Majesté, par ses lettres patentes du vingtiesme février dernier, auroyt vouleu estre païables précisément au premier du prochain mois de may avec peine de toutes sortes de contraintes contre ceulx qui refuseront de païer. Lesquelles sommes il estoit impossible aux habitans des dites villes et bourgs païer et supporter, requerans qu'il pleust aux Esleuz des estatz du dit païs députer gens pour faire entendre au Roy leur impuissance et impossibilité de satisfaire et païer les dites sommes, et à cest effect faire toutes poursuites et remonstrances nécessaires, de telle sorte que par effect les dits villes et bourgs en fussent entièrement quittez et deschargés et, de mesme moïen supplier Sa Majesté de se contenter pour l'advenir de leur bonne volonté et des anciennes contributions, sans lever ny exiger sur eulx aucuns nouveaulx subsides.

Les dicts Esleuz aïans mis cest affaire en délibération, et sur ce prins l'advis du conseil des Estatz du dit païs, ont concleu que soubz le nom d'iceluy, et aux frais dudit païs, seront faictes humbles remonstrances au Roy de la fidélité et loyauté en laquelle les subjectz du dit païs ont coutume, des privilèges d'iceulx, ensemble les foulles, pertes et ravages par eulx soubstenuz, de leur extrême pauvreté, avec supplication de remettre et quitter les dites cottes, impotz et subvention, maintenir les dicts subjectz en leurs dicts privilèges et libertez. Desquelles remonstrances seront dressés articles et mémoires par le conseil des Estatz, reveuz en la chambre des dicts Esleuz et mis ès mains de M° Etienne Chantepinot, advocat du roy au bailliage du dict Dijon, Philibert de la Mare sieur de Chevigny, advocat et eschevin de la dicte ville de Beaulne et François Procès, aussy eschevin du dict Dijon, lesquelz ont esté ad ce commis pour y vacquer et s'acheminer là par où sera la dite Majesté, au plustot que bonnement faire se pourra. Auxquelz députez les dictz Esleuz ont donné et donnent pouvoir et puissance de faire lesdites poursuittes selon la forme des dicts mémoires.

Faict en la chambre des dictz esleuz, à Dijon le dixhuictiesme apvril 1577.

(Archives de la ville d'Avallon avec cette mention : Extraict des registres des esleuz des gens des trois estatz du païs et duché de Bourgogne.)

Voir aussi registre des Etatz, séance du 4 juin 1577 F° 89 V°.

## N° XIV, pages 228-229.

### Harangue de l'abbé de Citeaux au Roi

Remonstrance faicte au Roy, le 16° juing 1578, en la ville de Rouen, par frère Nicolas Boucherat, abbé de Cisteaux, pour et au nom des estats de Bourgogne. (1578).

Sire,

Encores que Tybère Cœsar, empereur des Romains se résiouyt et print plaisir, quand quelque grand malheur soubdain et inespéré advenoit à partye de son peuple, comme il advint de son temps par la cheute et ruyne inopinée du Théâtre de Terracine, où il mourut ung grand nombre de milliers de personnes, si est-ce qu'il souloit dire à ses amys et familiers, que comme l'office d'ung bon pasteur est de tondre son troupeau et non point de l'escorcher, ainsy le debvoir d'ung bon prince est de s'ayder de quelque partye des biens de son peuple, sans le surcharger et l'opprimer d'impostz et tributz excessifs. Il me semble, qu'à ce propos, Alexandre de Macédoine, qui pour ses prouesses incomparables et grandes conquestes fut surnommé le grand, respondit sagement à ung sien familier qui luy conseilloit imposer de plus grosses tailles et tributz sur les villes de son empire, qu'il n'avoit accoustumé. «Tu vois, dit-il, qu'un bon jardinier qui veult bien cultiver son jardin et en tirer proffict, n'arrache pas les racines des simples qu'il a semées et plantées en iceluy; ains tond et couppe l'herbe seulement, afin que plusieurs aultres foys, en saison et temps opportun, il en puisse encore tirer et cueillir du fruict :» Ainsy, dict ce grand empereur à ce mauvais conseiller, je veux me contenter d'une moindre partye du bien de mes subjectz ; affin que leur demeurant quelque fonds, je puisse par la multiplicité d'iceulx, estre toujours secouru de mon peuple, à l'advenir, à mon besoing et nécessité. —

J'ay dict ceci, Sire, pour vous faire mieux entendre que les très-humbles remonstrances que vos très-humbles et très-obéissans subjectz les gens des trois estatz de votre duché et pays de Bourgongne, nous ont chargé de vous présenter en une requeste qu'ils nous ont baillée par escript, signée de leurs mains, sont plainctes et doléances de loyaux et fidelles subjectz. Lesquels procèdent de la bonne volonté et sincère affection qu'ils ont tousjours porté à leurs roys, et principallement à vous, sire, leur roy très débonnayre et souverain seigneur, en asseurant votre Majesté, que le désir duquel ilz sont poussez à vous supplier très-humblement de les descharger de tant de nouvelles et extraordinaires impositions, n'est point tant pour ce qu'icelles impositions leur semblent excessives et du tout insupportables, que pour ce que, s'estantz efforcéz de les payer et ayant par ce moyen espuisé leurs bourses et facultés, il ne leur restera aucun pouvoir de secourir Votre Majesté en ses nécessitez advenir, lesquelles, les plus advisez desdictz estatz, prévoient debvoir estre plus grandes et plus urgentes qu'elles n'ont esté, peult-être par le passé, si Dieu, par sa divine bonté et clémence, n'adoucit les cueurs de ceulx qui font la profession de semer la discorde et dissention par tout cestuy votre royaume ; et auroient ung très-grand regret de demeurer sans moyens de vous secourir à l'advenir, selon l'urgence de vos affaires. C'est la cause pour laquelle ils nous ont député pour vous supplier très-humblement, comme ilz font, sire, de les vouloir descharger de tant de gabelles, subsides, décimes, tributz et subventions nouvellement imposez ; et de vous contenter de l'ordinaire, suyvant la promesse qui leur en a esté faicte par vos prédécesseurs roys ; afin que ce qui leur restera leur soit comme une semence, laquelle par leur industrie multipliée leur donne moyen de faire preuve de l'affection qu'ilz ont d'ayder et secourir leur roy en toutes ses affaires et nécessitez.

Il me souvient d'une histoire mémorable que récite Plutarque, de Marc-Antoine, triumvir, lequel après avoir partagé l'empire contre Octavius-Cœsar, son beau-frère, se délibéra de récompenser ses légionnaires et leur bailler le donatif qu'il leur avoit promis : et pour ce faire, il imposa une grosse taille sur ses subjectz. Laquelle estant levée, et en partye mal mesnagée par ses financiers, et le reste en peu de temps despensé en choses peu utiles au public, se trouvant sans finance, il mit derechef un gros impotz sur toutes les villes de son empire. Quoy voyant, ses subjectz ilz députèrent ung grand et excellent orateur, nommé Hybréas, pour luy en faire remonstrance. Lequel venu en la présence d'Anthoine, luy dict ces paroles : Si tu veux, Sire, avoir puissance de nous imposer deux tailles en une année, il fault aussy que tu ayes pouvoir de nous donner deux estés et deux autonnes, deux moissons et deux vendanges; affin que comme sur la première cueillette, nous avons satisfaict la première taille, aussi sur la seconde cueillette, nous puissions pareillement payer la seconde taille : aultrement il sera impossible de lever sur tes subjectz une si grande somme de deniers, comme celle qui a esté imposée sur eulx par ton ordonnance. Au demeurant, nous ne voyons pas qu'il soit possible qu'une si grande somme, jà levée, ayt esté employée à tes affaires, ou soit venue en tes coffres : ains fault qu'elle ayt esté mal mesnagée par tes trésoriers et financiers. Au moyen de quoy tu feras bien de leur faire rendre compte, afin que du reliqua tu puisse estre aydé et secouru à ton besoing ; et ton peuple d'aultant soulagé.

Ceste remonstrance fut prinse de bonne part par ce grand empereur, et eust tant d'efficace en son endroit, qu'il fit rendre compte à tous ses trésoriers et financiers, et donna quelque ordre à ses affaires pour l'avenir.

Or s'en faut-il beaucoup, sire, que la terre rapporte deux fois l'année en votre pays et duché de Bourgogne et que nous y couppions deux fois les bledz en moissons et deux fois les raisins en vendanges. Ains, au contraire, il est tout certain que le laboureur depuis six ans, en ça, a peu ou point recueilly, et le vigneron encore moings vendangé. Et, qui pis est, ce peu que l'ung a mis en sa grange et l'autre en son cellier, tant s'en fault qu'il y soit demeuré pour nourrir et entretenir sa petite famille ; qu'il a esté du tout consommé et dévoré par les gens de guerre ; lesquels, pour en parler franchement et à la vérité, semblent plustot prendre les armes et monter à cheval pour faire la guerre aux païsantz que pour combattre l'ennemy et se présenter en une bresche. Et si on leur demande pourquoy, ilz respondent qu'ilz ne sont payés de leur solde, laquelle toutes foys se lève sur le peuple, et néantmoings, à faulte de payement, vivent à discrétion sans rien payer, pillent et rançonnent les pauvres paysants et exercent sur eux comme s'ilz estoient ennemys, tout acte d'hostilité. A tout cela il fault adjouster le passage des Reystres par votre duché de Bourgongne et leur retour et séjour en icelui : lesquelz ont pillé, saccagé, ravy et emporté toute la substance des pauvres villageois et une bonne partye de celle des habitans des villes, bruslé les meilleures maisons des gentilshommes, villages et métayries : rançonné l'ecclésiastique, le gentilhomme et le roturier sans aulcung respect, forcé certaines villes, y mettant tout à feu et à sang sans pardonner à aage ny à sexe.

Nous pensions qu'une si grande et si longue stérilité accompagnée de tant de misères et calamités, enclineroit et induyroit votre Majesté à nous descharger de plusieurs subsides et impositions extraordinaires ; desquels auparavant votre advènement à la couronne nous avions esté chargés ; et mesme nous espérions obtenir une génerale rémission de toutes tailles, subsides, gabelles et tributz nouvellement imposez, depuis le roy Loys douziesme, à la tenue des Estats généraulx de toute la France en votre ville de Bloys, où les cayetz des trois ordres auroient esté présentés à votre Majesté, par lesquels elle auroit entendu les justes plainctes et doléances de tous ses subjectz et particulièrement de ceulx du pays de Bourgogne, qui se plaignent particulièrement de trois choses.

La première, de ce que les sanctions canoniques et saintes ordonnances faites pour la poursuytte et censure ecclésiastique, ne sont observées; moings le concordat passé entre le pape Léon dixiesme et le roy François premier, votre ayeul, touchant la nomination des évesques et abbés de votre royaume portant expressément que, advenant la vacation d'un évesché, vous serez tenu, sire, de nommer au pape ung docteur ou licencié en théologie, ou en droict canon. Au contraire, l'on voit que l'on exerce publiquement par toute la France, ung trafic illicite de toutes sortes de bénéfices et qu'ilz sont la pluspart tenuz et occupez par personnes incapables, mesmes par gens laiz, femmes mariées et aultres personnes indignes, qui laissent tomber les églises et maisons dédiées à la piété du service de Dieu, et abusent du bien de l'église, comme feroient mauvais mesnagers de leurs patrimoines : péché, certes, qui justement provoque l'ire de Dieu sur tout votre royaume, et laquelle ne sera jamais appaisée, ainsy l'osons-nous affirmer, que tous ces meschants ne soient chassés du temple et maison de Dieu, c'est-à-dire de l'église, par votre auctorité, avec la rigueur du fouet et l'horrible et juste vengeance de Dieu. Aussi de ce que l'on vend tous les jours le bien de l'église ; comme si les premiers inventeurs de ceste marchandise, eussent voulu réduyre les ecclésiastiques, à ceste pauvreté, de laquelle parle Julian l'apostat, se mocquant des chrestiens et disant qu'il les vouloit rendre pauvres, affin qu'ils eussent plus de moyen de parvenir au royaume des cieux. Et à ce propos, souloit dire, le principal autheur de telles aliénations, que les ecclésiastiques ressembloient à ung navire flottant sur la mer et agité des ondes, lequel il falloit descharger pour éviter le danger et péril de la tempeste. Si est-ce que puis que les princes et roys sont appelés par les prophètes, nourriciers de l'église, ils doivent conserver soigneusement le patrimoine d'icelle et maintenir les ecclésiastiques en leurs biens, privilèges, franchises, libertés et exemptions qu'ils ont tousjours heu par le consentement général de toutes nations, non seullement entre les chrestiens, mais aussy entre les ethniques : De quoy je ne veux invoquer aultre témoignage, sinon ce qui est escript deans la genèse des prebtres d'Egipte, la terre desquelz, dès le temps de Joseph, fut affranchie de tous impostz et tributz, demeurant, le reste de ce qui estoit possédé par tous aultres, assubjecty au payement de la cinquiesme partye des fruictz qu'ils payent encore de présent. Et toutes foys, les ecclésiastiques de votre pays et duché de Bourgogne, sont chargés de tant de subventions et crues de deniers, qu'il ne leur reste, à grand'peine, que ce qui est nécessaire pour l'usage de leur vie et entretenement de leurs églises. Car sans avoir esgard à la diminution du revenu des ecclésiastiques, advenu par la vendition du patrimoine de leurs églises, oultre les cinq décimes ordinaires, desquelz ilz doibvent estre quictes et absoulz, suyvant les contratz qu'ils ont avec votre Majesté ; lequel est expiré et auquel ilz ont satisfaict, on leur demande encore aujourd'huy ung décime et demy, qui reviendra à trois décimes, sur les éveschez, abbayes, chapitres et prieurés, puisque les curés en sont exempts : et par ainsy nous payerons les huict partz de notre revenu, dont les dix font le tout : qui est le vray moyen de ruyner l'Eglise gallicane, et abolir le service de Dieu. D'aultant qu'il est impossible que des deux dixiesmes de leur revenu, les ecclésiastiques puissent nourrir leurs couvents en famille, entretenir les bastiments de leurs bénéfices, satisfaire aux ausmones et aultres charges. Tant s'en faut qu'ils puissent rebastir et restaurer leurs églises et monastères bruslés et ruynés par les ennemys de Dieu et de votre Majesté.

En second lieu, ils se plaignent du grand et superflu nombre d'officiers commis à l'administration de la justice et de vos finances ; et de ce que les hommes sont esleuz et appelez aux charges publiques non par leurs mérites, vertu et suffisance, mais par argent; et, comme Eschine disoit, parlant aux Athéniens, à la seulle toyson d'or, combien qu'au dedans ils soient vuydes ou de mauvais alloy, c'est-à-dire, ignorans ou meschans. Dont il advient, que la place des magistratz est occupée par gens peu expérimentés qui ne voyent assez clair et n'apportent une droicte et sainte intention au maniement de leurs charges, au grand dommage d'ung chacun et à la diminution de la dignité et auctorité des fonctions publiques qui sont anulées et abaissées par ce moyen. Et qui pis est, les hommes en deviennent moings soigneux de se faire instruire à la vertu, aux lettres, à la pratique de la profession à laquelle ils se veuillent adonner, quand ils voyent que telz outilz servent de peu pour monter aux estatz et parvenir au degré d'honneur. Car, disoit Caton, comme les teinturiers teignent le plus souvent à la couleur qu'ils voyent estre la plus requise, et qui plaist davantage aux yeux des hommes, ainsy les hommes négligent la vertu qui ne leur sert de rien, comme bannie et deschargée des charges publiques, pour amasser de l'argent, avec lequel seul ils peuvent avancer et tenir les plus grands et premiers rangs d'honneur, soit à la justice, ou aux finances.

Ils vous ont donc justement supplié, comme ilz font encore, Sire, de réduire tous les offices de judicature ou de finances au temps du Roy Loys douziesme, ou du Roy François premier, votre ayeul, supprimant tous ceulx qui sont supernuméraires et de nouvelle création, dès maintenant; et sans attendre que vacation en adviennent par mort; de peur que si l'effect de la loy est différé un certain temps, elle s'évanouisse comme de coustume, sans que vos subjectz en ressentent aulcung proffit. En quoy faisant, vous imiterez, sire, l'empereur Auguste, le plus grand de tous les empereurs, lequel, après les guerres civiles du triumvirat, supprima ung grand nombre d'officiers qu'il souloit nommer abortifz et dire qu'ils avoient esté au dommage publicq, lorsque pour le bruit des armes l'on ne pouvoit entendre le son des loix.

En troisième lieu, ils remettent devant les yeux de votre bonté, tant de charges excessives et impositions extraordinaires, tant de nouveautés qui s'inventent tous les jours à la foule du peuple et au dommage d'ung chacung. Tacitus, grand historien, disoit, comme nous supportons la stérilité, les grandes foidures, les chaleurs excessives, la gresle, la tempeste, les maladies contagieuses et aultres maux que la nature produit, ou qui viennent de l'inclémence du ciel, aussi, de mesme constance devons-nous essayer de supporter les tributz et impositions extraordinaires qui viennent de l'auctorité et ordonnance de ceulx lesquels sont bien souvent contrainctz de charger leurs subjectz plus qu'ils ne veuillent: mais à la vérité, vos pauvres subjectz de votre pays de Bourgogne seront toujours excusables s'ilz se plaignent comme ilz font, sire ; car laissant à part leurs privilèges anciens, suyvant lesquelz ils ne peuvent estre assubjectiz à ces nouveaux impostz et subsides, ilz sont tous aujourd'huy réduictz en une si grande misère et pauvreté, que pour ceste seulle raison ilz doivent estre exempts et deschargez.

Agis, ung jour, mandé par les Ephores en sa dernière vieillesse, se mit à grande peine en chemin, où il rencontra ung païsant auquel il demanda s'il sçavoit rien plus fort que la nécessité d'obéir à son maître ; il lui répondit le non pouvoir. Ainsy faisant compte que son impuissance devoit estre la borne et la fin de son obéissance, il se retira en sa maison. C'est la force de ces deux grands Dieux, Pauvreté et Nécessité, par lesquelz vos subjectz sont vaincuz et contraintz à vous objecter, comme firent les Andriens (habitans d'Andros) à Thémistocles, voulant lever ung grand impôt sur eulx. Julius Polux écrivait à Commodus, empereur, que la plus grande et plus recommandable vertu d'un prince estoit de ne rien lever ny exiger de ses subjectz qui sont pauvres et en extrême nécessité : et à ce propos souloit aussy dire, ce grand empereur Constantin, que la vraye espargne et thrésor plus assuré du prince, consistoit en l'aise et richesse de ses subjectz : ce que Platon avoit bien préveu en ses livres de la république, où il dict que surtout il faut craindre la trop grande pauvreté en ung subject : Pourceque le subject pauvre et nécessiteux est mal aisément contenu soubz l'obéissance des magistratz. Or le pis que je vois en tant de subsides, impositions, gabelles et nouveautés, c'est qu'en une plus grande partie d'iceux, la noblesse y est comprise, grandement grevée, voire asservie avec le clergé. La noblesse, dis-je, qui de sa nature est de franche condition, et exempte de toutes charges, et qui ne porte le glaive sinon pour maintenir l'estat, et laquelle est toujours preste de monter à cheval et exposer sa vie pour la deffense de votre sacrée couronne, et néantmoings, pour le regard des impositions qui ont esté nouvellement mises sur le sel, sur le blé et sur le vin et aultres denrées, elle est, ensemble avec le clergé, plus chargée que le tiers-estat : d'aultant que les familles des gentilhommes et ecclésiastiques sont plus grandes et qu'une bonne partie de leur revenu consiste plus en blé et en vin qu'en aultres choses : et si (ainsi) la plus grande partie du proffict et mesnage que font les nouveaux officiers, en l'exercice de leurs estatz, est à la foule du clergé et de la noblesse, nous laissans l'édict des taverniers et cabarattiers, par lequel ce qui leur est vendu en gros ilz nous vendent en détail. Aultant est-il de l'édict des clercs des greffes érigés en offices et de tous aultres nouvellement publiés. En somme, il ne se publie édict, ou peult s'en fault, qui ne soit à la foulle et charge, non seulement du peuple, mais aussy du clergé et de la noblesse, tellement qu'autant d'édictz autant de tailles. De sorte que si nous aultres députés, nous voulions ayder de la remonstrance de l'orateur Hybréas, nous ne demandrions pas seullement deux estés et deux automnes en un an, mais nous demanderions autant de moissons et de vendanges qu'il se publie d'édictz en une année.

Nous vous supplions très humblement, Sire, de ne prendre de mauvaise part, si franchement nous discourons devant votre Majesté les maux qui nous pressent et affligent. Les Macédoniens furent loués par leur Roy Alexandre-le-Grand de ceste franchise et liberté ; et la bonté et facilité d'iceluy envers ses subjectz fut recommandée à la postérité. Au contraire, l'aigreur et dure réponse de Roboam, roy d'Israël, divisa et luy fit perdre la meilleure part de son royaume. Celluy qui cèle son mal, est autheur de sa ruyne. Le médecin prend ung plaisir singulier quand le patient lui descouvre sa maladie : car c'est moyen d'acquérir honneur et réputation à la guérison du malade. Or vous estes, sire, le médecin de vos pauvres affligéz et languissantz subjectz, et ne vous a donné, Dieu, commandement et authorité sur eux, et, comme dit Saint Paul, votre peuple ne vous rend le tribut, sinon pour le soulager guérir et délivrer de foule et oppression. Plutarque parlant des grands roys de Perse et entre autres de Cyrus et Darius, par exemple. disoit, que ledit Darius ayant imposé une grosse taille sur toutes les provinces de son empire, et pour ung très urgent affaire, s'enquit très expressément des gouverneurs d'icelles provinces, si ses subjectz avoient agréables le dit impost et s'il leur estoit facile à porter. Ses gouverneurs luy ayant soubdainement rapporté qu'ils ne le pouvoient facilement porter, soubdain cest empereur commanda qu'une bonne partye leur fut remise et qu'il n'en fût levé que la moityé.

Ceste vertu ne fut pas seullement familière aux Perses, mais presque commune à toutes républiques bien gouvernées et policées, comme à celle des Athéniens, après, à celle des Romains. Lesquels tirèrent d'iceulx Athéniens, certaines loix portant que chacun selon ses facultés et puissances, contribuoient aux frais de la République, selon l'exigence des affaires. Et après que le gouvernement de plusieurs fut aboly et changé en monarchie et l'administration de l'empire réduicte soubz la puissance d'ung seul, nous lisons que Tibère Cœsar, Néron, tout méchant qu'il estoit, et aultres empereurs romains se sont tousjours rangés à ceste raison, quoique leurs affaires fussent très urgentes et pressées, de ne passer les forces et facultés de leurs subjectz, jusques à leur avoir remis la moitié de leurs tributz. Tributs, dis-je, imposés non à l'apétit des insatiables financiers, mais avec mure délibération d'ung très-bon et sage conseil. Et ce qui plus les induysoit à ce faire, estoit le dire de Cyrus, qu'il valloit mieux commander à ung peuple opulent et riche, qu'à ung peuple souffreteux et nécessiteux. Or si ces peuples ont esté si doulcement traictés soubz empereurs, roys et princes payens, combien plus de douceur peuvent et doivent espérer les estats du pays et duché de Bourgogne, qui sont commandés et gouvernés par ung roy justement recongneu de toutes nations, très chrestien, et lequel, en toute douceur et clémence pourroit dire surpasser tous aultres monarches et estre vray héritier de la vertu et bonté de ses prédécesseurs Roys de France.

Je ne veux passer soubz silence ce que noz hystoires françoises nous apprennent, sans emprunter davantage des estrangères. Le roi Jehan, celuy qui fut prins par les Anglois près Poictiers et père de Philippes surnommé le Hardi, duc de Bourgogne, combien qu'à son retour, il eut grand besoin d'estre secouru de son peuple, si se contenta-t-il, voyant la pauvreté de ses subjectz, de l'offre qu'ung chacun de ses pays et gouvernement luy fit par l'advis des trois estatz de son royaume, sans imposer aultre nouveau subside, ny charger son peuple d'une multiplicité d'officiers superflus.

Les gens, doncques, des trois estatz de votre pays et duché de Bourgogne, assurez qu'ilz ont ung roy qui en toute bonté, clémence et débonnaireté surpasse ses ancêtres, supplient très-humblement votre Majesté de les vouloir descharger de toutes tailles, gabelles, décimes, subsides, impositions et charges extraordinaires : les maintenir en leur ancien privilège, comme ont fait les roys Loys onziesme, Charles huitiesme et Loys douziesme, vos prédécesseurs ; et supprimer tous les offices qui ont esté créés depuis ledit Loys douziesme ;

accorder de faire loy inviolable et perpétuelle des cahiers généraux qui luy ont esté présentés par les trois ordres de ce royaume en l'assemblée générale tenue à Bloys, mesme de ceux dont les trois ordres sont demeurés d'accord d'ung commun suffrage et consentement. Cependant nous vous assurons de deux choses : l'une est que les gens des trois estatz de votre duché de Bourgogne seroient bien marris qu'une aultre nation, qui qu'elle soit, les eust surpassé en loyaulté, fidélité et obéissance envers leur roy et souverain seigneur. L'autre est, qu'il n'y a rien en la requeste que nous vous présentons, qui ne tende à l'honneur et gloire de Dieu, au service de votre Majesté et soulagement de vos pauvres subjectz.

(Bibliothèque nationale, fonds Fontette, portefeuille 37, n° 5, f° 67).

## N° XV, page 409.
### Mayenne aux Magistrats d'Avallon

Lettre du duc de Mayenne aux eschevins, manans et habitrans d'Avalon. (1589).

Messieurs, j'ai reccu votre lettre et vu toutes les particularités que me mandez, mesme le tesmoniage que me rendez de votre zèle et affection en ce qui concerne notre religion catholicque, apostolicque et romaine pour laquelle vous estes uniz par serment comme la ville de Dijon, et aultres catholicques, dont je loue Dieu, espérant que tout tournera à sa gloire et votre repos, et de la province que j'espère réduire ainsy que toutes aultres, en bon estat et tranquillité : à quoy Monsieur de Farvaques, avec les forces qu'il a, scaura donner ordre pour la liberté du pays : Trouvant très bon et approuvant l'arrest et la saisye qu'avez faict faire des deniers du taillon et subvention, montant à sept cens escuz, desquels je consens que prenez une partye pour estre employée à l'entretenement et nourriture de cinquante soldats à cheval que vous avez levez pour assurance de votre ville, et pour faire les courses ès environs d'icelle. Le surplus desquelz 700 escuz vous ferez fournir par celluy qui les a ès-mains, selon que par ledit sieur de Farvaques sera ordonné, lequel en demeurera deschargé, rapportant quittance, tant de ce qu'il fournira que du cappitaine, ou celluy commandant ausdits 50 soldats pour leur estre délivré ; et pour l'advenir je vous feray employer sur l'estat de la province, je vous envoye les commissions au nom de ceulx que m'avez nommé pour faire la recepte des décimes et tailles, vous conjurant avoir tousjours le mesme soing qu'avez heu, jusques à fin, à votre conservation pour empescher que les ennemys de nostre religion, par artifices et soubz prétextes, ne s'emparent, à votre ruyne, de votre ville, laquelle j'embrasseray en tout ce que je penseray y pouvoir apporter advancement et à voz familles, sans y espargnay chose qui soyt en ma puissance. Vous le congnoistrez, aydant notre Seigneur, lequel je prie vous avoir, Messieurs, en sa saincte et digne garde.

D'Estampes ce 14 apvril 1589.

Votre entièrement meilleur et plus affectionné amy,

CHARLES DE LORAINE.

(*Archives d'Avallon*, chap. 52, n° 20 de l'ancien inventaire).

## N° XVI, page 426.

### Siège d'Annay-la-Côte

Requeste (des magistrats d'Avallon à nos seigneurs du conseil d'Estat establv à Dijon. (1589).

Remonstrent humblement les gouverneur et eschevins de la ville d'Avalon, que, le 23ᵉ du moys de juillet dernier, l'armée de Monseigneur le duc protecteur de l'Estat et coronne de France, conduitte par le sieur de Jaulges, vint avec canons devant Annay-la-Coste, petite ville rebelle à la Sainte-Union, deans laquelle l'on est entré dè force, en intention d'assiéger Girolles et aultres places tenans pour le party contraire. Pour la nourriture de laquelle armée il a convenu aux habitans dudit Avalon fournyr toutes munitions, sous obligations, et promesses faictes par lesditz eschevins, de les faire payer de leurs advences. Et par ce qu'il n'y a aulcuns fonds en leur dite recepte, et qu'ils ne jugeroient raisonnable que les particuliers dudit Avalon supportassent des contributions extraordinaires qui tourneroient, au proffit public en tout le ressort, les supplians vous présentent les quittances originalles de François le Muet, seigneur de Vesvre, et commissaire de ladite armée. L'une du 23 et autre du 24 du moys de juillet dernier, contenant la livraison à luy faicte, de 7466 pains du poix de 12 à 14 onces, de la valeur de huit deniers pièce, et 18 muids de bon vin rouge, du prix de neuf escuz, et 44 bichets aveine, au prix de 15 sols le bichet ; oultre les munitions de guerre que l'on en rapporte ès ligne de compte.

Pour faire ce remboursement, Messieurs, vous plaise ordonner et permettre aux supplians de faire gect et imposts sur lesdits bourgs et villaiges ressortissans au dit Avalon, le fort portant le foible et le plus égallement que faire ce pourra, et ferez justice.

Signé Borot.

*En réponse :* Le conseil d'Estat de la Sainte-Union a ordonné et ordonne que lesdits supplians dresseront estat des munitions et autres choses, mentionnées en la présente requeste, lesquelz ils présenteront par devant les sieurs Esleuz de ce pays, pour, par eulx estre faict gect et imposts des munitions et estimations d'icelles, avec les aultres frays supportés au faict de la guerre, sur toute la province.

Faict audit conseil à Dijon, le 20 aoust 1589.

Signé par commission du conseil<br>BRECUILLET.

Nota : Les fournitures mentionnées dans la requête sont justifiées par deux reçus de Lemuet : l'un, du 23 juillet accusant 4924 pains, 44 bichets d'avoine et 12 muids de vin clairet ; l'autre du lendemain 24, portant 2542 pains renfermés dans six tonneaux et six muids de vin. Les comptes des receveurs mentionnent en outre une somme en argent comptée à de Jaulges, des réparations à 6 pièces d'artillerie, le traitement de blessés et les frais faits par le détachement envoyé au devant des troupes d'Auxerre.

(*Archives d'Avallon*, chap. 52.)

1

# TABLE DES MATIÈRES

## CHAPITRE IX

### TROISIÈME GUERRE CIVILE. (1568-1569).

SOMMAIRE. — I. Abrogation des édits de tolérance et préparatifs des protestants réunis à la Rochelle pour une nouvelle prise d'armes. — II. Agitations dans l'Auxerrois et mesures de sûreté. — III. Massacre de protestants à Auxerre. — IV. Premier siège de Noyers et capitulation des habitants. — V. Dispositions préventives à Montréal, Châtel-Gérard, Thisy. — VI. Tentatives des catholiques contre Villiers-les-Hauts, garde d'Avallon. — VII De Trans, repoussé de Mâcon qu'il espérait surprendre, s'empare de Cuisery, Romenay et quelques autres petites places, mais en est chassé par Saulx de Ventoux. — VIII. Vézelay tombe encore une fois par surprise au pouvoir des huguenots. — IX. Première tentative des catholiques pour reprendre Vézelay. — X. Déprédations des protestants Vézeliens dans toute la contrée. — XI. Tavannes, dans le Poitou, reprend Mirebeau où commandait le capitaine La Borde. — XII. Participation du lieutenant de Bourgogne à la bataille de Jarnac, où est tué le prince de Condé. — XIII. — Les Allemands pénètrent en France par la Franche-Comté, près de laquelle les ducs d'Aumale et de Nemours les attendent de pied ferme. — XIV. Du Poitou, Tavannes conseille les ducs de Nemours et d'Aumale pour fermer le passage à l'ennemi. — XV. Wolfgang pénètre en Bourgogne. — XVI. Après un engagement vers Thil-Châtel, le duc d'Aumale couvre Dijon de son armée pour protéger la ville. — XVII. Combat de Nuits. — XVIII. L'ennemi devant Beaune. — XIX. L'armée d'invasion change de direction et remonte vers l'Auxois qu'elle traverse pour se rendre à Vézelay. — XX. Marche du duc d'Aumale, après l'affaire de Chagny. — XXI. Mort de Wolfgang — XXII. Agitations dans l'Auxois. — XXIII. Le château de

Régennes pris par les huguenots. — XXIV. Reprise de Régennes sur les protestants. — XXV. Deuxième siège de Noyers. — XXVI. Siège de Vézelay par Sansac. — XXVII. Les assiégés reçoivent des renforts. — XXVIII. Blocus de Vézelay. — XXIX. Retraite des catholiques et incendie de Pontaubert par les protestants. — XXX. Pourparlers de paix.

Page . . . . . . . . . . . . . . . . . . . . . . . . . . . . . . . . 1.

## CHAPITRE X

### SUITE DE LA TROISIÈME GUERRE CIVILE (1570).

SOMMAIRE. — I. Budget de la guerre. — II. Les villes prennent des garnisons à leurs frais. Mailly-le-Château, Mailly-la-Ville, Accolay tombent au pouvoir des huguenots. — III. Dispositions de Coligny pour reprendre la campagne. — IV. Marche de Coligny. — V. Marche du maréchal de Cossé. — VI. Combat d'Arnay-le-Duc. — VII. Conseil de guerre tenu par l'amiral de Coligny. — VIII. Retraite de l'amiral — IX. Cossé va prendre de nouvelles positions dans la vallée de l'Yonne, puis vers le confluent du Loing et de la Seine. — X. Trêve de dix jours pour traiter de la paix. — XI. Edit de paix de Saint Germain.

Page . . . . . . . . . . . . . . . . . . . . . . . . . . . . . . . . 61

## CHAPITRE XI

### LA SAINT-BARTHÉLEMY : SES PRÉLUDES ET SES EFFETS (1570-1573).

SOMMAIRE. — I. Prescriptions et mesures pour faire observer l'édit de paix. — II. Contraventions à l'édit. — III. Commissaires envoyés par le roi dans toute la province pour accorder les partis. — IV. Ordres sévères du roi pour maintenir les insoumis, et provocations des protestants dans la Basse-Bourgogne. — V. Chabot-Charny remplace comme lieutenant-général de Bourgogne, Gaspard de Tavannes, nommé maréchal de France. Mort du maréchal de Vielleville et de Saulx de Ventoux. — VI. Préludes de la Saint-Barthélemy, attentat sur l'amiral, conseils et complots de mort contre sa personne et ses principaux adhérents. — VII. Complot de représailles et de vengeance par les protestants. — VIII. Nuit du 24 août. — IX. La Saint-Barthélemy en Bourgogne : Dijon. — X. Châlon. — XI. Auxerre, Sens, Mâcon. — XII. Victimes appartenant à la Bourgogne, dans les massacres de Paris. — XIII. Instructions et ordonnances pour calmer les partis et réprimer les chefs de bandes, notamment dans l'Auxerrois — XIV. Nouvelle prise d'armes en dehors de la Bourgogne qui en est préservée par quelques mesures de prudence. — XV. Mort du duc d'Aumale, gouverneur de Bourgogne, puis de Gaspard de Tavannes. — XVI. Nouvel édit de paix.

Page . . . . . . . . . . . . . . . . . . . . . . . . . . 90

## CHAPITRE XII

### GUERRE DES MÉCONTENTS (1573-1576).

SOMMAIRE. — I. Doléances des populations en Bourgogne. — II. Coalition d'un nouveau parti de mécontents. — III. Agitations dans la province. — IV. Mort du roi et régence de Catherine de Médicis — V. Retour du roi de Pologne. — VI. Préparatifs des huguenots pour une nouvelle prise d'armes, et complot contre Auxerre et autres lieux. — VII. Fuite du duc d'Alençon. — VIII. Trêve presque aussitôt rompue que conclue. — IX. Reprise des hostilités. — X. Sac de la ville de Nuits. — XI. Les confédérés se dirigent vers Marcigny-sur-Loire par le Châlonnais et le Charollais. — XII. Marche de l'armée royale. — XIII. Retour des allemands par la Puysaie. — XIV. Paix d'Étigny. — XV. Les Allemands se retirent lentement en passant par l'Auxois et le Dijonnais. — XVI. Les princes dans le Châtillonnais et l'Avallonnais. — XVII. Garnisons royales gardant le pays, durant la retraite de l'ennemi.

Page . . . . . . . . . . . . . . . . . . . . . . . . . . 113.

## CHAPITRE XIII

### PREMIERS ÉTATS DE BLOIS, PROPOSITION DE LIGUE ET DISCUSSIONS FINANCIÈRES (1576-1579).

SOMMAIRE. — I. Convocation d'états généraux à Blois — II. Assemblées préparatoires dans le Dijonnais. — III. Dans le Châlonnais. — IV. Dans l'Autunois. — V. Dans l'Auxois. — VI. Dans les bailliages de

La Montagne, de Bar-sur-Seine, de Mâcon, de l'Auxerrois. — VII. Assemblée des états de Bourgogne. — VIII. Etats généraux de Blois. — IX. Résolutions des chambres du clergé. — X. De la noblesse. — XI. Du Tiers-État. — XII. Projet d'une ligue royale. — XIII. Délibérations des bailliages de Dijon et de Châlon touchant la Ligue. — XIV. Réponse du parlement aux propositions de Ligue. — XV. Les états de Bourgogne refusent d'entrer en Ligue. — XVI. Impôt établi d'office sur la province pour combattre les huguenots de la Charité qui menacent Auxerre. — XVII. Edit de Bergerac abolissant la Ligue. — XVIII. Le roi envoie un délégué pour répondre aux plaintes des Bourguignons touchant les impôts. — XIX. Nouvelles requêtes des états de Bourgogne présentées par Nicolas Boucherat, abbé de Cîteaux et réponse du roi. — XX. Le procureur général de La Guesle aux États de Bourgogne. — XXI. Renouvellement des instances et retour de La Guesle.

Page . . . . . . . . . . . . . . . . . . . . . . . . . . 179

## CHAPITRE XIV

### DÉBUT DE LA LIGUE (1580-1586).

SOMMAIRE. — I. Vote des États de Bourgogne pour la guerre du Dauphine. — II. Troupes indisciplinées parcourant les campagnes. — III. Bandes de voleurs issues de la guerre civile. — IV. Nouvelle ligue et insurrection des princes de Lorraine. — V. La ville de Beaune résiste à Mayenne. — VI. Auxonne affirme sa fidélité à la cause royale. VII. Garnison de ligueurs de Saulx-le-Duc remplacée par une compagnie au service du roi. — VIII. Les Auxerrois refusent les portes de la ville à Mayenne. — IX. Edit de Nemours. — X. Excommunication du roi de Navarre et du prince de Condé. — XI. Prises d'armes en dehors de la Bourgogne, qui ne fut cependant pas exempte d'inquiétudes. — XII. Trêve conclue entre la reine-mère et les princes protestants.

Page. . . . . . . . . . . . . . . . . . . . . . . . . 238.

## CHAPITRE XV

### INTRIGUE DES GUISES ET TRAITÉ D'UNION (1587-1588)

SOMMAIRE. — I. Le conseil des Seize à Paris et ses relations avec la province. — II. Le roi réconcilié avec les Guises se prépare à une nouvelle guerre avec les huguenots. — III. Les Allemands envoient

30.000 hommes au secours de leurs coreligionnaires de France. — IV. L'ennemi pénètre en France par la Champagne, puis traverse le Châtillonnais, le Tonnerrois et l'Auxerrois. — V. Tentative contre Vézelay. — VI. Repoussé par le roi des rives de la Loire, l'ennemi s'engage dans la vallée du Loing et est battu à Vimory et à Auneau par le duc de Guise. — VII. Les débris de l'armée Allemande s'esquivent en remontant la Loire jusqu'à Marcigny, et longent le Mâconnais. — VIII. — Honneurs rendus au duc de Guise et manifeste de Nancy. — IX. Le roi contraint de fuir Paris, se réfugie à Chartres. — X. Nouvelle stratégie des Guises. — XI. Conseil de l'Union établi à Dijon et correspondant avec celui de Paris et rumeurs à Dijon. — XII. Traité d'Union accepté et juré en Bourgogne.

Page. . . . . . . . . . . . . . . . . . . . . . 271.

## CHAPITRE XVI

### SECONDS ÉTATS-GÉNÉRAUX DE BLOIS ET MEURTRE DU DUC ET DU CARDINAL DE GUISE (1588-1589)

SOMMAIRE. — I. Convocation des États-généraux et assemblées préparatoires. — II. Députés aux États. — III. Formation des bureaux, vérification des pouvoirs. — IV. Débats avant l'ouverture officielle des États. — V. Ouverture de la session — VI. Vote d'exclusion du roi de Navarre au trône de France, après Henri III. — VII. Les États pressent le roi de déclarer la guerre au duc de Savoie et à Henri de Navarre, et lui refusent les subsides nécessaires. — VIII. Apparence d'accord entre le roi et les États : *Te Deum* à cette occasion : sermon du théologal de Senlis. — IX. Difficultés nouvelles. — X. Le roi fait mettre à mort le duc et le cardinal de Guise. — XI. Reprise des débats après le meurtre des Guises. — XII. Clôture des États : discours d'Étienne Bernard.

Page. . . . . . . . . . . . . . . . . . . . . . 306.

## CHAPITRE XVII

### CONFLAGRATION GÉNÉRALE (1589).

SOMMAIRE. — I. Émoi des Dijonnais aux premières nouvelles du coup d'État de Blois. — II. Dépêches du roi touchant le meurtre des Guises. — III. Tentative de Guillaume de Tavannes contre Dijon. — IV.

Intrigues du baron de Lux pour introduire Mayenne à Dijon. — V. Mayenne à Dijon, y exerce un pouvoir despotique et arbitraire. — VI. Fervaques, lieutenant pour la Ligue, agit par pression sur le parlement. VII. Résistance de la chambre des comptes. — VIII. Auxerre suit le mouvement de Paris. — IX. Révolte des Auxerrois contre leur évêque et insultes contre celui de Langres. — X. Les Châlonnais chassent leur évêque Pontus de Tyard, et néanmoins finissent par refuser le traité d'*Union*. — XI Sentiments des Beaunois, des Autunois et des Mâconnais. — XII. Guillaume de Tavannes entre en campagne et établit à Flavigny le centre de ses opérations militaires. — XIII. Echec de Tavannes à Is-sur-Tille. — XIV. Pourparlers d'accord entre les royalistes et les ligueurs. — XV. Le duc de Nemours envoyé en Bourgogne par Mayenne. — XVI Tavannes s'empare de Semur et y installe le siege de l'administration provinciale. — XVII. Prise de Saulieu par les royalistes. — XVIII. Tavannes s'assure de Saint-Jean-de-Losne, manque Seurre et échoue devant Nuits-sous-Beaune. — XIX. Inquiétudes des Avallonnais, prise par les royalistes du château de Girolles et de plusieurs places dans l'Auxerrois. — XX. Arrestation de Fervaques accusé de trahison par les ligueurs. — XXI. Nouveaux projets de Tavannes contre Dijon. — XXII. Le duc de Nemours repousse Tavannes d'Autun et d'Arnay-le-Duc. — XXIII. Le comte de Crusille est défait dans le Mâconnais par le duc de Nemours, puis par Nagû-Varennes. — XXIV. Les ligueurs s'emparent de Seignelay dans l'Auxerrois. — XXV. Sanglante expédition des Auxerrois contre Coulanges-la-Vineuse. — XXVI. Le sieur de Jaulge soumet Mailly-la-Ville, s'avance sur Girolles et brûle Annay-la-Côte. — XXVII Renforts étrangers pour le roi et pour la Ligue. — XXVIII. Prise d'Is-sur-Tille par le duc de Nemours et excès des Ligueurs dans cette ville, ainsi que dans toute la province. — XXIX. Assassinat de Henri III.

Page. . . . . . . . . . . . . . . . . . . . . . . . . . . . . . . . . 351.

## PIÈCES JUSTIFICATIVES

I. — Lettre de Claude de Lorraine, duc d'Aumale, a M. le duc de Nemours. (1569).

Page. . . . . . . . . . . . . . . . . . . . . . . . . . . . . . . . . 443.

II. — Requête des Avallonnais et ordonnance d'enquête a ce sujet. (1571).

Page. . . . . . . . . . . . . . . . . . . . . . . . . . . . . . . . . 411.

III. — Remonstrances qu'il convient faire au Roy, (au nom du bailliage de l'Auxois) et réponses du Roy. (1571).

Page. . . . . . . . . . . . . . . . . . . . . . . . . . . . . . . . . 415.

IV. — Lettre de Charles IX au bailli de Mâcon. (1572).

Page. . . . . . . . . . . . . . . . . . . . . . . . . . . . . . . . . 421.

## TABLE DES MATIÈRES

V. — Réquisition du duc d'Alençon sur Montréal. (1576).
Page. . . . . . . . . . . . . . . . . . . . . . . . . 53.

VI. — Exemption et sauvegarde donnée par Mgr fils et frère du Roy aux habitans d'Avallon. (1576).
Page. . . . . . . . . . . . . . . . . . . . . . . . . 451.

VII. — Requisition aux Avallonnais par le duc d'Alençon datée de l'Isle-sous-Montréal. (1576).
Page. . . . . . . . . . . . . . . . . . . . . . . . . 455.

VIII. — Lettre de Poully, maréchal-des-logis du duc d'Alençon aux Avallonnais. (1576).
Page. . . . . . . . . . . . . . . . . . . . . . . . . 456.

IX. — Lettre de Henri III pour le casernement des compagnies de Martinengue à Gien et à Cluny (1576).
Page. . . . . . . . . . . . . . . . . . . . . . . . . 457.

X. — Cahier du Tiers-Estat du bailliage de Dijon, pour estre présenté à l'Assemblée des Etatz généraux assignés à Bloys, au 15ᵉ de novembre 1576.
Page. . . . . . . . . . . . . . . . . . . . . . . . . 453.

XI. — Cahier d'Avallon. (1577).
Page . . . . . . . . . . . . . . . . . . . . . . . . 500

XII. — Formulaire de la Ligue (1577).
Page. . . . . . . . . . . . . . . . . . . . . . . . . 509.

XIII. — Requête aux Elus des Etats par les députés des villes (1577).
Page . . . . . . . . . . . . . . . . . . . . . . . . 513.

XIV. — Harangue de l'abbé de Citeaux au Roi (1578).
Page . . . . . . . . . . . . . . . . . . . . . . . . 515.

XV. — Mayenne aux Magistrats d'Avallon (1580).
Page . . . . . . . . . . . . . . . . . . . . . . . . 526.

XVI. — Siège d'Annay-la-Côte (1589).
Page . . . . . . . . . . . . . . . . . . . . . . . . 527.

Auxerre. — Typ. Oct. Chambon